U0563434

IFTE CASS 中国社会科学院财政与贸易经济研究所
Institute of Finance & Trade Economics,Chinese Academy of Social Sciences

• 理论前沿丛书

中国国际商务
理论前沿（5）

Frontier of the Theoretical Development
of China: International
Trade and
Economic Relation

○ 裴长洪 / 主　编

冯　雷 / 副主编

社会科学文献出版社
SOCIAL SCIENCES ACADEMIC PRESS (CHINA)

图书在版编目（CIP）数据

中国国际商务理论前沿（5）/裴长洪主编 . —北京：社会
科学文献出版社，2008.6

（中国社会科学院财政与贸易经济研究所·理论前沿丛书）

ISBN 978 – 7 – 5097 – 0241 – 3

Ⅰ. 中… Ⅱ. 裴… Ⅲ. 对外贸易 – 研究 – 中国 Ⅳ. F752

中国版本图书馆 CIP 数据核字（2008）第 086899 号

作者工作单位

裴长洪：中国社会科学院财政与贸易经济研究所

杨圣明：中国社会科学院财政与贸易经济研究所

冯　雷：中国社会科学院财政与贸易经济研究所

王迎新：中国社会科学院财政与贸易经济研究所

夏先良：中国社会科学院财政与贸易经济研究所

张　宁：中国社会科学院财政与贸易经济研究所

毛日昇：中国社会科学院财政与贸易经济研究所

杨锦权：中国社会科学院财政与贸易经济研究所

樊　瑛：中国社会科学院财政与贸易经济研究所博士后流动工作站

张正平：北京工商大学经济学院金融系

杨德勇：北京工商大学经济学院金融系

黄建忠：厦门大学经济学院国际经贸系

刘　莉：厦门大学经济学院国际经贸系

王绍媛：东北财经大学国际经济贸易学院

袁　凌：湖南大学工商管理学院

邓安球：中南林业科技大学经济学院

冯德连：安徽财经大学国际经济贸易学院

葛顺奇：南开大学跨国公司研究中心

陈学彬：复旦大学金融研究院

张宗新：复旦大学金融研究院

孙秀琳：复旦大学金融研究院

张二震：南京大学经济学院国际经济贸易系

安礼伟：南京大学经济学院国际经济贸易系

张为付：南京财经大学国际经贸学院

王仁祥：武汉理工大学经济学院

肖　科：武汉理工大学经济学院

徐　锋：浙江工商大学

李秀辉：浙江工商大学

刘振林：江西财经大学国际经贸学院

黄建军：江西财经大学国际经贸学院

高运胜：上海对外贸易学院国际经贸学院

张　鸿：上海对外贸易学院国际经贸学院

张金生：深圳市贸易工业局、深圳市世贸组织事务中心

冯德崇：深圳市中小企业服务中心

林　江：中国青年政治学院经济系

王微微：中国青年政治学院经济系

尤建新：同济大学经济与管理学院

林正平：同济大学经济与管理学院

总　序

发端于 1978 年的改革开放，已经迈入第 30 个年头。改革开放伟大实践的逐步推进和日益深化，不断地把中国经济领域的各种热点、难点、焦点问题提到我们面前，也不断地催生中国经济领域的各种新热点、新难点和新焦点。故而，中国经济学界面临的"前沿"问题也在与时俱进。

为了与时俱进地揭示改革开放的历史进程以及中国在财政经济、金融服务、国际商务、流通经济等方面的理论发展与学术研究状况，特别是系统反映中国在上述领域的最新研究成果，同时也为国外学者了解中国经济理论与实践提供一个方便的"窗口"，从 1999 年开始，按照每两年一套的进度，由中国社会科学院财政与贸易经济研究所组织编撰的"中国经济理论前沿丛书"（由四部理论文集《中国财政经济理论前沿》、《中国金融服务理论前沿》、《中国国际商务理论前沿》和《中国流通理论前沿》所组成），至今已经是第五套了。

本"理论前沿丛书"的定位是：（1）理论性或学术性，即重点反映上述四个领域或学科，在一定历史阶段的理论研究概况和重要的学术观点；（2）历史性，即反映一定时期内的理论发展脉络或发展轨迹；（3）前瞻性，即在对一定历史阶段的相关理论进行概括、总结的基础上，提出对今后进一步深化研究的看法和展望；（4）理论与实践、学术研究与对策研究的紧密结合性。

按照这样的定位，我们一直在努力，努力做到最好。为了实现这一定位，我们一直紧跟改革开放实践，密切关注中国经济学研究的最新进展，从而确定真正体现"丛书"定位的前沿选题，并且，根据这些选题，在全国范围内寻找最权威的撰稿人。因此，应当说，这套"理论前沿丛书"，实际上是中国经济学领域相关学科最权威的专家学者共同努力的结晶。

读者面前的第五套"理论前沿丛书"，仍由四部理论文集组成：

1.《中国财政经济理论前沿（5）》

在贯彻落实科学发展观的过程中，中国财税所扮演的角色和所发挥的作用，越来越凸显。不仅公共服务型政府的建设要伴随以财政职能的转换，各种有利于科学发展的举措最终要落实到"财政收支"上，而且，举凡牵涉政府执政理念调整与宏观调控改善以及相关财税改革实践的进展，也要依托于财税理论的创新。处于如此的背景，从总体上看，这几年中国财政经济研究领域所取得的进展，集中反映在五个方面的线索上：公共财政理论、非赢利组织与公共物品供给、基本公共服务均等化、财政与民生、新一轮税制改革。故而，《中国财政经济理论前沿（5）》汇集了反映上述五个方面论题的代表性成果。

2.《中国金融服务理论前沿（5）》

在经济理论研究中，金融理论历来因受到金融行业快速发展的影响而带有明显的问题多、变化快、视角新、争议大、影响深等特征。从产业的角度和视野，中国金融服务近年来受到了全球范围内更加密切和越来越广泛的关注。故而，《中国金融服务理论前沿（5）》全方位地探讨了中国金融服务（产）业发展的宏观背景，包括经济和金融全球化、宏观经济调控及货币政策调整、货币总量及结构的变化、金融体制改革及金融监管方式转变等对金融服务业发展的深刻影响；深入地分析了中国金融服务业（包括银行业、证券业、保险业等）和国际金融服务业的体制变迁、发展效应与变化趋势；全景式地描述和展示了金融服务集群、金融服务开放、金融服务创新、金融服务发展、金融服务自由化等方面的最新成就及理论演进，以期促进中国金融服务理论研究的繁荣和金融服务业的持续稳定发展。

3.《中国国际商务理论前沿（5）》

国际贸易与国际投资政策构成了掌控宏观经济均衡发展的一种重要手段，生产要素的直接流动与间接流动构成了经济全球化的基础表现形态。中国正在从贸易大国迈向贸易强国，贸易与投资的行为特征及战略理念经历着深刻的变化。深化改革开放，在多边与双边贸易制度安排的推进中，构建互利共赢的国际经济秩序。《中国国际商务理论前沿（5）》集国内学界的精英，把握世界市场的脉搏，探索中国对外贸易与资本双向流动的路径，为中国的复兴建言献策，为后继者辨义解惑、铺路搭桥。

4.《中国流通理论前沿（5）》

流通业犹如一个国家的经济动脉，谁控制了流通业，谁就掌握了该国的经济命脉。因此，研究中国流通理论的重要性不言而喻。《中国流通理论前沿（5）》突出了前沿理论研究，重点阐述了流通革命的历史演进，探讨了现代流通发展的趋势和理论内涵，对近年火暴的中国会展经济理论进行了观点综述；强化了现实问题剖析，无论是宏观层面的现代流通服务业影响力研究，还是产业层面的流通业规制，抑或是微观层面的顾客转换成本问题，都是我们透视的内容；注重了政策分析制定，关注城乡二元商品市场格局及城乡商品市场和谐发展的问题，分析中国工商冲突的原因，探求治理路径与协调机制，客观评价当前国内消费形势，对如何增进中国消费提出了一系列政策建议。

承蒙广大读者的厚爱，本"理论前沿丛书"自推出以来，引起了广泛的社会反响与好评——不仅成为广大理论研究者和政策制定者的重要参考资料，而且成为财经院校师生教学以及相关部门培训专业人员的重要参考书——取得了良好的社会效益，达到了预期的目标。这与广大读者的关注、鼓励和支持是分不开的。我们在表达由衷感谢的同时，也期待广大读者能对面前的这第五套"理论前沿丛书"给予同样的厚爱和支持。当然，对于其中的问题和不足，也希望读者不吝赐教。让我们共同努力，把"理论前沿丛书"做得更好。

裴长洪　何德旭　高培勇
2008 年 3 月 18 日

目 录
IFTE CONTENTS

第一篇 国际贸易篇

试析国际贸易失衡问题 ·························· 杨圣明 / 3

人民币汇率与贸易收支：文献综述 ·········· 张正平 杨德勇 / 14

中国服务贸易出口战略研究 ··················· 王绍媛 / 45

加工贸易转型升级问题研究 ·············· 袁 凌 邓安球 / 61

出口退税问题研究 ··························· 冯德连 / 79

第二篇 利用外资篇

FDI 新一轮增长与中国利用外资 ············· 裴长洪 樊 瑛 / 101

外资并购与中国利用外资的新发展 ·········· 冯 雷 张 宁 / 120

跨国并购与中国经济安全 ··················· 蔺顺奇 / 145

QFII 制度在中国证券市场的

新进展 ··············· 陈学彬 张宗新 孙秀琳 / 158

第三篇 走出去篇

中国企业"走出去"的意义、现状与发展

趋势 ··························· 张二震 安礼伟 / 183

未来中国对外直接投资形势的判断 ············· 张为付 / 200

资本项目开放研究 ·················· 王仁祥 肖 科 / 223

中国企业海外直接投资的发展与理论探讨 …… 徐　锋　李秀辉／258

第四篇　对外经贸关系篇

中美经贸关系：新发展、新问题 ……………… 刘振林　黄建军／273

中欧经贸关系：贸易平衡诉求中的整体与

　　结构互动 ……………… 冯　雷　王迎新　毛日昇　杨锦权／290

中日经贸关系：发展现状与前景展望 ……… 高运胜　张　鸿／309

中国入世过渡期结束后的机遇与挑战 ……… 张金生　冯德崇／330

第五篇　区域与专题篇

服务贸易自由化：多边主义还是区域主义 …… 黄建忠　刘　莉／351

海峡两岸经贸合作模式探讨 ………………………… 冯　雷／362

中国—东盟双边贸易状况的实证分析 ……… 林　江　王微微／373

国家制定技术性贸易措施战略前瞻 ………………… 夏先良／384

国际化进程中亚洲企业的战略人力资源

　　管理 ……………………………… 尤建新　林正平／409

CONTENTS

Part I   Foreign Trade

Analysis on Unbalanced International Trade   *Yang Shengming* / 3

RMB Exchange Rate and Trade Balance: A Literature

Zhang Zhengping, Yang Deyong / 14

Study on the China's Strategy of Service Export   *Wang Shaoyuan* / 45

Study on Transformation and Promotion of Processing Trade

Yuan Ling, Deng Anqiu / 61

Study on Export Tax-Refund   *Feng Delian* / 79

Part II   Foreign Investment

A New-Round Increasing of FDI and Foreign

Capital Utilization   *Pei Changhong, Fan Ying* / 101

Merge and New Development of Foreign Capital Utilization

in China   *Feng Lei, Zhang Ning* / 120

International Merge and Economic Safety in China   *Ge Shunqi* / 145

A New Development of QFII in China's Security Market

Chen XueBin, Zhang ZongXin, Sun XiuLin / 158

Part Ⅲ The "Going Abroad" Strategy

The Significance, Current Situation, and Trend of "Going Abroad"

    for Chinese Enterprises   *Zhang Erzhen*, *An Liwei* / 183

Review of China's Overseas Direct Investment   *Zhang Weifu* / 200

Study on Opening-up Capital Account   *Wang Renxiang*, *Xiao Ke* / 223

The Development and Theoretical Research of Chinese

    Enterprises Overseas Direct Investment   *Xu Feng*, *Li Xiuhui* / 258

Part Ⅳ Economic and Trade Relationships

Sino-US Economic and Trade Relationship:

    New Development and New Issues   *Liu Zhenlin*, *Huang Jianjun* / 274

Sino-EU Economic and Trade Relationship: Aggregate and

    Structural Interactions in Pursuing of Trade Balance

    Feng Lei, *Wang Yingxin*, *Mao Risheng*, *Yang Jinquan* / 290

Sino-Japan Economic and Trade Relationship: Current

    Development and Perspective   *Gao Yunsheng*, *Zhang Hong* / 309

Opportunities and Challenges of the Post-Transition Period

    of China's Entry into WTO   *Zhang Jinsheng*, *Feng Dechong* / 330

Part Ⅴ Regional and Special Issues

Service Trade Liberalization: Multi-or Regional Approaches

    Huang Jianzhong, *Liu Li* / 351

Study on Cooperative Model Choice of the Mainland China and

    Taiwan Province in Economic and Trade Development   *Feng Lei* / 362

Positive Analysis on Sino-ASEAN Bilateral Trade Situation

    Lin Jiang, *Wang Weiwei* / 373

Strategic Views on National Technological Measures on Trade

    Xia Xianliang / 384

Human Resource Strategic Management of Asian Enterprises

    in its Internationalization   *You Jianxin*, *Lin Zhengping* / 409

第一篇

国际贸易篇

试析国际贸易失衡问题

杨圣明

一　国际贸易失衡的主要表现

据《WTO 贸易快讯》，2006 年全球国际贸易额达 24.5 万亿美元。其中，出口 12.1 万亿美元，进口 12.4 万亿美元，分别比上年增长 15% 和 14%，扣除汇率和物价因素后，实际增长分别达到 9.0% 和 8.5%，显著高于过去 10 年的平均增长速度。尽管增长很快，但贸易失衡问题却有所加剧，值得关注。目前国际贸易失衡主要表现在以下两个方面。

一方面是发达国家之间的贸易失衡问题。以发达国家 2006 年进出口额前 9 名而论，[①]有四国存在逆差，五国存在顺差。在逆差国家中，美国逆差 8830 亿美元、[②] 法国逆差 430 亿美元、英国逆差 1580 亿美元、意大利逆差 260 亿美元，四国逆差合计达 11100 亿美元；在顺差国家中，德国顺差 2020 亿美元、日本顺差 700 亿美元、加拿大顺差 310 亿美元、荷兰顺差 460 亿美元，比利时顺差 160 亿美元，五国顺差合计为 3650 亿美元。五国顺差与四国逆差相抵后，净逆差 7450 亿美元。这个窟窿如此之大，如何填上呢？谁来堵塞这个大洞？这是当前国际贸易中的一个重大问题。在发达国家中，美国是最大的逆差国，而德国是最大的顺差国。美德贸易不平衡集中显示出发达国家间潜在的贸易矛盾与冲突。

另一方面是发达国家与发展中国家之间的贸易失衡问题。近几年来，发展中国家的贸易高速增长，2005 年贸易出口 3.4 万亿美元，占世界贸易

---

① 这 9 个发达国家的进口额占全球的 49.0%，出口额占全球的 45.2%。
② 《美国贸易逆差何处去》一文称，2006 年美国贸易赤字为 8178.9 亿美元。《国际商报》2007 年 4 月 5 日。

出口 34%，比上年增长 22%，分别高出日本、欧盟和北美 17、14 个和 12 个百分点，其中中国出口增长 20%、巴西出口增长 23%、印度出口增长 19%、俄罗斯出口增长 34%。由于发展中国家的出口高速增长，因而出现了大量顺差，2005 年达 4190 亿美元。亚洲发展中国家出口为 2.1 万亿美元，同比增长 18%，顺差 1180 亿美元。2006 年高速增长的势头并未减弱。即便如此，发展中国家的贸易顺差同发达国家的尤其是美国的贸易逆差（2006 年 8830 亿美元）相比，仍然是小巫见大巫，二者之间仍然存在比较严重的贸易失衡。

中美之间也存在着贸易不平衡的问题。以中国海关的统计资料计算，中方的顺差，近几年急速增加，2000 年还只有 298 亿美元，而 2005 年则突破 1000 亿美元，达 1142 亿美元。2006 年更创 1442 亿美元新高。当今世界上最大的发达国家与最大的发展中国家之间的贸易不平衡必将产生多重影响，也应受到关注。

放眼全球看，据有关的统计资料显示，发达国家和发展中国家的全部顺差之和仍然不能弥补美国一国的贸易逆差。针对这一问题，美国哥伦比亚大学经济学教授约瑟夫·斯蒂格利茨曾指出，"美国贸易逆差是全球贸易不平衡的主要因素"。他还写道，"国际货币基金组织今年春天的会议被誉为一个突破，官员得到'监控'在很大程度上造成全球动荡的贸易失衡的新授权。新使命对全球经济的健康发展和国际货币基金组织自身的合法性都非常重要。但是，它能胜任这项工作吗？"① 换言之，IMF 敢不敢剑指元凶？

二 国际贸易失衡的基本原因

全球国际贸易失衡首先是由美国的三大经济政策，即赤字财政政策、高消费政策和出口管制政策造成的。在美国，贸易逆差与财政赤字是孪生兄弟，更准确地说，它们是父子关系。财政赤字必然导致贸易逆差，且随着财政赤字的不断增加而贸易逆差日益攀高。1980 年美国的财政赤字为 762 亿美元，占 GDP 的 1.94%，与此相适应，贸易逆差仅 314.1 亿美元。而到 2005 年，财政赤字高达 4992 亿美元，占 GDP 的 4%，因而贸易逆差

---

① 约瑟夫·斯蒂格利茨：《全球贸易的灾难：国际货币基金组织会把矛头指向元凶吗？》新加坡《海峡时报》2006 年 5 月 20 日。

也创新高，达 8284 亿美元。一般地说，贸易赤字通常等于一国国内储蓄与投资的差额。所以，贸易赤字要么源于投资过度增加，要么源于储蓄严重不足。美国既有前者，更有后者，两驾马车拉动贸易赤字急速膨胀，甚至狂飙骤起。在美国，不仅政府靠双赤字度日，而且家庭也靠借债消费。美国居民家庭储蓄率极低，难以支撑高消费，于是靠借债过日。美国的家庭债务截止到 2005 年第三季度已达 11.4 万亿美元。① 由于进口大大超过出口，美国每天必须从比较穷的国家（其中当然包括中国）借债 20 亿美元，以弥补巨额贸易逆差。还必须指出，美国的巨额贸易逆差之所以出现，同它的以双重标准为基本特征的所谓出口管制政策有密切的关系。从美国的产业结构看，资本技术密集型的高科技产业是它的优势，而劳动密集型的生活必需品的产业则是它的劣势。这就决定了美国必须进口劳动密集型产品，而出口高科技产品。可是，美国大量进口劳动密集型产品的同时，却严格限制高科技产品出口，这必然造成贸易失衡，尤其是中美贸易失衡。

从发展中国家考察，有 3 种情况影响国际贸易的失衡问题。其一，必要的外汇储备是预防和解决金融危机的有效手段。近 20 多年来拉丁美洲和亚洲发生的几次金融危机都是首先从外汇短缺突破的，而最终又是靠外力注入外汇解决的。惨痛的教训使不少发展中国家明白，必须通过各种途径（主要是外贸）增加外汇储备，以备不测风云。因此，这些国家都力求出口大于进口，使外汇增加。这当然会影响贸易的平衡。其二，以贸易盈余作为投资和经济增长的引擎。许多发展中国家曾经希望引进大量外资来发展本国经济。但这种愿望并没有兑现。于是，不得已转向自力更生，依靠本国的贸易盈余来积累资金。这就迫使出口多进口少而形成贸易不平衡。其三，产业转移导致的赤字或盈余的转移。从 20 世纪 60 年代至 80 年代初，欧美等发达国家的劳动密集型产业大量转移至不少发展中国家尤其是东南亚一些国家和地区，因此，使这些国家和地区对欧美发达国家大量出口，保持贸易盈余。从 20 世纪 80 年代初开始，日本、美国和亚洲"四小龙"又把一些产业转移至中国内地，并随之也把贸易盈余转移至中国。这是形成中美贸易不平衡的重要因素之一。

尽管从表面上看，造成全球贸易失衡的原因众多，甚至千奇百怪，然而，从根本上研究与观察，不难发现，它是由世界经济发展不平衡规律造成的。由于科技、经济、社会以及自然资源等诸多原因，各个国家经济发

---

① 见《参考消息》2006 年 1 月 30 日的报道。

展的快慢不等。原来一些后进的国家赶上来了，相反，原来先进的国家有的又落后了。二战刚刚结束时，美国成为世界独一无二的头号强国，而德国和日本由于战败，经济凋敝，民不聊生。新中国成立时也是一穷二白，百废待兴。而今天呢！时间虽然仅仅过了半个世纪，但日本和德国强大了，成为二三号经济强国。中国也今非昔比，受世人瞩目。更多的发展中国家也大步登上世界舞台，经济正在腾飞。这样，世界市场的竞争规律必然冲破旧的经济秩序和贸易关系，再形成新的秩序和关系。永远不会停滞在一点上。旧的矛盾解决了，新的矛盾又出现。在摩擦、矛盾与斗争中前进。平衡、不平衡、再平衡……循环往复，以至无穷，这就是国际贸易发展的一条客观规律。

三　解决国际贸易失衡的主要对策

既然贸易失衡的原因复杂多样，所以解决的办法不能仅限一种。只有多边努力，才能较好地妥善解决之，以避免引发世界经济的剧烈动荡。在这里着重谈一谈美、德、中、日四大贸易国应采取的对策。

1. 美国应当采取的政策

如上所述，全球国际贸易失衡的基本原因是美国的巨额财政赤字。因此，降低美国贸易逆差首要可行的办法是减少财政赤字。美国的财政赤字是如何出现的？归纳起来，不外这样几条途经：（1）减免税政策。布什政府推行的对高收入阶层的税收赦免和税收减让，导致大批美国公司仅仅支付其名义税收的1/6，这使政府财政收入大幅减少；（2）庞大的伊拉克战争经费。白宫经济学家拉里·林德赛在指出伊拉克战争耗资2000亿美元（这一数字是当时官方数字的2倍）之后，随即被迫辞职。然而，他估计的数字事实上仍然偏低。有人指出，伊拉克战争耗资接近2500亿美元，并以每月50亿美元的速度上升。最近，有一位美国经济学家指出，截止到2007年6月伊拉克战争耗资已超过5000亿美元。战争造成的死亡、伤残的美国士兵的抚恤费和医疗保险费，以及招募新兵、补充兵力的费用，也高达数十亿美元；（3）医疗保险支出远大于预期。布什政府推行的医疗保险制度中的药费开支远远高于预期。社会保障私有化将使未来20年财政赤字增加2.5万亿至3万亿美元；（4）大量农业补贴。美国的农业补贴是全球最多的，是神秘的大黑洞（估计约2500多亿美元），也是WTO"多哈议程"谈判中争议颇多的难题。更是美国政府财政的沉重包袱。总之，美国政府推行的"降低税收和增加支出"的赤字财政政策已是一种捉襟见肘的极高风险的政策。再加之孪生的巨额贸易赤字,构成了一种冒险的经济战略,这对世界经济和贸易的危害极大,必须尽快停止!改弦更张。一位美国经济学家丹尼尔·奥尔特曼指出,美国政府所有预期偿还的债务和可能的收入之间存在60万亿美元的差距。这差不多是美国5年的国内生产总值的总和,或者是按照现行税率的数十年税收收入的总和。另外,波士顿大学经济学教授劳伦斯·科特里科夫指出,美国或许已经破产了,或许正试图重组债务。他预期,如果不能成功,那么世界上将出现人类历史上最大的呆账。① 目前,美国在双赤字的困境中,企望借助于美元贬值寻找一条出路,这也是不行的,不能采取的政策。美元在全球的霸主地位决定了美元汇率是牵一发而动全身的大问题。它大幅度贬值可能有利于美国的国际收支平衡以及提高美国的国际竞争力。但是,美元贬值只有利于出口,却不利于进口。如果美国进口放慢,将减弱它对经济的引擎作用,大幅度贬值对金融市场以至全球经济都可能产生动荡甚至危机。因而,贬值是下策。笔者认为,美国的高消费、高福利政策已走到尽头。必须转向另一种政策,抑制高消费、压缩过多的开支,鼓励储蓄,稳住币值。这可能是美国的上策,也是全球的福音。当然,也要预防美国采取下策。

2. 德国和日本应采取的政策

近50多年来,德国和日本不仅从凋敝的经济中复苏起来,而且成为名副其实的经济大国和经济强国,与美国并称世界三大强雄。目前,这两个大国拥有巨大的对外盈余,竞争地位日趋上升,开始向美国的竞争优势发起挑战。可是,与美国的国内需求过旺相反,德国和日本的国内需求都是萎靡不振。在这种格局下,为推动世界经济发展,消除国际贸易严重失衡,在美国大力抑制国内需求尤其过旺的消费需求的同时,而德日两国则相反,应着重扩大国内需求尤其是消费需求。此外,由于德国、日本都有大量的贸易顺差,外汇储备也相当雄厚,所以日元和欧元都面临升值的趋向。这样的趋向有可能促使美元进一步贬值。而这种贬值既不利于美国的贸易平衡,更不利于全球贸易平衡。因此,如何协调美元、欧元和日元三大货币之间的关系也是解决全球贸易失衡的重要对策之一。有关的国际组织尤其是国际货币基金组织应召开国际会议认真研讨这个问题,提出切实

① 丹尼尔·奥尔特曼:《赖账不还的山姆大叔》,《纽约时报》2006年7月23日。转自《参考消息》2006年7月26日。

可行的方案。

3. 中国应采取的政策

中国自 1994 年后一直保持着顺差，且顺差规模呈上升趋势，2006 年达 1770 亿美元。这种贸易不平衡有内外两方面原因。因此，应采取内外两类不同的政策加以解决。

在外因方面，主要是美国对华的三大政策，即出口管制政策，武器禁运政策和非市经济地位政策造成的。中国的外贸顺差，其实主要是对美国的顺差。中国的顺差 1995 年为 167 亿美元，其中对美顺差 74.9 亿美元，占 45%；2000 年为 297.4 亿美元，其中对美顺差 241.1 亿美元，占 81%；2005 年为 1020 亿美元，而对美顺差竟然达 1142.7 亿美元，超过总体顺差 122.7 亿美元（1142.7 亿～1020 亿）。这就是说，中国除对美保持顺差外，对其他所有贸易伙伴来说，总体上还处于逆差境地。由此可知，所谓解决中国的贸易不平衡问题，说穿了，就是解决中美之间贸易不平衡问题。而这个问题是由美国实施的上述三大政策造成的。如果美国取消对华实施的那些歧视性政策，中美贸易平衡问题将迎刃而解。

在内因方面，主要是实行 3 个低政策，即人力成本低、资源成本低、环境成本低的基础之上催生的人民币币值低造成的。中国的外贸顺差不能反映中国商品的竞争力很强。如果改"四低"为"四高"政策，中国的贸易顺差将立即消失。当然，这样毕其功于一役的做法肯定行不通。至少要分两步：先解决前三低，扩大国内消费需求，科学合理利用资源，治理环境；然后，再使人民币逐步升值。这样将有助于协调国内外的利益关系。汇率是货币的价格，是一切商品的总价格。当前，中国应尽快解决劳动力价格过低、资源价格过低、环境价格过低的问题。只有解决了以上 3 个价格过低问题，才能露出人民币币值的真面目，以平息国内外关于人民币汇率和中国贸易顺差等问题的争吵，也有利于国际贸易平衡。

四 贸易失衡与中国的汇率问题

美国的某些国会议员特别关注中美贸易不平衡问题。他们把中国的贸易顺差或美国的逆差原因归罪于中国政府操纵汇率，故意压低汇率，并要求中国政府采取措施使人民币大幅升值，否则，将用高关税等手段对中国进行制裁。对此，有必要回敬他们几句，以正视听！

（一）中国汇率制度的形成

当今世界上存在多种多样的汇率制度。大致情况如表1所示。

表1　各种汇率制度的实施情况表

汇率制度的名称	实行的国家（或地区）数
一、硬钉住汇率制度	47
其中：无法定货币的汇率制度	41
货币局保证制度	6
二、软钉住汇率制度	105
其中：传统钉住制度	41
改进型钉住制度	14
有管理的浮动汇率制度	50
三、自由浮动汇率制度	34
合　　计	186

资料来源：作者汇集整理。

由表1资料可知，目前真正市场化的自由浮动汇率制度仅限于少数发达国家，而大多数国家实施的是固定汇率制度和有管理有控制的浮动汇率制度。这是由各国国情决定的，不能随意褒贬哪一种！

面对上述各种类型的汇率制度，中国应选择哪一种呢？当然选择最好的一种。可是，何者最佳？以上各种各样的汇率制度，对于不同的国家来说，都是最好的。没有任何一种，适合所有国家。有的说，美国的市场化汇率制度最好，我们既然实行市场经济那就应当毫无疑问地选择美国型的市场化汇率制度。按这种逻辑定式，全球只要一种美式的汇率制度也就够了。因为市场经济遍布全球，除朝鲜、老挝等国家外，绝大多数国家都实行市场经济。看来，评价汇率制度是与非的标准，选择汇率制度的依据，不能仅限于市场经济，还要考虑国家大小，经济水平高低，经济规模大小，经济制度类型，资本市场的发展水平与控制能力，以及国家经济主权让度程度等众多因素。评价汇率制度好不好的标准，不是人们的主观好恶，而是客观生产力。凡能促进社会生产力发展和宏观经济稳定，有利于国际经济发展者，都是先进的汇率制度；反之，则是落后的制度。依据这样的生产力标准，中国正确地选择了自己的汇率制度。

根据社会主义市场经济的要求，从中国国情出发，自 1994 年 1 月 1 日起，人民币汇率实行并轨，开始实行以市场供求为基础的单一的有管理的浮动汇率制度。这个制度实行了 11 年多，对中国经济的发展、改革和稳定起了巨大的历史作用，做出了不可磨灭的功绩！当然，也显现出过分僵硬，缺乏必要的弹性。这主要表现在，仅仅钉住单一美元，且浮动幅度甚小。针对这个问题，中国政府决定对汇率制度进一步改革。中国人民银行 2005 年 7 月 21 日发布公告称："（1）自 2005 年 7 月 1 日起，中国开始实行以市场供求为基础、参考一篮子货币进行调节、有管理的浮动汇率制度。人民币汇率不再钉住单一美元，形成更富弹性的人民币汇率机制。（2）中国人民银行于每个工作日闭市后公布当日银行间外汇市场美元等交易货币对人民币汇率的收盘价，作为下一个工作日该货币对人民币交易的中间价格。（3）2005 年 7 月 21 日 19 时，美元对人民币交易价格调整为 1 美元兑 8.11 元人民币，作为次日银行间外汇市场上外汇指定银行间交易的中间价，外汇指定银行可自此时起调整对客户的挂牌汇价。（4）现阶段，每日银行间外汇市场美元对人民币的交易价仍在人民银行公布的美元交易中间价上下千分之三的幅度内浮动，非美元货币对人民币的交易价在人民银行公布的该货币交易中间价上下一定幅度内浮动。"这次改革的主要之点是将以往的钉住单一美元改为"参考一篮子货币进行调节"。据人民银行行长周小川披露；这个篮子里的主要币种是美元、欧元、日元和韩元，其他一般货币有新加坡、英国、马来西亚、俄罗斯、澳大利亚、加拿大、泰国等国家的货币。一篮子货币选取及其权重的确定主要遵循 4 项基本原则：（1）以着重考虑商品和服务贸易的权重作为篮子货币选取及权重确定的基础；（2）适当考虑外债来源的币种结构；（3）适当考虑外商直接投资的因素；（4）适当考虑经常项目中一些无偿转移类项目的收支（见《国际商报》2005 年 8 月 10 日）。两年多来的实践证明，汇率制度的改革是成功的，不论对中国的经济，还是对主要贸易伙伴的经济，都起到了很好的促进作用。

（二）完善人民币汇率形成机制

成功解决了汇率制度问题之后，应更多地关注人民币汇率形成机制问题。这两个问题既有联系又有区别，各有侧重点。为了完善人民币汇率形成机制，中国政府已经做好了并要继续做好以下几项工作。

1. 坚持自主性、渐进性和可控性的原则

货币及其汇率形成是国家经济主权的重要象征。在这方面中国必须毫不动摇地坚持独立自主权，绝不能允许他人指手画脚。近几年来某些国家的少数政客出于政治目的不时发出干预人民币汇率的噪音，进行威胁和讹诈，给中国施加压力。在东亚金融危机期间，他们鼓动人民币贬值，企图借机搅乱刚刚回归的香港特区以及中国内地的经济，对金融危机火上浇油。对此，中国政府坚决顶住了，再三声明，人民币不贬值。这种负责任的态度受到国际上的广泛好评。光阴荏苒，没过几年，美国的财长及其帮腔的一些政客又换了腔调，逼迫人民币不是贬值而是升值。否则以 27.5% 的高关税进行制裁和惩罚。他们编造天方夜谭式的神话，说什么美国的贸易逆差是人民币币值过低造成的。试问，美国既然是贸易自由的榜样，为什么不准中国购买美国的高科技产品和军火？如果允许中国购买美国的卫星、航空母舰和 B52 战略轰炸机，那么中美之间的贸易不平衡问题将立即消失！美国在华的大型企业（既有像摩托罗拉大型生产加工型企业，也有像沃尔玛这样的大型流通企业）由中国向美国的"出口"规模是十分惊人的，它们赚的钱能归中国人吗？它们造成的所谓"逆差"能由中国负责吗？目前美国的综合国力至少是中国的 10 倍，人均财富至少是中国的 50 倍，并且握有美元在全球的发行权和控制权，有最强大的金融业。在经济力量和货币力量如此悬殊的条件下，谁能操纵人民币与美元的汇率呢！难道不是强者而是弱者吗？

汇率的形成不仅要有自立性，还必须有渐进性。汇率是国家经济实力的象征。它只能随着国家经济实力的增强而逐渐成熟和完善。放眼世界看，由于当代以人均 GDP 多少美元这个标准衡量现代化水平，创建现代化国家就有 3 条路可走，3 种方式可采取。其一，实体经济道路和方式；其二，虚拟经济道路和方式；其三，以上两种的混合或融合。所谓虚拟经济道路和方式，是指通过本国货币升值而达到现代化标准。以人民币对美元的汇率而论，如果 1 元人民币兑换 1 美元，中国的 GDP 规模立即超过美国，成为世界上最强大的国家；如果 2 元人民币兑换 1 美元，中国的 GDP 规模立即超过德国和日本，成为世界上的 2 号经济大国。这就表明，通过汇率这个戏法，可以提升国家的形象与地位。但是这种游戏潜伏着巨大的风险。一夜暴富，亦会一夜致穷。拉丁美洲的个别国家有过这样暴富与暴穷的经历。中国也有个别人曾幻想这样的致富路，大力鼓吹按所谓购买力平价计算，人民币已接近美元！中国决不能走上这种虚幻之路，应当老老实实发展工业、农业、服务业等实体经济，通过几十年艰苦奋斗实现富民强国的理想。当然，在发展实体经济的同时，也要壮大金融业。适应国家综合实力增强的速度和程度，渐进式地使人民币升值。日本的现代化之路，既突现了实体经济成功的经验，也暗藏着虚拟经济跌宕起伏的严重教训。日元兑换美元的汇率，从 1970 年的大约 360 日元兑换 1 美元上升至 1990 年的大约 90 日元兑换 1 美元，20 年间日元升值 3 倍。这样，按美元计算，通过日元升值，日本的综合国力增长 3 倍。但是，在这个过程中由于受到"广场协议"的压力而升值过快，金融泡沫严重，又使日本经济停滞 10 多年，至今刚刚复苏。中国应当吸取这种教训，力争避免人民币升值过快而导致的弯路。有的同志对人民币汇率缓慢上升觉得不过瘾，企望一步到位，来一次大的调整。这是不现实的。目前如果用足了政策允许的每个交易日 ±3‰的波动幅度，那么 10 个交易日人民币对美元的汇率即可升贬 3%。这样的速度相当可观了，不必操之过急过快。

中国的经济已经深深地融入经济全球化之中。2006 年，中国外贸进出口额已超过 1.7 万亿美元。截止到 2006 年底，引进外资累计达 8827 亿美元，外汇储备 10663 亿美元，外债 3230 亿美元，仅购买美国政府和企业的债券也有 5000 亿美元。这些巨额的数字表明，人民币兑换美元的汇率是一个事关全局的重大问题，可以毫不夸张地说，牵一发而动全身，不仅关系着中国经济的稳定与发展，也影响着亚太地区甚至全球经济的稳定和发展。因此，切不可轻举妄动，而要三思而后行。行动时，一定要把人民币汇率的变动置于可控之内。一旦失去可控性，必定发生灾难。只要我们坚持汇率问题上的自立性和渐进性，就一定可以达到可控性。

2. 加强外汇市场的基础设施建设

（1）完善做市商制度，进一步改革外汇交易方式。改革前，中国银行间的外汇市场是有形市场。交易方式采取"集中竞价，撮合成交"。从 2005 年 5 月 18 日起，在 8 种外币交易中试行做市商制度。2005 年 8 月 8 日首先在远期外汇交易中推开做市商制度，允许银行自主选择竞价。2006 年 1 月 3 日又在即期外汇交易中推行做市商制度，引入场外交易方式。这样，基本上完成了外汇交易从有形市场向无形市场的过渡，询价交易方式在银行间全面推开。但这仅仅是开始，还要进一步完善做市商制度。目前，做市商的各个商业银行是清一色的卖家，而人民银行则是主要的甚至唯一的买家。这样，均衡汇率难以出现。为解决这些问题可允许中国外汇交易中心根据询价自立买卖一定量的外汇，对做市商的报价实施一定的约束，逐步改变中国人民银行被动买入的局面。

（2）完善基准汇率的生成方式。2005 年 7 月 1 日改革前，根据前一个交易日的所有外汇交易进行加权平均计算，并公布基准汇率；改革时，基准汇率的计算方法进行了调整，根据前一个交易日的收盘价来确定；改革后，2006 年 1 月 3 日又把基准汇率的计算改为：根据当日开市之初，所有做市商的报价进行加权平均而确定。经过上述 3 步改革，虽然规避了操纵汇率的问题，但又引出了银行如何在汇率形成中发挥主导作用的问题。人民银行应尽量减少被动入市干预，转向货币操作、掉期业务以及放宽银行外汇头寸限制等。

3. 积极稳妥推进相关配套改革，进一步释放人民币升值的压力

（1）加快国内企业"走出去"的步伐. 中国走向世界时实际上是个跛足者，外贸（商品输出）这条腿长而外向投资（资本输出）这条腿短。当前亟须协调二者，使之相互配合，相互促进。要鼓励企业走出去，适当放松用汇限制，积极寻找行之有效的管理办法。

（2）加强外汇管理，适度开放资本账户。投机性资本具有很大的隐蔽性和破坏性。要堵住各种非法资本流动的邪道，必须加强外汇管理。对经常项目外汇收入的真伪、贸易融资、境外公司的关联交易以及外商直接投资等进行严格审核。长期以来中国实施的宽进严出的资本管理模式已不适应现实情况，甚至造成外汇供求失衡，迫切要求加以改革，力争实现跨境资本的双向对称流动。因此，要适当放宽资本流出管制。

以上的分析和评论，美国的一些议员可能不爱听，他们更关注人民币升值，以减少中国的贸易顺差，或美国的逆差问题。事实证明，汇率并不是影响中美贸易不平衡的根本。从 2005 年 7 月 1 日到 2007 年 10 月 10 日，人民币对美元的汇率已从 8.3 元人民币兑换 1 美元，升值到 7.4 元人民币兑换 1 美元，人约升值 10.8%。可惜，中国的贸易顺差尤其对美国的贸易顺差不仅没有减少，反而继续增加。中国对美国的贸易顺差，2005 年 1142 亿美元，2006 年 1442 亿美元，2007 年将再创新高，可能超过 1600 亿美元，真可谓芝麻开花节节高。这些数字表明，议员们开出的药方并不灵。还是让我们一起另寻妙计吧！

人民币汇率与贸易收支：文献综述

张正平　杨德勇

1994 年以来，中国持续保持了双顺差的国际收支格局，这引起了国内外经济学界和政策决策层的热切关注。2005 年 7 月 21 日中国人民银行宣布，中国开始实行以市场供求为基础、参考一篮子货币进行调节、有管理的浮动汇率制度，人民币兑美元即日升值了 1.9%，调整到 1 美元兑 8.11 元人民币。此后，人民币便不断升值，截至 2007 年 11 月 26 日，1 美元兑人民币汇率中间价达到 7.3942 元，人民币累计约升值 9.68%，但是市场普遍预期人民币会有更大幅度的升值，人民币升值压力仍然很大。

人民币汇率的波动对中国进出口贸易产生了怎样的影响？通过汇率升值能否缓解中国长期持续的贸易顺差，减轻人民币升值的压力？这些问题成为中国近年来理论界和决策层关注的热点问题，也引起一些国外学者和研究机构的重视，然而，既有的研究分歧较大，未能得出一致的结论。鉴于此，本文试图梳理近年来有关人民币汇率和贸易顺差关系的文献，总结研究的进展，厘清研究的差别，进而指出可行的研究方向。

一　汇率与贸易收支：理论基础[①]

一般来说，汇率变动通过影响进出口商品的价格、数量，进而影响一国的贸易收支。从现有的理论文献看，有关汇率变动与贸易收支关系的理论主要包括：价格—现金流动机制、弹性分析法、吸收分析法、乘数分析

[①]　对汇率与贸易收支理论进展的最新文献综述参见孙文莉《汇率的贸易收支效应的理论演进》，《财贸研究》2006 年第 4 期。

法、货币分析法以及新近发展的不完全汇率传递理论。

汇率变动对贸易收支影响的理论最早可以追溯到重商主义学派。重商主义者托马斯·孟认为，在"汇兑上压低我们的币值是于外人有损而于我们有利的。"大卫·休谟则提出了价格—现金流动机制。他认为，当一个国家的贸易收支出现逆差时，该国的国际储备就会下降，故本币供给减少、本国价格水平降低，这样就使得本国商品更具竞争力，从而促进出口并改善贸易收支。当一国出现贸易顺差时，汇率变动对贸易收支的影响则相反。他还认为，汇率变动可以通过价格机制的作用自动调节贸易收支。大卫·休谟提出的价格—现金流动机制和汇率变动能够通过价格机制自动调节贸易收支的论述，对后来汇率变动对贸易收支影响的分析产生了巨大的影响。这种贸易收支自动恢复均衡的思想一直持续到 20 世纪 30 年代金本位制崩溃。

有关汇率变动对贸易收支影响的弹性分析法是由马歇尔、勒纳、梅茨勒等人完成的。弹性分析法主要是从商品市场的角度来分析由汇率变动所导致的进出口商品相对价格的改变对贸易收支的影响。货币贬值实际上等于对国内出口实行补贴，对进口施加征税。在马歇尔—勒纳条件下，出口的增长率上升，进口的增长率削减，贸易收支从而得以改善。琼·罗宾逊把进出口的供给弹性加入马歇尔—勒纳条件中，梅茨勒又发展了琼·罗宾逊的货币贬值对一国贸易收支影响的观点，放弃了供给弹性无穷大的假定，得出了汇率变动对贸易收支的影响与进出口需求弹性和供给弹性有密切关系的结论。这就是"罗宾逊—梅茨勒条件"。

然而，即使马歇尔—勒纳条件成立，货币贬值能否改善一国贸易收支仍取决于其进出口数量的调整。由于贸易合同调整的时滞，贬值开始时贸易收支有可能会恶化，贸易收支随时间的变化大致类似于字母 J 的形状，故被称为"J 曲线效应"。弹性分析法指明了汇率变动平衡贸易收支的必要条件，并将贸易条件效应纳入汇率变动影响的分析中。

需要指出的是，弹性分析法采用的是局部均衡的分析方法，以马歇尔等的微观经济学为基础，只注重考察在特定市场中进出口沿给定的供需曲线的运动，而没有去考察整个国家的生产与支出如何使这些曲线移动。随着宏观经济学的发展，出现了分析汇率与贸易收支关系的吸收分析方法、乘数分析方法和货币分析方法。

20 世纪 50 年代，亚历山大首先提出吸收分析方法。吸收分析法采用一般均衡分析，更加注重宏观经济对贬值的反应。该理论指出，贸易差额是国民收入与国内吸收的差额，汇率变动通过影响国民收入和国内吸收进一步影响贸易收支。货币贬值能否改善贸易收支一方面取决于国内的宏观经济状况即国内经济是否处于非充分就业。如果国内经济已实现充分就业，那么贬值不但不会改善贸易收支反而会导致物价上升；另一方面，只有当国内的边际吸收倾向小于1时，货币贬值才能引起收入的增加大于吸收的增加，贬值才能改善贸易收支。

乘数分析法则认为，一国汇率变动不仅通过改变商品的相对价格影响贸易收支，还会通过乘数效应影响一国的国民收入，进而影响贸易收支。乘数分析法认为，进口支出是国民收入的函数，自主性支出的变动通过乘数效应引起国民收入的变动，从而影响进口支出。由于进口随国民收入的增减而增减，贸易差额也就受国民收入的影响。这种通过收入变动来调整贸易收支的效果，取决于本国边际进口倾向的大小。一国开放程度越大，进口需求收入弹性越大，那么财政政策的效果就越明显。乘数论阐述了对外贸易与收入之间的关系，以及各国经济通过进出口途径相互影响的原理。

20世纪70年代中后期，货币分析法开始流行，其代表人物包括詹姆斯·米德、罗伯特·芒德尔、蒙代尔等。货币分析法继承了大卫·休谟的思想，假定整个世界经济是一个封闭的体系，个别国家的贸易收支、国际收支可以有差额，但从整个世界来看，所有国家的贸易收支、国际收支之和必定为零。货币分析法把国际收支视为一种货币现象，认为一国出现国际收支顺差或逆差，其根源在于存在对该国国内货币存量的超额供给或超额需求。同时，货币分析法认为一国的外部经济具有内在的调整机制，由国际收支的盈余或赤字所导致的货币内流或外流会影响一国的货币基础，从而使该国的货币存量自动调整到均衡水平，国际收支也重新恢复均衡。

随着布雷顿森林体系的瓦解，各国纷纷采用浮动汇率，但是汇率的变动对真实经济只存在微弱的影响。20世纪60年代，美元贬值而美国的贸易收支却无法改善。1980~1985年美元持续升值，美国赤字并没有持续增加。1985~1987年美元持续贬值，美国的赤字不但没有改善反而增加。这些现象用前面的理论都难以解释，这样就产生了不完全汇率传递理论。

不完全汇率传递理论分析了汇率变动后的贸易商的价格决策行为，从不同的角度研究了导致汇率不完全传递的因素，包括不完全竞争、产业组织、沉淀成本、汇率预期、市场份额、生产全球化以及随机性冲击等。①不完全汇率传递理论揭示了汇率变动只能对国际贸易产生有限的影响，在一定程度上驳斥了那些认为浮动汇率不利于国际贸易发展的观点。正如保罗·克鲁格曼认为的那样，汇率变动存在一个"无变化的范围"，"非常不稳定的汇率似乎对真实经济如此微不足道"。

从上述理论发展我们可以看出，汇率变动主要可以通过 4 种渠道影响贸易收支：（1）汇率变动引起的贸易商品价格变化对贸易收支的影响；（2）汇率变动引起的收入变化对贸易收支的影响；（3）汇率变动引起的价格水平变化对贸易收支的影响；（4）汇率变动引起的支出变化对贸易收支的影响。最新的理论进展表明，汇率变动对贸易收支的程度还要受很多其他因素的影响，如汇率变动国的经济、汇率的传递程度等。总之，汇率变动对贸易收支的影响非常复杂，我们需要根据具体的研究对象进行实证研究以验证理论分析的适用性。

二 人民币汇率与中国贸易收支：事实描述

（一）人民币汇率改革进程及其走势

改革开放以来，中国的人民币汇率制度经历了数次改革，大致可以分为以下 4 个阶段。

第一阶段：1979～1984 年：人民币经历了从单一汇率到复汇率再到单一汇率的变迁。

第二阶段：1985～1993 年：官方牌价与外汇调剂价格并存，向复汇率回归。

第三阶段：1994～2005 年：实行有管理的浮动汇率制。

第四阶段：2005 年至今：建立健全的以市场供求为基础的、有管理的浮动汇率制度。2005 年 7 月 21 日，央行正式宣布对人民币汇率形成机制进行改革，改革主要内容有：（1）放弃与美元挂钩，引入参考一篮子货币；（2）由 1 美元兑 8.2765 元人民币改为 1 美元兑 8.11 元人民币，升值 2%；（3）银行间一篮子货币兑人民币的每日收市价，作为翌日买卖中间价，上下波幅 0.3%。

---

① 对不完全汇率传递理论的介绍参见戴世宏《不完全汇率传递理论：汇率变动对改善贸易差额的作用有限》，《中国外汇》2007 年第 2 期。

就 2006 年人民币对主要货币汇率走势来看，呈现出如下趋势。①

1. 人民币对美元汇率双向波动，总体升值

2006 年，人民币对美元汇率总体升值。人民币对美元汇率年末收于 7.8087 元/美元，较 2005 年末下降 2615 个基点，升值 3.35%。汇改至 2006 年末，人民币对美元累计升幅达 6%。2006 年，人民币对美元双向波动，且幅度有所加大。人民币对美元交易中间价最高为 7.8087 元/美元（12 月 29 日），最低为 8.0705 元/美元（1 月 11 日），波幅达到 2618 个基点。在 243 个交易日中升值 134 天，贬值 108 天，两个连续工作日之间最大波动 203 个基点，为 0.25%（参见图 1）。

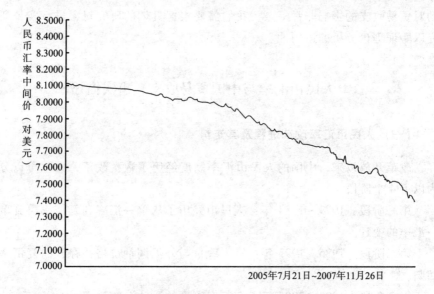

2005年7月21日~2007年11月26日

图 1 人民币对美元的汇率中间价（2005 年 7 月 21 ~ 2007 年 6 月 24 日）

资料来源：中国人民银行（www.pbc.gov.cn）。

2. 人民币对其他主要货币汇率有升有贬

2006 年，人民币对港币和日元小幅升值，人民币对欧元和英镑小幅贬值。人民币对日元汇率年末收于 6.5630 元/100 日元，较上年末升值 4.70%。人民币对欧元年末收于 10.2665 元/欧元，较上年末贬值 6.69%。人民币对港币汇率年末以最低中间价 1.00467 元/港币结束，比上年末升值

---

① 国家外汇管理局：《2006 年中国国际收支报告》。

3.55%。人民币对英镑汇率收于 15.3232 元人民币/英镑，较推出当天的 14.8833 元人民币/英镑贬值 2.87%。

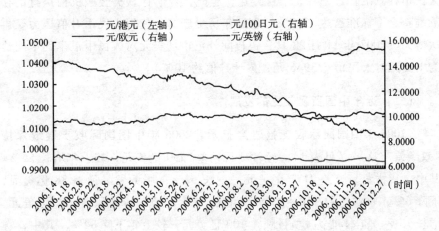

图 2　2006 年人民币对欧元、日元、港币、英镑交易中间价走势图

资料来源：国家外汇管理局：《2006 年中国国际收支报告》。

3. 名义和实际有效汇率升值

据国际清算银行测算，2007 年 1 月 1 日，按照贸易权重加权的人民币名义有效汇率指数为 98.68，较汇改前（2005 年 7 月 1 日）的指数 95.5 升值了 3.33%，较 2006 年 1 月 1 日升值了 1.82%；扣除通货膨胀差异的人民币实际有效汇率指数为 94.18，较汇改前升值了 3.65%，较 2006 年 1 月

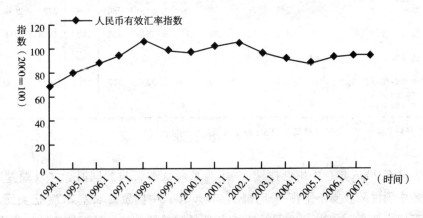

图 3　人民币实际有效汇率指数的变化（1994～2007）

资料来源：依据国际清算银行（www.bis.org）公布的数据绘制。

1 日升值了 2.19%。

2007 年 11 月 10 日央行宣布，自 11 月 26 日起，上调存款类金融机构人民币存款准备金率 0.5 个百分点，至此，普通存款类金融机构执行的存款准备金率标准已达 13.5%，创近年历史新高，使得人民币升值压力又再次增大（2007 年 11 月 23 日，银行间外汇市场美元对人民币汇率的中间价为 1 美元对人民币 7.3946 元，累计升值约 10%）。

（二）近年中国贸易收支的发展

《2006 年中国国际收支报告》显示，2006 年中国国际收支继续保持"双顺差"格局（见表 1）。经常项目顺差 2499 亿美元，较上年增长 55%。其中，货物贸易顺差 2177 亿美元，增长 62%；服务贸易逆差 88 亿美元，下降 6%；收益顺差 118 亿美元，增长 11%；经常转移顺差 292 亿美元，增长 15%。资本和金融项目顺差 100 亿美元，较上年下降 84%。其中，直接投资顺差 603 亿美元，下降 11%；证券投资逆差 676 亿美元，增长 12.7 倍；其他投资顺差 133 亿美元，上年为逆差 40 亿美元。2006 年末国家外汇储备比上年末增加 2475 亿美元，达到 10663 亿美元。

表 1　1997～2006 年中国国际收支顺差结构

单位：亿美元

年份 项目	1997	1998	1999	2000	2001	2002	2003	2004	2005	2006
总顺差	580	252	263	397	522	677	986	1794	2238	2599
经常项目差额	370	315	211	205	174	354	459	687	1608	2499
占比（%）	64	125	80	52	33	52	47	38	72	96
资本和金融项目差额	210	-63	52	192	348	323	527	1107	630	100
占比（%）	36	-25	20	48	67	48	53	62	28	4

资料来源：国家外汇管理局：《2006 年中国国际收支报告》。

截至 2006 年，中国已连续 12 年为贸易顺差，与此同时，"双顺差"导致中国国际收支不平衡有所加剧。2006 年，中国贸易顺差 2177 亿美元，创下历史新高，相当于 2003～2005 年贸易顺差的总和。外汇储备增加额连续第三年超过 2000 亿美元，外汇储备规模超过万亿美元，相当于 2000 年的 6 倍多。

最新的数据显示，2007 年上半年中国贸易顺差达到 1125 亿美元，同比增长 83%，增幅比 2006 年全年水平高 9 个百分点。截至 2007 年 6 月，中国已经连续 38 个月实现贸易顺差。2007 年上半年形成中国贸易顺差有四大特点。①

首先，2007 年上半年贸易顺差与进口和出口增长不同步有关。相对于出口而言，上半年进口增速有所放缓，1~6 月，中国外贸出口增长 27.6%，进口增长 18.2%，出口增速超过进口 9.4 个百分点，而 2006 年同期两者只差 3.9 个百分点。

其次，加工贸易仍为贸易顺差主要来源。2007 年 1~6 月，中国一般贸易顺差有所增加，达到 503.6 亿美元，但是大部分贸易顺差仍然来自于加工贸易。上半年加工贸易形成的贸易顺差达到 1105 亿美元，占贸易顺差总额的 98% 以上。

再次，外资企业顺差占比较高。中国近年来吸纳外国直接投资规模较大，大部分外资企业以加工贸易形式投入制造业中，这一部分顺差带有相当大的刚性。2007 年 1~6 月，外资企业形成贸易顺差额为 577.1 亿美元，占贸易顺差总额的 51%。

最后，美国、欧盟等国家和地区是中国贸易顺差的主要来源地。2007 年 1~6 月，中国对美国的贸易顺差为 688.5 亿美元，对欧盟的贸易顺差为 574.1 亿美元。

（三）人民币升值与贸易顺差的抑制

从总体上看，人民币实际汇率升值幅度较小，对抑制贸易顺差效果不明显。

自 2005 年 7 月汇率制度改革后，人民币升值步伐加快。但是，如果考察人民币的名义汇率与实际汇率升值的情况可以发现，人民币的实际汇率升值幅度很小，还不足以对外贸顺差的持续增长产生明显的抑制作用。2007 年 1~7 月，人民币兑美元的升值幅度约为 3%，但实际汇率即人民币对一揽子货币的升值幅度仅为 1% 左右。其中，人民币相对于欧元、加元、澳元等主要货币实际上是在贬值。由于人民币的实际汇率升值幅度较低，不足以抑制中国当前的出口快速增长，对于贸易顺差扩大的影响作用也十

---

① 范剑平等：《外贸顺差扩大，政策调控需加强》，《上海证券报》2007 年 8 月 16 日。

分有限。而且，自汇率改革以后，国际上一直看好人民币升值的潜力，加之近期中国资本市场异常火暴，引发众多国际游资涌入，导致了近年来中国在资本项目下顺差有所增加（范剑平等，2007）。

此外，由于国际市场对中国商品的需求依然较为旺盛，人民币升值后出口企业要求提高产品价格，并获得进口方的同意，这一因素也导致了中国出口产品的总体价格在上升，并对中国贸易顺差的扩大也有一定影响。

三 人民币汇率与贸易顺差：实证研究进展

近年来不断攀升的中国贸易顺差已成为国内外关注的焦点。国外学者普遍的一种观点是，中国贸易顺差的不断扩大是人民币汇率低估的直接结果（Goldstein，2004；Wang，2004；Coudert and Couharde，2005；Lee，etal，2005；Frankel，2004），因此主张通过人民币升值来调整贸易失衡。这种观点为美国、日本等国向中国施加压力要求人民币继续升值提供了主要理由，那么，人民币升值能否改善中国的贸易顺差呢？对此，国内外众多学者进行了研究，得出的结论也各不相同，下文将从若干方面对这类文献进行梳理。

（一）研究结果

近年来，国内一些学者以中国的数据为背景对中国进出口需求弹性进行了测算，关于中国贸易收支和人民币汇率以及国内外收入之间的经验研究也有一定的进展。但是，因为研究的目的和对问题的认识不同，使用的方法和建立的模型也不一样，所以存在一些分歧和差异。按照研究结果的不同，我们可以将相关的文献大致划分为如下两类。

1. 汇率变动会影响贸易收支[①]

有些学者的测算结果显示，中国进出口需求弹性较大，汇率变动对中国进出口影响显著。例如，戴祖祥（1997）对中国 1981～1995 年的数据

---

① 得出这种结论的国外研究有：Krugman 和 Baldwin（1987）、Heikie 与 Hooper（1987）以及 Moffett（1989）等分别对美国的实际汇率与贸易收支进行了研究，得出汇率贬值有利于改善一国的贸易收支。Rose（1991）估算了 OECD 国家贸易收支与实际汇率之间的关系，认为实际汇率贬值可以改善这些国家的贸易收支。Frankel 和 Wei（1996）研究发现汇率变动对贸易流量有显著的负向影响。Rose（2000）也发现汇率变动对贸易起着阻碍作用。

分析后得出：中国 1981~1985 年和 1985~1995 年的出口价格需求弹性分别为 -1.03331 和 -1.1234，中国的进出口需求价格弹性之和为 1.3，满足马歇尔—勒纳条件，以此认为人民币汇率贬值可以改善中国的贸易收支。钟伟等（2001）以 1993~1998 年季度数据为样本分别估计了中国进口、出口和贸易余额方程，认为中国总体上存在 J 曲线效应，人民币汇率对中国的贸易收支大约有 3 个季度的时滞效应。朱真丽和宁妮（2002）以 1981~2000 年的年度数据研究了中国的贸易收支弹性，发现中国的出口价格弹性和收入弹性为 -2.03 和 1.72，进口的价格弹性和收入弹性为 -0.68 和 0.21；她们还研究了中国的双边贸易弹性，中国对美国的出口价格和收入弹性分别为 -0.30 和 4.16，从美国进口的价格和收入弹性分别为 -0.95 和 1.07。李建伟与余明（2003）利用计量模型，假定 2003 年如果人民币汇率升值 5%、10%、15%，则当年的出口增速将分别减少 9.21%、18.04% 和 25.91%，进口增速将分别提高 0.97%、2.31%、4.2%。即人民币升值对出口贸易形成巨大冲击，而对进口刺激作用十分有限。陈华（2003）实证分析了人民币汇率波动对中国进出口（1991~2001）的影响，他认为汇率波动对出口影响较大，进口虽然也受影响，但国家进口政策的影响作用更大。刘绍全（2004）采用误差修正模型来区分短期弹性和长期弹性，得出短期出口弹性为 -0.74，长期弹性为 -1.74。戴世宏（2006）的实证发现，人民币对日元升值反而有助于降低中国对日本的贸易逆差。叶永刚等（2006）的实证研究表明，长期和短期人民币有效汇率与中美贸易收支均不存在因果关系，但中日贸易收支与人民币汇率之间互为因果关系，中美、中日贸易收支均不存在 J 曲线效应。

2. 汇率的变动对贸易收支没有显著影响①

但另一些学者则认为，中国进出口需求弹性较小，人民币汇率变动对中国总体进出口贸易影响不大。例如，厉以宁等（1991）对中国1970~1983 年的数据分析得出，中国进出口弹性分别为 0.6871 和 0.0506，进出口商品的需求价格弹性严重不足，人民币汇率贬值不但不能改善贸易收支，反而会导致出口状况的恶化。陈彪如（1992）对 1980~1989 年的进出口价格指数及贸易量指数进行回归分析后得出，中国的进口需求弹性为

---

① 得出这种结论的国外研究有：Tarlok Singh（2004）得出汇率变动对印度贸易收支作用不显著。尹翔硕，俞娟（2004）通过对日本 1981 年以后的汇率变动与贸易收支进行了回归分析，得出汇率并不是影响一国贸易收支长期变动的主要因素，更基本的因素是储蓄与投资。

0.3007，出口需求弹性为 0.7241，进出口价格弹性正处于马歇尔—勒纳条件的临界值之上，因而人民币汇率变动对中国的贸易收支影响甚微。裴平（1994）在考虑马歇尔—勒纳条件时加入时滞效应，实证分析 1994 年汇率并轨引起的人民币贬值对当时的进出口改善并非密切相关，认为仅仅简单地对人民币贬值对于改善进出口的作用十分有限。泽奥扬·赞格（Zhaoyong Zhang，1996）研究认为，贸易差额的变动引起汇率的变动，但是没有证据显示汇率的变动会引起贸易差额的变动。泽奥扬·赞格（1999）发现，实际有效汇率对贸易收支的影响是中性的，不存在 J 曲线现象。英芬格·Xu（Yingfeng Xu，2000）认为，由于国内价格的灵活性，汇率变化对贸易流量只有有限的、短暂的影响。谢建国、陈漓高（2002）通过协整分析及冲击分解，研究了中国贸易收支与人民币汇率之间的关系，认为人民币汇率贬值对中国贸易收支的改善并没有明显影响，中国贸易收支短期主要取决于国内需求状况，而长期则取决于国内供给状况。强水昌等（2004）计算的结果认为中国出口额对人民币汇率的弹性是很弱的（-0.068），而人民币实际汇率变动对中国进出口贸易几乎没有影响。殷德生（2004）以 1980～2001 年的年度数据为样本估算了中国的贸易收支方程、出口需求方程和进口需求方程，得到出口需求的汇率弹性和收入弹性分别为 -0.5689 和 4.5643，进口需求的汇率弹性和收入弹性分别为 0.012 和 1.5531。沈国兵（2004）使用 1998～2003 年中日之间的月度数据，通过实证分析得出中日贸易与人民币汇率没有长期的协整关系。张茵和万广华（2005）为研究中国贸易收支的短期变动，采用了 1985～2000 年的季度数据为样本，构造结构向量自回归（SVAR）模型，认为国内外供给冲击和相对需求冲击等实际因素是影响中国贸易收支变动的主要因素，而汇率变动对于贸易余额的影响不大。魏巍贤（2006）的研究则发现，进出口贸易对人民币汇率的弹性并不是常数。

通常认为，一国汇率贬值可以改善国际收支账户，"这一假设在开放经济的许多模型甚至政策制定中都扮演重要的角色"（罗斯，1991），然而，贬值对贸易收支影响以及 J 曲线效应仅仅是一种经验假设，没有确切的理论依据。而且"经济学家早已意识到，马歇尔—勒纳条件不一定得到满足"（罗斯，1991）。由上述文献分析也可以看出，汇率变动与贸易收支的关系是非常复杂的，经济学家从不同的角度进行实证分析得出不同的结论，实证研究的结果一直是众说纷纭，因为具体到不同的国家，汇率变动与贸易收支的关系往往有很大的差异。

（二）研究方法

就国外实证研究的估计方法而言，早期的经验研究通常采用诸如普通最小二乘法和两阶段最小二乘法等标准的计量方法，而得出的结论却不尽相同。[①] 自 20 世纪 90 年代以来，随着计量经济建模技术的发展，协整和误差修正模型被越来越多地用于进出口贸易弹性的分析中。一些文献在处理进出口与收入和价格的协整关系（或长期关系）时采用了 E-G 两步法（Engle 和 Granger，1987）或约翰森（Johansen）系统估计（Johansen，1988）。这两种方法都要求所有的变量都是一阶单整的，而当这些变量的某个线性组合具有平稳性时，就认为这些变量之间是协整的鉴于实证分析结果的不确定性和总量分析的可能性偏差。[②] 近年来出现了一些利用分解的贸易余额进行 J 曲线研究的趋势。罗斯和伊伦（Rose and Yellen，1989）做了开创性研究，他分析了美国与其 6 个主要贸易伙伴国之间贸易余额对实际汇率的反应，结果显示不论在短期还是长期都不存在 J 曲线效应，但其样本数据没有经过平稳性处理，可能存在虚假估计。最近，佩萨雷等（Pesaran el al.，2001）提出了一种自回归分布滞后模型框架下检验协整关系的方法，使用这种方法时，变量可以是一阶单整的也可以是平稳的，所以在实际处理时，事先无需进行单位根检验。[③]

国内的相关研究在估计方法上基本上沿袭了国外的发展路径，下文将按照研究方法的不同对近年来人民币汇率与贸易收支关系的文献进行分类介绍。

1. 最小二乘法

早期的研究大多采用简单的最小二乘法进行估计。例如：厉以宁等（1991）对中国 1970～1983 年的数据进行最小二乘法估计后得出，中国进出口弹性分别为 0.6871 和 0.0506，人民币汇率贬值不能改善贸易收支。而陈彪如（1992）运用对 1980～1989 年的进出口价格指数及贸易量指数

[①] 采用这种估计方法的国外研究有：Wilson 和 Takacs，1979；Warner 和 Kreinin，1983；Bahmaniooskooee，1986；Marquez 和 McNeilly，1988；Marquez，1990；等等。

[②] 采用这种估计方法的国外研究如 Clarida，1994；Carone，1996；Bahmaniooskooee，1998；Bahmaniskooee 和 Niroomand，1998；Gupta-Kapoor and Ramakrishnan，1999。

[③] Bahmaniskooee 和 Kara（2004）用 ARDL 协整法分析了 28 个国家的进出口价格和收入弹性，认为在大多数情况下价格弹性足够使实际汇率贬值从而改善贸易收支。Bahmaniskooee 和 Goswami（2004）用同样的方法分析了日本和其最大的 9 个贸易伙伴的双边贸易的汇率敏感性，发现日本的对外贸易对于汇率并不敏感。

进行简单最小二乘法回归后得出，中国的进口需求弹性为 0.3007，出口需求弹性为 0.7241，人民币汇率变动对中国的贸易收支影响甚微。中国社会科学院经济研究所宏观课题组（1999）采用 1981~1998 年的数据，运用最小二乘法方法估计了中国与主要贸易伙伴国的总出口函数和总进口函数，结果表明：汇率变动对中国出口的影响是显著的，也是有条件的，中国的出口弹性大，外国需求变动的影响大。

近年来的文献中，仍有一些学者在研究汇率与进出口关系时采用最小二乘法方法。例如：张曙光（2005）利用最小二乘法分别估计了人民币升值对中国进出口贸易的影响，发现人民币汇率变动当期和滞后 1~3 个季度，弹性系数为 0.75~1.19，此后汇率弹性系数明显减小，滞后 7 个季度，弹性系数在 0 左右，汇率变动的影响趋于消失，而进口则主要是受国内需求的影响。[1] 贺力平等（2006）用最小二乘法对 1980~2004 年美元有效汇率指数与美国经常账户逆差/GDP 比率的关系进行了计量检验。结果发现，汇率变量的作用在 1990 年以来的时段中明显降低，时间趋势变量的作用则变得突出。作者认为，既然难以指望美国经常账户逆差会由于美元贬值而相应减少，那么人民币对美元升值也难以发挥帮助美国改善国际收支平衡的作用。戴世宏（2006）从 1979~2004 年间双边汇率和总需求（供给）角度用最小二乘法实证研究了人民币对日元双边实际有效汇率与中日双边贸易差额之间的关系，结论认为，实际双边汇率对中日贸易有着显著的影响，中国对日本的实际汇率升值将显著增加中国对日本的贸易差额，因此，人民币对日元升值将有利于降低中国对日本的贸易逆差。卢万青等（2007）用最小二乘法的实证研究表明，1995~2005 年，人民币实际有效汇率上升 1%，出口和进口分别下降 2.370% 和 2.192%，经济增长率下降 0.12%，外商直接投资基本不受影响。

2. ARCH 族模型[2]

从测度汇率变动的角度来看，近年来越来越多的学者采用 ARCH 族方

---

[1] 李稻葵等（2006）指出，张曙光（2005）的文章未考虑人民币以及出口贸易额时间序列的单位根问题，而在时间序列出现单位根时，简单的最小二乘法回归是不合适的，它的结果没有一致性。

[2] ARCH（Autoregressive conditional heteroskedasticity model）中文文献一般称做"自回归条件异方差模型"，计量经济学家恩格尔（Robert F. Engle）1982 年开创性地提出了自回归条件异方差（AutoRegressive Conditional Heteroscedasticity）模型，并成功地应用于英国通货膨胀指数的波动性研究。ARCH 模型能模拟时间序列变量的波动性变化，在计量金融领域中应用较为广泛。很多学者从不同角度推广了 ARCH 模型，进一步拓展了（转下页注）

法来处理汇率时间序列变动的问题，从而提高估计的可信度。例如：

邹吉华（2000）运用 ARCH 模型导出的实际有效汇率指数条件方差作为汇率波动，用允许多结构断裂检验过程检验变量的稳定性与协整关系，运用误差修正模型估计汇率波动对中国出口的影响。实证研究结果表明，这种影响有正有负，即对中国总出口、工业品出口及矿物燃料出口具有长期的负面影响，但对食品、烟草及饮料的影响却是正面的。

贺刚（2006）以 GARCH 模型导出的实际有效汇率指数的条件方差代表汇率变动，用实际有效汇率指数的变化研究汇率波动对中国贸易流量的动态影响，应用协整理论和向量误差修正模型就汇率波动对进出口贸易流量的影响进行实证分析，结果表明：长期中，持续的汇率波动对中国进口具有积极作用，而对出口则有显著的负面影响；短期内，进出口贸易流量受汇率波动的影响较小，出口主要受国外收入与实际汇率水平影响，进口主要受国内收入影响。

曹阳、李剑武（2006）利用 GARCH 模型测算了人民币实际汇率的波动率，然后采用 E-G 两步法研究了其波动对中国进出口贸易的影响，发现从长期看，随着汇率波动率的增加，中国的出口量会减少，而进口量则会增加，而短期中汇率波动率的增加对贸易影响不大。

3. 向量自回归模型（VAR）、协整检验、误差修正模型

由于不论是汇率还是贸易流量都是时间序列数据，因此要估计汇率变动与贸易收支之间的关系就必须解决最小二乘法可能存在的"虚假回归"问题，近年来，计量经济学的巨大发展为经济学家的研究提供了有力的新工具，运用协整检验、误差修正模型、格兰杰因果检验、脉冲响应函数和预测方差分解等计量方法实证检验汇率变动与贸易收支关系成为一种潮流，国内的相关研究在近几年非常普遍。可以将这些研究区分为如下两类。

一是，采用 VAR 方法研究了人民币汇率波动与贸易收支间的关系。例如，张茵等（2005）利用结构向量自回归模型对中国的贸易余额的波动进

（接上页注②）ARCH 模型的应用领域，一般将这些模型统称为 ARCH 族模型，列举如下：GARCH（Bollerslev, 1986），LOGARCH（Geweke, 1986），NARCH（Higgins and Bera, 1982），QGARCH（Engle and NG, 1993），GARCH-M（Engle, Lilien and Robins, 1985），EGARCH（Nelson, 1991），TARCH（Zakoizn, 1990）and Component ARCH。2003 年 Robert F. Engle 以在 ARCH 模型领域的贡献荣膺当年诺贝尔经济学奖。详见詹姆斯·D. 汉密尔顿《时间序列分析》，中国社会科学出版社，1999。

行了分析，发现中国贸易余额的波动主要是实际因素冲击引起的，名义冲击对中国贸易余额影响不大。卢向前和戴国强（2005）用协整向量自回归方法对 1994～2003 年人民币对世界主要货币的加权实际汇率波动与中国进出口之间的长期关系进行检验，发现人民币实际汇率波动对进出口贸易影响显著，马歇尔—勒纳条件成立，并存在 J 曲线效应。徐明东（2006）选取 1997～2006 年的月度数据，运用 VAR 方法，考虑了 FDI 存量和中国加工贸易特征的影响后对贸易收支与人民币实际汇率变动关系进行了动态分析，发现人民币实际有效汇率的变动显著影响了中国贸易收支；短期内 J 曲线效应存在，时滞约为 5 个月；汇率变动对进出口贸易影响的同向性明显。

二是，在 VAR 模型基础上广泛运用协整检验、误差修正模型、格兰杰因果检验、脉冲响应函数和预测方差分解等计量方法进行了实证检验。例如：马丹和许少强（2005）使用协整检验等方法从中国对外贸易、中国贸易结构与人民币实际有效汇率两个方面考察了中国对外贸易与人民币实际有效汇率之间的关系，发现人民币实际有效汇率的贬值能够改善中国贸易收支，人民币实际有效汇率与中国出口结构之间存在协整关系。刘伟、凌江怀（2006）通过对人民币汇率变动和中美贸易差额建立 VAR 模型，重点考察了人民币汇率变动和中美贸易差额之间的格兰杰因果关系，认为人民币汇率变动与中美贸易差额之间不存在因果关系，单纯的人民币升值不会解决中美贸易失衡问题。吕剑（2006）在模型中引入关税（出口退税额）、政府支出、贸易条件等变量，通过约翰森协整检验、误差修正模型、格兰杰因果检验、脉冲响应函数等计量方法进行了实证检验，结果表明，1978～2005 年，人民币实际汇率错位对出口贸易产生负面影响。① 巴曙松等（2007）以中国汇率制度改革日（2005 年 7 月 21 日）为基期，通过选取样本和构造权重，对人民币实际有效汇率进行新的测算，通过对结果数据和相关变量进行约翰森协整检验、格兰杰因果检验和相关系数的计算，认为人民币实际有效汇率与贸易顺差之间（2002 年 1 月～2005 年 12 月）具有长期的协整关系，实际有效汇率贬值是导致中国贸易顺差加大的原因之一；但仅凭借人民币升值并不能改变中国贸易双顺差的局面，贸易结构

---

① 作者随后还运用二元离散选择模型（Logit 模型）进一步对二者关系进行了考察，得出了人民币实际汇率错位幅度与净出口呈负相关的结论，即汇率错位幅度越小，越有利于出口，从而出现贸易顺差。

的变化甚至会对人民币汇率构成一定的先导作用。

4. 自回归分布滞后模型（ARDL）——研究方法的最新进展

为提高估计结果的质量和统计推断的可靠性，陈六傅、钱学锋等
（2006）基于自回归分布滞后模型（ARDL），采用更加稳健的佩萨雷和欣
（Pesaran and Shin，1999）和佩萨雷等（Pesaran et al.，2001）的边界检验
（the bound test）方法，① 分析了中国与 7 个主要工业化国家贸易余额对人
民币实际汇率的弹性，以及中国与这些国家之间的长期贸易关系。发现不
论在长期内还是在短期内，人民币实际汇率对中国与 G－7 各国双边贸易
余额的影响具有明显的不对称性。② 金洪飞等（2007）以 1994 年 1 月 ~
2005 年 3 月的月度数据为样本，用 ARDL 框架下的协整方法，对中美贸易
的收入弹性和实际汇率弹性进行了经验分析。分析发现：中国对美进出口
的收入弹性都是显著的，并且中国对美国出口的收入弹性约为中国从美进
口的收入弹性的 6 倍，但是中国对美进口和出口的实际汇率弹性都是不显
著的。因此，作者认为人民币汇率对中美贸易没有显著影响，人民币汇率
升值将无法改善美国的对华贸易收支。

此外，还有一些学者对人民币汇率波动与贸易收支关系进行简单的统
计分析。例如，祝宝良等（2006）运用统计分析的方法，分析了汇率形成
机制改革以来人民币汇率波动对中国外贸的总体影响，发现人民币升值对
不同出口商品的影响不同，对不同贸易方式的影响也不同，对主要贸易伙
伴国的出口增长放缓，进口增长回升，总体上看，人民币小幅升值减缓了
中国贸易不平衡的状况。管涛（2006）采用统计分析的方法也有类似的结
论。另一些学者则采用不同的实证模型展开研究。例如，魏巍贤（2006）
通过建立 CGE 模型定量研究了人民币升值对中国经济的影响，结果显示升
值出口下降、进口增加，但进出口贸易额对人民币汇率的弹性不是常数，

---

① 这种分析方法的优点在于它并不要求所有变量是平稳的或一阶单整的，对样本数量变化
不是太敏感，可以在充分滞后的阶数中通过一般到特殊的分析方法捕获变量真正的数据
生成过程，还可以通过线性转换从 ARDL 模型中推断出变量间动态误差修正模型，从而
很好地克服了变量的非平稳性和样本容量有限性的不足。

② 具体结论为：从短期来看，在中美、中法双边贸易余额中存在人民币实际汇率贬值（升
值）导致的 J 曲线效应（反向 J 曲线效应），在中日、中德双边贸易余额中人民币实际汇
率贬值（升值）存在一个贸易余额不断恶化（改善）过程，中意双方则存在一个明显的
"L"（反向 L）形曲线。从长期来看，中美、中日、中德、中意及中英双边贸易余额对人
民币实际汇率在长期内有正相关关系，即人民币实际汇率贬值（升值）在长期内能改善
（恶化）中国与这 5 个贸易伙伴国之间的贸易余额，中加与中法双边贸易余额则相反，人
民币实际汇率贬值（升值）在长期内会恶化（改善）双边贸易余额。

随着升值幅度的加大，出口更快速下降，进口也上升较快对不同部门的影响也不同，受冲击较大的是劳动密集型的制造业。

（三）研究部门

无论人民币汇率还是中国贸易收支的变动，都是多个与中国经济往来密切的国家共同作用的结果，贸易收支尤其如此。下文依据文献分析中对贸易对象的不同处理来进行讨论。

1. 总贸易流量

这类文献没有详细地区分进口和出口，而是从总体上考察净贸易额（或贸易收支），代表性文献有：张斌（2003）实证分析了中国 1985～2000 年间国际收支的情况，尤其是对 1993 年后中国持续的贸易顺差的原因进行了全面的分析，认为贸易品部门相对较快的技术进步率、较高的经济增长率和储蓄率、FDI 的大量涌入对中国的贸易顺差有积极方面的影响，而相对价格变化，尤其是真实有效汇率升值和经济增长减速对贸易顺差有不利的影响。罗忠洲（2005）系统分析了汇率变动的经济效应，讨论了汇率、价格与贸易收支之间的关系，作者利用 1971～2003 年间日本进出口额和日元的数据进行了实证分析，没有讨论中国的类似问题。胡智等（2006）分析认为，仅靠汇率水平的调整可能不是有效地对中国国际收支做出调节，利用 1985～2004 年的数据对国际收支的货币主义理论进行了约翰森协整检验，发现中国外汇储备与国内信贷间存在协整关系，因此可以尝试通过对国内信贷数额的调整来对中国国际收支进行调节。孙俊（2007）基于 1994～2006 年月度数据，实证研究了人民币实际有效汇率对中国对外贸易总额的影响，发现：（1）1994 年 1 月～2006 年 11 月，人民币实际有效汇率与中国对外贸易总额之间存在着长期稳定的关系，其弹性系数为 5.23，远远大于马歇尔—勒纳条件所要求的临界值 1，表明马歇尔—勒纳条件在中国是明显成立的；（2）1994 年 1 月～2006 年 11 月，人民币实际有效汇率波动对中国对外贸易总额的影响存在 J 曲线效应，滞后时间为 4 个月。刘荣茂等（2007）分析了人民币汇率波动调节中国国际收支巨额顺差有效性的问题，作者提出了符合中国实际情况的国际收支与汇率扩展的 M-F 模型，并选取 1985～2005 年度数据进行约翰森协整检验，发现在长时间序列中，除了人民币升值外，还可以通过减少政府支出和控制外商直接投资流入量来调节中国国际收支的巨额顺差，而且调节效果将强于人民币汇率波动的调节作用。

2. 区分进出口

除了从总贸易流量的角度进行研究外，一些学者选择从进口和出口双边贸易的角度进行实证分析，这类研究也可以细分为两大类：

一是仅考虑进口或出口的实证研究。[①] 例如，欧元明、王少平（2005）的研究仅考虑了出口，作者运用格兰杰因果检验以及协整、误差修正模型等分析方法，对中国内资企业出口与汇率的关系进行实证分析（样本期为1986~2002年，以九大出口贸易伙伴为分析对象），发现实际有效汇率与中国企业内资出口间没有因果关系，并且无论在长期和短期实际有效汇率的变动都不能有效地解释内资出口的变动，说明人民币汇率的变化对内资出口影响非常小，因此，国际上因为贸易逆差而指责中国的汇率政策，其理由是不充分的。

二是同时考虑进口和出口的实证研究。梁琦、徐原（2006）就汇率因素对中国进出口贸易的实际影响进行了定量分析，认为中国出口贸易的最大威胁不是人民币升值2.01%，而是未来国际外汇市场汇率变动引起的汇率风险。叶永刚等（2006）对1995~2004年间中美、中日双边贸易收支与人民币实际有效汇率之间的关系采用多元协整技术进行了实证研究，发现无论长期还是短期，人民币有效汇率与中美贸易收支之间均不存在因果关系，但中日贸易收支与人民币有效汇率之间互为因果关系，人民币有效汇率对中美贸易收支和中日贸易收支均不存在J曲线效应，因此，改变人民币汇率并不是改善中美、中日双边贸易收支的有效工具。封思贤（2007）从空间和时间（1985~2004）两个角度全面考察了人民币实际有效汇率的变化对中国进出口的影响。结果表明，人民币汇率的变化会显著影响中国的进出口，但这种影响程度在1994年以后明显的出现了下降趋势，同时，人民币汇率变化对中国进出口的调整存在明显的J曲线效应。

3. 区分国别

中国巨额的贸易顺差是与多个国家进行贸易的结果，而人民币汇率的变动也受这些贸易伙伴国的影响，因此，区分国别来考察人民币汇率与贸易收支间的关系是有必要的。在这类研究中，根据涉及国家的数量不同，

[①] 后文介绍的区分行业类的实证研究几乎都是仅考虑人民币汇率变动对中国出口的影响。需要说明的是，在近年人民币升值压力与贸易顺差持续的背景下，这类仅考虑出口贸易的文献增加了不少。

又可以细分为两类。

一是只考虑 2~3 国（以美国、日本为主）贸易数据的实证研究。例如，沈国兵（2005）的实证研究发现，汇率变动对贸易收支的影响是值得怀疑的，仅依靠人民币汇率变动是无法解决美中贸易逆差的，"人民币升值论"或许更多的是基于政治而非经济因素，人民币汇率浮动并不能解决美中贸易逆差问题。李稻葵等（2006）详细讨论了 1980~2004 年间中美贸易顺差的根本原因，① 计量分析的结果表明，人民币对美元的名义汇率和实际汇率的变化对于中国对美国的出口以及中国从美国的进口的变化都没有任何统计上显著的相关性，而影响中国对美国出口的一个统计上显著的因素是 FDI 占中国经济的比重。周延、贾亚丽（2006）采用 1991~2005 年的双边季度数据，运用多元协整技术研究人民币实际汇率与中韩贸易收支之间的关系，发现长期内人民币双边实际汇率与中韩贸易收支之间存在稳定均衡的关系，但是由于汇率的弹性系数较小，汇率变动对中韩贸易收支的影响有限；短期内，实际汇率对中韩双边贸易的作用没有时滞，升（贬）值会立即恶化（改善）中韩贸易收支。王胜、陈继勇和吴宏（2007）通过协整分析和格兰杰因果检验研究了中美贸易顺差与人民币汇率之间的关系，发现：人民币升值在短期内难以对中美贸易顺差产生调节作用，从长期影响而言，人民币升值的影响作用也不大，因此，人民币升值不会缓解美国巨大的贸易逆差。王中华（2007）以美国和日本两个最大的贸易伙伴作为分析对象，运用协整分析、方差分解等技术，发现实际汇率并不是中美之间贸易收支的主要影响因素，无论在短期还是长期真正影响中美双边贸易收支的因素是美国方面的需求；在短期中影响中日双边贸易收支是中国的需求因素，而长期来看实际汇率对双边贸易收支具有主导作用。

二是同时考虑 3 个以上贸易伙伴国的实证研究。例如，陈平和熊欣（2002）分别使用 1991~1995 年间两年的 22 个中国主要贸易国的截面数据建立贸易引力模型，② 研究名义汇率波动程度对出口的影响，发现汇率波

---

① 作者详细比较分析了重商论、结构论、汇率论、储蓄论等可能导致中美贸易顺差的原因，结论认为，中美之间的贸易不平衡不能简单地归咎于中国独特的贸易政策和贸易结构，也不能简单归咎于人民币对美元汇率的变化。也就是说，人民币汇率的调整不可能对中美贸易的格局产生根本性影响，而中国贸易深度的影响也不能产生根本性影响。

② 贸易引力模型（Trade Gravity Model）最早由荷兰计量经济学家 Tinbergen（1962）和德国经济学家 Poyhonen（1963）引入经济学，其思想来源于牛顿的万有引力定律（转下页注）

动率增加会导致出口降低，且影响程度很大，能达到 50%。岳昌君（2003）从统计和计量两个方面度量了 1990～1999 年间实际汇率对双边贸易的影响，既考虑了中国与中国产品进口国之间的双边实际汇率，又考虑了中国出口竞争国与中国产品进口国之间的双边实际汇率，将替代产品的价格因素引入传统的出口方程中，实证分析发现，国外市场需求是中国出口函数的一个重要解释变量，中国出口的快速增长确实与中国的供给能力密切相关，实际汇率已经显著地影响中国与其贸易伙伴国之间的双边贸易，中国出口竞争与中国产品进口国之间的双边实际汇率显著地影响中国双边贸易出口。余珊萍（2005）也是通过建立贸易引力模型研究名义汇率波动率的影响，基于 2000～2003 年中国 10 个主要贸易伙伴国的面板数据，使用固定效应估计法，发现汇率波动率增加对出口的影响在统计上不显著。辜岚（2006）利用中国 1997～2004 年实际汇率波动与双边贸易关系进行协整检验，发现各国之间存在较大的差异：中国与美国、加拿大、韩国、欧元区国家和马来西亚 5 个经济体的贸易收支和实际汇率之间存在长期稳定关系，而与日本和英国之间却不存在。[①]范方志、赵大平（2006）根据中国的 14 个主要贸易伙伴样本性质的不同，分别选用误差修正模型和几何分布滞后模型，检验了人民币双边汇率与双边贸易收支的关系（1997 年 1 月～2005 年 5 月的月度样本），分析表明：在长期人民币汇率贬值几乎能改善中国对所有贸易伙伴的贸易收支，马歇尔—勒纳条件成立；在短期人民币汇率贬值恶化中国对大多数贸易伙伴的贸易收支，马歇尔—勒纳条件可能不成立。潘红宇（2007）研究汇率波动率对中国 3 个主要贸易伙伴美国、日本（1996 年 1 月～2005 年 6 月）、欧盟（2000 年 2 月～2005 年 6 月）的影响。通过协整检验、误差修正模型等方法估计表明：中国向美国和欧盟的实际出口与实际汇率波动率存在长期显著的负相关关系，而中国向日本的出口与汇率波动率无关；短期内汇率波动率只影响中国向美国的出口，对向欧盟和日本的出口没有影响。

（接上页注②）（The Law of Gravity）：两个物体的相互吸引力与它们的质量的积成正比，与距离成反比。Tinbergen 受此启发，借助引力模型来解释双边贸易的流量问题。他认为，一国向另一国的贸易流动主要取决于用 GDP 测量的国家经济规模和两国间的地理距离。贸易量与它们的经济规模之积为正相关，与两国之间的空间距离为负相关。详见谷克鉴《国际经济学对引力模型的开发与应用》，《世界经济》2001 年第 2 期。

① 他们的研究结果还表明，马歇尔—勒纳条件只在中国和美国、欧元区国家之间成立；运用一般脉冲响应函数检验贸易收支对实际汇率冲击的反应，发现中国和美国、欧元区国家的贸易之间存在 J 曲线效应。

4. 区分地区

一些学者发现人民币汇率变动对中国不同地区进出口贸易有不同的影响，进而利用地区数据来估计这种影响。这类研究可以大致分为如下两类。

一是仅考虑一个地区的实证研究。例如，李以明（2006）利用 VAR 方法实证研究了汇率变动对山东省贸易流量的影响，发现人民币实际有效汇率的变动对山东省贸易流量的影响十分微弱，进出口贸易弹性很小且统计上不显著，进一步的方差冲击分解表明，引起山东省贸易份额变化的因素中，汇率因素仅占 0.5% ~ 5%。戴世宏（2006）研究了 1993 ~ 2004 年间人民币汇率波动对上海市贸易收支的影响，在计量模型总引入贸易自由化、FDI 等变量后发现，人民币汇率贬值对上海市贸易收支的减少有积极的作用，样本期内的汇率弹性高达 - 1.33%。国家外汇管理局广东省分局经常项目处课题组（2006）使用计量方法（VAR 模型、协整检验和脉冲响应函数），分析了 1994 年以来人民币实际汇率与广东经常项目外汇收支之间的关系，发现从较长的历史时期看，人民币实际汇率变动对广东经常项目外汇收支的影响相对有限。姜凌等（2006）分析了四川省改革开放历年来名义和实际汇率波动对进出口贸易和引进利用外资的影响，并将四川省与全国的出口产品结构进行对比，发现近年来人民币名义汇率和真实有效汇率的小幅波动对四川外贸影响不大。余国南等（2007）基于浙江省慈溪市轴承行业的调查分析了汇率变动对出口型企业的影响，发现自 2005 年人民币汇率形成机制改革以来，由于受人民币升值等多种因素的影响，慈溪市轴承产品外销速度有所放慢。2006 年全市轴承出口比重从 2004 年的 57.3% 降到 39%，出口对企业产值增长的贡献率仅为 14.9%，比上年同期下降 33.5%。

二是同时考虑多个地区的实证研究。例如，姚允柱、张国强（2006）利用面板数据分析了汇率变动对中国及中国在 1981 ~ 2004 年 28 个省际间进出口的影响，发现汇率变动对中国区域间进出口的影响存在差异，这种差异对于我们认识人民币汇率的传导机制具有重要意义。作者同时分析了其他变量比如市场规模和国内收入等因素对进出口的影响。

5. 区分行业

一些研究者观察到，人民币汇率变动对不同行业的进出口影响有差别，研究汇率对不同行业的影响将使得实证研究趋于微观，研究结论具有实际指导意义。这类研究可以分为如下两类。

一是仅考虑对某个行业影响的实证研究。例如，宋海英（2005）通过构建计量经济学模型对人民币汇率影响中国农产品出口贸易进行实证研究，发现证实了人民币汇率对中国农产品出口贸易方面有影响：中国农产品出口与当年人民币的实际有效汇率显著地呈反向相关关系，且与前2年的人民币名义汇率变动的反向相关程度大于当年的实际有效汇率。朱小梅等（2006）根据1994~2004年的相关数据，以中国对日本农产品贸易为研究对象，实证分析（OLS估计法）了人民币汇率变动对中国农产品对外贸易的影响，发现人民币汇率变动对中国农产品进出口总量有着实际影响，但在出口中所谓的J曲线效应并不显著。[①] 叶春霜、胡丹婷（2007）研究了汇率变动对是否影响中国对美纺织品的出口，作者选取了纺织品出口汇率弹性指标，并通过构建计量经济学模型进行OLS回归分析，结果表明人民币汇率并不是影响对美纺织品出口贸易的重要因素。

二是同时考虑对若干个行业影响的实证研究。例如，乔（Chou，2000）使用1981~1996年的季度数据，研究实际有效汇率波动率对中国总出口及根据SITC分成4个部门出口的影响，结论是汇率波动率对总出口、制造业、矿业有不利影响。[②] 李广众、兰·P. 冯（Lan P Voon，2004）利用制造业SITC3位数代码商品1978~1998年对不同国家出口的平行数据，采用似不相关估计方法对中国出口商品需求方程系统进行了估计，结果发现实际汇率风险、实际汇率错位对不同商品出口量的影响，其中汇率风险的回归系数随商品不同、国家不同而有所不同，汇率错位则在大多数分析中表现为对出口具有不利影响。毕玉江（2005）实证检验了人民币实际有效汇率变动对不同类商品（按标准国际贸易分类 - ISITC0 - 9）进出口的影响，发现：对实际有效汇率弹性较为显著的是第二类非食用原料类和第八类机械运输类商品；对汇率变动最不敏感的是第三类矿物燃料、润滑油及有关原料商品。郑恺（2006）采用VAR模型研究了中国对美国按SITC分类的出口贸易额与实际汇率波动（1994年1月~2005年7月）之间的关系，结果表明，尽管中国自1994年后对美国的名义汇率基本保持不变，

---

① 作者还分析了人民币汇率变动对中国农产品对外贸易商品结构的影响，发现造成这种影响的主要原因在于初级农产品和加工农产品的需求弹性存在差异。

② 李稻葵等（2006）认为，该文的政策含义是不明确的，因为政策制定者不应该人为地扩大汇率的波动性以此来减少出口。汇率波动性的增加对出口的减少应该说是一个福利减少的结果，因为汇率波动增加导致了出口的不确定性，从而使得出口商的福利下降，对于进口商而言也是同样的道理。

但仍然无法规避实际有效汇率波动带来的负面影响，而且，不同行业对汇率波动的反应不同，制造业产品所受影响明显大于初级产品。

6. 贸易结构

一些学者注意到，绝大多数研究关注的是人民币汇率变动对贸易规模的影响，而事实上贸易结构也受汇率变动的影响，贸易规模与贸易结构之间关系密切，因此，非常有必要研究人民币汇率变动与贸易结构之间的关系。代表性的研究如下。

杜进朝（2004）对汇率变动条件下的贸易流量问题和结构问题进行了研究，指出从长期来看，人民币汇率趋势性升值有利于国内贸易结构的优化。马丹、许少强（2005）运用 1994～2003 年间的数据，采用约翰森（Johansen）协整技术，从人民币实际有效汇率与贸易收支、贸易结构两个方面考察了中国对外贸易与人民币实际有效汇率之间的关系，发现人民币实际有效汇率的贬值能够改善中国贸易收支，中国贸易结构的变化在一定程度上可以解释人民币实际有效汇率的变化。胡均民（2006）在分析了汇率变动对贸易量影响之后，着重讨论了汇率变化对出口商品结构的影响，并测算了中国劳动密集型产品和资本密集型产品出口需求价格弹性。运用协整理论与误差修正模型进行实证分析，发现汇率升值对劳动密集型产品出口的负面影响大于资本密集型产品，这在长期内将会改变中国的贸易结构，促进出口结构的升级，在资本和技术要素不存在严重制约的条件下，人民币汇率保持长期升值对出口商品结构的变化有正向带动作用。谷克鉴（2006）从实际汇率变动的角度来考察中国国民与外资部门出口波动差异，阐述了竞争政策框架下实现贸易结构升级的汇率机制问题。曾铮、张亚斌（2007）讨论了由于各类贸易产品不同的投入结构导致汇率变动对出口商品结构的影响，分别核算了人民币实际有效汇率对劳动密集型产品和资本密集型产品出口额的弹性，从直观上显示了人民币实际汇率升值对劳动密集型产品出口的弹性大于资本密集型产品，从而有利于中国产品结构的升级。作者还对人民币实际有效汇率和中国出口商品结构进行了协整检验以及因果检验，结论表明，人民币汇率升值将有利于中国出口结构的优化升级，而中国出口商品结构升级反过来对人民币汇率升值的促进作用不明显。

除了从不同角度进行实证研究，一些学者从更广泛的视角来考察人民币汇率变动与中国贸易顺差之间的关系，最有代表性的研究是卢锋（2006）

发表的有关人民币汇率长期走势的系列研究论文。① 这些论文从劳动生产率、经济赶超、体制转型等方面对人民币实际汇率的决定、变动及其影响进行了深入而广泛的研究。就人民币汇率与贸易顺差间的关系，作者的基本结论是：中国 20 世纪 90 年代国际收支出现双顺差主要是加工贸易和外商直接投资的"结盟效应"所致，这二者形成的合力对制约人民币实际汇率长期走势的可贸易部门劳动生产率提高具有重要的解释作用。中国改革开放最初 10 多年可贸易部门和不可贸易部门的相对劳动生产率不仅没有增长反而有所下降，然而这一指标进入 20 世纪 90 年代后开始止跌回升，特别是在近 10 年进入快速增长期，到 2004 年达到 276。按照"巴拉萨—萨谬尔森效应假说"，② 当可贸易部门的劳动生产率相对于贸易部门的劳动生产率下降时，真实汇率应该贬值，按照中国最近 10 年的情况，应该经由名义汇率的大幅升值来实现真实汇率的升值。

　　林毅夫（2007）对卢锋的上述结论提出了质疑，认为中国的情况其实违背了"巴拉萨—萨谬尔森效应假说"成立的中间传导机制，因此，不能认为 1990 年初以前中国人民币真实和名义汇率的贬值是由可贸易部门劳动生产率的提升慢于不可贸易部门劳动生产率的变化造成的。作者进一步指出，虽然从卢锋的研究中不能得出目前中国人民币真实汇率和名义汇率已经被严重低估的结论，但也不能就此认为中国目前的汇率接近均衡水平。林毅夫认为，受一国汇率水平影响最大的是经常账户，如果币值严重低估，国内可贸易商品的价格在国际市场竞争力增强，出口增加，进口减少，经常账户盈余的绝对量和相对于贸易总量以及相对于国内生产总值的比例也会变大。对中国 1995～2005 年间汇率变动与贸易盈余关系的考察后作者指出，合理的推论应该是人民币币值并没有被严重低估。而近年来不断高涨的要求人民币升值的呼声，则是由于国际炒家投机人民币的心理预期以及部分国家迫于国内政治经济压力而导致的后果。

---

① 这些论文分别是：（1）《人民币实际汇率之谜（1979～2005）：基于事实比较和文献述评的观察》；（2）《中国劳动生产率增长及国际比较（1978～2004）》；（3）《中国工资与劳动成本变动及国际比较（1978～2004）》；（4）《体制转型与汇率演变》；（5）《人民币实际汇率之谜（1979～2005）——中国经济追赶实践提出的挑战性问题》；（6）《长期经济成长与实际汇率演变——巴拉萨—萨缪尔森效应假说及其经验证据》（与韩晓亚合作）。

② 有关该假说的详细内容和实证研究进展见卢锋、韩晓亚《长期经济成长与实际汇率演变——巴拉萨—萨缪尔森效应假说及其经验证据》，北京大学中国经济研究中心讨论稿，NO. C2006002。

四 研究述评

1. 简要的评论

通过对近年来人民币汇率变动与中国贸易收支关系实证文献的梳理，我们可以得出如下结论。

首先，从研究结论来看，人民币汇率变动与贸易收支的关系尚没有一致的结论。一些文献支持了人民币汇率变动影响中国贸易收支的结论，另一些文献则得出了相反的结论，还有一些文献则发现在不同的时段有不同的结论，由此可以看出，目前还不能对二者关系做出一个与理论预测那样清晰的结论。

其次，从研究方法来看，实证研究越来越多地借助计量经济学工具进行。早期的研究多采用简单的 OLS 方法进行回归估计，随着计量经济学的发展，可以克服 OLS 回归内在缺陷的新方法被不断地开发出来，由此导致 ARCH 族模型、VAR 模型、协整检验、误差修正模型、格兰杰因果检验、脉冲响应函数和预测方差分解等计量方法在人民币汇率变动与贸易收支关系研究中的广泛应用，最近，自回归分布滞后模型（ADRL）也开始应用到该领域。先进计量技术的应用不仅大大提高了实证研究的可信度，也给研究者考虑更多实际因素提供了便利。

最后，从研究部门来看，不同的文献在贸易对象的选择上有较大差异。这类研究十分丰富：有从总贸易流量的角度进行实证分析的，也有利用进出口贸易数据进行估计的；有采用若干的贸易伙伴国的数据进行估计，也有分析汇率变动对 1～2 个重要贸易伙伴国进出口影响的；有考察汇率变动对中国不同地区（省份）贸易影响的，也有估计人民币汇率波动对中国不同进出口行业影响的。可以说，研究汇率变动对不同国家、不同地区、不同行业的影响已经将相关研究推向微观，使得研究结论具有更直接的指导意义。

此外，我们还可以发现上述文献的如下差别：（1）在样本期的选择上存在较大的差异，时间跨度非常大；（2）在对数据的处理上也存在区别，尤其是对汇率数据的选择上，一些文献采用名义汇率进行估计，而越来越多的文献改用实际有效汇率，但对实际有效汇率的测算仍然有较大的争议（见巴曙松等，2007）；（3）在估计模型的选择上，一些文献采用传统的进出口函数，一些文献则利用贸易引力模型或 CGE 模型，越来越多的研究者开始在既有的模型中引入更符合中国情况的变量而建立新的模型进行估计。

从以上研究可以看出，采用不同的研究方法、不同的研究部门估计人民币汇率与贸易收支之间的关系，目前还很难有一个被普遍接受的结论，这是由以下几点原因造成的：一是所采用的估计模型有差异；二是所选择的分析对象和数据样本期各不相同；三是分析方法的差异及其局限性。因为不论是普通最小二乘法还是新发展的协整检验技术，尤其是在小样本条件下对变量间协整关系和单位根检验，都具有很大的局限性，而且，传统协整分析方法要求所有变量具有相同阶数，有可能忽视变量具有的结构突变等信息。

2. 研究展望

综合来看，既有的研究已经取得了相当丰富的成果，但由于研究对象，研究方法，研究数据等方面的差异，对人民币汇率变动与中国贸易收支之间的关系难以获得一致的结论。随着近年来更先进的计量技术的普遍采用和更多切合中国实际情况的变量引入估计模型，我们可以期待在人民币汇率与贸易收支关系的实证研究方面可以取得更多的共识。展望该领域的研究，我们认为，在如下几个方面可以做更深入的研究。

第一，就研究模型来看，未来的研究可以考虑在模型中引入更多符合中国实际的变量（如 FDI），建立联立方程组进行估计。毕竟，这些经济变量内在地存在着千丝万缕的联系，不能用简单的单向因果关系来处理日益复杂的中国经济情况。

第二，就研究数据来看，应当用能够反映中国真实情况的汇率和贸易数据来进行实证分析。就汇率而言，中国的情况更适合采用真实有效汇率，但如何使得对真实有效汇率的测算更接近中国的实际均衡汇率，还有待相关研究的进一步探讨，因此，在未来的研究中对汇率的选择和估计应十分谨慎。就贸易数据来说，可以考虑的因素很多，估计单边贸易影响时应当设法剔除可能存在的影响因素，进行多边贸易影响估计时，需要设法处理数据间的共线，异方差等问题。

第三，就研究对象来看，可以进行更多视角的实证研究。例如，可以估计人民币汇率变动对不同国家进出口贸易的影响，对国内不同地区和不同行业的影响，对中国进出口贸易结构和贸易方式的影响，等等。这种研究将能更全面地揭示汇率变动对贸易收支影响的宏观和微观作用机制。

第四，就研究样本期来看，应该更多地考虑相对较长的时间段。就计量估计而言，较长的时间序列意味着更多的样本点，可以提高估计的准确性，也能更客观地反映中国汇率变动与贸易收支之间的关系。但需要注意的是，由于改革开放以来，中国已经对人民币汇率制度进行了多次改革，因此，在较长的样本期内应当考虑改革所引起的数据结构突变及其影响。

参考文献

［1］Chou, W. L., Exchange Rate Variability and China's Exports, *Journal of Comparative Economics*, Volume 28, Issue 1, Mar., 2000, pp. 61 – 79.

［2］Feenstra, Robert, Wen Hai, Wing Tye Woo, Shunli Yao: The U. S. —China Bilateral Trade Balance: Its Size and Determinants, *American Economic Review*, May 1999, 338 –343.

［3］Rose A. K. 1991, The Role of Exchange Rates in A Popular Model of International Trade: Does the 'Marshall-Lerner' Condition Hold? *Journal of International Economics* 30: 301 – 316.

［4］Zhaoyong Zhang (1996), The Exchange Value of the Renminbi and China's Balance of Trade: An Empirical Study, NBER Working Paper NO. 5771, September.

［5］巴曙松等：《汇率制度改革后人民币有效汇率测算及对国际贸易、外汇储备的影响分析》，《国际金融研究》2007 年第 4 期。

［6］毕玉江：《汇率、国民收入与商品进出口——基于标准国际贸易分类的实证研究》，《财贸研究》2005 年第 4 期。

［7］曹阳、李剑武：《人民币实际汇率水平与波动对进出口贸易的影响：基于1998～2004 年的实证研究》，《世界经济研究》2006 年第 8 期。

［8］陈六傅等：《汇率弹性的不对称性分析：基于中国与 G－7 各国双边贸易数据与 ARDL 模型的实证检验》，2006 年中国经济学年会投稿论文。

［9］陈平、熊欣：《进口国汇率波动与中国出口的实证分析》，《国际金融研究》2002 年第 6 期。

［10］戴世宏：《不完全汇率传递理论：汇率变动对改善贸易差额的作用有限》，《中国外汇》2007 年第 2 期。

［11］戴世宏：《人民币汇率波动对上海市贸易收支的影响》，《上海金融》2006 年第 6 期。

［12］戴世宏：《人民币汇率与中日贸易收支实证研究》，《金融研究》2006 年第 6 期。

［13］杜朝进：《汇率变动与贸易发展》，上海财经大学出版社，2004。

[14] 范方志、赵大平：《人民币汇率变化及其传递对中国外贸平衡影响的实证分析》，《中央财经大学学报》2006 年第 2 期。

[15] 范剑平等：《外贸顺差扩大，政策调控需加强》，《上海证券报》2007 年 8 月 16 日。

[16] 封思贤：《人民币实际汇率的变化对中国进出口的影响》，《数量经济技术经济研究》2007 年第 4 期。

[17] 辜岚：《人民币双边汇率与中国贸易收支关系的实证研究：1997～2004》，《经济科学》2006 年第 1 期。

[18] 谷克鉴：《1990～1998 年国民与外资部门出口波动差异的实证分析——HBS 推断在中国的验证与拓展》，《管理世界》2002 年第 2 期。

[19] 谷克鉴：《国际经济学对引力模型的开发与应用》，《世界经济》2001 年第 2 期。

[20] 管涛：《汇制改革初现成效——人民币汇率形成机制改革对外贸进出口的影响评估》，《国际贸易》2006 年第 2 期。

[21] 国家外汇管理局广东省分局经常项目处课题组：《人民币汇率与经常项目外汇收支——对广东的实证研究》，《南方金融》2006 年第 9 期。

[22] 贺刚：《汇率波动与贸易流量：来自中国的经验数据》，《山西财经大学学报》2006 年第 5 期。

[23] 贺力平等：《美元汇率与美国国际收支平衡：变动的关系及初步解释》，《金融研究》2006 年第 7 期。

[24] 胡均民：《人民币汇率变动与中国外贸结构升级》，湖南大学博士学位论文，2006 年。

[25] 胡智等：《人民币升值对我中国国际收支的调节作用——兼论货币主义汇率调节理论在中国的适用性》，《世界经济研究》2006 年第 2 期。

[26] 姜凌等：《人民币汇率形成机制改革的对外经济贸易效应——以四川省为例的分析》，《西南金融》2006 年第 10 期。

[27] 金洪飞等：《人民币丌值能解决美国对华贸易赤字吗？——基十 1994～2005 年间月度数据的贸易弹性分析》，《财经研究》2007 年第 4 期。

[28] 李稻葵、李丹宁：《中美贸易顺差：根本原因在哪里》，《国际经济评论》2006 年第 9～10 期。

[29] 李稻葵、李丹宁：《中美贸易余额要素分析：汇率、储蓄与世界贸易结构》，清华大学中国与世界经济研究中心研究，讨论稿。

[30] 李广众、Lan. P. Voon：《实际汇率错位、汇率波动性及其对制造业出口贸易影响的实证分析：1978～1998 年平行数据研究》，《管理世界》2004 年第 11 期。

[31] 李以明：《汇率变动对山东省贸易流量影响的实证研究》，山东大学硕士学

位论文，2006。

[32] 梁琦、徐原：《汇率对中国进出口贸易的影响——兼论2005年人民币汇率机制改革》，《管理世界》2006年第1期。

[33] 林伯强：《人民币均衡实际汇率的估计与实际汇率错位的测算》，《经济研究》2002年第12期。

[34] 林毅夫：《关于人民币汇率问题的思考与政策建议》，《世界经济》2007年第3期。

[35] 刘荣茂等：《人民币汇率波动对中国国际收支调节的有效性分析》，《金融研究》2007年第4期。

[36] 刘伟、凌江怀：《人民币汇率升值与中美贸易失衡问题探讨》，《国际金融研究》2006年第9期。

[37] 卢锋、韩晓亚：《长期经济成长与实际汇率演变——巴拉萨—萨缪尔森效应假说及其经验证据》，北京大学中国经济研究中心讨论稿，NO. C2006002。

[38] 卢锋：《人民币实际汇率之谜（1979～2005）：基于事实比较和文献述评的观察》，《经济学季刊》2006年第4期。

[39] 卢锋：《人民币实际汇率之谜（1979～2005）——中国经济追赶实践提出的挑战性问题》，北京大学中国经济研究中心讨论稿，NO. C2006003。

[40] 卢锋：《体制转型与汇率演变——人民币实际汇率长期走势研究之三》，北京大学中国经济研究中心讨论稿，NO. C2006009。

[41] 卢锋：《中国工资与劳动成本变动及国际比较（1978～2004）——人民币实际汇率长期走势研究之二》，北京大学中国经济研究中心讨论稿，NO. C2006008。

[42] 卢锋：《中国国际收支结构变动及其对人民币汇率影响——人民币实际汇率长期走势研究之四》，北京大学中国经济研究中心讨论稿，NO. C20060011。

[43] 卢锋：《中国劳动生产率增长及国际比较（1978～2004）——人民币实际汇率长期走势研究之一》，北京大学中国经济研究中心讨论稿，NO. C2006004。

[44] 卢万青等：《人民币汇率变动对中国经济增长影响的实证研究》，《金融研究》2007年第2期。

[45] 卢向前、戴国强：《人民币实际汇率波动对中国进出口的影响：1994～2003》，《经济研究》2005年第5期。

[46] 吕剑：《人民币实际汇率错位对出口贸易影响的实证研究》，《当代财经》2006年第9期。

[47] 马丹等：《中国贸易收支、贸易结构与人民币实际有效汇率》，《数量经济技术经济研究》2005年第6期。

[48] 欧元明等：《汇率与中国对外出口关系的实证研究》，《国际贸易问题》2005年第9期。

[49] 潘红宇：《汇率波动率与中国对主要贸易伙伴的出口》，《数量经济技术经济研究》2007 年第 2 期。

[50] 强永昌等：《有关人民币汇率问题的对外贸易分析》，《世界经济研究》2004 年第 8 期。

[51] 尚琳琳：《出口商品结构调整的实证分析》，《财经问题研究》2002 年第 3 期。

[52] 沈国兵：《美中贸易收支与人民币汇率关系：实证分析》，《当代财经》2005 年第 1 期。

[53] 沈国兵：《中日贸易与人民币汇率：实证分析》，《国际经贸探索》2004 年第 5 期。

[54] 施建淮等：《人民币均衡汇率与汇率失调：1991~2004》，《经济研究》2005 年第 4 期。

[55] 宋海英：《人民币汇率变动影响中国农产品出口贸易的实证研究》，《农业经济问题》2005 年第 3 期。

[56] 孙俊：《人民币实际有效汇率对中国对外贸易总额的影响——基于 1994~2006 年月度数据的实证研究》，《国际贸易问题》2007 年第 5 期。

[57] 孙文莉：《汇率的贸易收支效应的理论演进》，《财贸研究》2006 年第 4 期。

[58] 唐海燕：《论汇率变动与贸易收支的长期相关性》，《经济研究》1995 年第 10 期。

[59] 王胜等：《中美贸易顺差与人民币汇率关系的实证分析》，《国际贸易问题》2007 年第 5 期。

[60] 王中华：《贸易收支与实际汇率——中美、中日比较研究》，《经济科学》2007 年第 3 期。

[61] 魏巍贤：《人民币升值的宏观经济影响评价》，《经济研究》2006 年第 4 期。

[62] 谢建国、陈漓高：《人民币汇率与贸易收支：协整研究和冲击分解》，《世界经济》2002 年第 9 期。

[63] 徐明东：《人民币实际汇率变动对中国进出口贸易影响：1997~2006》，《财经科学》2006 年第 7 期。

[64] 姚允柱、张国强：《人民币民币汇率波动对中国区域间贸易收支的影响》，《世界经济与政治论坛》2006 年第 4 期。

[65] 叶春霜、胡丹婷：《汇率变动影响中国对美纺织品出口的实证研究》，《浙江理工大学学报》2007 年第 3 期。

[66] 叶永刚等：《人民币实际有效汇率和对外贸易收支的关系——中美和中日双边贸易收支的实证研究》，《金融研究》2006 年第 4 期。

[67] 余国南等：《汇率变动对出口型企业的影响基于浙江省慈溪市轴承行业的调查分析》，《中国金融》2007 年第 12 期。

［68］余珊萍：《汇率波动对中国出口影响的实证研究》，《东南大学学报》2005 年第 2 期。

［69］岳昌君：《实际汇率与中国双边贸易》，《经济学（季刊）》第 2 卷，2003 年第 3 期。

［70］曾铮、张亚斌：《人民币实际汇率升值与中国出口商品结构调整》，《世界经济》2007 年第 5 期。

［71］张斌：《90 年代的国际收支：原因、趋势与政策》，中国社会科学院博士学位论文，2006。

［72］张曙光：《人民币汇率问题：升值及其成本—收益分析》，《经济研究》2005 年第 5 期。

［73］张茵、万广华：《试析中国贸易余额波动的成因》，《经济研究》2005 年第 1 期。

［74］郑恺：《实际汇率波动对中国出口的影响——基于 SITC 的比较》，《财贸经济》2006 年第 9 期。

［75］中国社会科学院经济研究所宏观课题组：《贸易、资本流动与汇率政策》，《经济研究》1999 年第 9 期。

［76］钟伟等：《人民币 J 曲线效应的经验分析》，《世界经济》2001 年第 1 期。

［77］周延、贾亚丽：《人民币实际汇率与贸易收支的关系——基于中韩双边的实证研究》，2006 年中国经济学年会投稿论文。

［78］朱小梅等：《人民币汇率变动对中国农产品对外贸易影响的实证分析以中国与日本农产品贸易为例》，《中国农村经济》2006 年第 9 期。

［79］朱真丽、宁妮：《中国贸易收支弹性分析》，《世界经济》2002 年第 11 期。

［80］祝宝良等：《汇率形成机制改革以来人民币汇率波动对中国外贸的影响》，《中国金融》2006 年第 14 期。

中国服务贸易出口战略研究

王绍媛

20 世纪 80 年代以来，中国服务贸易出口有了长足的发展；特别是 20 世纪 90 年代后半期以来，服务贸易出口稳定增长，商务部《中国服务贸易发展报告 2006》指出，中国服务贸易出口已经跻身全球八强，从 1982 年的第 29 位上升到 2005 年的第 8 位。根据《国民经济和社会发展第十一个五年规划纲要》，到 2010 年服务贸易力争迈上新台阶，服务进出口预期目标为 4000 亿美元，年均增长 20%，其中出口 1900 亿美元，年均增长 19%，进口 2100 亿美元，年均增长 21%；明显改善服务贸易出口结构。中国服务贸易具有广阔的发展前景和很大的增长潜力。

一 中国服务贸易出口研究综述

1982 ~ 2005 年的 23 年间，中国服务贸易出口增长年均 15.9%，增长近 29 倍，是同期世界服务贸易平均出口增速的 2 倍。[①] 1982 ~ 1991 年，中国服务贸易进出口基本处于平衡状态，一直保持小额顺差；自 1992 年中国服务贸易首次出现逆差后，除个别年度（1994 年）外，服务贸易一直是逆差；尤其是近年来，中国服务贸易逆差呈现逐步扩大之势。

中国加入世界贸易组织以后，有不少的学者对中国服务贸易的出口做了相关研究。2005 年前的研究主要集中于服务贸易对经济增长总量层面的影响、服务贸易的比较优势和国际竞争力等方面；2006 年以来的研究主要集中于服务贸易与中国经济增长的影响机制、中国服务贸易的出口结构、扩大中国服务贸易出口的对策等内容。

---

① 商务部服务贸易司：《中国服务贸易发展综述》2007 年 4 月 16 日。

黄繁华、蒋昭乙（2006）吸收杰弗里（Jeffrey A. Frankel）和戴维·罗然（David Romer，1999）关于贸易与增长之间影响机制的研究方法并结合中国实际，用中国改革开放以来的服务贸易时间序列数据，就服务贸易与经济增长之间的影响机制进行了深入的研究，得出结论：中国服务贸易出口的经济增长效应高于服务贸易进口；中国服务贸易出口和进口与人均产出之间呈现显著的正相关关系，服务贸易出口对人均产出的正效应强于服务贸易进口的正效应；对贸易与人均产出决定因素之间的计量分析表明，人均资本和制度变革是服务贸易影响人均产出的重要渠道，服务贸易出口与人均资本和制度变革存在负相关，服务贸易进口与人均资本和制度变革存在正相关。

何树全（2006）利用相对显示性比较优势指数（RRCA）分析了 1982 ~ 2005 年中国服务贸易出口的比较优势和出口结构的变化，分析表明：尽管中国服务贸易出口增长很快，但整体仍然不具备比较优势，并且服务出口在中国产品出口中的比重甚少；就具体服务部门而言，旅游服务在国际市场上的比较优势大为提高，运输服务从具有比较优势变为不具有比较优势，其他商业服务具有比较优势，通讯服务和建筑服务的比较优势极不稳定，其余的服务部门则不具有比较优势，但比较劣势程度在不断降低；从服务贸易出口结构看，20 世纪 80 年代，在中国服务贸易出口中运输服务占主导，20 世纪 90 年代以来逐步形成以旅游服务为主的格局，其他服务的出口比重有较大的增长，其中建筑服务、其他商业服务、通讯服务的比重相对较大，其余的服务所占比重甚微。

梁秀伶（2006）根据世界贸易组织的统计数据对中国服务贸易的出口进行了国际比较，指出世界主要发达国家在服务业出口份额中占了很大的比例，尤其是金融、计算机、信息、通讯和其他商务服务；在世界服务出口的代表性国家中，美国已发展成为当今全球最大最强的服务出口国，其次为英国，德国是欧盟服务贸易额最多和逆差最大的国家；日本在服务贸易中处于第一位的是金融和保险服务，约占日本服务贸易总额的一半左右；韩国的交通运输业在服务业中比重最低，但其服务贸易额却是最多的，占韩国服务贸易的比重超过了 40%；印度的软件服务出口占了非常重要的地位，且近年来其软件与软件服务出口呈持续增长的势头。

商务部政策研究课题组（2006）客观地分析了中国服务贸易发展的国内、国际环境，分析了中国服务贸易发展的问题点，并提出了发展中国服务贸易总体思路：积极推进计算机和信息服务、金融保险等新兴的资本技术密集型服务贸易的出口与继续扩大旅游、运输等传统劳动密集型服务贸易出口相结合，改善中国服务贸易出口结构，促进中国服务贸易的健康发展；稳妥扩大中国服务业开放与积极开拓国际服务业市场相结合，对内以开放促竞争，以开放促发展，增强中国企业的国际竞争力，对外大力实施服务业"走出去"战略，促进中国企业在外分支机构在当地提供商业服务，提高其利用两个市场、两种资源的能力；服务贸易的全面发展与优势区域和企业的重点突破相结合，积极建设服务贸易示范区和服务业外包基地，优先支持中国具有较强国际竞争力和增长潜力的企业出口。

二 中国服务出口贸易的发展

（一）服务贸易出口规模不断扩大，发展水平仍然偏低

根据国家外汇管理局 2007 年 5 月 10 日公布的《2006 年中国国际收支报告》，2006 年的中国服务贸易规模继续扩大，服务贸易收支总额 1928 亿美元，同比增长 22%，增幅较 2005 年提高了 4 个百分点。其中，服务贸易出口 920 亿美元，较 2005 年增长 24%；服务贸易进口 1008 亿美元，增长 20%；逆差 88 亿美元，下降 6%，延续了 2005 年逆差缩小的态势；服务贸易出口和进口分别位居世界的第 8 位和第 7 位。

1982 年以来，世界服务贸易出口与货物贸易出口的比率由不足 20% 提高到近 25%，这说明了世界服务贸易出口增速高于货物贸易出口增速。但中国服务贸易发展水平落后于货物贸易发展水平，中国服务贸易企业没有同步享受货物贸易快速增长带来的利益。1982 年以来，中国服务贸易出口与货物贸易出口的比率一直保持在 10%；进入 21 世纪后，尽管服务贸易出口增长较快，但增速仍低于同期货物贸易出口的增速，其比率呈现缓慢下降的趋势（参见表 1）。2006 年服务贸易出口增速虽较 2005 年提高了 4个百分点，但相比货物贸易出口的增速仍低 2 个百分点。

1982 年，中国服务贸易出口额仅为 24.8 亿美元，占世界服务贸易出口总额的 0.7%；2006 年，中国服务贸易出口额为 92 亿美元，占世界服务贸易出口总额的 3.4%。中国服务贸易出口额在世界服务贸易出口总额中的比重逐年提高（参见表 2），1982～2006 年的 24 年间，这一比重提高了 2.7 个百分点，但与发达国家相比，中国服务贸易出口规模的差距依旧明显。20 世纪 80 年代以来，美国、英国、德国、日本、法国一直居于世界

服务贸易出口前 5 位，五国在世界服务贸易出口总额中所占比重保持在 40% 左右（参见表 3）。

表1 中国服务贸易出口与货物贸易出口的比率

单位：百万美元，%

年　份	服务贸易出口额	货物贸易出口额	服务与货物贸易出口比率
1997	24583	182669	13.5
1998	24059	183529	13.1
1999	26248	194715	13.5
2000	30430	249130	12.2
2001	33335	266075	12.5
2002	39744	325650	12.2
2003	46733	438269	10.7
2004	62434	593392	10.5
2005	74404	762483	9.8
2006	91999	969682	9.5

资料来源：根据历年《中国国际收支平衡表》计算所得。

表2 中国服务贸易出口额与世界服务贸易出口总额之比

单位：百万美元，%

年　份	中国服务贸易出口额	世界服务贸易出口总额	二者之比
1997	24504	1326700	1.8
1998	23879	1340500	1.8
1999	26165	1391100	1.9
2000	30146	1475700	2.1
2001	32901	1488700	2.2
2002	39381	1588100	2.5
2003	46375	1804700	2.6
2004	62056	2127500	2.9
2005	74404	—	3.4
2006	87000（92000）	2710000（2715000）	3.2（3.4）

资料来源：1997～2000 年数据来自《中国商务年鉴（2004）》。

2001～2004 年数据来自《中国商务年鉴（2006）》。

2005 年数据引自商务部政策研究课题报告《扩大中国服务贸易出口对策研究》，2006 年 7 月。

2006 年数据引自商务部《2007 年中国对外贸易形势春季报告》，括号外数据为世界贸易组织《贸易快讯》（2007 年 4 月 12 日）估算数据，括号内数据为根据《2006 年中国国际收支平衡表》调整后的数据。

表3 世界服务贸易出口前五位国家在服务贸易出口总额中的份额

单位：%

年 份	美 国	英 国	德 国	法 国	日 本	五国总合
1992	17.2	6.6	6.4	5.1	5.1	43.4
1993	17.6	6.4	6.0	5.5	5.5	43.3
1994	17.4	6.5	5.7	5.5	5.5	42.3
1995	16.6	6.4	6.3	5.4	5.4	41.7
1996	16.9	6.7	6.2	5.2	5.2	41.5
1997	17.5	7.2	6.0	5.1	5.1	41.8
1998	17.7	7.9	6.1	4.6	4.6	42.6
1999	18.6	8.1	6.0	4.3	4.3	42.9
2000	18.8	7.8	5.6	4.6	4.6	42.2
2001	18.0	7.8	5.7	5.5	4.6	41.6
2002	17.3	8.1	6.1	5.4	4.6	41.3
2003	15.9	8.1	6.4	5.4	4.2	40.0
2004	14.9	8.1	6.3	5.1	4.5	38.9
2005	14.6	7.6	5.9	4.7	4.4	37.2
2006	14.3	8.2	6.1	4.1	4.5	37.2

资料来源：1992～2000 年数据根据《中国商务年鉴（2004）》计算所得。

2001～2004 年数据根据《中国商务年鉴（2006）》计算所得。

2005 年数据引自商务部政策研究课题报告《扩大中国服务贸易出口对策研究》。

2006 年数据引自商务部《2007 年中国对外贸易形势春季报告》。

（二）服务贸易出口部门结构不合理，但新兴服务项目显示出增长潜力

在世界服务贸易部门发展趋势中，旅游和运输服务保持最大部门的地位，但增速减缓，所占市场份额呈下降趋势；计算机和信息服务、金融服务、文化娱乐服务、专利许可服务等现代服务部门增速惊人，尽管所占市场份额较小，但占服务贸易总额的比重呈上升趋势。20 世纪 80 年代以来，世界服务贸易出口中运输类服务比重明显下降，旅游类服务比重保持稳定，其他商业类服务比重持续上升。

与世界服务贸易部门发展趋势相反，近年来，中国运输服务出口在货物贸易出口高速增长的有力带动下，占比呈上升趋势，旅游服务和其他商业服务出口占比出现下降的趋势，运输和旅游两大传统服务项目收入占服务贸易总收入的60%左右。计算机和信息服务出口增速加快，咨询服务贸易逆差呈减少趋势，在服务贸易出口总额中比重提高；广告、宣传和电影、音像服务出口所占比重虽然不大，但发展速度很快，广告、宣传收入大幅增加，电影、音像由逆差转变为顺差；保险服务、金融服务、专有权利使用费和特许费收入占比不大，但逆差额度增加很快，运输、保险服务、专有权利使用费和特许费3项构成服务贸易逆差的主要项目。伴随着信息服务业的迅速崛起，信息技术在经济和社会生活中的广泛应用，发达国家产业结构继续向服务业倾斜，中国货物贸易出口的进一步发展，必将为中国服务贸易出口创造更广阔的发展空间，对金融、保险、计算机和信息等现代服务部门产生更多的需求（参见表4）。

表4　中国服务贸易项目收入占比与贸易差额状况

单位：%，百万美元

年份 项目	2006		2005		2004	
	占 比	差 额	占 比	差 额	占 比	差 额
运输	22.8	-13354	20.7	-13021	19.3	-12476
旅游	36.9	9627	39.4	7537	41.2	6590
通讯服务	0.8	-26	0.6	-118	0.7	-32
建筑服务	3.0	703	3.5	954	2.3	129
保险服务	0.6	-8283	0.7	-6650	0.6	-5743
金融服务	0.2	-746	0.2	-14	0.2	-44
计算机和信息服务	3.2	1219	2.5	218	2.6	385
专有权利使用费和特许费	0.2	-6430	0.2	-5163	0.4	-4260
咨询	8.5	-555	7.2	-861	5.0	-1582
广告、宣传	1.6	490	1.4	361	1.4	150
电影、音像	0.2	16	0.2	-20	0.2	-135
其他商业服务	21.4	8432	22.7	7497	25.5	7473
别处未提及的政府服务	0.6	72	0.7	-128	0.6	-152
总　　额	100	-8834	100	-9391	100	-9699

注：贸易差额数据因取舍略有差异。

资料来源：根据2004～2006年《中国国际收支平衡表》计算所得。

（三） 服务贸易出口地区结构不平衡，贸易伙伴国家（地区）高度集中

中国服务贸易收支主要集中于亚洲、北美洲和欧洲，服务贸易收支前
10 名伙伴国家（地区）占中国服务贸易收支的 3/4；服务贸易收入来源国
（地区）排名前 5 位的是香港特区、美国、日本、中国台湾和韩国。[①] 中国
服务贸易各地区发展也不平衡，主要集中在北京、上海、广东、浙江和江
苏等经济发达地区，中西部地区服务贸易规模较小。沿海发达地区优越的
地理条件和较发达的现代服务业，使其在运输、保险等服务领域较内陆地
区具有明显的优势，在咨询、计算机和信息服务等附加值较高的新兴服务
项目中所占份额较大，中西部地区所占份额较小，层次也较低。

三 中国服务贸易出口政策研究的前提

澳大利亚生产力委员会的研究发现，如果乌拉圭回合后的世界贸易壁
垒全部消除的话，世界每年将增加 2600 亿美元的贸易收益，其中约有 500
亿美元收益来自于农业贸易自由化，800 亿美元收益来自于制造业贸易自
由化，1300 亿美元收益来自于服务贸易自由化，而 1300 亿美元的服务贸
易收益中有 1000 亿美元来自于中国。[②] 由此可见，如果世界各国都开放服
务贸易的话，会给世界带来巨大的财富；中国服务贸易市场的开放，带来
的财富也将是巨大的。但服务贸易本身的特点，使得一国在开放本国服务
业过程中相关贸易政策的实施效应是不确定的，因此在具体设计服务贸易
政策时要考虑各种互动效应。

（一） 服务贸易政策的互动效应分析

在 2006 年 11 月上海大学举办的"开放经济中的服务产业与贸易研讨
会"上，蒙英华认为，对一个服务部门执行一项政策时，这项政策同时也
会对其他服务业或其他部门产生作用，因此一项好的政策应当是考虑各个
行业的反应。

1. 服务业部门之间的相互作用

联合国秘书处（1998）考察过服务业部门之间的相互关系，指出一国

---

① 国家外汇管理局：《2006 年中国国际收支报告》，2007 年 5 月 10 日。
② Philippa Dee 和 Kevin Hanslow, Multilateral Liberalisation of Services Trade, 2000, p. 17.

如果想要在某一服务行业上具有很大的竞争优势的话，该国必须要具有达到世界水平的电信设施、相应的财政支持、暂时的自然人流动政策以及相应的技术人员。如果该国不具备良好的电信设施的话，将限制该国通过电信业进入别国服务业市场的可能。服务业之间这种相互作用因素的存在，一国政府在对服务业政策进行设计时，就应当把该政策可能引起其他服务业或可能包括的货物部门的各种反应及结果都考虑进来，应该判断出哪些服务业部门间会产生互动效应以及造成的作用效果可能有多大。

2. 服务贸易 4 种交易方式之间的相互作用

如果政府只针对跨境交付、境外消费、商业存在、自然人流动 4 种服务贸易交易方式中的一种方式采取限制措施的话，就有可能对其他的交易方式产生影响。以海外教育服务为例，跨境交付、境外消费、商业存在、自然人流动这 4 种交易方式都很重要；如果政府采取政策限制海外教育服务中的一种交易方式，如通过禁止建立外国教育机构、采取相关的外汇限制政策等限制商业存在的交易方式，有可能会促使消费者更倾向于另外一种交易方式，如到海外学习的境外消费方式或通过网络达到远程教育目的的跨境交付方式。快速的技术进步已经使得服务贸易 4 种交易方式之间的相互作用大大增强，而发展中国家在服务业开放政策方面很大程度上仅仅考虑商业存在这种交易方式。因此，政府在进行政策措施设计时就应当考虑服务贸易交易方式之间的相互作用，如果对某个行业的保护或开放只考虑其中的一种交易方式，政策的实施结果可能会是无效的或不可预知的。

3. 货物部门与服务部门之间的相互作用

货物与服务之间的相互作用对于政府政策的实施效果很重要，中外学者的很多理论分析和实证分析都证明了这一点。印度在 20 世纪 90 年代初实行的取消对农业歧视的政策，但这项政策没有带来农业产量的明显提高，其原因在于当时与之相关的信贷、交通及通讯服务限制没有消除（Gulati，1998）；通过促进货物与服务的贸易，贸易自由化可能取得比预期更大的收益（Deardorf，1999）；早期中国实施的农业改革方案，其目的是为了使农民可以自由选择农产品的种植品种，但由于没有相应地设计出一套很好适应国际市场需求的系统，此项政策受到了很大的限制（Findlay 和 Watson，2000）；中国学者也实证分析了中美间货物贸易与服务贸易之间存在明显的互补性（谢康和李赞，2000）。

4. 服务贸易政策与竞争政策之间的相互作用

一般情形下，服务业改革的一个重要特征就是伴随着市场进入壁垒的降低，该服务部门的市场结构会同时发生变化，市场的开放程度越大，市场的竞争程度也就越强，而引入竞争通常可以带来效率的提升和贸易机会的增多。而佛朗哥易斯（Francois）和伍腾（Wooton，1999）建立的一个削减关税对海运业影响的模型发现，在关税削减后，营运商收取的提成减少，但营运商可以利用他们的垄断能力使他们因削减关税而受到的损失减少；这种结果导致了该市场更大的垄断，一个极端的情况是，这造成了约1/2可以从海运业完全开放中得到的收益被损失掉了。芬克、马托（Fink，Mattoo）和尼库（Neagu，2000）指出，虽然单边政策可以消除一国在海运业的贸易限制，但同时必须利用 GATS 达成双边减少贸易限制的承诺；大国可以通过在国内实行竞争政策来处理国内的垄断问题，而小国在实施本国的竞争政策时必须借助外部力量；他们还发现，在美国从外国进口纺织品的海运业中，政府取消纺织品的相关限制政策可以使交通成本下降11%，取消营运商之间达成的固定价格协议却可以使成本下降38%，因此，引进一国在服务业上的竞争机制所取得的效果要比实施某项特定政策的效果好得多。

（二）中国服务贸易出口重点行业分析

商务部作为中国贸易政策制定的导向部门，其政策研究课题《扩大中国服务贸易出口对策研究》报告中，建议近期内中国政府促进服务贸易出口的部门选择应该按照"深度挖掘"、"重点培育"和"特别关注"3 个层次进行。

"深度挖掘"类的部门包括运输、旅游和建筑服务，这 3 个部门是中国目前服务贸易出口的主要门类，出口规模较大，如果能够进一步采取有效措施，挖掘出口潜力，对中国扩大服务贸易出口，将会发生举足轻重的作用。旅游服务是中国服务贸易出口的第一大部门，尽管近年来增长减缓，但出口规模最大，创造的贸易顺差最多；据测算，旅游服务出口每增长 1 个百分点，中国服务贸易出口总量就会扩大 0.5 个百分点，可谓"牵一发而动全身"。运输业是经济全球化的重要纽带，现代科技在运输产业中的应用以及运输产业内部分工的深化，运输业已经发展成为"为客户提供门到门服务"的现代物流业，附加值大幅提高；中国造船业发达，港口设施完备，在海运服务方面具有竞争优势，而全球贸易中 90% 以上的货物是通过海上运输完成的，所以发展中国运输服务出口意义重大。

"重点培育"类的部门包括计算机和信息服务、金融服务、保险服务、特许专利使用，这几个部门出口的基础较小，但增速较快，对于中国发展高附加值服务出口意义重大。随着软件工程技术的日益成熟和普及，软件产业国际化的特点日益突出，全球40%以上的软件以外包方式完成，中国发展软件和信息服务出口前景看好；同时，中国在发展创新型国家，既需要大量进口专利技术，也需要大力发展特许和专利权使用出口。中国实施走出去战略进程的加快和对外货物贸易的快速增长，对金融和保险服务出口的需求将显著增强；国内金融保险企业走出去的愿望和实力也在逐步增强，又拥有世界最高的储蓄率，强烈的意愿和巨大的金融资产为中国金融服务出口提供了坚实的基础。

"特别关注"类的部门包括文化教育、分销和咨询服务等。包括音像、教育、体育、中医、保健等特色文化在内的"大文化"服务出口，不仅符合东方文化在世界兴起的国际潮流，而且有助于扩大中华民族优秀传统文化的影响，因此，要特别关注"大文化"服务贸易的出口。伴随着经济全球化和人类社会文明进程的发展，文化产业已不再是一个附属的产业形态，已经成为人类社会不可或缺的产业门类，同时文化产业不再受地域和语言差异的限制，成为国际服务贸易中发展迅速的产业。中国是四大文明古国之一，拥有悠久的历史和灿烂的文化，但中国音像服务出口的绝对规模较小，独立发展难以对整个文化娱乐服务出口形成突破，应把拥有中国民族特色的体育如武术、乒乓球等，营养保健、中医、教育、哲学、戏剧、影视等分部门全方位地推向国际市场，进一步扩大中华文明在世界的影响力和竞争力。

四 中国服务贸易出口促进措施

贸易结构是一国产业结构的国际市场表现，扩大中国服务贸易出口，有利于改善服务贸易收支状况，有利于优化对外贸易出口的整体结构，有利于提高在国际分工中的地位，有利于促进产业结构的调整，有利于坚持可持续发展。

（一）借鉴成熟的政府服务贸易管理经验，有所为有所不为

1. 服务贸易管理体制的比较

国际服务贸易起步早、发展快的国家在国际服务贸易中占据绝对的主导地位，在服务贸易管理方面也积累了丰富的经验，形成了法律法规完

备、分工协调、运行高效的政府管理体制。根据各国服务贸易管理方式、方法的不同，商务部服务贸易司的一项研究结果将被研究国家的服务管理体制归纳为3种类型：核心管理型、分工协调型和服务促进型。

美国是核心管理型的代表国家，其服务贸易管理权限相对集中在美国商务部。服务贸易涉及部门繁多，世界各国服务贸易管理机构往往分散在不同的部门。从表面上看，美国的服务贸易管理部门也是分散的：商务部、贸易代表办公室、国务院、财政部、海关总署等相关政府部门；但实际上，美国商务部是服务贸易的主要管理部门，承担着服务贸易战略制定、服务贸易政策实施、服务贸易统计分析、日常管理、出口促进、贸易救济等具体工作，在美国服务贸易管理体系中处于核心地位。

日本是分工协调型的代表国家，贸易管理机构分工明确。国会是服务贸易法律法规的立法机构，但与服务贸易相关的法律法规建议通常由服务贸易的促进和咨询机构，或者主管的政府机构根据服务贸易发展的状况提出的；外务省经济局负责对外签署与服务贸易相关的多边条约和协定，处理国际贸易纠纷，向相关的省厅提出制定与服务贸易相关的政策、法律、法规的建议；经济产业省是服务产业和服务贸易政策的主要制定者和执行者；国土交通省综合政策局是交通运输和旅游服务政策的制定和执行部门；日本银行负责制定和实施与国际金融服务贸易相关的政策；服务贸易管理部门的相对分散，通过日本内阁府的"内阁会议"制度，很好地解决了各省厅之间的协调问题。

服务促进型是指以服务贸易促进为主、服务贸易管理为辅的管理模式，欧盟、加拿大、中国香港等均为这种类型。如欧盟设有欧洲服务论坛（ESF），作为欧盟服务业的促进机构，ESF由来自世界不同国家和地区的75个成员组成，其中包括20个服务业部门、36家世界知名的专业服务公司、39个欧洲服务业联合会；ESF旨在有效提高欧洲服务业的利润，推进世界服务市场自由开放的进程，帮助消除欧洲服务部门的贸易与投资壁垒。欧盟虽没有设立专门负责服务贸易的机构，但在欧盟各主要机构如欧盟理事会、欧盟委员会、欧盟议会等设有服务贸易立法和协调服务贸易关系的部门，对各国服务贸易政策上存在的差异进行调解从而起"润滑剂"的作用。

2. 建立高效、协调的核心管理型管理体系

鉴于中国服务贸易管理法律法规不健全、服务贸易统计不规范、有关职能部门管理权限不明晰等现状，建议借鉴美国服务贸易管理经验，建立以商务部为核心的高效、协调的核心管理型管理体系，核心管理机构有所为有所不为。

（1）尽管 2006 年下半年修订了《对外贸易法》，增加了对国际服务贸易的法律解释，近年来也相继颁布了《海商法》、《商业银行法》、《保险法》、《民用航空法》等涉及服务贸易相关子行业的法律法规，使中国涉及服务贸易领域的立法面貌有所改观；但中国尚未出台有关服务贸易的一般性法律，部分领域法律仍然存在空白。应该借鉴美国《贸易法》能攻能守的特点，出台并逐步完善一部全能型对外贸易法规，把服务贸易管理的主要职能放在出口促进、对进口引起损害的救济、对外服务贸易谈判、签署服务贸易协定等方面，在法律上保障各管理部门之间的相互协调。

（2）产业国际竞争力调查与评价属于公共产品，是政府帮助企业提升竞争力、提高国民福利水平的基础性工作，中国产业竞争力评价工作刚刚起步，调查与评价体系尚未建立，服务贸易管理机构应该借鉴国外成熟的经验，加快服务业竞争力调查与评价体系的建设，通过发布竞争力研究报告的方式，为政府产业政策和贸易政策的制定提供支持，为企业调整发展战略提供依据。

（3）积极参与并推进多边、区域以及双边服务贸易协定的谈判与签署，为中国服务贸易出口提供更为广阔的市场空间以及便利的准入条件。如在多边谈判中，积极推动服务贸易"紧急保障措施"的谈判，为中国尚未发育成熟的服务业提供保障机制；在区域或双边自由贸易协定谈判中，积极发挥中国的比较优势，在具有较强的国内市场承受能力的服务贸易领域，协商推动相互放开市场准入的限制。

（4）服务贸易具有涉及部门繁多、交易方式复杂、发展速度较快等特点，决定了很难由政府某个部门进行集中统一的管理，商务部可以在各专业部门进行专业化管理的基础上，综合协调，对服务贸易进行相对集中的管理。如协调国家进出口银行或出口信用保险公司，积极为服务贸易出口项目提供出口信贷条件和额度的适当倾销或提供出口保险支持；协调地方商务部门与相关行业部门，建设国家级服务贸易示范区，为示范区企业提供政策支持，培育服务贸易出口主体；协调国家统计局、国家外汇管理局等相关政府部门，尽快建立起中国服务贸易科学的统计调查制度，以此加强对服务贸易进出口的运行分析，实时掌握进出口的产业动态和国别市场格局的变动；协调高等学校、培训机构等，开展服务贸易人才培训。

（5）加快培育以企业为主体的服务贸易中介机构，充当政府与企业之间沟通的桥梁，一方面为政府决策部门提出服务贸易政策建议；另一方面，充分发挥中介机构联系广泛的优势，加强信息收集与观测，为服务业企业提供市场和政策咨询，帮助企业开拓国际市场；举办国际服务贸易论坛，通过各种研讨会、年会等方式，在政府与企业之间互通信息，协调政府与企业之间以及各行业在国际服务贸易谈判中的立场，与政府一道共同促进服务贸易出口，提高本国服务业的国际竞争力。

（二）促进服务贸易出口重点行业的发展，提高出口竞争力

面对国际市场快速增长的服务需求，不同的国家拥有不同的要素禀赋，采取了不同的发展战略，服务贸易行业的发展呈现出不同的特点。综合实力较强的发达国家以附加值较高的现代服务业为主导，但对于规模庞大的传统服务业也决不放弃，因此其服务贸易出口总量大、各部门均衡发展；新加坡、中国香港政府很好地利用了拥有天然深水港的区位优势，制定自由贸易港政策，快速发展自己的特色服务业，扩大这些部门的服务出口。中国作为发展中国家，应采取后发战略，优先促进具有比较优势的个别部门出口，使之超常增长。

1. 加速运输服务发展，变相对劣势为相对优势

虽然近年来运输服务是中国最大的贸易逆差项目，并且逆差额越来越大，但是随着货物贸易发展起来的运输服务市场空间还是巨大的。2006 年中国是世界第三大货物出口国，今后有可能超越德国成为第二大货物出口国，因此，应重点支持以海洋货物运输为主的运输服务出口，引导和鼓励物流企业借助产业链和价值链的拓展，将竞争平台从简单的航运价格竞争提升到完整价值链意义上的整体物流副价值竞争。

2. 巩固旅游服务的优势，继续促进旅游服务出口

中国的旅游资源虽然丰富，但是宣传力度欠佳，游客主要以亚洲居多。因此，在多边或双边谈判中，协商对等放开旅行社服务的准入限制，允许中国旅行社在对方境内开设分支机构、提供当地旅游和出境旅游服务；通过驻外使领馆和商业渠道，加大在境外对中国旅游资源和旅游文化的宣传力度，让东方文明古国吸引更多的欧美游客来华旅游。中国医疗服务竞争力较强，中医精湛的技术和较低的费用，能够吸引不少西方病人，大力扶持和发展国际疗养旅游服务，不仅带来显著的疗养服务贸易的直接经济效益，还可以带动旅游业、房地产业、交通运输等行业的发展，从而产生巨大的间接经济效益。

3. 调整服务出口结构，尽快发展现代服务贸易

发展服务贸易不能仅仅局限于低附加值低技术含量服务的出口，那只能使中国的服务贸易越来越被动，应该大力发展电信、金融、保险、信息服务、技术咨询等全球贸易量大、发展迅速而且中国具有潜在优势的服务行业，提升出口产品附加值。政府应加大参与力度，积极为这些企业开展境外业务提供信息服务和税收、融资等政策。此外，还要积极推动文化、体育、传媒等服务出口，允许印刷、报刊、电视台、广播电台等单位将经营范围扩大到海外，开拓海外市场。

4. 大力发展软件出口和信息服务外包

将大力发展软件出口和信息服务外包，作为中国发展新型服务贸易的重要突破口，建立适应软件出口和外包的管理制度。首先，要大力宣传发展服务外包的重要性，提高认识以将其提升到国家战略的高度。其次，强化推动产业发展的支撑工作和基础工作，协调出台促进软件出口和外包发展的有关政策，加强国家级"软件出口基地"的建设，在公共服务平台建设、基础电信设施建设、软件人才培训等方面扩大投入，实现软件企业的资源整合，鼓励示范工程，促进国际合作，帮助本土服务外包企业做大做强，尽快完善软件进出口和软件外包统计体系。再次，筹划建立行业协会，加强中介机构建设，密切政府与企业的联系，推动产业积聚发展，发挥整体规模优势，塑造"中国外包"的国际品牌。

（三）建立有实力的大型服务企业，走出去与请进来相结合发展服务贸易

1. 建立有实力的大型服务企业

在服务贸易市场上，大型服务企业的优势是明显的。一是资本雄厚，实力强大：企业的经济基础在资本，资本的数量决定企业的一切；大型企业的规模大，在于资本数量大，能够购置大量的生产资料和劳动力，为市场提供大量的服务产品，因而市场地位高，影响大，甚至能够左右市场。二是人才集中：大型企业工作环境一般比较优越，可以用较高的生活待遇吸收各种优秀人才来为自己服务。三是技术水平较高：大型企业不仅可以引进高新技术，而且可以组建自己的研究机构，独立开发、研制有关技术，从而提高自己在生产、流通和管理各个方面的科学技术含量，取得高效率和高效益。因此，大型企业的货物和服务的产品成本低、质量高、效益好。例如，美国电信行业由哈里斯（Harris）等8家巨头所统率，日本

则以富士通等 3 家企业为首。尽管发达国家的大型服务企业已经具有很大规模，但还不满足，仍在进行兼并，如美国的 IBM 公司购买 Lotus 公司，以形成硬件与软件的优势结合；美国花旗银行与保险兼证券公司旅行者集团合并、日本东京银行与三菱银行合并、法国的商业集团收购德国的斯帕尔商业股份公司等。与发达国家发展大型服务企业的状况相反，中国服务业组织化程度低，企业规模小，联合、兼并的主动性不足，如中国虽有 15000 多家信息产业企业，但大多规模小，难以形成市场优势；在货物贸易运输方面，实际有 4000～5000 家经营和揽货的企业和个体户，同世界二十大集装箱船公司相比，船的吨位小，续航能力差，海损、海难多，自然服务水平低下。

在跨国集团控制世界服务市场的情况下，中国必须建立自己的大型服务企业，而且中国以现有的经济实力为各个服务行业建立一二个能跻身国际行列的大企业是完全做得到的。当然，这样的企业必须是采用先进技术、实行科学管理的现代企业。经济管理体制不顺，是发展现代大型企业的主要障碍；地区分割和部门分割继而形成地区封锁和部门垄断，是中国在服务贸易中不能一致对外的根源。例如，货运业中一涌而上争货源，旅游业中纷纷外出争客源，外商趁火打劫，抢我市场，压我价格，坐收渔利，形成"对外竞争乏力，内部竞争过分，肥水外流"的局面。政府应该进行全局性规划和调配，引导生产要素向大型服务企业集中，从财政、税收、信贷、改革等方面采取倾斜政策，在承认和保障地区和部门既得利益的基础上建立以资产为纽带的联合体，形成一批实力较强、影响较大、有较强竞争力的服务企业集团，并给予发展服务贸易的合理优惠和合法补贴。

2. 走出去与请进来相结合发展服务贸易

国际服务总协定已经明确了服务贸易的 4 种提供方式，从中国服务经济尚欠发达的现实出发，在服务出口方面，宜以在国内向国外消费者提供服务为主。这样做的好处一是服务成本低，不仅劳动力价格低廉，而且相当大一部分工农业产品与服务的价格也是低廉的；成本低，赢利自然较高。二是可以带动相关产业发展，外国消费者进入中国，其消费就不是单一的，他们有多种多样的需要，较高水平的要求，必然在生产和服务等方面促进有关行业的发展。三是可以促进本国服务资源的开发和利用，如旅游资源，文化资源，科技资源，等等，都可以在对外国消费者服务时提高利用程度。四是可以减缓外国服务企业对中国服务企业的竞争压力，尽管外国服务企业已经进入中国国内服务市场，但目前总是本国服务企业居多数，从而在竞争中处于相对有利地位。五是服务是离不开国家管理的，在自己国土范围内，国家对服务企业、对外国消费者的管理，都比较方便。如果在国外，则要通过外交途径来保护本国企业和国民的利益。

服务出口也需要有走出去的行业，如劳务出口，对外工程承包，远洋运输以及餐饮、文艺等项服务，要直接面对国外的不需要流动的消费者，就必须走出去，在海外开辟自己的市场。中国服务企业参与国际市场上的竞争，在服务质量上和经营管理上不仅要达到国际水平，而且要努力争取进入先进行列。这样，在国际服务市场上的地位才会日趋稳固。

参考文献

［1］商务部政策研究课题：《扩大中国服务贸易出口对策研究》，2006。

［2］商务部服务贸易司：《世界主要国家和地区的服务贸易管理体制研究》，2006。

［3］王绍媛：《国际服务贸易自由化研究》（博士毕业论文），2004。

［4］何树全：《1982～2005年中国服务出口比较优势与出口结构的变化》，《开放经济中的服务产业与贸易研讨会会议论文》，2006。

［5］蒙英华：《服务业对外开放与服务贸易政策体系构筑的问题与分析》，《开放经济中的服务产业与贸易研讨会会议论文》，2006。

［6］梁秀伶：《中国服务出口的国际比较及对策选择》，《现代财经》2006年第1期。

［7］谢兰兰、谢光亚：《中国服务贸易发展对策研究》，《对外经贸实务》2005年第11期。

加工贸易转型升级问题研究

袁 凌 邓安球

加工贸易政策的实施，促进了中国加工贸易快速发展。从 1996 年开始，加工贸易在中国进出口总额中所占比重超过一般贸易，成为中国的主要贸易方式之一。2006 年，中国加工贸易进出口总额达 8318.8 亿美元，同比增长 20.5%，占同期进出口总额的 47.2%。其中加工贸易出口 5103.8 亿美元，同比增长 22.5%，占同期出口额的 52.7%；加工贸易进口 3215.0 亿美元，同比增长 17.3%，占同期进口额的 40.6%。事实上，加工贸易对中国国民经济和对外贸易发展发挥了重要作用。同时，不可否认，加工贸易中存在的问题也逐渐凸现。因此，加工贸易转型升级问题成为近年来理论研究和政策实施的重点。

一 发展加工贸易对中国的作用

（一）加工贸易促进了中国进出口贸易的增长

加工贸易是促进中国进出口贸易增长的主要动力，促进了中国对外贸易的扩展，使中国成为国际上具有重要影响力的制成品出口基地。中国进出口总额从 1980 年的 381.4 亿美元增长到 17606.9 亿美元，在全球贸易中的排名由第 32 位上升到了第 3 位。其中，加工贸易政策的实施，使加工贸易持续快速增长，进出口总额从 1981 年的 25 亿美元增加到 2006 年的 8318.8 亿美元，增长了 333 倍，其在对外贸易中的比重从 5.7% 提高到 47.3%。1993 年至 2006 年 14 年间，加工贸易出口对全部出口增长的贡献率为 53.13%（见表 1），为沿海地区制造业创造了 1/4 的销售市场。

表1　加工贸易对出口增长的贡献

单位：亿美元

年　份	加工贸易出口	加工贸易出口增量	总出口额	总出口增量	加工贸易对出口的贡献率
1993	442.48	—	917.40	—	
1994	569.80	127.32	1210.10	292.70	0.434984626
1995	737.03	167.23	1487.80	277.70	0.602196615
1996	843.34	106.31	1510.50	22.70	4.683259912
1997	996.02	152.68	1827.90	317.40	0.481033396
1998	1044.71	48.69	1837.10	9.20	5.292391304
1999	1108.72	64.01	1949.30	112.20	0.570499109
2000	1376.52	267.80	2492.00	542.70	0.493458633
2001	1474.54	98.02	2661.55	169.55	0.578118549
2002	1799.40	324.86	3255.69	594.14	0.546773488
2003	2418.50	619.10	4383.70	1128.01	0.548842652
2004	3279.90	861.40	5933.60	1549.90	0.555777792
2005	4164.80	884.90	7620.00	1686.40	0.52472723
2006	5103.80	939.00	9690.80	2070.89	0.453447943
1994~2006	—	4661.32	—	8773.49	0.531301434

资料来源：根据中华人民共和国海关统计公布数据计算。

（二）加工贸易促进了中国利用外资的增长

外资已成为加工贸易的主体，加工贸易政策促进了利用外资的增长。中国加工贸易的投资主体自改革开放以来发生了显著的变化。改革开放之初，主体是东南沿海地区的乡镇企业；20世纪80年代末期，是港澳台商；90年代中期以来美、日、欧等发达国家的跨国公司积极加大了对华加工贸易的投资，特别是90年代后期，外商在华直接投资进入高潮，中国成为外资流入最多的国家之一。到2006年，全球最大的500家跨国公司已有近400家在华投资设厂。外资企业在加工贸易中的比重节节攀升。到2006年，外资企业进出口4604亿美元，增长28.8%，占加工贸易进出口总额的83.3%；另外，中国国有企业或民营企业等内资企业的来料加工业务主要由外资经营管理。因此，外资经营的加工贸易约占全国加工贸易进出口额的90%左右（参见图1）。

（三）加工贸易促进了就业和中国劳动力素质的提高

外资企业在华投资设厂，大大地吸收了中国的劳动力，缓解了中国的就业压力。加工贸易创造了 3000 多万人的就业。同时，培养了一大批管理、技术人才。由于加工贸易企业直接面向国际市场，因此在技术、质量、管理水平等方面相对地会高于当地企业，其员工通过亲身参与企业的生产经营活动，了解和熟悉了产品工艺、操作技巧和国际市场对该类产品的技术标准，掌握了有关该产品的大量信息，在"干中学"中积累了丰富的经验和能力，其技术外溢效应促使了中国劳动力素质的提高。

（四）加工贸易促进了中国的技术进步和产业结构调整

加工贸易的技术与管理"外溢效应"通过 3 种途径促进了相关企业的技术进步与产业升级。第一条途径是产品的扩散与竞争。第二条途径是加工企业对配套企业的订货要求与技术支持，大大提高了国内配套企业的技术水平与产品质量，使其产品能够达到国际市场的要求。第三条途径就是技术与管理人员的流动，传播了先进的技术与管理。① 加工贸易这种国际产业转移和新型国际分工方式，其带来的新产品和新技术，促进了中国具有国际竞争力的制造业的形成和商品结构的优化，促进了国内的技术进步与产业升级，尤其是高技术产业的发展，从而推动了中国工业化的进程。

（五）加工贸易促进了中国的经济增长和对外开放

加工贸易领域是中国贸易顺差和经济高速增长的主要来源。2001 年至 2005 年，加工贸易顺差年均增长 28%，总额达 4389 亿美元，对同期贸易顺差的贡献率为 207%。2006 年加工贸易顺差 1888.8 亿美元，同比增长 32.6%，增幅比上年下降 1.5 个百分点，顺差增量拉动 GDP 增长近 1.5 个百分点。近年中国国民经济年增长速度达 10% 以上（见图 1）。优越的地理位置和良好的交通运输条件是劳动密集型加工贸易发展中仅次于劳动力优势的发展要素。对于产业输出国而言，交通运输费用必须足够低廉，才能够使投资者在减去运输成本后仍能获得因劳动力成本锐减而带来的巨大收益。20 世纪 80 年代中期以来，中国东部地区正是依靠与港澳台地区紧密相连的优越地理位置，几乎全盘地接过了香港特区和台湾地区的劳动密

---

① 韩可卫：《对我国加工贸易可持续发展的思考》，《工业技术经济》2006 年第 1 期。

集型加工贸易，开创了引进外资和出口创汇的崭新局面。目前加工贸易已遍及全国各地，促进了中国的对外开放。

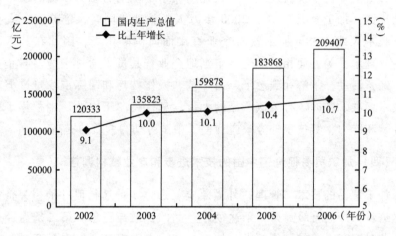

图1　2002～2006年国内生产总值及其增长速度

资料来源：《中华人民共和国2006年国民经济和社会发展统计公报》。

二　中国加工贸易的发展现状

（一）中国加工贸易的发展特征

现阶段，中国加工贸易运营模式总体来看还是"两头在外，大进大出"，生产活动具有"无根工业"和"飞地工业"的特征，但也出现一些新的变化。

1. 加工贸易进出口总值仍不断上升，加工贸易进口、出口增长速度下降

2005年以来，中国加工贸易进出口总值、出口总值和进口总值仍不断上升，加工贸易出口值高于一般贸易出口值，其差额呈微弱下降趋势，加工贸易进口值低于一般贸易进口值，其差额呈增加趋势（见图2）。从增长速度看，加工贸易进口、出口呈下降趋势，一般贸易进口、出口呈上升趋势，加工贸易出口低于一般贸易出口，加工贸易进口自2006年转变为低于一般贸易进口，且增长速度差呈明显增加趋势（见图3）。

2. 加工贸易进出口市场比较集中

目前，中国加工贸易进出口市场主要集中于少数国家或地区。中国加工贸易进口的主要来源地区是日本、东盟、韩国和中国台湾省,而中国加工贸易出口的方向主要是美国、日本、香港特区和欧盟。可见,中国加工贸易对特定国家或地区的依存度较大,而且中国加工贸易的进口和出口市场又是相互错位的。一方面,日本、韩国、台湾地区和东盟地区通过"两头在外"的方式,将高附加值零部件生产和高端加工环节留在其本土,又以高价进料或来料加工方式,在中国将这些零部件组装成整机后,再以中国为原产地,出口到欧美。①

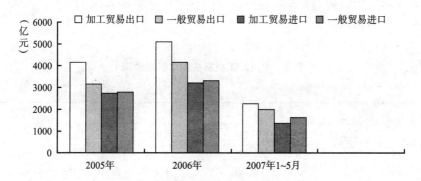

图 2　加工贸易与一般贸易出口和进口值

资料来源:根据《中华人民共和国海关统计》公布数据编制。

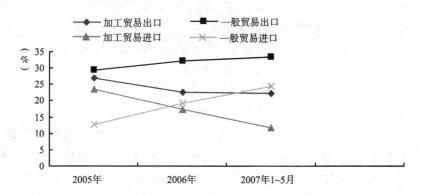

图 3　加工贸易与一般贸易出口和进口增长速度

资料来源:根据《中华人民共和国海关统计》公布数据编制。

---

① 朱启荣、贺桂欣、戚建梅:《中国加工贸易绩效与问题的研究》,《经济问题探索》2007年第 5 期。

3. 加工贸易企业以外资企业为主，民营企业发展迅速

外资企业一直是中国加工贸易主体，而且近年来外资企业在中国加工贸易中的地位还在不断提高（见表2），表明加工贸易的快速发展主要是由于外资企业的投资。民营企业发展非常迅速。1996年，民营企业加工贸易额为20.8亿美元，所占比重仅为1.4%，仅相当于外资企业的1/45、国有企业的1/24，到2004年达到284.54亿美元，提高了12.68倍，所占比重上升为5.18%，上升为外资企业的1/16，国有企业的2/5。民营企业的增长速度高于中国加工贸易进出口总额增长速度，也远远高于外资企业和国有企业的增长速度。

表2 中国加工贸易主体的构成情况

单位：亿美元，%

年 份	外资企业				国内企业			
	出口值	比 重	进口值	比 重	出口值	比 重	进口值	比 重
1999	745.4	67.2	526.7	71.6	363.4	32.8	209.1	28.4
2000	972.3	70.6	685.4	74.0	404.7	29.4	236.1	26.0
2001	1065.8	72.3	702.9	74.8	409.1	27.7	237.9	25.2
2002	1345.9	74.8	941.3	77.0	453.5	25.2	281.0	23.0
2003	1902.7	76.7	1317.6	80.9	515.8	23.3	311.8	19.1
2004	2663.5	81.2	1836.6	82.8	616.4	18.8	380.8	17.2
2005	3473.4	83.4	2307.2	84.2	691.4	16.6	433.0	15.8

资料来源：节选自朱启荣等：《中国加工贸易绩效与问题的研究》，《经济问题探索》2007年第5期。

4. 加工贸易组织方式以进料加工为主

中国加工贸易发展早期是以来料加工为主，直到1989年进料加工进出口额首次超过来料加工贸易额，达53.1%。此后进料加工一直是加工贸易的主要形式。到2004年，已是来料加工贸易总额的3.5倍。2005年，进料加工进出口额为5395.1亿美元，同比增长26.2%，占加工贸易进出口总额的78.1%，比上年提高了0.3个百分点。2006年进料加工进出口的比重进一步提高，其比重达到八成。

5. 加工贸易以技术密集型出口产品为主，"两高一资"产品出口大幅下降

加工贸易出口产品中，以技术密集型出口产品为主，高新技术产品所

占比例不断提高。2006 年，加工贸易机电产品、高新技术产品分别出口
3913.2 亿美元、2458.4 亿美元，占加工贸易出口的比重分别为 76.7% 和
48.2%，分别比上年同期提高了 1.6、1.4 个百分点，占全国同类产品出口
的 71% 和 87%，轻纺类产品仅占加工贸易出口的 13%，化工产品、矿产
品占比不到 1%，生铁、铁合金、电解铝、皮革等产品的加工贸易出口大
幅下降。这主要是 2006 年以来，有关部门按照国务院要求，采取了一系列
措施，包括先后对 695 种"两高一资"产品取消出口退税或开征、提高出
口关税；提高了加工贸易企业准入门槛，将环保、能耗、用工、设备水平
等指标纳入审核范围，部分商品列入加工贸易禁止类目录；未批准外资进
入炼钢炼铁、氧化铝等国家限制的高污染项目。

6. 加工贸易产业加工环节增多，产业链延长

1993 年中国进料加工方式加工贸易的国内配套值为 41.6 亿美元，
2004 年国内配套值已达到 776.89 亿美元。1993 年来料加工方式加工贸易
的国内配套值为 25.1 亿美元，2004 年这一数字已提高到 126.21 亿美元。
2005 年全国深加工结转 1392 亿美元，增长 24.2%，相当于加工贸易进出
口的 20%，平均结转 2~3 道左右。加工贸易不断向产业链的自主研发环
节延伸，研发中心数量不断增加。截至 2005 年底，外商已在中国设立研发
中心超过 750 家，跨国公司在华设立地区总部近 40 家。表明中国国内加工
环节不断增多，国内的配套能力不断提高，产业链条不断延伸。

7. 加工贸易区域布局有所改善

中国加工贸易是从东南沿海开始发展起来的，目前主要集中在广东、
江苏、上海、山东、福建、浙江沿海开放城市。中西部加工贸易虽起步较
晚，但发展较快。2005 年，中西部地区加工贸易进出口 149.5 亿美元，较
2000 年增长 1.6 倍，年均增长 23%，增速略高于全国加工贸易增速。2007
年上半年中西部地区实际吸收外资增长 21.7%，高出全国增幅 9.5 个百分
点。中西部地区加工贸易产品结构也有所改善。

8. 加工贸易企业对国内市场的重视程度增强

从目前情况看，加工贸易企业与一般贸易企业，加工贸易产品与一般
贸易产品的界限正在淡化，有些企业既有自有品牌产品的生产，也利用过
剩生产能力从事加工贸易产品生产。一些具有加工贸易性质的产品也在补
交相应税款后，进入国内市场销售。说明中国履行加入世界贸易组织的承
诺，逐步取消对外资企业内销的限制，加之中国市场蕴藏着巨大的潜力，
加工贸易产品最终销售环节，面向国内市场的倾向进一步增强。

（二）中国加工贸易发展中存在的问题

1. 中国加工贸易在全球生产价值链中仍处低端

中国加工贸易发展很快，但总体而言，在华加工环节主要仍集中在最终产品的组装环节，劳动密集程度高，技术含量低，在全球价值链上处于低端。加工贸易国内增值率在 1990 年只有 11%，1995 年仅 13.4%，而 1998 年已经提高到 52.4%，2001 年进一步提高到 56.8%。但是，近年来由于下调出口退税率以及加工贸易转关手续不畅等原因，国货复进口快速增长，导致加工贸易增值率出现下降，2005 年加工贸易国内增值率又降到了 52%，其中来料加工贸易国内增值率 25.4%，进料加工贸易国内增值率 60.4%。[①] 中国加工贸易处于劳动密集型且技术含量不高的简单加工和组装型发展阶段，大多数企业以贴牌为主，并从事高污染、高能耗、低附加值的贴牌加工。即使部分高新技术、深加工产品的出口也存在增值率不高、产业链条短、零部件本地化程度低问题，跨国公司掌握了核心技术、产品设计、软件支持、关键零部件配套、关键设备和模具以及品牌等环节。而且，"两头在外，大进大出"，以及传统加工贸易在对外贸易中的主导地位，也使中国自主营销能力普遍较低，且加剧了国际间贸易摩擦。

2. 加工贸易对国内产业结构升级带动力不大

"十五"期间机电产品加工贸易出口 9282 亿美元，占加工贸易出口的 70.7%，占机电产品出口的 74.0%；高新技术产品加工贸易出口 5438 亿美元，占加工贸易出口的 41.4%，占高新技术产品出口的 87%。2005 年，99.9% 的笔记本电脑，99% 的彩色视频投影机和微型计算机，98% 的等离子彩电，97% 的 DVD，96% 的船舶均以加工贸易方式出口。许多加工贸易从本国或国际市场进口原材料，不使用国内原材料，仅仅是利用优惠政策建立的加工工厂，前后向关联程度低，对关联产业的技术带动作用难以有效发挥。1996 年外资企业占整个加工贸易的比重为 64.5%，2004 年上升为 81.86%，内资企业所占比重则从 35.5% 下降为 18.14%；外资企业占来料加工贸易的 54%，占进料加工贸易的 92%。内资企业参与加工环节少，多从事低附加值的产业，集中于制造业低端，且零部件和原材料过度依赖进口，国内配套比例低，抑制了产业技术和产业结构的升级。

---

① 隆国强：《加工贸易发展问题研究》，《国际贸易》2006 年第 9 期。

3. 加工贸易区域发展不平衡

加工贸易自东南沿海发展起来后，目前已遍及全国各地。但在中国的区域分布上存在巨大的差异，发展不平衡。2005 年东部 10 省市占了中国加工贸易出口额的 97.8%，中西部的 22 个省区占 2.2%，2006 年中西部地区占 2.6%。单广东省 2006 年加工贸易进出口值达 3461.2 亿美元，就占广东省进出口总值的 65.7%，占全国加工贸易进出口总值的 41.6%。

4. 加工贸易管理政策不完善

加工贸易的监管政策滞后于业务的发展，缺乏健全、有效的产业政策导向和税收保障机制。各部门多头共管，各地区监管条件不统一，技术标准不规范，导致管理脱节。国家实行加工贸易银行保证金台账制度后，相关的操作规程仍跟不上国家保税业务的发展和通关制度改革的要求。现行的税收政策影响限制了加工贸易使用国产原材料，大量出口企业为争取其出口业务列入加工贸易中以享受增值方面的优惠，放弃国产原材料、中间品采用进口料件。加工贸易企业的分类标准条件尺度过于严格。有些企业相当一部分流动资金固定地用在保证金上，增加了企业的经营成本，产品在国际市场上的竞争力削弱，从而影响外贸出口。[①] 外国直接投资导致加工出口数量迅猛扩张，对中国改善净贸易条件和收入贸易条件极为不利。[②]

5. 加工贸易积累了大量的贸易顺差，贸易摩擦增多

中国承接了东南亚国家对西方国家的大量的贸易顺差，使人民币的升值压力进一步加大，使中国和西方国家的贸易摩擦增多功能。[③] 2005 年全年贸易顺差 1018.8 亿美元，而加工贸易所产生的贸易顺差是 1430 亿美元，一般贸易的逆差为 404 亿美元。中国加工贸易市场的相对集中，加快了对西方发达国家贸易顺差的积累。

基于加工贸易的地位与作用，既要继续发展加工贸易，又要解决加工贸易发展中存在的问题，就必须推进加工贸易转型升级。党中央和政府对此十分重视，中共十六届三中全会明确指出："继续发展加工贸易，着力吸引跨国公司把更高技术水平、更大增值含量的加工制造环节和研发机构转移到中国，引导加工贸易转型升级。"吴仪副总理在全国加工贸易研讨会上强调说："各地区、各部门要统一思想，提高认识，从战略和全局高

---

① 韩可卫：《对我国加工贸易可持续发展的思考》，《工业技术经济》2006 年第 1 期。

② 朱廷珺：《外国直接投资、加工贸易利益分配：U 形价值链模型》，《中国流通经济》2007 年第 2 期。

③ 孙文杰、王岩：《我国加工贸易的现状和转型升级》，《科技情报开发与经济》2007 年第 5 期。

度充分认识发展加工贸易的重大意义，真正把加工贸易发展和转型升级摆在突出位置。"

（三）中国加工贸易转型升级的制约因素

一是加工企业的技术基础。加工企业的技术能力主要集中在加工与二次开发方面，在新产品开发、关键技术开发和原始创新方面还存在较大差距。加工企业的这种包括技术能力与技术结构，既限定了委托企业初始的知识转移水平，也制约了知识扩散、创新与外溢的水平与效果。二是加工企业思维定势。不少企业对于目前在全球生产网络中所处的地位既感到无可奈何又觉得"小富即安"。由于资金等能力所限，加上风险较高，许多企业认为没有必要搞自主创新、创建自己的品牌和营销渠道。三是领导厂商的战略控制。加工企业完全依从领导厂商的战略，失去发展的自主动力，同时也会出现"天花板效应"，技术上永远落后于领导厂商，加工贸易永远无法实现真正意义上的转型升级。四是知识扩散与升级规律。一个企业融入全球生产网络，在知识扩散机制的推动下会不断升级，但中国有相当一批加工企业，在一般加工制造阶段的升级似乎一切顺利，而一旦来到关键零部件制造、原创设计、品牌建设面前，企业则似乎停滞不前，困难重重。五是劳动力供给条件。中国劳动力供给充足，容易陷入劳动密集型加工贸易的发展模式，容易被锁定在劳动密集型产业和价值链环节，使中国的大量资源消耗在低附加价值、低层次的产品加工上。而且劳动力素质还无法满足经济结构调整、新型产业发展的需要。六是相关产业配套能力。中国加工贸易产业配套的薄弱环节主要表现在高端原材料、零部件和高端设备的设计制造能力不足。从加工贸易企业的国内采购构成上看，初级产品和劳动密集型产品占国内采购量的绝大部分，而资本和技术密集型产品只占 12% 左右。从设备采购情况看，加工企业在国内采购的大部分都是一般性或辅助性设备，技术含量比较高的关键设备和生产线主要是依赖进口。七是加工贸易相关政策。如关税政策中对最终产品高关税而对中间产品的减免税；出口退税政策实施中，对境内结转的上游企业不实施出口退税；出口退税时间长、周转环节多；深加工结转"先征后退"等政策都或多或少对加工贸易的发展与升级产生了不利影响。[①] 八是科技体制障碍。

---

① 刘德学、苏桂富、卜国勤：《中国加工贸易升级对策研究—基于全球生产网络视角》，《国际经贸探索》2006 年第 4 期。

希望提高技术水平从而进入附加值更高链条的加工贸易企业既得不到科技资源，也难觅技术支持和援助，外资企业在国内市场遭遇不到有力竞争，转移技术的步伐就会相应放慢。九是外资的主导。外资控制着技术开发、品牌管理、国际营销等重要方面，支配着中国加工贸易的发展。经济全球化，跨国公司在高新技术产业的转移过程中，更加注重东道国的技术优势、人才优势、研发能力和信息基础设施、配套产业水平等因素。许多中小型外资加工企业是由于缺乏高新技术而来到中国，其技术水平必然不高，而且也缺乏技术研发的资金。十是加工贸易准入标准。为推进加工贸易发展，准入门槛一直偏低，并没有随着加工贸易快速发展而及时调整提高，而且缺乏环保、安全、社会保障等责任标准。地方政府的认识更不足，重量不重质。十一是加工贸易方式与比较优势。中国加工贸易的主导方式是进料加工、来料加工，易受国内国际经济形势变化的影响，人民币升值、土地成本提高以及工资收入水平提高的趋势使比较优势日趋减少，影响加工贸易的进一步转型升级。十二是中西部地区现状。加工贸易发展开始于沿海地区，使经济落后的中西部地区的资金、劳动力、资源等生产要素大量流入这些地区，给中西部地区经济发展造成了不良影响。加工贸易在沿海和内地之间还没有形成一种有效的传递和转移机制。[①] 同时，中西部地区产业配套、运输成本、物流效率、营商环境等状况也制约着东中西地区之间的加工贸易转移。

三　中国加工贸易转型升级的方向与对策

从内部看，中国已形成加工贸易转型升级的物质基础。特别是东部沿海发达地区拥有长期的加工贸易实践经验，较雄厚的资金，不断提升的工业基础、配套条件、劳动力资源，以及区位优势，因此具备了加工贸易转型升级的必要条件。从外部看，中国已具备加工贸易转型升级的可能。随着经济全球化不断加快，生产和产业国际化加剧了跨国公司生产价值链和产业技术的重组和转移，这为在中国的加工贸易企业和其他具备条件的企业参与、接受这一重组和转移提供了可能。因此，明确和把握方向，采取正确的政策与措施是引导加工贸易转型升级的关键。

---

① 裴长洪、彭磊：《加工贸易转型升级："十一五"时期我国外贸发展的重要课题》，《宏观经济研究》2006 年第 1 期。

（一） 中国加工贸易转型升级的方向

根据中国加工贸易的现状、条件和国际产业转移、发展趋势，以及中国产业布局、产业结构调整优化的目标，加工贸易转型升级应明确坚持以下3个方向。

一是逐步淘汰落后生产加工能力，限制、淘汰高污染、高能耗、资源型产品的加工企业和产业，鼓励和支持发展先进生产能力，吸引更高技术水平、更大增值含量的加工制造环节和研发机构到中国，向先进制造业、高新技术产业方向升级，带动产业结构优化升级、资源节约型和环境友好型社会实现；二是延长产业链、增加加工深度，引导加工贸易产业链向研发设计、集约发展、营销服务延伸，鼓励加工贸易企业自主创新和自创品牌，增强自主创新能力，提升产业整体技术水平；三是调整区域产业布局，以适应国际产业转移和国内产业转移的要求，鼓励和引导加工贸易逐步向中西部地区转移，向实行封闭管理的特殊区域转移，即东部沿海地区发展加工贸易重心是鼓励技术密集型和资本密集型产业，中西部地区重心是发展劳动密集型产业，增加就业。①

（二） 中国加工贸易转型升级的对策

1. 延长加工贸易产业链，提升加工贸易的技术和价值层次

制定加工贸易发展规划。首先，基于国际产业转移的趋势，以及中国加工贸易的规模、地位和历史，明确继续发展加工贸易，并明确坚持前述的加工贸易转型升级方向。其次，应把引进来（完善投资环境和提升配套能力，引进大跨国公司的核心技术和业务）、扎下根（允许加工贸易企业有一定内销比率，使加工贸易企业与本地市场形成密不可分的经济联系）、本地化（鼓励本地企业主导的进料加工贸易）作为不同阶段的目标和任务，创造产业、产品、工序的转型升级和技术进步的良性机制（如开放竞争、加快模仿、主动配套、联合研发、尊重产权）。② 第三，与经济结构、产业结构及其布局相配套，具体规划各行业、各地区加工贸易的布局和转型升级的基本路径，完善政策、管理、体制机制等，推进支持、服务、保

---

① 王乃水：《我国应强化对加工贸易转型升级的政策支持》，《中国国门时报》2007 年 1 月 15 日。

② 韩可卫：《对我国加工贸易可持续发展的思考》，《工业技术经济》2006 年第 1 期。

障等环境升级。

扩大承接高技术、高增值含量的国际产业转移。首先，从推进加工贸易的产品结构升级着手，在发展劳动密集型产品的同时，进一步提高机电产品特别是高新技术产品比重。其次，从发展先进产业出发，国内企业要积极参与跨国公司的加工贸易体系和全球采购体系，积极争取更长更多技术含量的加工制造环节、产业链落户扎根，重点承接和发展技术高、增值含量高的加工贸易技术转移和产业链。第三，吸引外资企业设立研发和营销中心进入中国，实现加工贸易上、下游高端环节的转移，实现从产品、工艺到产业链的转变，以真正提升中国的技术水平，形成中国相应的完整的产业体系，获得较优的国际分工地位，分享更多的贸易利益。

发展国内配套产业体系。发展加工贸易的目的是推动国内技术进步和产业升级，国内其他企业为国外跨国公司和外商投资企业提供加工配套，通过技术转移和技术外溢能够实现技术进步和产业升级。因此，加工贸易还要着重考虑它对国内其他相关产业、企业、产品升级的带动作用，要延长加工贸易的国内产业链、价值链。首先，国内其他产业、企业要增强配套产品开发、生产能力，提高配套产品质量、服务质量和技术水平。其次，逐步增加加工制造中国内原材料特别是零部件的采购使用比重，提高国内其他企业参与加工贸易配套的比率，以利于内外资企业并举发展。第三，加强加工贸易园区建设，让配套企业进入园区，发挥产业集聚效应，以利于发展加工贸易产业链上的各种配套业务。

2. 重视技术进步，提高企业综合竞争力

转变对加工贸易的认识和思维方式。守则退，要改变以往主要依靠人力、土地、自然和环境资源成本低发展加工贸易的观念，以及加工贸易守成的思维。只有不断提升加工贸易层次，才能不断获得技术进步、加工环节增加和加工价值增值，确保在国内和国际市场竞争中立足。应采取加工贸易转型升级的榜样宣传、强化市场的竞争压力和政策优惠的利益驱动等措施来促使认识和思维方式转变。同时，应贯彻落实科学发展观，自觉地逐步淘汰和抵制对资源环境和社会有负面影响的高污染、高能耗、资源型产品的加工贸易活动。

提升加工贸易企业技术开发、创新能力。技术是进行加工贸易的基础，加工贸易转型升级必须以技术进步为前提。加工贸易企业要设立和加强技术研发机构，向自主研发领域投资，努力提高技术开发和创新能力，以较强的自主技术创新能力参与生产链、加工环节的竞争，吸引跨国公司高技术、高价值的环节进入，进一步促进加工贸易的技术转移和升级。搭建加工贸易企业公共技术平台，增强中国加工贸易企业自身技术创新能力实现由 OEM（原始设备制造商）向 ODM（原始设计制造商）和 OBM（原始品牌制造商）的转变。[①]

增强企业外部市场扩张能力。加工贸易转型升级必须促进加工贸易企业获得和提高自主的市场开发、扩张能力，必须从贴牌生产、跨国公司控制营销网络向逐步发展自主品牌、自主知识产权和自主国际营销渠道转变。企业一般先在国内创立品牌，整合营销战略，扩大产品和品牌的知名度，创建在全球市场有一定影响和声誉的品牌；或者通过参与跨国兼并、重组和收购甚至直接在国外注册公司和品牌，获得转型升级所需的资源。[②]

加强人才培养。在加工贸易转型升级过程中，对人才的需求也在升级。当前的人才素质主要是工人的技术水平，与中国当前的加工贸易所处低端的简单加工装配相适应，但适应不了加工贸易升级的要求，尤其是对高级技术工人的要求。据统计，中国技术工人中高级以上技工所占的比重仅为 3.5%，而发达国家的这一比例高达 40%。要加强企业家及管理人员的培训，使其具备更高的现代企业管理水平，更强的质量管理、营销意识和能力；加强专业技术人员的培养，培养其更强的技术研究、创新能力；加强高级技术工人的培养，形成一支更强大的能够承担提升中国制造业水平的技工队伍。

3. 推进加工贸易转移，调整加工贸易区域产业布局

东部沿海地区加工贸易向中西部地区梯度转移。中国加工贸易发起且主要集中于东部沿海地区，要实现中国加工贸易的转型升级，首先是指东部沿海地区的加工贸易转型升级。一方面，东部沿海地区由于劳动力价格的上升，增值低、劳动密集型加工贸易的比较优势正逐渐丧失，必须将这些加工贸易逐渐向中西部地区转移。另一方面，利用长期的加工贸易经验，利用腾出的人力、土地、资金和技术等要素，参与国外跨国公司具有高技术、高价值的加工贸易和产业链，不断提高增值率，承接技术密集型和资本密集型国际产业的转移，逐步实现技术和产业升级。

中西部地区对接东部沿海地区的加工贸易转移。中西部地区要发展经

---

① 裴长洪、彭磊：《加工贸易转型升级："十一五"时期我国外贸发展的重要课题》，《宏观经济研究》2006 年第 1 期。

② 梁军：《我国加工贸易转型升级路径探析》，《统计与决策》2007 年第 5 期（理论版）。

济，调整优化结构，提升本地区的技术和产业层次，就要参与国际分工，利用国际资源，发展国际贸易。一方面，要发挥人力、资源、环境等优势，吸引和促使更多跨国公司、外资企业落户，以及扩大加工贸易活动，把跨国公司、外资企业的加工贸易业务环节转移到中部。另一方面，根据中西部地区当前的现代国际制造、物流存在的劣势和人力、土地、厂房等方面的成本优势，着力对接东部沿海地区的加工贸易转移，加快产业升级。贴近内陆市场销售的产业，以及就地采购原材料的产业，这是中国内陆地区发展加工贸易的承接点。① 某些地方可利用自身的资源优势和产业基础，发展为加工贸易配套的原材料、零部件生产；某些地方可利用其地理位置优势，发展与周边国家市场的加工贸易。

中西部地区要建好具有复合型功能的加工贸易园区。广东省在这方面有较好的经验。广东省的措施是，大力推进产业转移园区建设，由山区或东西两翼的地方政府设立产业转移园区，由珠三角地区的政府负责组织规划、投资、开发、建设和招商引资等工作，并按商定比例在一定时期内进行利益分成。还建立了珠三角外商投资企业向山区、东西两翼转移的对接平台，珠三角 7 个地级市分别指定 2~3 个欠发达的地市进行对接，通过点对点的对接带动全方位的合作，开展项目对接及联合招商活动。目前广东省经批准认定的产业转移工业园共 5 个，已正式签订 25 个投资合作协议，其中中山石岐——阳江产业转移工业园已有 5 个项目进园动工，总投资达 7 亿元。②

4. 适应国际产业转移和加工贸易的发展，完善加工贸易政策和管理

政策是发展中国各项事业的重要支撑，管理是促进事业协调有效发展的重要手段。继续改善加工贸易发展的环境，建立一个政策环境支持和监管体系高效的服务环境。适应承接国际产业转移和加工贸易转型升级的要求，完善国家产业政策、吸引外商投资政策、财税政策、信贷政策等，综合引导和支持加工贸易；完善监管体制、制度，改善监管模式，提高管理效率。

完善加工贸易产业政策，引导加工贸易发展。按照三次产业协同发展、结构优化升级、节约资源保护环境、增强自主创新能力的方向，完善加工贸易产业政策，明确加工贸易产业投资指导目录。提高加工贸易产

---

① 曲建：《促进加工贸易向中西部转移的思考》，《国际贸易》2006 年第 10 期。
② 车晓蕙：《加工贸易梯度转移加速》，《中国产经新闻报》2006 年 11 月 16 日。

品、企业、产业的准入门槛，把高技术、高增值含量的产品列入加工贸易鼓励类；把加工链短、技术含量低、增值率低、能源资源消耗大、环境污染严重的商品列入加工贸易禁止类；把处于衰退期、产能过剩、易于引起贸易摩擦的产品适当地列入加工贸易限制类；制定标准，对进入加工贸易的企业、经营规模升级的加工贸易企业，要评估其土地占用规模、设备技术水平、环保水平、单耗水平等，以及劳动安全、社保等社会责任执行情况。

完善加工贸易引资政策，提高加工贸易引资质量。继续积极有效地利用外资，承接国际产业转移。对成本动机的外国直接投资予以高度关注。[①]引导外资提高加工贸易技术含量、技术外溢效应和增值含量，发挥外资促进产业结构调整的作用，鼓励跨国公司设立研发中心、采购中心，引导外资更多地投向高技术产业、现代服务业、高端制造环节、基础设施和生态环境保护；鼓励外资企业增加加工贸易国内企业配套，延伸加工贸易产业链，充分发挥加工贸易的带动效应；大力推进"万商西进"工程，继续在政策、资金等方面支持和鼓励外资投向中西部地区，促进外商投资和国内加工贸易梯度转移。

完善加工贸易税收政策，促进加工贸易升级。2006 年 9 月以后，国家将出口退税与完善加工贸易政策相衔接，在出口退税方面采取一系列"取消、降低、提高"的政策，使加工贸易出口占同期出口额比上年下降 2 个百分点，生铁、铁合金、电解铝、皮革等产品的加工贸易出口大幅下降，原油、成品油、煤炭、未锻轧铝出口量分别下降 21.4%、11.9%、11.7% 和 8.1%，取得了较好的效果。近期应对深加工结转环节暂时实行一段时期免税，出口也不退税。从长期看，要在适当时候将深加工结转货物税收政策调整为在出口加工区内免税，在出口加工区外视同内销征税。[②] 对于加工贸易出口产品中所使用的国产料件，在出口退税方面应视同进口料件予以保税，以促进加工贸易中间投入品的国产化。

完善加工贸易财政信贷政策，援助和扶持国内企业的加工贸易转型升级。给予符合产业政策的企业和产业以财政支持、信贷优惠，帮助和扶持国内大企业提高研发能力和市场开拓扩张能力，如建立研发中心、销售物

---

① 朱廷珺：《外国直接投资、加工贸易利益分配：U 形价值链模型》，《中国流通经济》2007 年第 2 期。

② 马强：《加工贸易管理制度改革方向》，《国际贸易》2007 年第 3 期。

流中心等，提升其与跨国公司合作的能力，鼓励其参与高新技术产业国际分工，帮助国内中小企业解决资金缺乏、生产技术不高、产品开发不足等困难，使更多国内中小企业能为加工贸易提供中间投入品配套业务。

完善加工贸易监管体制，提高监管效率和便利化程度。适应加工贸易的发展和国际规则发展，进一步改革加工贸易监管体制，完善加工贸易监管制度，包括合理组织架构，调整监管职能，公开、简明程序，提高监管人员素质，依法行政。充分运用信息化手段，积极探索更便捷有效的监管模式，坚持并完善保税监管为主要内容的深加工结转制度，有效防止飞料走私，更好地为延伸加工链条、促进产业升级服务；整合现有的保税区、出口加工区、保税物流园区等特殊监管区域，加快向国际上规范的自贸区模式转变，以适应承接高端制造环节和生产性服务业转移的新要求。[①] 加大对加工贸易企业实施计算机联网管理力度，实行加工贸易有形监管和无形监管相结合，实现商务、海关、税务、外汇管理等部门在加工贸易审批、备案、保证金、财政等方面的协调、统一和配合，以实现高效的监管服务。

参考文献

[1] 韩可卫：《对中国加工贸易可持续发展的思考》，《工业技术经济》2006 年第 1 期。

[2] 朱启荣、贺桂欣、戚建梅：《中国加工贸易绩效与问题的研究》，《经济问题探索》2007 年第 5 期。

[3] 隆国强：《加工贸易发展问题研究》，《国际贸易》2006 年第 9 期。

[4] 韩可卫：《对中国加工贸易可持续发展的思考》，《工业技术经济》2006 年第 1 期。

[5] 朱廷珺：《外国直接投资、加工贸易利益分配：U 形价值链模型》，《中国流通经济》2007 年第 2 期。

[6] 孙文杰、王岩：《中国加工贸易的现状和转型升级》，《科技情报开发与经济》2007 年第 5 期。

[7] 刘德学、苏桂富、卜国勤：《中国加工贸易升级对策研究——基于全球生产

---

① 汪连海、王雪坤：《加工贸易：优势不能丢　结构要升级》，《人民日报》2006 年 12 月 18 日。

网络视角》,《国际经贸探索》2006 年第 4 期。

[8] 裴长洪、彭磊：《加工贸易转型升级："十一五"时期中国外贸发展的重要课题》,《宏观经济研究》2006 年第 1 期。

[9] 王乃水：《中国应强化对加工贸易转型升级的政策支持》,《中国国门时报》2007 年 1 月 15 日。

[10] 梁军：《中国加工贸易转型升级路径探析》,《统计与决策》(理论版) 2007 年 5 月。

[11] 曲建：《促进加工贸易向中西部转移的思考》,《国际贸易》2006 年第 10 期。

[12] 车晓蕙：《加工贸易梯度转移加速》, 《中国产经新闻报》2006 年 11 月 16 日。

[13] 马强：《加工贸易管理制度改革方向》,《国际贸易》2007 年第 3 期。

[14] 汪连海、王雪坤：《加工贸易：优势不能丢 结构要升级》,《人民日报》2006 年 12 月 18 日。

出口退税问题研究[*]

冯德连

出口退税是指一个国家根据本国税收法律的规定，对已经报关离境的出口商品，将其在出口前生产和流通各环节已经缴纳的国内增值税或消费税等流转间接税的税款退还给出口企业，使出口商品以不含税的价格进入国际市场，从而促进该国的对外贸易出口，同时调节和控制国家宏观经济运行。对出口产品实行退税政策是国际通行做法，是国家支持外贸出口的一个重要手段，是符合世贸组织规则的。

一 2006~2007 年出口退税政策变化
对中国经济的影响

（一）出口退税政策的变化

1. 2006 年出口退税政策的变化

2006 年 9 月 14 日，财政部、国家发改委、商务部、海关总署、国家税务总局联合发出通知，调整部分出口商品的出口退税率，同时增补加工贸易禁止类商品目录。此次出口退税率调整涉及纺织、钢铁、有色金属、煤炭、机械等多个行业，税率有升有降，反应冷暖不一，具体表现为如下3 种情况。

（1）取消退税。取消煤炭、天然气等产品的出口退税，将以前已经取消出口退税以及这次取消出口退税的商品列入加工贸易禁止类目录，对列

---

* 安徽财经大学 2006 级国际贸易学硕士研究生刘静、包围、郝娜、王亮参与了本文的写作与讨论。

入加工贸易禁止类目录的商品进口一律征收进口关税和进口环节税。

（2）下调退税率。将钢材（142 个税号）出口退税率由 11% 降至 8%；将陶瓷、部分成品革和水泥、玻璃出口退税率分别由 13% 降至 8% 和 11%；将部分有色金属材料的出口退税率由 13% 降至 5%、8% 和 11%；将纺织品、家具、塑料、打火机、个别木材制品的出口退税率由 13% 降至 11%；将非机械驱动车（手推车）及零部件的出口退税率由 17% 降到 13%。这将使轻工、纺织、冶金、钢铁等行业的产品出口受到一定影响。

（3）上调退税率。提高了部分行业的出口退税率。将有重大技术装备、部分 IT 产品和生物医药产品以及部分国家产业政策鼓励出口的高科技产品等，出口退税率由 13% 提高到 17%；部分以农产品为原料的加工品，出口退税率由 5% 或 11% 提高到 13%。这将使机电、科技产品在这次调整中受惠。

2. 2007 年出口退税政策的变化

2007 年 6 月 18 日，财政部、国家税务总局、国家发展改革委、商务部、海关总署发布了《财政部国家税务总局关于调低部分商品出口退税率的通知》，规定自 2007 年 7 月 1 日起，调整部分商品的出口退税政策。这次政策调整共涉及 2831 项商品，约占海关税则中全部商品总数的 37%，主要包括如下 3 个方面。

（1）进一步取消了 553 项"高耗能、高污染、资源性"产品的出口退税。主要包括濒危动植物及其制品、盐和水泥等矿产品、肥料、染料等化工产品、金属碳化物和活性炭产品、皮革、部分木板和一次性木制品、一般普炭焊管产品、非合金铝制条杆等简单有色金属加工产品，以及分段船舶和非机动船舶。

（2）降低了 2268 项容易引起贸易摩擦的商品的出口退税率。主要包括：服装、鞋帽、箱包、玩具、纸制品、植物油、塑料和橡胶及其制品、部分石料和陶瓷及其制品、部分钢铁制品、焦炉和摩托车等低附加值机电产品、家具，以及黏胶纤维。

（3）把 10 项商品的出口退税改为出口免税政策。主要包括：花生果仁、油画、雕饰板、邮票和印花税票。

（二）出口退税政策调整对中国经济的影响

2006～2007 年出口退税政策的调整幅度并不大，仍旧延续结构性调整的路线。但影响比 2004 年的调整要大一些。

1. 对外贸易失衡有所缓解

贸易顺差的持续和加大是中国对外贸易发展存在的一个重大问题，也是中国贸易摩擦增多的一个主要原因。作为经济杠杆的汇率和出口退税，对进出口贸易具有直接调节作用。人民币升值趋势日益显著，对出口增长起了一定的抑制作用，但从海关统计来看，抑制效应并不明显。

2006 年 9 月和 2007 年 7 月两次调整出口退税政策的主要目标之一就是减少贸易顺差。退税"新政"可能对出口贸易的影响不如预期中的那样广泛和深远，但在投资过热，人民币升值压力和风险巨大，贸易摩擦日益增多的情况下，调整出口退税率仍是最佳选择。2006 年 9 月退税"新政"实施以后，贸易顺差在一定程度上得到了缓解。根据海关最新公布的数据，2007 年 3 月份，中国贸易顺差为 68.7 亿美元，仅为 2 月顺差额的 29%。其中，进口增幅为 15%，出口增幅为 6.9%。

当然，调整出口退税政策对持续居高不下的贸易顺差只能是略有缓解，不可能改变贸易顺差的方向。因为两次调整对纺织服装、钢铁以及资源性产品的一般贸易产生较大影响，而对来料、进料和辅料加工贸易的影响较小。与此同时，加工贸易出口在中国总出口中占重要地位，致使一部分进口需求与加工贸易关联密切，而出口退税调整同时会影响加工贸易出口和原料进口，从而进一步降低了贸易顺差的实际下降幅度。例如，2007 年 1~5 月，中国贸易顺差总额为 857.2 亿美元，其中，一般贸易顺差仅为 360.3 亿美元，而 906.5 亿美元的加工贸易顺差为一般贸易顺差的 2.5 倍。

2. 优化出口产品结构，促进中国产业结构的升级

2006 年 9 月的出口退税政策调整涉及资源类产业、加工类产业、技术密集型产业和涉农产业。本次调整后的税率"有升有降"，政府一方面取消或降低了资源性产品等的出口退税率，另一方面提高了高科技产品等的退税率。而 2007 年 7 月的出口退税政策调整涉及"高耗能、高污染、资源性"产品和容易引起贸易摩擦的商品。这两次出口退税政策的调整，通过提高一些高新技术产品出口退税率，降低或者是取消一些"两高一资"（高耗能、高污染、资源性）产品的出口退税，对于优化出口产品的结构发挥了重要作用。

出口退税率的逐渐下降，将使品种单一、附加值低的中小企业被兼并或淘汰，而大企业将凭借其高科技含量、高附加值的产品逐步扩大生产规模，继续在国际市场上占有一席之地。这将有利于引导服装行业调整产业

结构，提升中国出口产品的档次和附加值。

3. 转变增长方式，减少贸易摩擦

在很长一个时期，出口创汇指标是衡量一个地方、一个企业经营管理的重要指标。在这种考核体系作用下，中国地方和企业的贸易增长方式很大程度上步入了"数量速度型"的发展轨道，加工贸易蓬勃发展，导致很多企业热衷于做 OEM（贴牌生产，Original Equipment Manufacture），由此中国的贸易额得以快速提升，贸易大国的地位也逐步确立，但因此引发的贸易纷争和摩擦越来越多，如中美贸易顺差贸易之争、欧美诉中国纺织品倾销、美国诉中国钢铁产品倾销、欧盟诉中国鞋类产品倾销等等。20 世纪 90 年代，原对外贸易经济合作部就倡导，贸易增长方式由数量速度型向质量效益型转变。2005 年底商务部等八部委联合发出《关于扶植出口名牌发展的指导意见》，提出中国到 2010 年的出口品牌发展目标，出口企业自主品牌出口由目前的约 20% 提升到 40% 以上，自主品牌出口占出口总额比重由目前的约 10% 发展到超过 20%。这更加显示出国家对企业转变增长方式的政策导向。退税政策调整以后出口更注重质量和效益。中国的中小出口企业不能过分地依靠 OEM，要积极创造条件做 ODM（设计生产，Original Design Manufacture）和 OBM（自有品牌，Original Brand Manufacture）。通过大力发展自主品牌出口，运用质量效益型的贸易增长方式，以提高经济效益、减少贸易摩擦，达到互惠互利、和谐发展的双赢或多赢的目的。

4. 缓解人民币升值的压力

人民币升值的压力主要来源于中国对外贸易巨大的双顺差，而双顺差的形成与中国低廉的劳动力价格和中国成为引资大国之间存在着密切的关系，这在短时期内难以扭转。同时，美国等西方发达国家为了自身的经济复苏，迫切希望人民币升值，以将经济衰退转移到中国来。对中国而言，如果单纯采用人民币升值的办法解决升值压力，特别是采用缓慢升值的办法，容易吸引热钱流入，赌人民币升值。在这种资本流入增多、又同时允许市场决定汇率的情况下，人民币汇率容易升值过度，给整个对外贸易造成巨大的负面影响，在中国银行系统的改革尚未完成之前，其刚性效应太大，而改变出口退税政策只会给占企业总数 1/4 左右的出口企业带来较大的压力，进口则不会受到影响。出口退税率的下调，无疑是针对国际上日益升温的人民币升值的压力所采取的一项折中的改革措施，减小了银行的贷款压力，国外热钱不会大量涌入中国，稳定了国内市场。

目前，国家正在着力抑制流通性过剩以及投资过热的局面，但仅靠加

息、提高准备金率或者公开市场操作等货币政策恐怕过于单一。人民币自 2005 年 7 月 21 日开始升值以来，中国出口依然有增无减，所以适度扩大人民币兑美元的汇率浮动区间，用加息引导人民币汇率在短期内有一定幅度的升值，同时适度减少出口退税率，应当是正确的政策选择。这也凸显出中国在应对人民币升值压力时的理性和灵活性。

5. 其他影响

出口退税政策是调控国家经济的一个重要手段，但在执行中也一直存在着一些负面影响。出口欠退税一直是中央财政的沉重负担，中央财政在 2005 年彻底偿还了 2000 多亿元的欠账。更为严重的是，出口骗税案件也时有发生。国家信息中心曾经估算，2000 年全国骗税规模约占当年出口额的 6.5%。在国税总局公布的涉税大案中，增值税犯罪和出口骗税为两个主要犯罪方式。

目前，中国经济还不发达，没有足够的财力、物力和充分的条件在国内实施彻底出口退税政策。盲目地追求理想的最优政策只会导致出口贸易额盲目的高速增长与中央财政紧张的矛盾恶化，造成对外贸易与国内贸易矛盾越来越尖锐。

政府不断下调出口退税率，之后又几经上调出口退税率，导致出口退税政策变动频繁，政府处于被动地位。出口企业在制订生产计划、投资规模、产品价格时，早已将出口退税款作为潜在收益进行成本核销，但是商品出口后，出口退税迟迟不能到位，酿成许多财务危机。于是，意在帮助扶持出口企业、鼓励出口的出口退税政策，实际上拖了企业发展的后腿。

同时，如此制度之下，出口越多的地方得到的退税就越多，目前全国 90% 以上的出口都由沿海发达地区创造，其享受到的转移支付自然最多，这种"补贴富人"的做法，客观上加大了地区间贫富差距。

二 出口退税负担机制

出口退税负担机制旨在确定出口退税是中央独自承担还是中央、地方共同负担；在中央、地方共同负担时，是完全由省一级政府负担还是层层分解。本文只研究不同出口退税负担机制下中央和省之间及省与省之间的关系。由于中国现行税制及财政体制形成于 1994 年，故以该年作为研究的起点。

（一）中国出口负担机制的演变

1. 中央负担出口退税

（1）1994～1997年。1994年中国进行了里程碑式的体制改革，将增值税作为共享税：进口环节增值归中央，国内增值税按照75%：25%的比例在中央地方政府间分成，而出口退税完全由中央政府承担。在退税方面，中国对老外资企业实行"出口免税"，对其他企业实行"先征后退"。在这种体制下地区出口越多，得到的隐性转移支付越多（中国东部地区出口远高于中西部地区，获得的隐性转移支付多于中西部地区），所以各地方采取各种措施鼓励出口。

（2）1997～2003年。这期间继续实行中央负担100%的政策，但退税方法有所改变。1997年，对有进出口经营权的生产企业实行"免、抵、退"税政策。1999年，对老外资企业也实行该办法。随着外贸经营权放开，2002年，在出口生产企业中全面推行"免、退"税办法。"免、抵、退"税政策使地方税收收入减少，如果不做相应补偿，势必影响地方推行"免、抵、退"税政策的积极性。"免、抵、调库"政策就是在准确核算地方因实行"免、抵、退"税办法而减少的财政收入的基础上，对地方财政给予的相应补偿。这种体制只是增加了"免、抵、退"税政策的内容，实质未变。

2. 中央、地方共同负担出口退税

（1）2004～2005年。从2004年1月1日起实施以"新账不欠，老账要还，完善机制，共同负担"为原则的出口退税新政。中央、地方分担出口退税：中央负担基数以内及超基数75%的退税；地方负担超基数退税的25%。同时，继续实行"免、抵、退"税办法。由于超基数退税要由地方政府负担一部分，则一地出口越多，需负担的出口退税越多，致使出口增长较快地区的财政压力增大。相应地，各地鼓励出口的积极性减弱。另外，异地采购使问题更为复杂。随着生产力的不断发展，分工更细，企业间的专业化协作越来越强，出口企业出口的产品不一定是在一地完成生产的，异地采购不可避免。这就造成出口产品生产地政府获得了增值税收入，却未承担退税，而出口产品出口地政府未获得增值税收入，却要承担其退税，从而出现部分地方政府限制外购产品出口、限制引进出口型外资项目等问题。

（2）2005年以后。2004年开始实行的负担办法在实践中很快显现出

一些问题，从 2005 年 1 月 1 日起，中国将中央、地方出口退税负担比例调整为 92.5%∶7.5%。不仅如此，从 2005 年 9 月 1 日起，退税资金来源程序也有所变化：由国库退付的出口货物退增值税统一从中央库款中退付，2005 年及以后年度出口货物退增值税中应由地方财政负担的部分，由地方财政在年终专项上解中央财政。这期间继续实行"免、抵、退"税办法。与 2004 年的负担机制相比，地方分担数额减小，地方财政压力减轻。

（二）出口退税负担机制演变的原因

中国自实行出口退税政策以来，在扩大外贸出口、保证国际收支平衡、增加就业、提高出口产品的国际竞争力、增加国家外汇储备、促进国民经济持续、快速、健康发展等方面发挥了重大作用，那么为什么要在中国对外贸易迅速发展的情况下改革出口退税机制呢？这有多方面的原因。

1. 出口贸易迅速增长，中央财政不堪重负

中国推出出口退税政策以来，对外贸易量呈现迅猛的增长势头。中央财政来自出口产品增值的收入的增长率小于出口退税的增长率，如继续维持自行全额退付税款，要么会"入不敷出"，要么会形成巨额拖欠，极大地影响出口企业的生产积极性，从而影响地方财政收入。所以 2004 年开始实行中央地方共同负担出口退税政策。

2. 中央与地方利益、责任不统一

共同负担实施过程中，地方出口退税负担地区间分布不均衡。2004 年全国出口总额约为 5934 亿美元，各省市出口情况极不均衡。其中，广东一省独占 37%，江苏、上海、浙江、山东、福建、天津、北京、辽宁等八省市占比约为 55.25%，其他 21 个省区占比仅为 7.75%。按规定，地方政府要相应分担 330 亿元的超基数退税支出，其中约 310 亿元集中在十大口岸城市，出口退税负担地区间分布极不均衡，给出口重点地区带来了不小的财政压力，致使新增财力大多甚至全部用于出口退税。

在增值税的纳税地区和退税地区不一致异地采购出口模式下，退税地区是商品出口地，而增值税却缴纳到原材料或商品采购地区，由此导致增值税纳税地区和退税地区之间的权利与义务不对等。这种不对等不仅在省与省之间存在，在市与市、县与县之间也普遍存在，诱使地方政府加强行政干预和地方保护，人为分割全国统一大市场，阻碍地区间资源的合理配置和商品的自由流动。

地方政府出口退税负担层层分解。地方政府是个笼统的概念，不同层级、不同地方的财政状况不同，政府政策以及管理办法也各有差异，极有可能在局部地区引起新的出口退税拖欠。

外贸出口与地方财政压力之间的矛盾凸显。如果盲目鼓励产品出口，地方财政将会受出口退税增加的影响而导致财政收入锐减；如果不鼓励产品出口，地方经济发展又将受到严重制约。这一问题在全国范围内普遍存在，给欠发达地区带来的挑战尤为严峻。由于落后地区的出口基数小，但未来的增长潜力大，同时其县乡政府普遍面临着一定程度的财政困难，大大增加了落后地区发展经济与平衡财政收支的难度。

（三）出口退税负担机制存在的问题

1. 加剧地方保护主义和国内市场分割

由于增值税贯穿产品生产的所有环节，很少有产品是完全在一个地方完成，这就意味着，出口企业所在地不可能收取出口产品所含的所有增值税，出口产品前，很多增值税交给了外地政府。由出口企业所在地政府分担出口退税，就会造成新的扭曲。收取了出口产品上游生产环节增值税的地方政府不必分担出口退税，而出口地政府则要超额分担出口退税。因此，必然导致地方政府限制本地企业出口外地产品，影响出口货源跨省区流动，从而进一步加剧地方保护主义和国内市场分割。

2. 地方政府产生心理预期，造成欠退税问题

中国出口退税制度的出台，一个主要的目的是促进中国对外贸易的发展，提高企业产品在国际市场的竞争力；而中央地方分税制的实施，也是为了在不影响宏观经济运行、不拖欠企业出口退税的前提下减轻中央财政压力。2005 年的调整，地方政府的分担比例由 25% 骤降至 7.5%，中央多承担了很大一部分退税，这对缓解地方政府的财政压力很有好处，但是，一旦中央财政的收支状况与出口形势发生变化，这一政策也许又需要再调整。如果政策变换太频繁，就可能使地方政府产生一种心理预期，期望分担更低的比例，从而不利于促进地方政府按时支付退税款，打击了出口企业的积极性，不利于政府树立良好的形象和信用。因此，需要逐步建立起更长期、稳定的出口退税机制。

3. 仍有可能产生新欠，影响企业的公平竞争

在中国现行体制下，政府的级次越低，机动财力越少，回旋余地越小，基层财力的不足直接导致出口退税的困难，不可避免地出现"新欠"

问题。这种情形导致的一种结果就是，中央不欠账了，地方欠账，中央制定的"应退尽退"原则面临挑战。

另外，地方财政状况的差异可能影响退税，进而影响企业的公平竞争。从全国看，地方财政负担的出口退税部分，有的是由省（直辖市）级政府负担，不再向下分解，如北京；有的是将其层层分解至各级政府。各地实行的不同方法及各地的不同财力，使出口企业的退税待遇产生差异，影响其公平竞争。企业获得退税情况的不同直接影响其在国际市场上的竞争力。

4. 基数未做调整，出口增长快的地区仍会感到压力

自2004年1月1日起实施的机制规定以2003年出口退税为基数，超基数部分中央和地方按照比例分成。2005年只是调整了中央和地方的分成比例，基数未做变动。而一旦某些地方出口超速增长，基数便会变得微不足道，就有可能使暂时缓解的地方财政压力在若干年后重新凸显。

5. 出口退税受益者与承担者不统一的矛盾未得到解决

由于地方应负担的出口退税大为减小，使人担心旧机制下的矛盾重新出现。比如，由于地方负担出口退税比例降低，地方惩治企业骗取出口退税的决心和动力减小，中央为了反骗取退税不得不继续维持现行的单证和程序要求。而且，在地方负担部分超基数退税的情况下，只要存在异地采购，便会出现地区间的不平衡，由于西部地区是净货源流出地，东部地区为净货源流入地，东部地区负担退税较多。从实际情况看，2004年全国出口总额为5934亿美元，各省市出口状况极不均衡。其中，广东省的出口就占全国出口总额的37%。出口集中地区出口退税负担压力极大，新增加的税收用于出口退税，就满足不了教育、卫生、城市建设等资金的需要。

三　出口退税与人民币汇率的关系

出口退税作为一种中性税收政策，是消除出口歧视，鼓励公平竞争的一种手段，也是各国普遍采纳的国际惯例。但现实中，大部分国家的出口退税却是非中性的出口鼓励政策，在日益激烈的国际竞争中，越来越多的国家加强了对退税非中性杠杆的操纵力度。尽管作为一种理论上中性的税收政策，出口退税本身不是调节汇率的手段，但其通过影响进出口和国际收支，却能间接影响本国汇率。另一方面，根据芒德尔—弗来明模型，①在资本固定或有限流动下，固定汇率下的货币政策是有效的，而在资本完全流动下，浮动汇率下的货币政策才会有效。可见目前中国现行的人民币汇率制度是可行的。当前，中国还不具备资本自由流动的条件，若实现浮动汇率制，即让人民币汇率按外汇市场供求决定自动上调而放弃独立的货币政策的调节机会，和以前钉住美元制度下的认为上调利率一样，都会带来金融混乱。而要解决人民币当前面临的巨大升值压力，就必须借助于一整套外贸政策（包括汇率和多种价格性商业政策，诸如出口退税等）。国内外学者都有用实证分析分别研究出口退税和人民币汇率的先例。但将两者结合起来的文章却为数不多，目前还没有形成一种权威统一的观点。笔者将结合相关资料，运用计量经济方法如虚拟变量、单位根检验、协整检验和格兰杰检验进行实证分析，揭示出口退税与人民币汇率间的相互关系。

（一）中国出口退税与人民币汇率的变化

1. 人民币汇率变化

在中国多年的汇率改革中，人民币汇率始终保持着稳中有升的基本格局，期间经历了贬值和升值的交替影响。东南亚金融危机时期，人民币遭遇到了贬值的巨大压力，国外许多学者认为人民币存在被高估的现象；进入 21 世纪的头两年，人民币也出现过短期贬值的压力。但近几年，人民币却又面临着巨大的升值压力，出现了人民币被低估的现象。事实上，现阶段中国的人民币汇率正是在不断经受贬值和升值的交替压力之下维持基本稳定的。当前，中国汇率渐进改革的基点是完善人民币汇率的形成机制，保持人民币汇率在合理和均衡水平上的基本稳定。具体来说，中国人民币汇率改革可分为以下 4 个阶段（见表 1）。

表 1　人民币汇率改革四阶段

时　　间	1979~1984	1985~1993	1994~2004	2005 年至今
人民币汇改四阶段特点	从单一汇率到复汇率再到单一汇率的变迁	官方牌价与外汇调剂价格并存，向复汇率回归	实行有管理的浮动汇率制	以市场供求为基础、有管理的浮动汇率制

说明：此表自行绘制。

---

① 丁冰：《从芒德尔—弗来明模型看当前人民币汇率问题》，《经济学动态》2004 年第 3 期。

事实上自 1996 年以来，中国人民币名义汇率①一直保持在 8.27 元左右，自 1999 年 IMF 采取新的汇率分类法将中国列为"实际上的钉住美元"的汇率制度。人民币在相当一段长的时间内保持了稳定。然而，人民币升值的压力自 2002 年开始凸显。过去的升值压力主要来自美日欧等国基于自身利益借助政治力量煽动，把人民币升值问题炒得火热。但当前国内升值的压力也呈现出来，主要包括：一是近几年中国国内经济形势看好，经济过热发展带来的一系列财政与货币政策调整，对人民币汇率产生影响；二是中国快速发展的对外贸易，持续的双顺差和过高的外汇储备带来了人民币升值的压力。2007 年 5 月 30 日人民币一举击破 7.65 关口，当日美元兑人民币汇率中间价为 1 美元兑人民币 7.6512 元，至此，以中间价计，人民币汇改至今，人民币兑美元汇率累计升值幅度已经达 5.6%。仅从 2007 年元旦至今，人民币已经累计升值近 2.06%，2007 年前两个月人民币的升值速度是 2006 年同期的 2.5 倍。缓解人民币当前的巨大升值压力已成为学者关注的焦点。

2. 出口退税制度的变化

出口退税制度是一国政府对出口商品退还其在国内生产流通出口环节已缴纳的间接税的制度，目的是使货物以不含税价格进入国际市场参与国际竞争，鼓励出口，有利于提高出口货物和出口企业的国际竞争力。

中国自实行退税政策以来，出口退税总额由 1985 年的 19.7 亿元增加到 2005 年的 3371.6 亿元，增长了近 170 倍。20 多年来出口退税政策经历了不同阶段，笔者以 1994 年中国实行增值税为分界点，1994 年以前出口退税政策属于起步阶段，出口退税涉及的范围小，金额也小，1985～1993 年累计 9 年的出口退税额只有 1397 亿元，根本不能与国际接轨；1994 年至今出口退税经历了由升到降再升的不断发展和完善阶段，其范围和规模有了大幅度提高，1994～2005 年累计 12 年的出口退税总额高达 1.4 万亿元，中国的出口退税政策真正开始走向国际化。在中国出口退税政策的发展过程中，出现了出口退税作为一种缓冲手段的现象，如 1997 年中国在应对亚洲金融危机时连续上调出口退税率以促进出口贸易以及从 2004 年起下调退税率在一定程度上缓解了人民币升值的压力，就体现了出口退税政策作为人民币汇率调整的对冲作用（具体每年的出口退税额和人民币汇率及相关数据见表 2）。

---

① 《中国统计年鉴（2006）》和中国人民银行官方网站。

表2　中国出口退税与汇率相关数据表

年份	出口退税总额（亿元）	汇率*（1美元）	出口退税总额增长率（%）	进出口总额（亿元）	出口总额（亿元）	进口总额（亿元）	差额（亿元）	外汇储备（亿美元）	出口增长率（%）
1985	19.7	2.94	—	2066.7	808.9	1257.8	-448.9	26.44	—
1986	44.1	3.45	123.85	2580.4	1082.1	1498.3	-416.2	20.72	33.77
1987	76.7	3.72	73.92	3084.2	1470.1	1614.2	-144.2	29.23	35.85
1988	113.1	3.72	47.45	3821.8	1766.7	2055.1	-288.4	33.72	20.17
1989	153.3	3.77	35.54	4156.3	1956.1	2199.9	-243.8	55.50	10.72
1990	165.2	4.78	7.76	5560.1	2985.8	2574.3	411.5	110.93	52.64
1991	246.1	5.32	48.97	7225.8	3827.1	3398.7	428.4	217.12	28.17
1992	279.1	5.51	13.40	9119.6	4676.3	4443.3	233.0	194.43	22.18
1993	299.7	5.76	7.38	11271.0	5284.8	5986.2	-701.4	211.99	13.01
1994	450.1	8.62	50.18	20381.9	10421.8	9960.1	461.7	516.20	97.20
1995	548.7	8.35	21.90	23499.9	12451.8	11048.1	1403.7	735.97	19.47
1996	827.7	8.31	50.84	24133.8	12576.4	11557.4	1019.0	1050.29	1.00
1997	432.7	8.29	-47.72	26967.2	15160.7	11806.5	3354.2	1398.90	20.54
1998	436.2	8.28	0.80	26849.7	15223.6	11626.1	3597.5	1449.59	0.41
1999	626.7	8.28	43.67	29896.2	16159.8	13736.4	2423.4	1546.75	6.14
2000	810.1	8.28	29.26	39273.2	20634.4	18638.8	1995.6	1655.74	27.68
2001	1071.5	8.28	32.26	42183.6	22024.4	20159.2	1865.2	2121.65	6.73
2002	1259.4	8.28	17.53	51378.2	26947.9	24430.3	2517.6	2864.07	22.35
2003	2039.1	8.28	61.91	70483.5	36287.9	34195.6	2092.3	4032.51	34.65
2004	2195.1	8.28	7.65	95539.1	49103.3	46435.8	2667.5	6099.32	35.31
2005	3371.6	8.19	53.59	116921.8	62648.1	54273.7	8374.4	8188.72	27.58

注：*汇率指的是人民币中间价对美元。

资料来源：根据《中国统计年鉴（2006）》和国家税务总局官方网站相关数据下载并运用EX-CEL软件得出。

（二）出口退税与人民币汇率关系的实证分析

关于出口退税对人民币汇率的影响的定量分析，学者们主要通过建立计量经济模型来衡量，但模型中大多未体现定性因素的影响。如上文所述，1994年中国实行增值税后，出口退税政策才真正与国际接轨。由于

1994 年前后两个阶段出口退税具有不同的特点，若只用一个模型不能很好地体现这两个阶段的不同特征及不同的政策环境影响因素。因此笔者采用在计量经济模型中引入虚拟变量的方法，以衡量不同阶段政策环境等定性因素的影响，同时可以提高模型精度，减少模型的设定误差，避免了因直接分段回归导致的样本量的减少和精度的降低。此外，考虑可能存在"伪回归"现象，本文还采用了单位根检验、协整检验和格兰杰检验进行了进一步的分析，通过选取 1985～2005 年相关数据，在一系列检验的基础上建立计量经济模型，进行实证分析，以揭示出口退税和汇率两者间的关系。

变量选取年实际出口退税总额 X 和人民币中间价兑美元的汇率 Y，以加法形式和乘法形式将 1985～2005 年期间的数据以 1994 年税制改革为分界点引入一个虚拟变量 D 如下：

$$D = \begin{cases} 0 & 1994 \text{ 年人民币并轨前} \\ 1 & 1994 \text{ 年人民币并轨后} \end{cases}$$

设定模型的基本形式为：

$$Y_i = a + bX_i + \beta_1 D_i + \beta_2 X_i D_i + \varepsilon_i \qquad \text{式中 } Y \text{ 代表汇率}_\circ$$

1. 相关分析

运用 EVIEWS 软件利用表 2 中的数据计算相关系数（见表 3）。从表 3 中可以看出，出口退税总额与汇率的相关系数为 0.583 高于 0.05 属于显著相关。

表 3　出口退税总额与汇率的相关系数

	出口退税总额	汇　率
出口退税总额	1	—
汇　率	0.582642608	1

2. 回归分析

运用 EVIEWS3.1 最小二乘法估计含虚拟变量的模型，结果可以得到回归方程：

$$Y_i = 2.8231 + 0.0097X_i + 5.5513D_i - 0.0098X_iD_i$$
$$(14.5451)(36.2244)(-14.516)$$
$$R^2 = 0.993 \qquad DW = 2.112 \qquad F = 803.082$$

3. 单位根检验

运用 EVIEWS3.1 对出口退税 X 和人民币汇率 Y 进行单位根检验，各序列进行一阶差分后，发现各序列的 ADF 检验值均小于相应 1% 或 10% 显著水平下的临界值，拒绝原假设，序列不存在单位根，说明 X、Y 均为一阶单整序列，也就是同阶单整，满足协整检验的前提条件（见表4）。

表 4　单位根检验

变　量	检验形式	ADF 检验值	临界值
ΔX	(c, t, 0) *	− 2.282675	− 2.1552（10%）
ΔY	(c, t, 0)	− 4.353067	− 3.8304（1%）

注：* 本表中 ADF 检验采用 EVIEWS3.1 计算。检验形式（c，t，k）表示单位根检验方程中的常数项、趋势项和滞后阶数，临界值栏括号内的百分比表示显著水平。Δ 表示零阶差分因子。

4. 协整检验

常用的协整检验的方法有恩格尔—格兰杰（Engle-Granger）两步法、约翰森（Johansen）极大似然法。本文采用约翰森极大似然法就出口退税 X 和人民币汇率 Y 之间是否具有协整关系进行检验，判断这些变量是否存在长期的稳定关系（见表5）。

表 5　协整检验

Eigenvalue	Likelihood Ratio	5 Percent Critical Value	1 Percent Critical Value	Hypothesized No. of CE（s）
0.480315	15.59677	15.41	20.04	None
0.095926	1.815186	3.76	6.65	At most 1

在检验时，认为序列有均值和线性趋势，协整方程只有截距项，滞后期为 1 期。可见，在 5% 显著性水平下，因为迹统计量（似然比统计量 Likelihood Ratio）的值 15.59677 > 15.41，1.815186 < 3.76，因此两个变量之间存在一个协整关系。

5. 序列的格兰杰因果检验

变量之间具有一个协整关系，因而可以进行格兰杰因果检验来判断变量之间相互影响的关系。从检验结果来看，出口退税额 X 不是人民币汇率 Y 的格兰杰因，且人民币汇率 Y 不是出口退税额 X 的格兰杰因，即出口退

税额 X 和人民币汇率 Y 不存在因果关系（见表6）。

表 6 Granger 因果检验

Pairwise Granger Causality Tests			
Sample: 1985 2005			
Lags: 1			
Null Hypothesis:	Obs	F-Statistic	Probability
Y does not Granger Cause X	20	0.40864	0.53118
X does not Granger Cause Y		0.07470	0.78790

（三）基于实证分析的结论及建议

1. 基本结论

将模型整理后按两个阶段分别列出：

$$1985 \sim 1993: Y = 2.8231 + 0.0097X$$
$$1994 \sim 2005: Y = 8.3744 - 0.0001X$$

结果表明在前一个阶段中出口退税的变动对人民币汇率的变动会产生一定的影响；但在后一个阶段中，两者的相关影响较弱，这与中国的国情是相符的。1994 年以前，中国的人民币实行的是双重汇率，既要保持外汇牌价还要制定贸易外汇内部结算价用于进出口贸易外汇的结算（等于按全国出口平均换汇成本再加上一定的利润），因此在这一阶段中，出口退税通过影响出口企业生产成本对人民币汇率的变动产生影响。而 1994 年以后人民币实行并轨，中国实行实质上钉住美元的汇率制度，从而使出口退税与人民币汇率的相关性减弱。格兰杰因果检验更进一步证实了，出口退税与人民币汇率之间不存在直接的因果关系，两者间的互相影响可以看做通过其他因素间接影响的。

降低出口退税率是采用非汇率手段调节人民币升值压力的一种手段，可以在一定程度上缓解国际和国内社会对人民币升值的压力，保持外汇收支的动态平衡，即出口退税下调使人民币实际有效汇率下降，在名义汇率和出口换汇成本不变的情况下，实际有效汇率下降，相当于人民币汇率变相提高，起着与人民币升值同样的出口抑制效应。

结合中国当前的国情，财政政策方面针对人民币升值问题进行税收结构调整，首先是调低出口退税率，下调的结果会使出口增长放慢，进而使经常项目盈余下降，起了为汇率升值减压，同时也为中央财政减压的作用。自 2004 年出口退税政策重大改革以来，中国的出口增长速度虽略有下降，但中国经济增长仍发展迅速，贸易双顺差持续存在，外汇储备已超过日本居世界第一位，人民币升值的压力并没有减弱。

因此，随着中国对外开放和市场经济的深入发展，即在经济更加开放的宏观背景下，影响人民币汇率的因素会越来越多，出口退税调整对人民币汇率的影响可能会逐渐弱化。

2. 原因分析和政策建议

汇率作为两国货币的折算比价，由两国货币在外汇市场上的供求状况所决定，但这仅是表象，外汇供求背后隐藏着更深的决定因素，也就是说任何能够影响国内外商品、劳务市场和金融市场的因素都会影响汇率的变动。所以，出口退税可以作为缓解汇率升值的要素，但除此之外还有多种其他要素也会对汇率产生影响。具体说，在纸币流通的条件下，决定和影响当前中国人民币汇率的其他因素主要还有以下几方面。

（1）美日欧等国的政治问题。欧美等国经济现今处于经济调整时期，由于 20 纪 90 年代全球化的加速发展，使这些国家的某些行业失去竞争力，需要进行结构调整。由此带来的失业与行业利益损失使这些群体组成强大的院外集团，① 要求政府保护其利益。日本政府花了上万亿美元，用了 10 多年时间仍未摆脱经济低迷的困境，其也面临越来越多的政治压力。为了转移国内矛盾，美日欧指责中国通过低估人民币提高出口能力，试图迫使人民币升值。

（2）国际收支状况。国际收支大体能反映外汇市场的供求状况，国际收支出现逆差，在外汇市场表现为外汇需求大于供给，引起本币贬值；反之顺差会导致本币升值。而中国的经常项目和资本项目的双顺差持续存在，经常项目的顺差为中国带来了巨大的外汇储备，但也成为人民币升值压力的动因之一；资本项目的顺差主要来自于外商直接投资，在中国的外商投资领域现已形成了新循环：利用外资—出口增加—经常项目顺差—外汇储备增加—人民币升值增加—更多的外资流入。而中国国际收支平衡表

---

① 美国国会的院外集团，也就是游说集团。"游说"最初是对国会议员而言。议员制定法律，直接影响人们的切身利益。由于他们对立法过程的影响力，游说集团也因此被称为"第三院"。

中的"错误与遗漏"项目,自1992年起连续10年都是逆差,但2002年以来却一直表现出顺差,表明人民币存在升值的预期,其中有一部分外资是以不正常的渠道进入中国,即人们常说的热钱或游资。① 根据海关总署公布的数据,2007年前3个月有近千亿美元境外资本流入中国。而这些境外资本中,除了正常的外商直接投资(FDI)和短期债务,大部分是赌人民币升值的。热钱的大量涌入在一定程度上导致了股市和房价暴涨。而一旦人民币被迫大幅升值,对整个中国经济体系的影响将是破坏性的。这些游资的涌入必然构成人民币升值的压力。

(3)外汇储备过高。中国入世6年来,国际收支顺差大幅提高,外汇储备大幅上扬。截止到2005年底中国外汇储备已从1994年汇率体制改革之初的516亿美元上升为8189亿美元。最新数据表明截至2006年12月末,中国国家外汇储备突破万亿美元大关,余额为10663亿美元,同比增长30.22%。可以说近两年,中国外汇储备以每年2000亿美元的速度攀升。早在2006年2月份,中国就已超过日本,成为世界第一外汇储备国。随着改革开放的深入,中国经济持续增长,多年来外国投资的涌入和外贸高速发展,是外汇储备大量增加的主要原因。但此后,投机资金的流入,和一段时间贸易顺差不断膨胀,导致美元充斥中国。正常情况下,美元过量会使人民币升值。但为了维持人民币币值的稳定,央行买下了几乎全部流入国内的外汇,在自己的资产负债表上管理这些资金。这些外汇,都变成了国家的外汇储备。相关研究表明,中国外汇储备的合理规模在1600亿~2000亿美元。如果加上香港特区的外汇储备,中国内地的外汇储备保持在1500亿美元就可以了。外汇储备的持续增加,扩大了人民币汇率长期升值的压力。

(4)经济增长的速度。一国经济的增长速度高低对汇率的影响是多方面的:第一,高经济增长率意味着国民收入水平提高,社会总需求增加,导致进口扩张,从而推动本币贬值;第二,若经济增长率的提高来自于成本降低、生产效率的提高,则会刺激出口,增加外汇供给,引起本币升值;第三,高经济增长率意味着回报率也高,这样会吸收外资的流入,促使资本账户收支顺差,造成本币汇率升值。因此,结合中国国情,从总体

---

① 热钱或游资是对国际套利资本的通俗说法。热钱看准的是一个国家汇率的变化或经济的重大改变,而且这些钱进来之后会寻找流通性好的领域附着,一般来说会进入股市、债市等市场,一旦价格被抬高,赚上一笔马上撤走。

上讲中国高经济增长在短期内会导致人民币面临升值压力，但从长期来看却支持人民币汇率走强。

除此，还有许多其他因素影响中国人民币汇率，诸如人们的市场心理预期、外汇管理制度、利率、政府的干预等。现实生活中，上述各种因素对汇率的影响错综复杂，在不同时期，各种因素对汇率的影响程度也是不同的，相互间的影响既可以抵消，也可以促进。总之，汇率变动是各种因素综合作用的结果，不是出口退税一种因素影响的。因此，出口退税与汇率间不存在决定性的关系。而是与其他因素一起构成一张关系网来共同影响人民币汇率。

基于此，本文认为出口退税的调整只是对汇率变动压力的一种缓解，从长远来看，最根本的还应是通过深化汇率制度的改革，使汇率制度更加灵活以适应和促进对外贸易和国内经济的发展，实现经济的内外部平衡。

四 改革和完善出口退税制度若干建议

（一）坚持和完善中央与地方共同负担机制

出口退税共同负担机制带来了一些负面影响，但这并不等于说都是共同负担机制"惹的祸"，更不能抹杀共同负担机制所具有的积极效应。就地方出口退税压力而言，这是财政体制权责对称的客观要求，对于提升地方政府管理经济与社会的责任意识与能力水平具有重大意义；就新出现的地方保护与市场分割而言，这一问题实质上是因异地收购出口而起，将收购出口制转向代理出口制不仅可以彻底解决这一问题，而且还有助于推进中国外贸体制改革与出口管理水平的提高；就地方财力问题而言，这属于财政体制范畴的问题，通过调整政府间收支划分以及完善地方税收体系等途径可以得到很好的解决。

当前，我们坚持出口退税共同负担原则，至少具有以下积极效应：一是抑制与打击地方的盲目出口及"出口骗税"行为，并有助于将对外依存度控制在较合理的区间内；二是改变地方招商引资"胡子眉毛一把抓"的做法，增强地方政府的市场竞争意识与税收成本意识；三是打破出口经营权的垄断，降低收购出口的比重，这有利于将收购出口制逐步转向代理出口制与自营出口制。对于出口退税共同负担机制引发的现实问题，我们可适当降低地方出口退税负担（具体比例的确定，应考虑中央财政的承受能力），并通过采取综合的配套措施逐步消化与解决。

（二）建立高效的出口退税管理体系

1. 实行征退一体化的税收管理体制

征退一体化可以直接减少出口过程中有关各方的利益冲突。目前，中国出口退税中存在的大量拖欠问题，与征退管理脱节也有很大关系。因此，建立征退一体化的新型征管体制，扩大免、抵、退税、免税购买等促进征退结合的退税管理方式，征、退一并申报，从体制上解决征退不衔接的问题。

2. 多部门协同和加强监管

出口退税管理不仅需要税务部门内部的资料，还需要大量的海关、银行等部门的有关信息。从国际经验看，税务与相关部门的计算机联网有助于实现信息共享，也有利于对退税申报的真实性等进行有效核查，提高退税的管理水平和工作效率，还可以从根本上消除骗取出口退税的技术环境。因此要积极推进口岸电子执法系统的建设，以进一步提高出口退税电子化管理水平，进一步提高执法的准确性，提高出口退税效率，增强打击和防止出口骗税的能力。

（三）简化退税手续和提高效率

中国出口退税要求的单证繁多，手续繁杂，既涉及税务机关内部的多个部门，涉及海关、外汇、外经贸、银行等部门，不仅出现退税缓慢、滞后期长的问题，而且增加了企业的退税成本和税务、海关等部门的开支。因此实行增税与退税一体化，将出口退税纳入正常的增值税申报管理中，简化申报手续，减少申报资料。同时，建立"滞退金"制度，规定退税时限及其保证措施，如果在退税指标能保证的情况下，税务机关在规定的期限内未能办理完出口退税，则要赔偿企业的时间价值损失，按照税款滞纳的办法支付给企业一定的"滞退金"。

（四）不宜频繁调整出口退税政策

出口退税政策对于企业安排生产产生了一定的影响。因此，出口退税政策调整要减少频率，以保持政策的稳定性。通过调低出口退税率来缓解人民币升值压力，效果并不明显。最好2年以上调整一次。连续年度调整或一年调整多次肯定不可取。政策变化频繁可能会使企业无所适从。

参考文献

［1］马洪范、张志泳：《完善中国出口退税共同负担机制的基本思路与政策建议》，《财政研究》2005 年第 10 期。

［2］刘华富：《改革中国出口退税机制的原因分析》，《重庆工商大学学报》2005 年第 6 期。

［3］李虹蓉：《出口退税政策调整，各行业影响殊异》，《新财经》2006 年第 11 期。

［4］谢少安：《解读与思考 2006 出口退税新政策》，《对外经贸实务》2006 年第 10 期。

［5］周裕全、苏小玲：《浅谈出口退税政策的调整及影响》，《企业经济》2006 年第 3 期。

［6］杨胜刚、黄文清：《出口退税政策对人民币汇率影响的实证研究》，《湖南商学院学报》2006 年第 4 期。

［7］王根蓓：《出口退税、汇率调整与出口企业的最优销量》，《上海立信会计学院学报》2006 年第 9 期。

［8］张阳：《中国出口退税政策调整的影响效应分析》，《税务与经济》2006 年第 1 期。

［9］赵杰：《出口退税的作用分析与政策选择》，《生产力研究》2006 年第 4 期。

第二篇

利用外资篇

FDI 新一轮增长与中国利用外资

裴长洪 樊 瑛

迄今为止中国吸收外资已经连续 16 年居发展中国家首位。目前中国正处在经济结构转型时期，中国利用外资正在进入一个新的发展阶段，不仅要积极参与国际分工，更要积极利用外资提升中国在国际分工体系中的地位，实现国家利益最大化。随着资本要素在全球范围内朝着效率更高的部门和地区转移，继续通过吸收外资达到生产要素的国际组合，积极把握 21 世纪国际产业转移的新趋势，提升中国国际竞争力，是中国改造和调整产业结构、实现产业升级和技术进步、实现经济增长方式转变的重要手段。

一 国际直接投资与国际产业转移的新趋势

从 1991 年以来，国际直接投资流入量持续增长，2000 年曾达到当时历史最高点，13880 万亿美元，此后经历了 3 年下降，从 2004 年开始回升，2006 年达到 13060 亿美元，比上年增长 38%。截止到 2006 年底，全球外国直接投资存量达到 12 万亿美元，这些投资主要用于全球 78000 家跨国公司及其所属 780000 家外国分支机构。它们的销售额、增加值和出口额在 2006 年分别增长了 18%、16%、12%。根据联合国贸发会议 2008 年 1 月 8 日公布的"2007 年全球投资初步统计报告"，2007 年是全球经济体间相互投资空前活跃的一年，投资总额达到创记录的 15380 万亿美元，为历史最高水平，比上一个历史高点 2000 年高出 1380 亿美元。多种因素导致了 2007 年全球直接投资创历史新高，其中企业利润上升、现金流动充裕以及企业间跨国并购活跃是最主要的原因。由于对自然资源的高需求，2008 年在采掘业的投资可望持续增长，但整体上 2008 年全球直接投资有迅速降温的危险。美国经济可能因"次级债危机"拖累陷入低迷，进而影响全球经济。此外，全球经济发展不平衡、全球外部失衡持续存在、汇率大幅波动、利率不断上升和通胀压力不断加剧，以消费品价格上涨和大宗商品价格高企和波动造成的风险等都会对直接投资起限制作用（参见图1）。

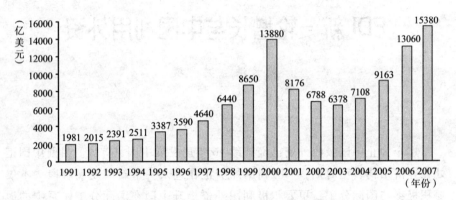

图1　1991～2007年全球 FDI 流入总量

数据来源：UNCTAD：《World Investment Report 1991－2007》；UNCTAD：《Investment Brief》，No. 4，2007。

1. 发达国家仍然是吸引 FDI 主力

2006 年，发达国家整体吸引 FDI 达到了 8570 亿美元，比 2005 年增长了 45%，占全球跨国直接投资流量的 65%。欧盟 15 国吸引 FDI 达到 5107 亿美元，同比增长 31.7%，美国第 1 名，达到 1773 亿美元，英国第 2 名，达到 1698 亿美元。发展中国家共吸引 3790 亿美元，比 2005 年增长 20%。发达国家同时也是外资流出主要来源地，2006 年由发达国家的跨国公司提供的外国直接投资占全球外国直接投资总流出量的 84%，其中一半来自欧盟，由发展中国家和转型经济体提供的外国直接投资占总流出量的 16%。2007 年美国仍是接受全球直接投资最多的国家，达到 1930 亿美元，比 2006 年增长了 10%。英国紧随美国之后，有 1710 亿美元的外国直接投资流入，成为 2007 年第二大新增外国投资接受国，法国以 1230 亿美元位居第三。欧盟作为一个整体是吸引外国直接投资最多的地区，占 2007 年全球外国投资总额的 40%。

2. 服务业国际直接投资活跃

服务业直接投资（service FDI）是服务业国际转移最重要的内容。近 20 年来全球跨国直接投资更多向服务类部门集中。20 世纪 70 年代初，服务业只占外商直接投资总量的 1/4 。1990 年服务业的外商直接投资占外商直接投资总量的 50. 1 %。1999 年后，服务业外商直接投资在国际直接投资总额中的比重超过 60 %。2001～2002 年与 1989～1991 年相比，投资服务业的 FDI 从 50.6% 上升到 65.3%。目前全球外商直接投资中服务业投资已占 2/3。近年来以服务外包为主要形式的服务业跨国投资和跨国转移，成为服务业跨国投资的重要形式。服务外包是指作为生产经营业的业主将服务流程以商业形式发包给境外服务提供者提供的经济活动。2005 年全球服务外包市场超过 3500 亿美元，其中发展最普遍的有商务服务、计算机及相关服务、各类专业服务等。服务业成为可贸易行业，基础是全球信息技术的发展，使许多服务项目的远程即时处理和交易成为可能。从服务外包来源地与承接地考查，根据联合国贸发会议《2005 年世界投资报告》，美国是服务外包最大发包者，约占全球发包市场的 2/3，欧、日约占 1/3；承接最多的是亚洲，约占全球外包业务的 45%，印度、墨西哥、东欧分别成为亚洲、北美和欧洲服务业外包的承接中心。

3. 跨国并购成为国际直接投资的主要方式

收购和兼并日益成为全球跨国投资的主要方式，过去 10 多年来平均占跨国投资总额的 2/3 以上。2006 年出现了 172 笔每笔 10 亿美元以上的跨国并购交易，占跨国并购总额的 2/3，而且私募股权投资基金和其他集体投资的基金的重要性增长，2006 年它们参与的跨国并购金额达到 1580 亿美元，比上年增长 18%（参见图 2）。并购投资的优点是：不形成新的生

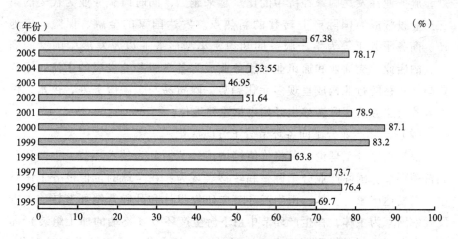

图 2 1995～2006 年全球跨国并购占国际直接投资份额

数据来源：UNCTAD:《World Investment Report 1996－2007》.

产能力，只是现有企业所有权的转移，对并购后的企业经营有利；可以共享资源，如技术、市场和品牌等；帮助现有企业脱困；减轻失业压力。并购投资要求的基础条件包括：东道国国内市场产能过剩，竞争激烈，以新建方式投资后的经营难度增大；东道国产权交易市场有一定程度的发育，存在支持并购活动的法律框架、企业信息透明可靠；东道国企业质量相对较高，企业资产中含有并购方所重视的优势资产。

4. 国际产业转移呈现新趋势

20世纪90年代以来，利用国际产业转移，包括中国在内的一些发展中经济体，吸收了一定数量的外商直接投资，加快了自身经济的发展，这一轮国际产业转移主要是一些发达经济体向外转移劳动密集型的生产和产业，到90年代末期告一段落；从21世纪初开始，国际产业转移又有新的发展动向，其特点主要表现如下。

（1）日益向高新科技产业、服务业方向发展。

从生产要素的国际移动看，产业结构的高技术化日益成为全球产业调整的重点方向，以发达国家为主导，以信息技术和生物技术为核心的高新技术产业，成为产业结构调整转移的重心。一方面，高新技术新领域不断形成，信息产业、生物产业、新材料、新能源产业成为全球产业调整的新亮点，另一方面，用高新技术改造传统企业从而提高传统企业的技术含量，即传统产业的高技术化也成为趋势。随着经济全球化和知识经济的发展，服务业在发达国家经济中的比重越来越大，同时以服务业为代表的第三产业投资成为国际产业转移的新热点。发达国家的金融、保险、房地产、商务服务业等为生产服务的知识密集型服务业以及发展中国家的商业、酒店业、交通业和通讯业等服务业成为各自服务业发展的主流。服务业国际转移的行业构成呈现多元化趋势，除贸易与金融服务外，供水、供电等社会服务的国际转移也开始占据重要地位。

（2）国际产业分工向各环节分工方向深化。

根据工序分工理论，可将价值链增值环节划分为技术环节、生产环节和营销环节。国际产业分工调整和转移表现为：在全球的价值链分工体系中，以发达国家为主体，由生产环节向研发设计和品牌营销环节转移；以发展中国家为主体，在生产环节中由下游生产环节（终端的加工组装）向上游生产环节（关键零部件生产）转移。产品内分工是国际分工的深化，是同一产业或行业内同一产品的不同生产阶段、生产环节之间的国际分工。国际分工已经从生产、营销、服务各层次发展，跨国公司逐渐成为国际分工的主导力量。国际分工的实现方式从单纯依赖外部市场上的国际贸易实现分工，转向外部市场与内部市场并存、公司间贸易与公司内贸易并存的多元格局。

（3）国际资本流动方向更具水平型特征。

外国直接投资的地理分布特征正在发生显著变化，北北投资和南南投资流量日益增强。发达国家之间的相互投资和发展中国家之间的相互投资，成为资本流动的两大主要方向。2005 年发达国家吸收 FDI 总流量占59%，而且其中 90% 是发达国家间的相互投资。主要集中在高新技术产业和新兴服务业。2005 年最大的双边外向外国直接投资存量是英国对美国的投资，达到 2820 亿美元。发展中国家相互投资中，亚洲发展中经济体2005 年吸收 FDI 占总流量的 18%，其中 65% 属于发展中国家间的相互投资，主要集中在汽车、电子、钢铁和石油化工等制造业。在双边对内投资存量最大的 50 对国家中，2005 年有 22 对来自非洲国家。

（4）跨国公司技术创新推动产业整合升级和转移。

海外投资的不断扩大使跨国公司可以在全球范围内进行资源、技术、资金、人员等流动优化配置，达到各种资源的最优利用和利润的最大化。跨国公司的产业内贸易和要素的加快流动，加快了产业的国际转移。跨国公司的技术创新加速了国际间的技术转移和扩散，促使各国的相对技术优势发生变化，强化了国际产业的集聚效应，并不断提升产业结构的高度和虚拟化程度，新的产业不断出现，并促使原有产业在结构升级中整合、转移。

（5）跨国证券投资和并购日益活跃。

跨国证券投资和并购方式日益成为国际产业转移的主要方式，目前已分别占全球资本流动的 75% 和 60% 以上。服务业外包发展迅速，也已成为国际产业转移的重要领域。2005 年跨国公司占据了 40% 世界生产，90% 国际投资，60% 国际技术贸易，80% 国际技术转让，90% 的科技研发。经济全球化过程中的跨国公司有着强烈的扩张欲望，产业转移的方式呈现多样化的特点，以"绿地投资"为形式的对外直接投资不再是跨国公司唯一的投资方式，跨国并购和证券投资的比重在不断增大。2006 年私人股权投资基金和其他集体投资基金的重要性日益增长，它们参与跨国并购的金额高达 1580 亿美元，较 2005 年增加了 18%，不同于以往投资高风险、高收益资产的策略，私人股权投资公司越来越多地收购大型上市公司，并在并购交易中发挥举足轻重的作用。

（6）发达国家进行调整和转移的产业领域重点分明。

在美国，农业和制造业、运输和仓储业、商业的比重下降；信息、金融与保险、房地产、专业服务、教育和医疗、艺术和娱乐等服务业比重上升，服务业外包趋势明显。在日本，纺织纤维、钢铁、家电、汽车、数码相机技术等成为转移的重点；在德国，化工、汽车、能源、工业设备成为转移重点；英国的调整重点则是化工、食品饮料、烟草、造纸、电力工程、机械工程、金属制造；法国的调整重点是核能、汽车制造；荷兰的重点领域是化工、食品、金属加工、电子工业；芬兰和瑞典的重点是通讯；瑞士的重点领域是医药、电力、化工等。

二 中国加入 WTO 以来利用外资情况回顾

中国加入 WTO 以来，继续扩大对外开放，积极融入经济全球化潮流。利用外资是中国参与全球化资源配置的重要途径。

1. 中国 FDI 流入居发展中国家首位

根据中国商务部统计，2002 年中国实际利用外资金额（按可比口径，不含银行、保险、证券等领域）为 527.4 亿美元，2003 年为 535.1 亿美元，同比增长 1.4%；2004 年为 606.30 亿美元，同比增长 13.32%；2005 年为 603.25 亿美元，利用外资金额首度出现负增长，为 -0.5%，2006 年为 630.21 亿美元，同比增长 4.2%；2007 年 1 月至 7 月，全国新批设立外商投资企业 21676 家，同比下降 4.81%；实际利用外资金额 369.31 亿美元，同比增长 12.92%。中国吸引外资在经历了高峰期后，目前已进入平稳期，这几年实际利用外资平均每年在 600 亿美元左右。2006 年，中国利用外商直接投资达到 630 亿美元（不含金融类），在发展中国家排名第一，在全球名列第四；根据联合国贸发会议 2007 年 10 月公布的"2007 年世界投资报告"，2006 年中国吸收外商直接投资继续位居发展中国家首位，位居全球第 5 位，继续被评为全球最具吸引力的东道国和研发首选地。全球 500 强已有近 490 家在中国内地设立了企业和机构，跨国公司在华设立研发中心超过 1160 个。根据联合国贸发会议 2008 年 1 月 8 日公布的"2007 年全球投资初步统计报告"，2007 年在发展中国家中，中国仍是最大的投资流入国，总量达 673 亿美元。

2. 中国 FDI 来源地结构变化较为稳定

2006 年对华投资前 10 名依次是：中国香港 291.4 亿美元；中国台湾

60.7 亿美元；日本 46.43 亿美元；美国 42.19 亿美元；韩国 39.78 亿美元；新加坡 22.6 亿美元；德国 19.79 亿美元；英国 10.37 亿美元；荷兰 8.41 亿美元；中国澳门 0.96 亿美元。前 10 名约占全国吸引外资总额的 87%，这些数据包括了这些国家与地区通过维尔京群岛、开曼等自由港对中国进行的投资。据中国商务部外资司发布的外资快报统计，2007 年 1～ 11 月，全国新批设立外商投资企业 34419 家，同比下降 7.02%；实际使用外资金额 616.74 亿美元，同比增长 13.66%。2007 年 1～11 月，对华投资前 10 位国家/地区（以实际投入外资金额计）依次为：中国香港（224.32 亿美元）、英属维尔京群岛（141.66 亿美元）、韩国（32.29 亿美元）、日本（29.9 亿美元）、新加坡（24.64 亿美元）、美国（22.21 亿美元）、开曼群岛（21.54 亿美元）、萨摩亚（15.99 亿美元）、中国台湾（14.34 亿美元）、毛里求斯（10.46 亿美元），前 10 位国家/地区实际投入外资金额占全国实际使用外资金额的 87.13%。中国外资最大来源主要为亚洲，特别是中国香港及周边国家和地区。

3. 中国 FDI 先进制造业项目和研发项目增加，资本与技术密度提高

2006 年，外商投资制造业主要集中于通信设备、计算机及其他电子设备制造业、交通运输设备制造业、电气机械及器材制造业、化学原料及化学制品制造业、专用设备制造业、通用设备制造业等 6 个行业，吸收实际利用外资金额总额的 51%。2006 年 9 月，上东日照，韩国现代、起亚汽车投资 4.9 亿美元建威亚汽车发动机公司，年产各类发动机 40 万台。2006 年 10 月，空中客车公司在欧洲之外建立的第一条飞机总装线落户天津滨海新区。计划每月安装 4 架空客 A320 飞机。到 2007 年 1 月，微软、英特尔、IBM 以及百事高公司已经落户广州，其中微软和英特尔、百事高 3 家投资额已超过 4 亿美元，这些企业将在科学城设立技术研发机构、软件外包基地和培训中心等。日本企业出资 3.4 亿日元在烟台建立锦筑食品开发公司，对各种食品进行分析、检验，提高中国出口企业应对国外技术与标准的贸易壁垒的能力。

4. 中国利用 FDI 占全球比重近几年呈下降趋势

1994 年中国实际利用外资占全球 FDI 比重为 13.45%，达到历史最高水平；1995 年中国利用 FDI 的全球份额为 11.08%；1996 年为 11.62%，此后有所下降，1997 年降为 9.75%，1998 年为 7.06%，1999 年为 4.66%，2000 年达到 20 世纪 90 年代以来最低水平 3.2%。从 2001 年开始，中国利用 FDI 的全球份额开始回升，2001 年为 6.16%，2002 年为

8.09%，2003 年为 8.19%，2004 年为 8.53%，2005 年开始又有所下降，为 6.58%，2006 年降为 5.12%。根据联合国贸发会议的 UNCTAD2007 年全球直接投资初步统计报告 2007 年中国利用 FDI 的全球份额降为 4.38%。为什么中国利用外资比重与国际资本流向呈反向变化？这与中国主要是吸引外商"绿地投资"为主，利用并购投资较少有明显的关系；国际投资流量的上升与高峰，往往也是并购投资流量的上升与高峰，占比重很大，而中国吸收并购投资少，占国际投资流量比重反而会降低。

5. 中国利用外资占国内总投资及 GDP 比重呈下降趋势

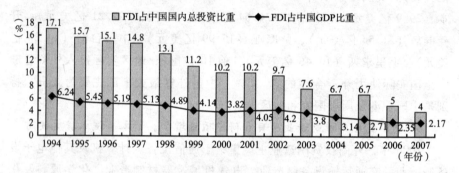

图 3　中国 FDI 占国内总投资比重及占 GDP 比重

数据来源：笔者根据《中国商务部外资统计》、《中国统计年鉴》计算。

虽然中国利用外资流量已达到一定规模，但从外资存量及其在国内生产总值的比重来看仍然较小。中国吸引 FDI 占国内总投资比重越来越低，从 1994 年的 17.1% 下降到 2006 年的 5%，对内资也并不存在挤出问题（参见图 3）。中国的外资规模按外资流入累计计算中国的 FDI 为 7500 亿美元，按资本存量不到 4000 亿美元；每年吸收新外资中，1/3 来自外商企业再投资按人均计算，更加微不足道。从全球跨国直接投资增长速度和中国吸收增长速度以及所占比重来看，中国不仅不存在规模过大问题，而且有落后发展的趋势。与此同时，中国的外资依存度（即外资占 GDP 比重）也呈现逐年下降趋势。中国外资依存度低：尽管这几年中国吸引外资的规模不断扩大，但从 FDI 累计数量来看，中国 1998～2005 年 FDI 流入量累计 4006 亿美元，截至 2004 年，中国的 FDI 存量为 2454.67 亿美元。2004 年实际吸收外资存量为 2132.88 亿美元，仅占当年 GDP 的 12.9%，而世界平均水平为 21.7%。按外商直接投资存量占当年 GDP 的比重看，2005 年中国是 11.4%，世界平均水平是 22.9%，发达国家是 20.7%。从外资占 GDP

的比重看，比重也从 1994 年的 6.24% 一直下降到 2006 年的 2.35%，与发达国家 9.8% 的水平相比，中国的外资依存度并不高。此外，从中国制造业部门总体来看，制造业利用外资仍然有发展空间，外资的比重仍然不高，以外资工业产值占全国工业总产值比重来衡量，只占 31.7%，以工业增加值来衡量，只占全国工业增加值的 22%，因此总体上看，制造业吸收外资仍然有很大潜力。

6. 中国利用 FDI 由新设企业转向新设和并购并重，但并购比例仍然较低

中国吸收外资的方式正从新设企业为主转向新设和并购两种方式并重。中国利用跨国并购吸引 FDI1999 年为 23.95 亿美元，2000 年为 22.47 亿美元，2001 年为 23.25 亿美元，2002 年为 20.72 亿美元，2003 年为 38.20 亿美元，2004 年为 67.60 亿美元，2005 年为 82.53 亿美元，分别占同期中国利用 FDI 总额的 5.94%、5.52%、4.96%、3.93%、7.14%、11.16% 和 11.40%，比例明显偏低。2006 年中国吸收外资并购中，制造业外资并购在全部外资并购中比重下降，并购投资主要投向基础设施和流通、服务业。制造业外资并购，外方出资 17 亿美元，同比下降 11%，服务业外资并购比例上升。并购方式以股权并购为主，在全年 1300 个获批准的外资并购项目中，885 个是股权并购，外方出资 30 亿美元，资本并购项目 390 个，并购对象以非国有企业为主，国有企业并购项目只有 77 个。根据统计，并购的投资来源地主要为香港地区和自由港，2006 年共有 44 个国家和地区的投资者在华开展并购，名列前矛的是来自维尔京、中国香港、毛里求斯、开蔓群岛和美国。总体上看，发生在中国的外资并购呈现 3 个特点：一是并购方式以股权并购为主，并购对象以非国有企业为主；二是制造业外资并购在全国外资并购中所占比重大幅度下降，并购投资主要投向为基础设施建设和流通、服务行业；三是外资并购投资来源地主要是自由港和中国香港。

7. 中国服务业吸收 FDI 比重仍较低

中国正在加速发展服务业，根据"十一五"规划，服务业占国民经济比重将提高到 43.3%，这为外资服务业进入中国提供了较大的发展空间。中国加入 WTO 协议中承诺绝大多数服务业部门对外资开放。加入 WTO 以后中国服务业吸引的外商直接投资呈现快速增长态势，外商投资结构进一步优化。2003 年以来外商在中国服务业中的投资出现许多突破性进展。外商投资的领域也进一步扩大。从具体行业来看，外商直接投资集中在中国服务业中的房地产、金融保险、交通运输、电信、批发零售贸易等行业，这些行业吸引的外商直接投资占据了绝大多数份额。同时，服务业中大多数行业招商引资的步伐明显加快。此外，中国颁布了一批开放服务贸易领域的法规和条例，在保险、医疗卫生、法律服务、旅行社和商业分销等方面批准设立了一批中外合资和外商独资企业，推动了国际服务业向中国的转移。

近年金融业成为中国吸收外资的亮点，到2006年12月底，已有29家境外机构投资入股21家中资银行，入股金额190亿美元，随着中国金融业5年过渡期的正式结束，《外资银行管理条例》相应出台，外资金融机构获得完全的国民待遇，外资进入金融业将加速。外资进入中国房地产业引起关注，根据建设部有关统计，2004年外资进入中国房市至少700亿美元；根据商务部统计，2005年房地产外资合作项目2119个，合同金额194亿美元，当年实际利用外资金额54.18亿美元。国家外汇局2005年底公布，外资在中国房地产市场上的比重为15%。外资进入房地产市场有5种方式：一是直接收购地产物业；二是入股或合资，即与内资房地产开发企业合资；三是向房地产项目注资；四是独资设立房地产开发企业；五是进入中国的外资银行开展房贷业务。原则上中国政府是允许外资合法合规进入房地产市场的。房地产市场属于高风险、高利润行业，外资企业应与内资开发企业具有同等待遇；既享受同样权利，也受同样约束，不允许有扰乱市场的行为。此外，中国承接软件外包还处于较低水平，2004年中国外包收入仅为印度的5.5%，全球的1.9%。从外包收入的结构来看，中国承接的外包服务主要来自日本，2004年来自日本的外包服务合同占总量64%，而来自美国和香港地区的分别为14%和10%，来自欧洲的仅为3%。

数据显示，2002年至2005年，中国服务业实际利用外资金额分别为140.11亿美元、131.36亿美元、122.28亿美元和116.79亿美元，占全部外资总额的比重分别为26.57%、24.55%、20.17%和19.36%，明显低于发达国家71%的水平。2002年至今服务业实际使用外资已达到739亿美元，年均增长13%，在吸收外资总量比重上由23%提高到2006年的32%，从而使外资在中国的投资结构产生了较大变化，这种变化将会继续加快。2006年，非金融类服务贸易领域（按WTO部门分类）实际吸收外资146.92亿美元，虽然比2005年增长26%左右，但占吸收外资总额（不包括金融类）的比重还只有23%，比2005年还略有下降。中国吸引外资占全球比重下降与服务业吸引外资比重较低有关。中国服务业吸引外资仍然面临较多困难，虽然金融业吸引外资成为近两年的新亮点，但其他服务贸易领域仍然没有较大突破，而且，这两年服务贸易领域吸收外资主要集中于关联性较弱、利润较高的房地产业，而生产性服务业吸收外资仍然还没有破题。中国服务业不仅在吸引外资的总量上水平较低，而且在内部结构上也不尽合理。目前，中国服务业的开放度为 62%，发达国家一般是 80% 左右。这意味着在服务业领域，外资还有巨大的进入空间。目前因为服务业的许多行业受政府的过多管制和限制，使得服务业不能像制造业那样更多地吸收外资，更好地引进境外的资金、技术、人才和管理，服务业的供给以及质量和效益也不能像制造业那样迅速提高，这些因素都制约了中国服务业吸引外资的数量和质量。

三 提高开放型经济水平——对中国吸收外资的新要求

中国加入 WTO 过渡期已经结束，中国的经济发展正在进入一个新阶段，在全球化背景下，是否拥有强大的吸收和整合全球资源的能力，将成为衡量国家竞争力的重要指标。在新的历史时期，中国将坚持对外开放基本国策不动摇，继续鼓励外商投资，创新利用外资方式，优化外商投资结构，发挥利用外资在推动自主创新、产业升级、区域协调发展等方面的积极作用。中国利用外资应从规模型向规模效益并重型转变，不仅重视利用外资的数量，而且也考虑外资对环境的影响，外资的技术溢出效应、与本地企业的关联作用、外资对优化产业结构、促进区域发展和构建和谐社会等领域的促进作用等。

1. 形成经济全球化条件下中国参与国际经济合作和竞争的新优势

中国应正确认识外资在中国经济发展中的积极作用与战略地位。外资企业带来的市场竞争效应，跨国公司本土化战略产生的关联效应，对中国经济发挥了积极的推动作用。2007 年中国吸引外资 673 亿美元，2007 年中国企业对外投资总额累计达到 292 亿美元，"请进来"与"走出去"相结合的资本双向流动新格局已然呈现。2007 年底中国国家外汇储备已经达到 1.53 万亿美元，同比增长 43.32%，已成为世界外汇储备最多的国家。中国现在已经不再需要利用外国直接投资来弥补双缺口和加速资本积累，那么中国还需要大量吸引外资吗？答案是肯定的。关于中国引资规模的讨论，通常学界运用"双缺口"理论进行分析，但是双缺口理论在中国并不完全适用。所谓资金外汇双缺口理论是国外经济学家在解释发展中国家经济起飞时所使用的分析工具，并不能解释当代跨国投资的所有现象，具有局限性。首先，它就不能解释当代吸收外资最多的恰恰是资本最充裕的发达国家，如美国和英国的利用外资现象。按照双缺口理论，这些发达国家既不缺资金也不缺技术，根本不需要吸收外资。实践表明，东道国国内资金盈缺状况仅仅是影响利用外资的因素之一，而且往往不是最主要的因素。全球跨国投资的现实状况是，资金充裕的发达国家吸收了全球 2/3 以上跨国投资，美国和英国是资金最充裕的国家，也是全球金融中心，同时也是吸收跨国投资最多的国家。从发达国家吸引外资的实践看，发达国家吸收外资是基于以下原因：产业结构变动和新兴产业的需要；跨国公司技术创新的需要和产业转移的需要；跨国公司价值链和供应链调整和整合的需要；跨国公司国际化生产布局的需要。总之，是全球资源整合和优化配置的内在要求导致的投资需求。

考察中国的实际情况，中国吸引外资是为了使中国产业链成为全球产业链的一部分，开拓国际市场，引进国外先进技术，中国吸引外资和对外投资都是参与国际经济合作与竞争的重要形式。在每个细分的产品市场上，各个企业特定优势资源不同，要在竞争中加强自身优势，需要不断重组和更有效地配置内外资源，这个过程要通过国际资本流动来实现。对中国来说，吸收外资要更多搭载其他各种要素，包括品牌、市场等生产要素以 FDI 为载体在国内配置，因此，吸收外资与吸收国外各种优势要素往往是同一过程。继续保持较大规模吸引外资，就是要通过吸收外资更多地吸收全球各种优势资源。中国通过积极利用外资，在积极参与国际分工与竞争的基础上，提高核心零部件的本土化生产水平，由下游生产商向上游生产商推进，强化生产环节与技术研发的相关性，并适时向产业链条的研发设计、品牌营销环节渗透，从而逐步提升在国际分工中的地位与加工增值能力。

2. 平衡利用外资与保障中国经济安全之间的关系

在客观上，外资也存在一定的负面效应，例如转移价格、技术控制、滥用市场垄断力量、降低环境保护标准等，但这些问题并不能成为限制外资的理由。从产业层面来看，通过对外资企业工业总产值、工业增加值及其占该行业的比例，以及该行业内外资企业数量的研究表明，外资对中国不同行业的控制是非常有限的，外资企业所在的市场是竞争比较完全的市场，并不构成对中国的产业安全威胁（见表 1）。同时东道国吸收外资对经济安全都存在不同程度的影响，这种影响有多大，也要看东道国是什么样的经济体，是病夫，还是健将。中国经过 30 年对外开放，有很强的抗风险能力，现在，民用工业部门已不存在经济安全问题，只有利益分配问题，这要靠反垄断法去规范市场秩序。跨国并购对经济安全的影响客观存在，但也可以通过适当的法律手段加以防范。中国经济是全球经济的一部分，在华外企越多，外企在华利益越大，中国经济也越安全。全球化时代，越开放越安全，真正实现互利共赢。

表 1　2006 年外资占中国各行业产值比重

单位：%

行　业	外资比重	行　业	外资比重
其他采矿业	63.5	印刷业记录媒介复制	32.4
食品制造业	36.4	文教体育品制造业	60.8
服装及其他纤维制造业	46.0	橡胶制品业	38.6
皮革毛皮羽绒及制品	52.8	塑料制品业	42.7
家具制造业	55.2	金属制品业	36.5
造纸及纸制品业	35.0	交通运输设备制造业	42.8
电气机械及器材制造业	37.9	电子及通信设备制造业	84.1
仪器仪表文化办公机械	66.5	煤气生产和供应业	33.9

数据来源：《中国商务部外资统计》，2007。

3. 创新利用外资方式、优化外商投资结构

外资以多种形式存在，通常包括外国直接投资（FDI）、证券投资（FPI）、银行私人信贷、官方援助及双边与多边转移支付。在外资的进入方式方面，跨国并购与新建投资是 FDI 流入的两种主要方式。在外资构成方面，FDI 一直是中国利用外资的主要形式，中国外资中直接投资所占比重远远高于证券投资。2003 ~ 2005 年全球外资并购占国际直接投资的比重分别为 53.24%、53.55% 和 78.18%，而中国相应年份仅为 7.14%、11.16% 和 11.40%，未来外资并购在中国还有很大的发展潜力。证券投资在全球资本跨境流动中也占有非常大的比重，发达国家主要以证券投资为利用外资的形式。中国是吸引外国直接投资最多的国家之一，但不是利用外资最多的国家，世界上一些发达国家利用外资的规模都超过中国。如何合理利用国际间接投资是一个必须认真考虑的问题。中国经济出现了重化

工业化趋势，大型工程与大型装置已不是单个外商直接投资所能承担的，银团等组织形式已开始出现。同时，中国的城市化正在加速，在大规模的基础设施和公用事业建设的需求下，间接投资已通过直接投资开始进入中国。此外，随着中国经济的发展，大规模的国土整治已经开始，这些都超越了单纯直接投资的形式。中国的国有经济调整也进入了一个新阶段。利用证券方式的间接投资有利于理顺国有经济的融资结构，减少过度负债，为金融体制的改革创造空间，也有利于调整国有经济存量结构，建立良好的公司治理结构。

4. 利用外资推动中国产业结构升级

国际产业转移是在分工深化的基础上由技术创新和技术进步推动的，是生产要素的重新组合，移出国制造业成本的不断上升和市场的国际性扩张需求是促使发达国家产业向外转移的内在动因，移入国成本优势和庞大市场则是产业转移的外在动力。在国际产业转移中，不可避免地会出现产业之间的渗透和融合，形成新产业属性或新型产业的动态发展过程，这实际上就是产业的创新过程，目前出现的新一轮世界产业转移是发展中国家推动产业创新的大好契机，中国应充分利用这个契机，利用外资加快产业创新和产业升级。在产品内国际分工的现实条件下，一国的竞争优势已不再体现在某个特定产业或某项特定产品上，而是体现为在产品内国际分工链条中所占据的环节或工序上，中国企业应在产品内国际分工的基础上，依据自身条件，在产品内国际分工的某一环节或某一工序上培养自己的核心竞争力。

承接国际产业转移，不仅要承接国际制造业转移，而且要承接国际服务业转移。现代服务业具有知识要素密集度高、产出附加值高、资源消耗少、环境污染少等特点，发展第三产业、大力吸引服务业外资，承接服务业国际转移是中国经济增长的必然选择。吸引服务业直接投资对于中国优化产业结构、促进产业结构升级具有重要的战略意义。进一步降低服务业外资进入壁垒，制定和修改相关投资政策，通过外资的示范效应和竞争效应加速国内服务行业的发展，在合作和竞争中增强国内企业的国际竞争力。目前，国际服务业转移涉及软件、电讯、金融服务、管理咨询、电子芯片设计、生物信息和法律服务等多个行业，涵盖产品设计、财务会计、企业采购、交易处理、人力资源管理、IT 技术保障和解决方案、办公后台支持和网页维护等多个服务环节，主要以知识型服务业为主。服务业的国际转移通过 3 种方式实现：一是项目外包，即企业把非核心辅助型业务委托给国外其他公司；二是跨国公司业务离岸化，即跨国公司将一部分服务业务转移到低成本国家；三是一些与跨国公司有战略合作关系的服务企业，如物流、咨询、信息服务企业，为给跨国公司在新兴市场国家开展业务提供配套服务而将服务业进行国际转移，或者是服务企业为了开拓东道国市场和开展国际服务贸易而进行服务业国际转移。目前在软件、数据处理、商务中介、动漫制作、设计、研发等领域，中国承接的国际服务外包均已初具规模。从 2004 年开始中国作为服务外包承接国的地位开始上升。中国应抓住新一轮国际服务业加速转移的契机，重点发展国际离岸服务外包业务，加快形成以服务经济为主的产业结构，大力培育一批具有自主知识产权、自主品牌、高增值服务能力的服务外包企业，积极打造国家级服务外包示范区，努力建成全球服务外包的重要基地。

5. 利用外资提升中国企业自主创新能力

中国的自主创新战略是一个开放的体系，只要发挥外资企业技术外溢与中国企业的自主创新之间的联动性，吸引外资与自主创新可以并行不悖。在建设创新型国家的进程中，中国需要通过利用外资进行更高层次、更宽领域、更大范围内的国际先进科学技术的合作。外资企业也将在与中国本土的技术合作中获得更大的回报。当前，应加快进行自主开发和自主创新步伐，不断提升中国的技术消化能力，不断提高自主创新能力，在世界产业转移中顺利完成产业的移入和升级。由于中国现有的技术水平和创新能力比较低，故产业创新要从低起点出发，向高端发展，宜选择"引进、消化、吸收、模仿、融合、创新"的道路。跨国公司的进入会产生技术溢出效应，如何扩大跨国公司的技术溢出效应是当前中国技术发展战略的重要选择。要处理好自主发展与利用外部条件的关系，加大对软件、生物、纳米等新技术研发的支持力度，增强自主研发和营销能力，培植自己的跨国公司。要鼓励跨国公司在中国设立研发中心、培训中心，鼓励外商投资企业和国内企业、科研院所开展合作，增强配套能力，延伸产业链。要鼓励外商特别是大型跨国公司把更高技术水平、更高附加值含量的加工制造环节和研发机构转移到中国，鼓励和吸引跨国公司来华设立生产制造基地、配套设施、配套基地、培训基地，发挥技术溢出效应，从而促进中国企业自主创新能力的增强。

6. 利用外资促进中国区域经济协调发展

FDI 在华投资的空间分布上，约 80% 的直接投资集中在东部沿海地区，内陆地区利用外资不足。1979～2005 年，中国东部 10 省市吸收外资占全国比重为 81.2%，东北 3 省为 6.7%，中部 6 省为 7.6%，西部 12 省市区仅为 4.5%，各区域利用外资极不平衡。中国开放区域的纵深发展为外资企业拓展市场提供了可能，随着国家西部大开发，促进中部崛起和振兴东北老工业基地等相关政策的相继出台和实施，中国为外资进入中西部地区和东北地区乃至全国的纵深地区创造了良好的条件，也为外资企业开拓中国整体大市场提供了可能。为了进一步拓展对外开放的深度和广度，中国将进一步鼓励外资投向中西部地区，中国还将根据中西部地区经济和产业发展特点，加快修订中西部地区外商投资优势产业的目录，放宽部分行业投资中西部地区的准入条件，重点支持带动力强和社会经济效益显著的外商投资项目，为跨国公司和加工贸易企业向中西部地区转移创造条件。随着中国开放区域的纵深发展，广大的中西部地区将会为外资企业发展提供更加广阔的空间，外资也将更好地促进中国区域经济协调发展。

7. 利用外资建设资源节约型、环境友好型和谐社会

国际产业转移并不只是单纯的经济活动，对东道国的福利水平和社会利益有重大的影响。发达国家为了降低国内环境污染、生态恶化的困扰，将一些高污染、高能耗产业向外转移。承接国承接这些产业的同时，也承接了环境污染、生态恶化的后果，降低了国内福利水平。中国正在建设资源节约型社会和环境友好型社会，大力发展循环经济，这就为外资进入中国开展研发和技术革新要求形成新的格局。一方面，中国将在优化结构和提高效益、降低能耗、保护环境的基础上利用外资，进一步鼓励外商投资高新技术产业、先进制造业和环保产业，严禁外商投资高耗能、高污染和资源消耗大的产业；另一方面，中国政府已把节能减排作为经济发展中的重要目标，通过在清洁生产、循环经济以及资源综合利用等领域利用外资，获取相对较低成本的资金支持中国节能减排工作；通过与外国机构合作，引进世界先进的节能减排技术和节能环保技术装备，服务于中国市场，学习先进的评估方法和理论，在利用外资进行节能减排方面积极探索、不断创新，使外资在中国新型工业化道路上发挥最大的积极作用。

四 结论：建立更有效利用外资的投资环境

从全球范围看，积极吸引外资已成为世界各国的主要经济政策目标。

中国应抓住新一轮国际投资和国际产业转移的历史机遇，抓住中国经济转型的历史机遇，全面贯彻落实科学发展观，继续完善投资环境，进一步推动利用外资从"量"到"量"、"质"并重的转变，形成一系列支持中国利用外资和承接国际产业转移的政策体系。

1. 完善利用外资的法律环境

目前中国利用外资的法律还存在一些缺位现象。国际直接投资由新建投资为主转向并购为主，世界各国也纷纷出台新的法律来对外商投资进行必要的约束，而中国目前对外资并购还没有一部层次较高的权威法律，有关规定只是散见于国务院各部门的一些文件中，尚不能满足跨国公司在华大规模独资化趋势和开展投资并购的需要。因此，要建立跨国公司投资的法律法规体系；跨国公司在对华投资过程中，非常关注代表其竞争力的知识产权能否得到保护。中国应在完善知识产权立法的基础上进一步推进知识产权的执法工作，增强外商的投资信心。

2. 完善利用外资的政策环境

从政策层面考察，中国应从实施优惠的激励性政策转向实施基于规则的规范性政策，从不公平的竞争环境转向公平的竞争环境，保持利用外资政策的透明度和稳定性，采用"中性"的利用外资政策，鼓励外资与国内的企业平等竞争，建立更加市场化的国际合资合作。2007 年 12 月 1 日中国政府正式实施新修订的《外商投资产业指导目录》，将外商投资产业明确划分了鼓励类、限制类和禁止类。根据国民经济和产业结构调整的需要，新的外商投资产业指导目录将鼓励外商投资高新技术产业、先进制造业、节能环保产业、现代农业、现代服务业、服务外包业以及传统产业的技术改造和升级，继续鼓励跨国公司在中国设立地区总部、研发中心、采购中心、物流中心、运营中心和培训中心。

3. 完善利用外资的制度环境

（1）继续深化国有企业改革，吸引并购投资。

解放思想，大胆吸收外商并购投资，是促进国有企业改革的有效途径，也是积极吸引外资的好办法，要总结经验，趋利避害，增强国有企业吸引外资并购的力度。中国应采取具体措施鼓励引导外资以并购、参股、再投资等多种形式参与国有企业改组改造，以加快经济体制和机制创新。应适度放宽外资企业通过并购方式对中国进行产业转移的限制，尤其应允许和鼓励外资企业利用并购方式参与中国国有企业的改造，以加速和推动国有企业经营机制的转换和体制改革。

（2）继续深化金融体制改革，利用国际间接投资。

要继续深化金融体制改革，加快建设完善资本市场体系为外资进入提供良好的资本市场环境。创新利用外资方式，吸收并购投资，在积极引进外国直接投资的同时，增加引进间接投资的比重，大力发展国际证券融资，使中国的经济发展和结构调整获得更广泛的资金支持和保证。同时要确保将利用国际证券投资的风险控制在宏观经济和金融体系能够承受的范围内，最大限度地减少短期资本流动的冲击，协调资本项目可兑换、资本市场开放和利用国际证券投资的关系，建立与证券市场有关的国家经济安全监测指标体系，统筹安排资本项目逐步可兑换与资本市场开放的顺序。

（4）促进中国企业海外上市融资。

中国已有100多家企业分别在香港 H 股、纽约证券市场、纳斯达克、伦敦证券市场上市。这是利用外资的一个新渠道，是对中国利用外资和扩大直接融资的重要补充，应给予积极支持。中国应培育一批素质较高、成长性好的企业到海外证券市场融资。上市公司应加快完善公司治理机制，切实提高公司资产质量；大力培育机构投资者，改善投资主体性；规范证券经营机构运作，提高券商自身实力。

4. 完善利用外资的管理与服务环境

外商对中国投资环境的关注重点已经逐步从优惠政策转到法律执行、产业导向、技术标准等软环境方面。因此要完善利用外资的服务环境，这包括，完善的基础设施建设、便捷的信息交通服务、廉洁高效的服务政府、较低的商务运行成本等。总之，良好的市场秩序和公平的市场环境才是参与国际资本竞争的最重要条件。中国应不断完善制度建设，改善投资环境，增强政府服务意识，强化对市场主体的服务，增强中国对国际投资和国际产业转移的吸引力，实现中国利用外资的新目标。

参考文献

［1］ UNCTAD *Investment Brief Number 4*, 2007.

［2］ UNCTAD, *World Investment Report* 2007, *Transnational Corporations*, *Extractive Industires and Development*.

［3］ UNCTAD, *World Investment Report* 2006, *FDI from Developing and Transition Economies*：*Implications for Development*.

［4］ UNCTAD, *World Investment Report* 2005, *Transnational Corportations and the Internationalization of R&D*.

［5］ UNCTAD, *World Investment Report* 2004, *The Shift Toward Services*.

［6］ UNCTAD, *World Investment Report* 2003, *FDI Policies for Development*: *National and International Perspective*.

［7］ UNCTAD, *World Investment Report* 2002, *Transnational Corporations and Export Competitiveness*.

［8］ UNCTAD, *World Investment Report* 2001, *Promoting Linkages*.

［9］ UNCTAD, *World Investment Report* 2000, *Cross-border Mergers and Acquisitons and Development*.

［10］ UNCTAD, *World Investment Prospects Survey* 2007 – 2009.

［11］ UNCTAD, *Global Players from Emerging Markets*: *Strengthening Enterprise Competitiveness through Outward Investmen*, 2007.

［12］ 裴长洪、林江：《跨境并购是中国利用外资的新形式》,《中国工业经济》2007 年第 1 期。

［13］ 裴长洪：《吸收外商直接投资与产业结构优化升级——"十一五"时期利用外资政策目标的思考》,《中国工业经济》2006 年第 1 期。

［14］ 裴长洪：《论中国进入利用外资新阶段——"十一五"时期利用外资的战略思考》,《中国工业经济》, 2005 年第 2 期。

外资并购与中国利用外资的新发展

冯 雷 张 宁

20世纪80年代中期以来，世界经济中出现了两个引人注目的现象：国际直接投资超越国际贸易成为国际经济联系更主要的载体，国际直接投资超越国际银行贷款成为发展中国家外资结构中更主要的构成形式。近20年来，中国实际利用外资金额保持了高速增长的态势，由1987年的23.14亿美元到2006年的694.7亿美元，增长了30倍，自1991年起一直名列发展中国家吸收外资的第1位。进入21世纪后，外资并购在中国利用外资中的比重不断上升，据联合国贸发会议《世界投资报告》统计，中国吸收外资跨国并购额2000年为22.5亿美元，占当年中国吸收外商直接投资额的5.5%；2003年增长到38.20亿美元，占当年外商直接投资额的7.14%；2005年达到82.53亿美元，占当年外商直接投资额的11.40%。外资并购正在成为中国利用外资中日益重要的新形式。

一 利用外商直接投资概况

(一) 外商直接投资的总量及项目规模

近20年来中国实际利用外商直接投资金额保持了较快的增长速度，由1987年的23.14亿美元增长到2006年的694.7亿美元，年均增长约20%。特别是1992年邓小平南巡讲话，党的"十四大"提出建立社会主义市场经济体制，实行全面对外开放后，1992、1993年中国利用外商直接投资出现了倍增的景象，年增幅度高达150%左右。2000年以来，中国利用外资保持了较平稳的增长态势，利用外资的政策更加注重外资的质量和行业引导。截至2006年底，全国累计批准设立外商投资企业有59万多家，实际使用外资金额 6854 亿美元。从总量上看，中国利用外资的特点是总量大、增长速度快，连续 16 年居于发展中国家利用外资数量的第 1 位。2002 年以来，中国利用外资额占全球跨国投资的比重保持在 8% ~ 10% 左右，2004 年为 9.9%，2005 年为 7.9%，在全球位居吸收外商直接投资额的前 3 位（参见表 1）。

表 1　中国利用外商直接投资额及增长速度：1987 ~ 2006 年

年　份	外商直接投资合同数（个）	合同利用外商直接投资金额（万美元）	实际利用外商直接投资金额（万美元）	实际利用外资额年增长率（%）
1987	2233	370900	231400	—
1988	5945	529700	319400	38.03
1989	5779	560000	339300	6.23
1990	7273	659600	348700	2.77
1991	12978	1197700	436600	25.21
1992	48764	5812400	1100700	152.11
1993	83437	11143600	2751500	149.98
1994	47549	8268000	3376700	22.72
1995	37011	9128200	3752100	11.12
1996	24556	7327700	4172600	11.21
1997	21001	5100400	4525700	8.46
1998	19799	5210205	4546275	0.45
1999	16918	4122302	4031871	- 11.31
2000	22347	6238000	4071500	0.98
2001	26140	6919500	4687800	15.14
2002	34171	8276800	5274300	12.51
2003	41081	11506900	5350500	1.44
2004	43664	15347900	6063000	13.32
2005	44001	18906454	6032469	- 0.50
2006	41485	20017000	6947000	15.16

注：2005 年数据不包括银行、保险、证券领域实际使用外资金额，2005 年银行、证券、保险行业新批设立中外合资银行、保险公司、基金管理公司 18 家，实际使用外资金额达 120.81 亿美元，全口径实际使用外资金额 724.06 亿美元。

数据来源：中国统计数据应用支持系统。

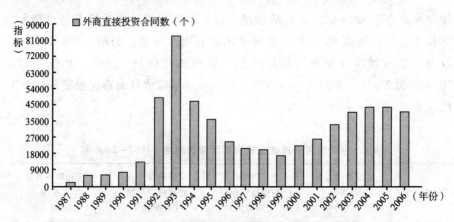

图 1　中国利用外商直接投资合同数：1987～2006 年

数据来源：中国统计，数据应用支持系统。

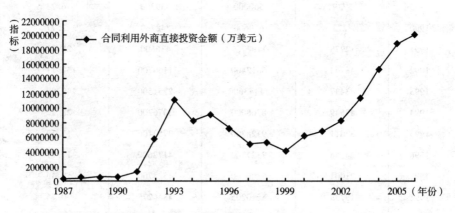

图 2　中国利用外商直接投资合同金额：1987～2006 年

数据来源：中国统计，数据应用支持系统。

　　图 1 显示了中国利用外资合同数量及外商投资热度的变化起伏。自 1987 年开始逐渐升温，1993 年受邓小平南巡讲话的激励，迅速达到峰值；1998 年受亚洲金融危机的影响，投资热度下降；2000 年后稳步上升；2006 年略有回落。

　　图 2 显示了合同金额的变化，其中值得关注的是在 2006 年合同数量下降的同时，合同金额仍然保持上升的态势，这在某种程度上说明了单个合同的合同金额有所提高，外商投资项目的规模在稳定地扩大，这一点也为图 3 显示的实际利用外资数量所验证，即 2005 年单个合同金额为 430 万美元，实际利用外资金额为 137 万美元，2006 年分别为 482 万美元和 167 万美元。

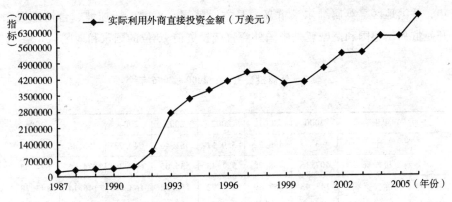

图3　中国实际利用外商直接投资金额：1987～2006 年
数据来源：中国统计，数据应用支持系统。

图 3 提示了另外一种现象，但也揭示出外商投资项目规模的扩大。即在 20 世纪 90 年代中期，当合同数量和合同金额下降的同时，实际利用外资的金额非但没有下降，反而上升了。对比 1993 年至 1997 年的数字可以发现：1993 年的数据分别为 134 万美元和 33 万美元，1994 年分别为 174 万美元和 71 万美元，1995 年分别为 247 万美元和 101 万美元，1996 年分别为 298 万美元和 170 万美元，1997 年分别为 243 万美元和 215 万美元。

（二）外商直接投资的主导形式

外资进入中国的初始阶段，由于对中国市场规则、经济体制、政治环境等方面不熟悉，以及中国对外资企业控股权等方面的限制，外商投资以合资、合作形式为主。近年来，外商投资的独资化倾向日益明显，中外合资、合作企业在外商直接投资中的比例不断下降，外商独资企业的比重不断上升。表 2 显示，2000 年以来外商独资企业的实际投资额由 192.64 亿美元增长到 2006 年的 462.81 亿美元，占外商直接投资的比重由 47.31%增长到 66.62%；中外合资企业的外商投资额基本没有增长，2000 年与 2006 年持平，所占外商直接投资的比重从 35.23%下降到 20.70%；中外合作企业的外商投资额显示出连年下降的趋势，由 2000 年的 65.96 亿美元下降到 2006 年的 19.40 亿美元，占外商实际直接投资的比重也从 16.20%大幅度地下降到了 2.79%。

（三）外商直接投资的地区来源

近年来，中国外商直接投资的国别和地区来源结构保持基本稳定。2006

年，香港地区、英属维尔京群岛、日本、韩国、美国、新加坡、台湾地区、开曼群岛、德国和萨摩亚是中国外商直接投资前 10 位的国家和地区。

表 2　外商投资方式：2000～2006 年

单位：亿美元，%

方式/年份		2000	2001	2002	2003	2004	2005	2006
合　　计		493.56	496.72	550.11	561.40	640.73	758.86	735.23
一　外商直接投资		407.15	468.78	527.43	535.05	606.30	724.06	694.68
中外合资企业	实际投资额	143.43	157.39	149.92	153.92	163.86	146.14	143.78
	占 FDI 比重	35.23	33.57	28.42	28.77	27.03	20.18	20.70
中外合作企业	实际投资额	65.96	62.12	50.58	38.36	31.12	18.31	19.40
	占 FDI 比重	16.20	13.25	9.59	7.17	5.13	2.53	2.79
外资企业	实际投资额	192.64	238.73	317.25	333.84	402.22	429.61	462.81
	占 FDI 比重	47.31	50.93	60.15	62.39	66.34	59.33	66.62
外商投资股份制	实际投资额	1.30	5.28	6.97	3.28	7.77	9.18	4.22
	占 FDI 比重	0.32	1.13	1.32	0.61	1.28	1.27	0.61
合作开发	实际投资额	3.82	5.11	2.72	0.33	1.09	0.00	0.00
	占 FDI 比重	0.94	1.09	0.52	0.06	0.18	0.00	0.00
其　　他		0.00	0.15	0.00	5.31	0.24	120.81	64.47
二　外商其他投资		86.41	27.95	22.68	26.35	34.43	34.80	40.55
对外发行股票		69.30	8.48	0.00	2.75	6.95	1.60	13.55
国际租赁		0.34	1.04	1.31	1.29	0.38	1.08	0.36
补偿贸易		0.11	0.03	0.04	0.07	0.05	0.16	0.21
加工装配		16.66	18.39	21.33	22.25	27.05	31.96	26.43

数据来源：商务部外资司网站外资统计栏目及 2004、2005 年《中国对外经济统计年鉴》整理计算。

亚洲十国和地区（香港特区、印尼、日本、澳门、马来西亚、菲律宾、新加坡、韩国、泰国、台湾地区）对中国的直接投资额占主体地位，2005 年对中国直接投资额为 353.36 亿美元，占中国利用外国直接投资额的 58.58%，2006 年为 344.98 亿美元，占 54.74%。

4 个自由港（英属维尔京群岛、开曼群岛、萨摩亚、毛里求斯）对中国的直接投资额占第 2 位，2005 年对中国直接投资额为 132.38 亿美元，占中国利用外国直接投资额的 21.94%，2006 年为 159.13 亿美元，占 25.25%。

欧盟在中国吸收外国直接投资来源国中居第 3 位，2005 年对中国直接投资额为 51.94 亿美元，占中国利用外国直接投资额的 8.61%，2006 年为 53.24 亿美元，占 8.45%。

2005 年北美地区在中国直接投资 35.15 亿美元，占中国利用外国直接投资额的 5.83%，2006 年为 32.89 亿美元，占 5.22% （参见表3）。

表3 对华直接投资前 10 位的国家/地区：2005～2006 年

单位：亿美元，%

排名	国家/地区	2005 年实际投资额	比重	2006 年实际投资额	比重	2006 年比2005 年
1	香港特区	179.49	29.75	202.33	32.11	2.35%
2	英属维尔京群岛	90.22	14.96	112.48	17.85	2.89%
3	日本	65.30	10.82	45.98	7.30	-3.53%
4	韩国	51.68	8.57	38.95	6.18	-2.39%
5	美国	30.61	5.07	28.65	4.55	-0.53%
6	新加坡	22.04	3.65	22.60	3.59	-0.07%
7	中国台湾	21.52	3.57	21.36	3.39	-0.18%
8	开曼群岛	19.48	3.23	20.95	3.32	0.10%
9	德国	15.30	2.54	19.79	3.14	0.60%
10	萨摩亚	13.52	2.24	15.38	2.44	0.20%
	合　计	509.16	84.40	528.47	83.86	—

数据来源：作者根据商务部外资司网站外资统计栏目计算整理。

（四）外商直接投资的行业结构

中国吸收外商直接投资的行业分布中以制造业为主。2004、2005 年制造业实际利用外资金额分别为 430.17 亿美元和 424.53 亿美元，分别占同期实际利用外资总额的 70.95% 和 58.63%。截至 2005 年，全国制造行业利用外资项目累计共 398266 个，占利用外资项目总数的 72.02%；合同利用外资额 8374.91 亿美元，占合同利用外资总数的 65.14%。外商投资企业集中在制造行业是由国际产业分工转移的趋势以及中国的生产要素禀赋等条件决定的，短时期内看，制造业在利用外资中的主要地位不会发生根本改变。

农、林、牧、渔等第一产业无论从利用外资项目数、合同利用外资额、实际利用外资额等方面占利用外资的比重都比较小。截至 2005 年农、林、牧、渔业利用外资项目累计共 15521 个，占利用外资合同总数的 2.81%，合同利用外资额 251.44 亿美元，占合同利用外资总额的 1.96%（参见表 4）。

表 4　中国分行业吸收外商直接投资状况：2004～2005 年

单位：亿美元，%

行业名称	2004 年				2005 年			
	项目数	比 重	实际使用外资额	比 重	项目数	比 重	实际使用外资额	比 重
农林牧渔业	1130	2.59	11.14	1.84	1058	2.40	7.18	0.99
采矿业	279	0.64	5.38	0.89	252	0.57	3.55	0.49
制造业	30386	69.59	430.17	70.95	28928	65.72	424.53	58.63
电力、燃气及水的生产和供应业	455	1.04	11.36	1.87	390	0.89	13.94	1.93
建筑业	411	0.94	7.72	1.27	457	1.04	4.9	0.68
交通运输、仓储和邮政业	638	1.46	12.73	2.10	734	1.67	18.12	2.50
信息传输、计算机服务和软件业	1622	3.71	9.16	1.51	1493	3.39	10.15	1.40
批发和零售业	1700	3.89	7.4	1.22	2602	5.91	10.39	1.43
住宿和餐饮业	1174	2.69	8.41	1.39	1207	2.74	5.6	0.77
金融业	43	0.10	2.52	0.42	58	0.13	123.01	16.99
房地产业	1767	4.05	59.5	9.81	2120	4.82	54.18	7.48
租赁和商业服务业	2661	6.09	28.24	4.66	2981	6.77	37.45	5.17
科学研究、技术服务和地质勘查业	629	1.44	2.94	0.48	926	2.10	3.4	0.47
水利、环境和公共设施管理业	164	0.38	2.29	0.38	139	0.32	1.39	0.19
居民服务和其他服务业	251	0.57	1.58	0.26	329	0.75	2.6	0.36
教育	59	0.14	0.38	0.06	51	0.12	0.18	0.02
卫生、社会保障和社会服务业	21	0.05	0.87	0.14	22	0.05	0.39	0.05
文化、体育和娱乐业	272	0.62	4.48	0.74	272	0.62	3.05	0.42
公共管理和社会组织	2	0.00	0.02	0.00	0	0.00	0.04	0.01
总　　计	43664	100.00	606.3	100.00	44019	100.00	724.06	100.00

数据来源：《中国商务年鉴（2006）》，中国商务出版社，2005。

在第三产业中，房地产业、租赁和商业服务业、批发和零售业、交通运输仓储和邮政业、建筑业等行业占利用外资总额的比重较高，金融服务业、信息传输、计算机服务和软件业利用外资的增长速度较快。截至 2005年，房地产业行业累计利用外资项目数达 44828 个，占累计利用外资项目总数的 8.11%；合同利用外资金额 2137.85 亿美元，占合同利用外资总额的 16.63%，房地产业成为第三产业中累计利用外资额最多的行业。不过随着中国的房地产行业宏观调控措施的不断加强，对外资进入房地产业逐渐严格的限制，可以预见，外资进入房地产业的规模将出现较快速的回

表5　截至 2005 年中国分行业累计吸收外商直接投资

行业名称	项目数（个）	比重（%）	合同外资（亿美元）	比重（%）
农林牧渔业	15521	2.81	251.44	1.96
采矿业	1055	0.19	38.53	0.30
制造业	398266	72.02	8374.91	65.14
电力、燃气及水的生产和供应业	1499	0.27	131.45	1.02
建筑业	10908	1.97	285.84	2.22
交通运输、仓储和邮政业	6607	1.19	314.1	2.44
信息传输、计算机服务和软件业	3115	0.56	65.33	0.51
批发和零售业	27867	5.04	356.86	2.78
住宿和餐饮业	2381	0.43	49.06	0.38
金融业	149	0.03	19.92	0.15
房地产业	44828	8.11	2137.85	16.63
租赁和商业服务业	21080	3.81	454.93	3.54
科学研究、技术服务和地质勘查业	5083	0.92	69.21	0.54
水利、环境和公共设施管理业	303	0.05	17.43	0.14
居民服务和其他服务业	10913	1.97	182.28	1.42
教育	1592	0.29	29.18	0.23
卫生、社会保障和社会服务业	1247	0.23	57.45	0.45
文化、体育和娱乐业	544	0.10	20.82	0.16
公共管理和社会组织	2	0.00	0.14	0.00
总　计	552960	100	12856.73	100.00

数据来源:《中国商务年鉴（2006）》，中国商务出版社，2005。

落。近年来，随着中国认真履行各项"入世"承诺，在金融领域的逐步开放，金融服务业吸收外资的速度增长较快。如 2005 年金融领域实际使用外资金额 120.81 亿美元，较 2004 年增长 279.19%，2006 年实际使用外资金额也达到 64.47 亿美元。若以产业划分，第三产业在中国利用外资中的比重有上升趋势，2003~2005 年，第三产业利用外资的合同数分别为 9718、11003、12934 个，占利用外资合同总数的比例分别为 23.66%，25.20%，29.38%；实际利用外资的金额分别为 127.94 亿美元、140.53 亿美元、269.95 亿美元，占实际利用外资总额的比重分别为 23.91%，23.18%，37.28%，第三产业吸收外资比重的提高主要得益于金融服务业对外开放的扩大与利用外资规模的扩大（参见表 5、表 6、表 7）。

表 6 中国分行业吸收外商直接投资：2003~2005 年

行业名称	年份	项目数（个）	比重（%）	实际使用（亿美元）	比重（%）
第一产业	2003	1116	2.72	10.01	1.87
	2004	1130	2.59	11.14	1.84
	2005	1058	2.40	7.18	0.99
第二产业	2003	30247	73.63	397.10	74.22
	2004	31531	72.21	454.63	74.98
	2005	30027	68.21	446.92	61.72
第三产业	2003	9718	23.66	127.94	23.91
	2004	11003	25.20	140.53	23.18
	2005	12934	29.38	269.95	37.28
总计	2003	41081	100.00	535.05	100.00
	2004	43664	100.00	606.30	100.00
	2005	44019	100.00	724.06	100.00

数据来源：《中国商务年鉴（2005，2006）》，中国商务出版社，2004、2005。

表 7 截至 2005 年中国分行业累计吸收外商直接投资

行业名称	项目数（个）	比重（%）	合同外资（亿美元）	比重（%）
第一产业	15521	2.81	251.44	1.96
第二产业	411728	74.46	8830.73	68.69
第三产业	125711	22.73	3774.6	29.36
总计	552960	100.00	12856.73	100.00

数据来源：《中国商务年鉴（2006）》，中国商务出版社，2005。

二 外商直接投资的发展动向及特点

（一）中外合资和合作企业实际投资下降，外商投资呈现独资化倾向

中国外商投资独资化现象在 20 世纪 90 年代中后期开始加速发展。1997 年批准的外商独资企业首次在项目数上超过中外合资企业，1998 年批准的外商独资企业首次在合同外资额上超过中外合资企业，2000 年批准的外商独资企业首次在实际使用外资额上超过中外合资企业。进入 21 世纪以来，外资的独资化趋势进一步发展，外商独资企业的投资额占中国年实际直接利用外资的比例由 2000 年的 47.3%，增长到 2003 年的 62.4%，2006 年达到 66.6%，已经成为外商投资的主导方式。

根据商务部研究院发布的《跨国公司对华产业投资趋势调研结果》显示，跨国公司在生产投资中，57% 的跨国公司在生产方面投资倾向于独资新建；有 37% 的跨国公司愿意与具备一定技术和生产资源或能力的企业合资；倾向于通过并购相关生产工厂来投资的跨国公司为 28%。[①]

陈琳（2005）的研究表明，外商投资的独资化已成趋势，要从东道国和投资方因素两个方面分析当前独资化的原因。中国投资环境改善和政策限制消除、市场准入放宽为外资独资化提供了宽松的政策环境。跨国公司自身的战略需要和优势、对中国市场的学习过程和经验积累的完成是独资化的内在驱动力。在外商投资独资化的影响方面，独资化使跨国公司避税行为更加方便和隐蔽，可能会造成国家更多的税收流失；使跨国公司得以整合在华资源，形成内部化分工合作体系，提高竞争力，可能会导致行业垄断现象；使中国"以市场换技术"战略逐渐失去条件，技术转移的中方主体减少，技术外溢的可能性降低；使中国利用外资利益分配格局的平衡可能向跨国公司倾斜。在应对独资化方面，应制定反避税规则，提高监管水平，防范以价格转移偷逃国家税收；尽快制定公开、公平、公正的市场竞争规则；鼓励和支持国内企业加强核心能力建设，做大做强，培育具有与跨国公司竞争的实力和与跨国公司平等合作分量的国内企业。[②]

陈静（2006）从交易成本和资产专用性的角度分析了外资独资化的原

---

① 商务部研究院：《跨国公司对华产业投资趋势调研结果》，2005。
② 陈霖：《警惕独资化》，《国际贸易》2005 年第 6 期。

因，指出当边际市场交易费用大于企业内部交易费用，企业拥有高度专用性的资产或技术时，企业会选择独资。因为资产专用性可能由于机会主义的影响产生道德风险。一方面，与外方合资的中方可能利用外方的信任而出现逃避、搭便车或者技术滥用的问题。另一方面，有些技术属于外资方面的核心技术、独有技术或销售诀窍，构成了企业获得长期优势竞争地位的核心能力，外方不愿与他人分享其诀窍或技术。为了保护资产的专用性，外方就倾向于选择高度控制的治理结构，而独资则是最好的选择。①

于文涛（2006）的研究认为，对外资企业掀起的独资化趋势，如果不加以适当控制任其发展，将给中国经济发展带来一系列安全隐患。目前中国的通讯器材业、洗涤用品业、饮料业等特定行业的市场已基本被外资控股企业的产品占领。在稀缺资源和高素质人力资源的获得方面，外资企业都有可能对内资企业形成挤出效应。一旦外资企业在行业中占据了控股地位，势必会以技术、规模、资金等优势建立起较高的进入壁垒，排挤中国同类企业，以达到占有市场，获取垄断地位的目的，进而攫取高额垄断利润，造成市场扭曲，对中国经济安全产生不利影响。②

（二）跨国公司在华设立研发机构不断增加，研发力度不断加大

外商在华直接投资经历了结构快速升级的过程：从早期劳动密集型的简单制造活动向资金技术密集型的制造活动升级；从制造业升级向研发机构和地区运营总部扩展。跨国公司在华设立研发机构已经成为中国对外经贸领域中最为引人注目的现象之一。2001年12月中国加入WTO以后，特别是近两年来，跨国公司加速在华设立研发中心，以最新的技术和最快的速度赢得中国市场。据商务部统计，自1993年摩托罗拉公司在中国建立了第一个外资研发实验室以来，截止到2004年6月，跨国公司对中国的研发投资额累计约达到40亿美元，至2005年跨国公司在华设立的研发机构已经超过750家。目前，摩托罗拉、微软、诺基亚、通用电气、IBM、西门子、杜邦、北电、通用汽车、本田汽车、日立和东芝等全球知名的跨国公司均在中国设立了研发中心。跨国公司在华投资的研发机构具有行业分布与地域分布相对集中的特点。在行业上，主要分布在电子及通讯设备制造业、交通运输设备制造业、医药制造业、化学原料及化学品制造业等行

---

① 陈静：《交易成本：外资独资化倾向的动因》，《中国外资》2006年第9期。
② 于文涛：《当前利用外商直接投资需要注意的几个问题》，《中国经贸导刊》2006年第9期。

业。在地域上，主要集中在北京、上海、广州、深圳、天津、苏州等科研力量比较集中的大城市。

据商务部研究院发布的《跨国公司对华产业投资趋势调研结果》指出跨国公司在研发投资中，有46%的企业倾向于建立独立的研发中心，有33%的企业倾向将更多的先进技术引进中国进行研发，同时有25%的企业计划扩大在中国已有的研发人员数量，24%的企业选择合作研发（见图4）。

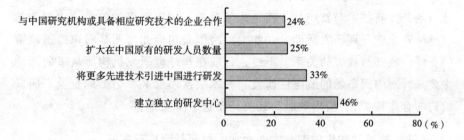

图4　跨国公司在华研发投入情况

资料来源：转引自商务部研究院《跨国公司对华产业投资趋势调研结果》。

联合国贸发会议2005年对全球研发投入最大的一些跨国公司所进行的调查结果显示，有69%的跨国公司表示海外研发活动的比重肯定会上升，只有2%的跨国公司持相反观点，另有29%的跨国公司表示研发国际化水平将保持不变。跨国公司扩大研发工作的首选对象是中国，美国和印度分别居第2位和第3位。①

越来越多的跨国公司提升在华研发中心在其全球战略中的地位。微软北京研究院、诺基亚杭州研发中心、上海贝尔阿尔卡研发中心、松下研究开发（中国）有限公司、索尼爱立信（中国）有限公司研发部都是集团公司在全球的研发中心。研发机构可以分为独立法人和非独立法人（即公司内研发机构），跨国公司大多倾向于设立非独立法人研发机构，约3/4的现有研发机构是非法人机构。这有利于管理与控制，同时也便于尽快将研发成果商业化。跨国公司更倾向于设立独资研发中心。其主要理由在于，适应跨国公司对中国市场环境的逐步了解，中国政策环境由紧到松的发展过程，以及设置研发中心的条件日益成熟，独资研发中心可以让跨国公司

---

① 王建生：《跨国公司研发工作国际化趋势增强》，新华网，2005年10月19日。

凭借其独占的技术优势，确保其在价值链分配上的绝对优势，分享跨国公司的全球供应链、知识库等战略资源。

隆国强（2006）的研究认为，外商投资企业对华扩展研发活动主要基于以下原因，一是靠近其制造平台，跨国公司已经将大量制造能力转移到了中国。二是靠近中国市场，便于更好地针对中国市场开展适应性研发。三是充分利用中国低廉的研发人力资源，目前中国在高端人才方面与发达经济体还存在明显差距，但中端、低端研发人员的成本约为发达国家的$1/10 \sim 1/6$。一些跨国公司已经开始在华建立其全球技术研发中心，面向全球市场开发新技术与新产品。四是为了改善与中国政府的关系，中国政策鼓励外资企业开展研发活动，一些大型跨国公司借此表明其对东道国政策的支持，改善与政府的关系。不过，目前在华外资研发机构所从事的活动主要是针对中国市场的适应性研发，技术层次不够高，与本地企业、研发机构的合作较少，"溢出效应"还有待于进一步发掘。[1]

（三）外资并购中国部分龙头企业，引起社会广泛关注

近两年来，外商收购兼并的投资方式增多，涉及一些国内重要产业中的骨干企业，影响较大。其中包括：英博收购雪津啤酒、阿尔斯通绝对控股武锅 B，高盛并购双汇发展、百思买入主五星电器、法国 SEB 集团收购苏泊尔、澳洲电讯收购搜房网、香港路劲基建控股顺驰中国、沃尔玛收购好又多、拜耳收购东盛盖天力、花旗投资团队收购广发行、家得宝收购家世界家居、米塔尔钢铁公司控股华菱管线、苏格兰皇家银行收购中国银行股权、凯雷收购徐州工程机械集团等。国外资本巨头并购的对象大都是中国相关行业的龙头企业，受到社会各界关注，引发了关于外资并购问题的热烈讨论。

对外资并购的认识可以分为正反两个方面：一是认为外资并购构成了中国利用外资的新态势，其积极效果包括，为国有企业技术改造提供新的资金来源，推进技术进步和产业升级，促使国企转换经营机制，改善治理结构，使国内企业更有效地参与国际分工，增进竞争效应等。一是认为外资并购给国家经济安全带来一定的问题，其负面效果包括，在相当程度上导致了对外国企业的技术依赖，削弱了中国企业的研发和创新能力，可能

---

① 隆国强：《外商直接投资趋势与"十一五"利用外资》，商务部《2006 中国外商投资报告》，2006 年 12 月。

会导致自主品牌受到威胁，妨碍了中国企业规模扩张与国际化进程，对国内经济产生"挤出效应"，可能造成外资在重要行业的垄断地位，并购过程中可能会因"并购腐败"导致国有资产的流失，削弱国家宏观调控力度的隐患等。

2006 年 8 月国家商务部、国资委、税务总局、工商总局、证监会、外汇管理局六部委联合制定下发了《关于外国投资者并购境内企业的规定》，对原有的相关规定做了修改，从产业、土地、环保等方面细化了对投资者的要求，增加了可操作性。规定外资并购国内企业涉及重点行业、存在影响或可能影响国家经济安全因素或者导致拥有驰名商标或中华老字号的境内企业实际控制权转移的，当事人应就此向商务部进行申报。《规定》的发布和实施有利于规范外资的并购行为，防止外资在某些行业垄断优势的形成，《规定》明确了资产评估应采用国际通行的评估方法，有利于防止国有资产的流失。

肖沪卫（2006）的研究认为外资并购国内企业的动因主要有：政策性限制、速度和核心能力三方面因素：（1）一些敏感或者关键性行业，包括金融业、通信业、零售业、仓储、港口、运输业，目前虽然只容许外资参股，但这些行业常常有垄断利润，所以深受外资青睐，而现在外资的参股将为未来政策松动后的整体收购创造条件。（2）外资并购该行业中的公司后能够更快地形成生产能力，从而更快地抢占市场。这样的行业应该具有以下几种特征：行业具有较好的成长性，外资相对弱小，集中度比较高或者进入壁垒比较高，竞争激烈或者供给远远大于需求的行业，关税或非关税壁垒较高的行业，如汽车、石化等。（3）希望并购后能够带来自身发展所亟须的互补性资源，即这些公司拥有一定的核心能力，如拥有国内市场上的客户资源和销售能力（具有一定的网络资源）、生产能力（设备一流，劳动力成本低）、研发能力或者供应能力（具有原材料方面的垄断性资源）。[①] 外资并购猛增的现状值得政府管理部门认真研究，规范其并购行为。外资在中国某些行业中占有较大的市场份额，但还不能说某个行业真正为一家外资企业所垄断。

（四）服务业实际利用外资有所下降，金融领域取得突破

长期以来，中国吸收外资结构方面制造业规模很大，比重较高；服务

---

① 肖沪卫：《新世纪全球企业并购特点及国有企业的对策分析》，上海市科技情报研究所网站，2006 年 7 月。

业规模偏小，比重较低。许丹松（2006）研究指出，中国入世后服务业利用外商直接投资逐年递减，主要原因是服务业具有一定垄断特征及对外开放程度较低。1995～1999 年，外商直接投资中流入服务业（不含金融服务）的平均占比为 36.1%。2002～2005 年，服务业实际利用外资金额分别为 140.11 亿、131.36 亿、122.28 亿美元和 116.79 亿美元，占外商直接投资总额的比重分别为 26.57%、24.55%、20.17% 和 19.36%，可以说是逐年下降。外资对于中国服务业发展的拉动作用远远比不上制造业，服务业在利用外资总量上的比重也远远落后于服务业在 GDP 中的比重。[①]

2005 年中国在银行、证券、保险行业新批设立中外合资银行、保险公司、基金管理公司 18 家，2006 年新批 12 家，在金融服务业利用外资方面有所突破。随着 2006 年底《中华人民共和国外资银行管理条例》的实施，对外资银行经营人民币业务的全面开放，金融服务业外商直接投资的规模还有可能进一步加大。据国家发改委发布的《利用外资"十一五"规划》显示，截至 2005 年底，共有 20 个国家和地区的 71 家外国银行在中国设立了 238 家营业性机构。建行、中行、工行等 10 多家中资商业银行引入境外战略投资合作伙伴，建行、交行成功实现了境外上市；共有 4 家合资证券公司和 20 家合资基金管理公司获准设立；保险业也已按入世承诺对外资保险公司放开了全部地域和除有关法定保险以外的全部业务，外资保险公司数量已增加到 40 家，拥有 93 家总分支公司。[②]

三 跨国并购成为外商在华投资日益重要的新形式

长期以来，新建投资（或称绿地投资）构成了中国利用外资的主要形式，然而，近年来外资并购从无到有，从小到大，取得了初步且令人瞩目的进展。根据联合国贸发会议《世界投资报告》统计，1990～2000 年年均流入中国的外资并购金额仅为 3.39 亿美元，2003 年这一数字提升到 38.20 亿美元，2004 年又达到了 67.68 亿，较上年增长了 77.17%，2005 年进一步上升到 82.53 亿美元，比上年又增长 21.94%。外资并购占外商直接投资的比重也分别从 20 世纪 90 年代的 1.13%，上升到 2003 年的

---

① 许丹松：《从中美 FDI 流入对比看中国吸引外资中存在的问题及建议》，《国际商报》2006
年 7 月 10 日。

② 国家发展和改革委员会：《利用外资"十一五"规划》，2006 年 11 月 10 日。

7.14%，2005 年的 11.40%。外资对中国企业的并购在新世纪之初呈现出快速增长，越演越烈之势。在世界范围内，跨国并购正逐渐成为 FDI 的主要形式，与世界平均水平相比，中国的外资并购占 FDI 的比重还相对较低，但保持着较快的增长水平，已经成为中国利用外商直接投资中日益重要的新形式（参见表 8）。

表 8　中国与世界跨国并购的动向：1990～2005 年

单位：亿美元

国　别	项目 \ 时间	1990～2000 年年均	2003 年	2004 年	2005 年
中　国	外资并购额	3.39	38.20	67.68	82.53
	外商直接投资额	301.04	535.05	606.30	724.06
	外资并购所占 FDI 比重	1.13%	7.14%	11.16%	11.40%
世　界	跨国并购额	1178.89	2969.88	3805.98	7163.02
	跨国直接投资流入额	4953.91	5578.69	7107.55	9162.77
	跨国并购占 FDI 比重	23.80%	53.24%	53.55%	78.18%

数据来源：根据 UNCTAD《World Investment Report 2006》数据整理计算。

国内现有的研究已经充分注意到了这一新的动向，并进行了大量的理论与实证分析。

裴长洪、林江（2006）的研究认为外资并购是中国利用外资的新形式，外资并购是单纯的市场行为，并购本身只是一项正常的经济活动，是企业之间的博弈，归根结底是以赢利为目标的，它体现了资本的逐利性质。在看待外资并购时，不应掺杂太多的感情因素。对参与并购的主体企业来说，在市场以外的层面谈并购是没有实际意义的。我们要以积极的态度对待并购，并明确外商控股并购国有企业的产业导向。制定并购的产业政策原则应是在社会主义市场经济的体制框架下，结合国有经济在国民经济中的地位和作用，以及应有的产业分布结构、中国生产力发展状况和世界经济发展动态，确定外商可以参与并购的产业领域，以实现我方利益最大化。按照这一原则，在不涉及中国国民经济命脉的行业和领域以及缺乏国际竞争优势、产业全球化程度较高的产业，利用跨境并购会获得更多发展机会，应允许跨境并购。因此，并购本身没有对错之分，不存在大是大非的问题。目前重要的是如何对外资并购实施有效监管，而不是争论应该鼓励还是禁止外资并购国内企业的问题。外资并购所产生的积极效应包括：分工细化、规模化和高级化，有利于促进中国企业参与经济全球化进程，实现产业结构升级，有利于获得新的国际分工机会，有利于推进国有企业的改革。外资并购存在的隐忧包括：一是造成国有资产价值被低估和流失；二是形成对重要行业的垄断；三是可能导致自主品牌受到威胁；四是影响中国企业规模扩张与国际化；五是国家经济安全问题。中国未来如何更好地利用外资并购形式，"又好又快"地发展中国经济，可以通过外资并购转变经济增长方式，降低能耗，在并购中鼓励外资重点投向高新技术产业、先进制造业、现代服务业、现代农业和环保产业，稳步推进服务贸易对外开放，鼓励跨国公司来华设立地区总部、研发中心、采购中心和培训中心，在技术、信息、管理和营销等方面实现向现代服务业转变；通过跨境并购推进国有企业改革，转换经营机制；通过并购与被并购提高自主创新能力，取得双赢；通过跨境并购使中国企业进一步融入国际化体系，提高中国在国际分工的地位。[1]

赵晋平（2005）的研究概括指出，外资并购中国企业主要集中在以下几个领域：一是能源生产和供应领域。从 2003 年开始，金属冶炼、化工、机械设备等重化工业成为主要的高增长领域，由此带来电力需求的快速增长，能源供需缺口迅速加大，国内相关领域的投资活动重新进入活跃期。跨国公司对电力领域的并购也随之展开。二是基础材料工业领域的并购。2003～2004 年期间，钢铁、化工原料等材料工业生产能力难以适应市场需求迅速扩大的需要，造成相关产品价格持续上涨。国内外投资者看好其中的巨大利润空间和市场潜力。为了尽快从高速增长的市场需求中分享到更多的利益，回避新建投资可能受宏观调控政策制约的不利影响，跨国公司主要采取了对现有企业进行并购的投资方式。三是具有巨大市场规模和长期增长潜力的消费品生产领域。四是新技术服务和正在逐步兑现"入世"承诺走向开放的商业、金融服务业领域。跨国公司利用自身的技术和品牌优势开展在中国的投资，国内企业则希望尽快通过和跨国公司建立战略合作关系。[2]

干春晖（2004）的研究认为跨国公司并购的动因包括 3 个方面：一是效率动因，包括管理协同效应、营运协同效应、财务协同效应。二是经济

---

① 裴长洪、林江：《跨境并购是中国利用外资的新形式》，商务部《2006 中国外商投资报告》，2006 年 12 月。

② 赵晋平：《跨国公司在华并购投资渐入高潮》，《21 世纪经济报道》，2005 年 5 月 29 日。

动因，包括增强企业市场势力的横向并购、降低交易费用的纵向并购，实现多样化经营的混合并购。三是其他动因，包括管理层利益驱动，投机，目标企业的价值低估。①

桑百川（2006）的研究指出，外资并购青睐于中国行业龙头企业的优质资产。从国内企业参与跨国并购的选择看，大都选择那些在国际上领先、管理规范、市场能力强的优势公司进行合资，接受并购。国内企业愿意被并购的主要原因有：一是在经营中遇到了困难，陷入债务深渊等；二是为了实现资产重组，盘活部分国有资产，避免破产；三是出于引进外资，促进技术和管理进步的需要。从并购的过程看，往往先建立中外合资企业，进而外方控股，然后通过外资并购，转为外商独资企业。从并购的趋向看，目前跨国公司的并购，尚未构成对中国关键行业、主要领域的威胁。从利弊得失来看，外资并购中国龙头企业，一方面促进了中国制造工业的进步，推动着国有资产重组，但另一方面在经济关系上，内资企业丧失主导权，企业未来的技术路线和技术研发都取决于跨国公司的战略安排。跨国公司在新企业中所开展的研发活动，绝大多数是为了使产品更加适应当地市场而进行的适应性研发，而不是真正为了提升企业的竞争力，从企业长远利益来考虑的创新性研发活动。所以，中国在外资政策方面既要积极利用外资，又要建立严格的外资并购审查制度和反垄断制度。②

姚战琪（2006）的研究认为：当前政府对外资并购规制中的突出问题包括：一是认为对外商无股权限制会导致个别行业中外资的垄断结构，事实上，外资并购的股权控制程度与外资在某些行业是否存在垄断没有必然联系。二是各级政府对外商直接投资进入方式的政策优惠常常偏向于新建投资，没有将投资方式引起的成本与收益进行综合比较和权衡。引资政策制定的理论在认识上存在着一个误区，即认为新建投资比并购投资对中国更有利，而并购进入一般会提高市场集中程度由此可能会造成垄断、固定资产投资和就业短期内不会增加等。三是长期以来中国各级政府鼓励国内并购而限制外资并购的政策取向造成比较大的福利损失。四是外资收购中国国内企业可能会造成国有资产流失，但外资并购不是国有资产流失的充分条件，也不是必要条件。在政府对外资并购规制的政策取向方面：首先

---

① 干春晖：《并购经济学》，清华大学出版社，2004。
② 桑百川：《双刃在肩，谨慎行事——跨国公司并购中国装备工业龙头企业的现状与影响》，《国际贸易》2006 年第 3 期。

要建立和完善以反垄断法为主的规制外资并购和监管跨国界并购（包括发生在国外但影响国内市场结构的并购交易、外资直接在国内的并购交易等）的法律体系。其次应在高技术行业领域建立健全限制外资新建进入，鼓励并购进入的规制方式，这样可以得到外资向国内企业转移较高程度技术的益处。因此，在高技术领域现实的方法是取消外资控股的比例限制，允许外资控股甚至完全控股。再次需要进一步细化和规范外资并购的产业导向。中国虽然制定了《外商投资产业指导目录》，但可操作性较差，对于允许外资控股并购的范围主要靠部门内部掌握，缺乏全国统一、透明、公开、操作性强的产业政策和产业导向。第四应适时修改外资控制的有关法规和政策，减少并购控制的有关程序，鼓励旨在提高效率的外资并购，为正常并购企业的交易活动节约成本。最后应及时与国外政府就跨国界并购的监管取得协调，应遵循积极与国际反垄断合作的原则，为共同监管跨国界并购交易制定有效的便于协调监管的措施。[①]

四　外商在华直接投资和并购的发展趋势与前景

（一）全球国际直接投资形势分析

全球经济持续增长，跨国公司赢利增加以及产业结构调整，促进了国际投资流动的进一步加速。以服务外包为主要内容的现代服务业以及高端制造、研发环节为主要特征的新一轮产业转移持续发展。区域经济一体化进程进一步向深度和广度扩展，也为国际投资的生成和流动提供了强有力的动因和良好的条件。全球国际直接投资在经历了 20 世纪 90 年代持续快速增长后，2000 年达到 14919 亿美元的顶峰，然后受世界总体经济形势的影响，经历了 2001 年到 2003 年的低谷，2004 年以来全球国际直接投资以跨国并购为主要动力，又出现了持续的增长态势，跨国直接投资总量迅速恢复，2004 年实现了 7108 亿美元，2005 年攀升至 9162 亿美元。同时，发展中国家和周边国家陆续出台吸引外资新政策，加大了吸引外资的力度，同时，发展中国家之间的相互投资快速增加，发达国家之间投资自由化程度也逐步加强。

詹晓宁（2006）的研究指出：在全球国际直接投资流动的地区方面，

---

① 姚战琪：《跨国并购规制的理论与政策取向》，《改革》2006 年第 5 期。

以亚洲和东欧地区的国际直接投资发展前景最为光明，拉丁美洲可能会继续保持复苏态势，流入非洲地区的国际直接投资将有所增长，发达国家的国际直接投资将继续复苏；在全球国际直接投资的行业方面，未来国际直接投资发展看好的行业分别有计算机/信息通信技术（ICT）服务、公用事业、运输及与旅游业相关的服务领域，电气和电子产品、机械和金属工业，采矿和石油行业以及与其相关的加工和供应，包括水、电、天然气的供应；在全球国际直接投资的政策方面，由于吸引国际直接投资的竞争日趋激烈，世界各国将进一步采取积极措施以改善自己的投资促进政策，大多数投资促进机构计划在未来两年内继续增加投资促进政策措施的力度、扩大投资政策措施的覆盖范围，尤其应该指出的是，鉴于资源有限，绝大多数投资促进机构有意采取更具针对性的投资促进措施。与此同时，一些国家会进一步加强对外资的监管，出台一些有关公司治理和企业社会责任方面的政策措施。[①]

未来两三年内影响中国利用外资规模的国内主要因素有：一是中国国民经济将继续保持高速增长，有利于利用外资的增长；二是服务业进一步开放，金融、商业零售领域的外资准入放宽，将为跨国公司在金融保险、商业和运输服务等领域的跨国公司提供更多的投资机会；三是中国交通、通讯、水电气供应等基础设施的改善，政治民主化进程的加快、中外文化的加速融合、奥运商机等因素，增强了中国对跨国公司投资的吸引力；四是劳动力成本和土地成本上升，两税合并，外资优惠政策调整，弱化了吸引外资的优势；五是人民币升值导致外资的投资成本上升，出口商品价格上涨，使出口加工型的企业收益预期下降，会影响部分外资对华投资的积极性。

（二）外商在华直接投资和并购的发展趋势与前景

1. 两税合并、外资政策思路的转变可能使外资增长速度趋缓

长期以来中国实行的以所得税为核心的外商投资优惠政策将有所改变。2007 年 3 月 16 日第十届全国人民代表大会第五次会议通过了新的《企业所得税法》。根据新的《企业所得税法》，内外资企业所得税将实行统一的 25% 税率。原来外资企业所享受的两档税率优惠以及"两免三减"的待遇将被取消，内资企业税率降低，二者站在了税负的同一起跑线上。

---

① 詹晓宁：《全球直接投资的最新趋势及前景》，商务部《2006 中国外商投资报告》。

统一所得税一方面有利于形成公平竞争的市场环境，另一方面也会挤压外资企业的部分利润，有可能使外商投资流入量出现短暂的增长放缓，对于那些来自自由港的政策寻求型外商投资，在所得税优惠取消后，有可能转向其他引资国。2006 年，中国吸收外商直接投资（全口径）数据显示，全国新设立外商投资企业 41485 家，同比下降 5.76%；实际使用外资金额 694.68 亿美元，同比下降 4.06%。

当前中国的外资政策着眼点正在由"引资"向"选资"的转变。2007年 2 月，商务部发布了《关于制止层层分解并考核招商引资指标的通知》，指出在吸收外资工作中重引进轻管理，重规模轻质量的问题，要求进一步提高利用外资水平。商务部早先重新修订了《外商投资产业指导目录》，将外商投资产业明确划分为鼓励类、限制类和禁止类。中国外资政策调整的思路变化体现在，引资机制上从行政引资到市场引资，引资质量上从"招商引资"到"招商选资"，引资待遇上从外资"超国民待遇"到国民待遇，引资地区结构上从外资相对集中于东部沿海地区到中西部地区。

新的《企业所得税法》在促进内外资企业的公平竞争，提高宏观调控的效率方面发挥了重要的作用。农、林、牧、渔业项目、国家重点扶持的公共基础设施项目、符合条件的环境保护、节能节水项目、重点扶持的高新技术企业、小型微利企业都可以得到相应的税收优惠。两税合并也可以促进外资更好地服务于国内经济结构调整和产业升级。两税合并使外资企业税负水平提高、经营成本的增加，促进利用外资的结构。避免外国企业将低附加值、高能耗、高污染的生产企业向中国过度转移，推动中国在承接国际产业转移中有取有舍，向高端产业方向发展，有助于引入技术含量高、国内配套比例高、资源消耗少、利于环境保护和增加就业的行业外资，有利于从行政引资、追求外资规模向遵循市场经济规律的引资模式转变。另一方面，两税合并也可以减少部分内资企业将资金转到境外再投资境内以享受外资企业所得税优惠待遇的行为，有助于减少国家税款流失，避免市场扭曲。

2. 金融、商业、重化工等行业和中西部地区的利用外资比重将有所上升

国际产业重心的转移经历了由原材料工业向加工工业、由初级工业向高附加值工业、由传统工业向新兴工业、由制造业向服务业转移的发展过程。以知识为核心要素，以提供高附加值、高层次、知识型的生产和生活服务为主要特征的现代服务业，将逐渐成为中国吸引外资的新热点。第三产业中的金融、保险、旅游和咨询以及信息、电子产业等资本技术密集型产业则会成为产业国际转移的重点领域。

随着入世后 5 年过渡期的安排结束，中国的服务业将进一步放宽市场准入的水平，金融、商业等服务业市场的开放将进入一个新的时期。自 2006 年 12 月 11 日起实施的《中华人民共和国外资银行管理条例》在履行入世承诺基础上取消了对外资银行的一切非审慎性市场准入限制，对外资银行实行国民待遇，向外资银行全面开放人民币零售业务。保险行业中除了寿险外资股比不得超过 50% 外，保险市场已基本实现全面对外开放。取消了外商投资商业领域的地域、数量和股权等方面的限制，进一步下放了外商投资商业领域的审批权。外资进入上述第三产业的并购、参股和新设投资将逐渐增加。

以服务外包、高端制造业和技术研发环节转移为主要特征的新一轮世界产业结构调整正在兴起，为中国发展面向国际市场的现代服务业带来了新的机遇。大力承接国际（离岸）服务外包业务，成为中国当前转变对外贸易增长方式，优化外商投资结构，提高利用外资质量和水平的重要手段。据世界最大的高科技预测公司 GARTNER INC 预测：世界服务外包市场将以年均 8.2% 的速度增长，2003 年世界服务外包金额为 2201 亿美元，2007 年将增长到 3063 亿美元。商务部自 2006 年起在全国推行了服务外包"千百十工程"。即在"十一五"期间，在全国建设 10 个具有一定国际竞争力的服务外包基地城市，推动 100 家世界著名跨国公司将其服务外包业务转移到中国，培育 1000 家取得国际资质的大中型服务外包企业，创造有利条件，全方位承接国际（离岸）服务外包业务，并不断提升服务价值，实现 2010 年服务外包出口额在 2005 年的基础上翻两番。中国具备较好的承担国际服务外包的条件，包括人才储备、研发能力、体制环境等，在服务外包领域承接国际产业转移将逐步增加。另外，近年来由于中国国内基础原材料、设备需求的持续旺盛，加之国际产业转移进入重化工业跨国投资的第三波浪潮，在制造业中，重化工业在吸收外资中的比重也将会有所增长。

隆国强（2006）的研究指出，服务业中的外商投资可望成为新热点。一是中国兑现加入 WTO 的承诺，对外资大幅度开放服务市场，签署了内地与香港和内地与澳门的更紧密经贸关系安排（CEPA），"十一五"期间，中国—东盟自由贸易区、中国—智利自由贸易区、中国—澳大利亚自由贸易区以及中国—新西兰自由贸易区的服务贸易与投资协定可望完成谈判并加以实施，这将推动中国服务市场的进一步开放。以商业存在方式进入中国市场的跨国公司，必将增加对华服务业投资的力度。二是服务外包活动成为全球产业转移的新趋势，印度国家软件协会对服务外包增长前景的预测显示，2008 年仅全球计算机用户电话服务中心就将为印度提供 110 万个就业岗位和 210 亿~240 亿美元的服务收入，美国 Forrest Research Inc. 预测，到 2015 年，美国将有 330 万白领工作岗位和 1360 亿美元的工资转移到海外，不同机构的预测结果揭示出同一个结论，即服务外包将成为全球服务产业转移的重要方式。

从进入的地域看，外资集中于中国东部沿海地区的状况基本未变。但中西部近年来在引导政策与具体措施上不断加大了利用外资的力度，可望在短期内有所改观。2004 年商务部和国家发改委修订了《中西部地区外商投资优势产业目录》，引导外商投资向中西部倾斜，现正在抓紧重新修订。2006 年起由商务部、国家税务总局、国家工商总局、国家广电总局、国家旅游局、中国贸促会、全国工商联、中国工业经济联合会同山西、安徽、江西、河南、湖北、湖南六省人民政府共同发起举办了中国中部投资贸易博览会（简称中博会），每年举办一次，吸引着越来越多外商的投资目光。第一届中博会中部六省签约各类招商引资项目 1199 个，利用外资合同项目363 个，合同外资 99 亿美元。其中，千万美元以上的项目 172 个，引资91.09 亿美元。第二届中博会中部六省共签订外商直接投资项目 196 个，合同外资 123.74 亿美元；签订内资项目 467 个，吸引资金 1997.63 亿元。各参会单位还累计签订出口成交合同 9.2 亿美元，内贸合同 29.96 亿元。同时商务部 2006 年开始组织实施的"万商西进"工程，计划用 3 年时间推动 1 万家境外或东部企业到中部六省投资，并可延伸到与中部相邻、条件相近的西部地区。尽管短期内，外资集中于沿海地区的基本格局不会改变，但由于沿海地区土地供给、电力供应等方面的制约，一些外资项目将转向土地资源、自然资源较丰富的中西部地区，加之上述中西部利用外资的便利条件，可以预计，中西部吸引外资的步伐将会逐渐加快，比重将会有所上升。

3. 投资方式逐步调整，外资并购等新形式所占比重还将进一步提高

与国际平均水平相比，中国的外资并购额在利用外商直接投资中的比例基本处于发展的初级阶段。如 1990~2000 年全球外资并购占国际直接投资的比重为 23.80%，而中国仅为 1.13%，2003~2005 年全球外资并购占国际直接投资的比重分别为 53.24%，53.55% 和 78.18%，而中国相应年份仅为 7. 14%, 11. 16% 和 11. 40%。尽管中国以并购方式利用外资的比重和水平还远远低于世界平均水平，但是，中国 2004 年和 2005 年的相关增长率却分别达到 77. 17% 和 21. 94%。外资在华并购还将随着中国并购环境的逐步改善而加快发展。据 2005 年底商务部研究院所做的跨国公司对华产业投资趋势调研，倾向于通过并购相关生产工厂来投资的跨国公司为 28%。与近年来外资并购额占外商直接投资 10% 左右的比重相比，可以看出未来几年外资并购在中国还有很大的发展潜力，外资并购的数额还将不断上升。

罗志松（2006）的研究认为：能源、资源等要素短缺问题迫使政府对新建投资方式为主的引资方式开始反思，并购投资建立在已有企业基础上，对资源、能源的影响较小，从此角度考虑，外资并购是中国吸收外资的一种较好的选择。跨国公司投资策略的调整也将推动外资加快在华并购，跨国公司直接的竞争日趋激烈，许多跨国公司按照中国入世时间表加快抢占一些战略产业和市场份额，并购方式为快速进入和占领市场提供了好的选择。①

参考文献

[1] 康君、赵喜仓：《中国经济发展与外商直接投资问题研究》，中国统计出版社，2005。

[2] 罗志松：《外资并购的东道国风险研究》，人民出版社，2007。

[3] 曹均伟：《利用外资阶段论》，上海社会科学出版社，2006。

[4] 江小涓：《中国的外资经济》，中国人民大学出版社，2002。

[5] 朱廷福：《外资国民待遇导轮》，中国财政经济出版社，2003。

[6] 曹洪军：《外资并购与中国外资政策调整研究》，人民出版社，2005。

[7] 叶军：《外资并购中国企业的法律分析》，法律出版社，2004。

[8] 商务部研究院：《跨国公司对华产业投资趋势调研结果》，2005。

[9] 陈琳：《警惕独资化》，《国际贸易》2005 年第 6 期。

[10] 陈静：《交易成本：外资独资化倾向的动因》，《中国外资》2006 年第 9 期。

[11] 于文涛：《当前利用外商直接投资需要注意的几个问题》，《中国经贸导刊》2006 年第 9 期。

---

① 罗志松：《外资并购的东道国风险研究》，人民出版社，2007。

[12] 王建生：《跨国公司研发工作国际化趋势增强》，新华网，2005 年 10 月 19 日。

[13] 隆国强：《外商直接投资趋势与"十一五"利用外资》，商务部《2006 年中国外商投资报告》，2006。

[14] 肖沪卫：《新世纪全球企业并购特点及国有企业的对策分析》，上海市科技情报研究所网站，2006 年 7 月。

[15] 许丹松：《从中美 FDI 流入对比看中国吸引外资中存在的问题及建议》，《国际商报》，2006 年 7 月 10 日。

[16] 国家发展和改革委员会：《利用外资"十一五"规划》，2006 年 11 月 10 日。

[17] 赵晋平：《跨国公司在华并购投资渐入高潮》，《21 世纪经济报道》，2005 年 5 月 29 日。

[18] 干春晖：《并购经济学》，清华大学出版社，2004。

[19] 桑百川：《双刃在肩，谨慎行事——跨国公司并购中国装备工业龙头企业的现状与影响》，《国际贸易》2006 年第 3 期。

[20] 裴长洪、林江：《跨境并购是中国利用外资的新形式》，商务部《2006 中国外商投资报告》，2006。

[21] 王如忠：《经济开放与中国产业发展》，社会科学文献出版社，2006。

[22] 王晓红：《利用外资与中国经济新跨越》，社会科学文献出版社，2006。

[23] UNCTAD：《World Investment Report 2006》，www. unctad. org/fdistatistics.

[24] 商务部等：《关于外国投资者并购境内企业的规定》，2006 年 8 月 8 日。

[25] 商务部：《外商投资产业指导目录》，2004。

[26] 国家统计局"中国利用外资与外商投资企业研究"课题组：《外商投资企业发展对中国经济结构产业技术进步的影响》，《中国经贸导刊》2006 年第 8 期。

[27] 国家统计局：《中国对外经济统计年鉴》，2004、2005。

[28] 姚战琪：《跨国并购规制的理论与政策取向》，《改革》2006 年第 5 期。

[29] 商务部：《中国商务年鉴（2006）》，中国商务出版社，2006。

跨国并购与中国经济安全

葛顺奇

跨国公司对外直接投资主要有 3 种方式：新建投资、跨国并购和置换投资。过去 10 多年来，跨国并购成为全球直接投资的主要方式，年均占 FDI 总流入量的 2/3 以上（见图 1）。2000 年占当年 FDI 流入量的 81.14%。2005 年占当年世界 FDI 流入量的 78.2%。每年全球跨国并购交易达数千次，2000 年为 7894 次，2005 年为 6134 次。

（一）跨国并购主要参与国

发达国家是参与跨国并购的主体，占世界出售额和购买额总额的 80% 以上。但总体发展趋势是参与国不断增多，原来仅由少数发达国家参与的跨国并购，现在越来越多的发展中国家也走上了跨国并购的舞台。2005 年全球跨国并购交易 6134 起，其中，美国 1035 起，法国 312 起，德国 429 起，英国 587 起，日本 86 起，加拿大 288 起，新加坡 114 起，巴西 65 起，墨西哥 35 起。

1991～2005 年，发达国家跨国并购的出售额几乎均高于购买额，表明发达国家以出售国内资产为主，并使其成为吸引 FDI 的重要方式。美国跨国并购吸引 FDI 占其总流入量的 95.1%，法国占 60.5%，德国占 93.2%，英国占 128.8%，加拿大占 90.1%，韩国占 61.6%（见图 2）。

发展中国家在跨国并购中的购买额占世界总额的平均比重为 7.71%，出售额平均比重为 11.02%。

（二）跨国并购的行业分布

跨国并购主要发生在服务行业，以并购出售额计算，1991～2005 年，第一产业年均占 7.5%，第二产业为 37.5%，服务业占 55.0%。

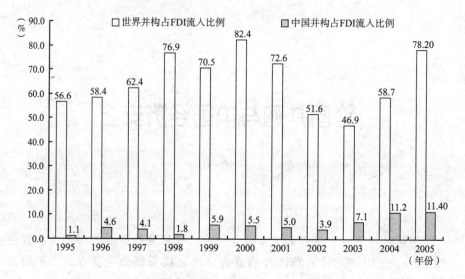

图1 跨国并购投资占全球FDI总流量的份额

资料来源：UNCTAD跨国并购数据库。

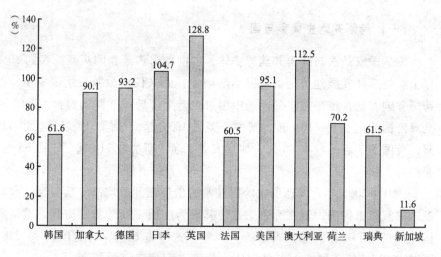

图2 世界主要国家跨国并购占本国FDI流入量的比例

资料来源：UNCTAD跨国并购数据库。

1. 第一产业跨国并购规模较小

第一产业包括农林渔猎业及采矿、采石业和石油业，该产业无论是从并购交易额还是从并购笔数上都处于较小规模。2005年出售额1154.2亿美元，交易数量不足400起。矿石和石油开采并购额占第一产业90%以上，交易起数占80%。

2. 第二产业跨国并购

第二产业包括14个行业，约占跨国并购总额的1/3。其中，食品、饮料和烟草业及化学和化学制品业是参与并购的集中行业，2005年，并购出售额分别为448.16亿美元，544.38亿美元，分别占第二产业的22%和26.7%。金属和金属产品业、电气和电子设备制造业、精密仪器制造业和汽车及其他运输设备制造业在第二产业并购中也占有较高比重。2000年占第二产业比重的6%、19.2%、4.8%和9%。2005年4个行业并购额分别达294.6亿、150.55亿、134.88亿美元和110.52亿美元，占第二产业的14.5%、7.4%、6.6%和5.4%。以上6个行业在跨国并购总额中约占23.5%（见图3）。

第二产业并购的另外一个特点是发生行业较为稳定，没有新增集中并购行业。虽然并购交易数量在某些行业有所变化，但是并购的交易量并未出现大幅度的变化。以出售方为例，化学和化学制品业的交易数量几乎保持在200项左右，橡胶和塑料制品基本保持在60项左右，机械和设备制造业基本在100项左右。

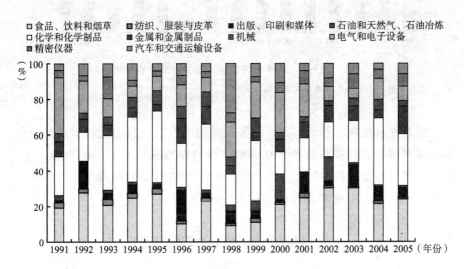

图3 1991~2005年制造业跨国并购的行业分布

资料来源：UNCTAD跨国并购数据库。

3. 服务业跨国并购

跨国并购主要发生在服务业，其中，金融业、运输、仓储和通讯业、商务服务业、水、电和天然气及贸易等行业并购最为突出。2000年并购高峰期，以上几个行业在服务业并购总额中合计占 95.8%，分别所占比重为 29%、44.3%、9.9%、10.3% 和 2.3%。2005 年金融业、运输、仓储和通讯业、商务服务业、水、电和天然气及贸易 5 个行业的并购额分别为 2904.54 亿、662.15 亿、489 亿、258.26 亿美元和 151.66 亿美元，分别占服务业并购额的 62.9%、14.3%、10.6%、5.6% 和 3.3%，其中金融业占一半以上，金融业一直是跨国并购的最集中行业（见图 4）。

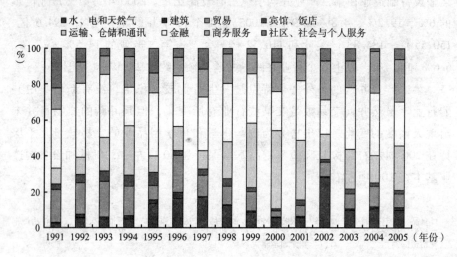

图 4　1991～2005 年服务业跨国并购的行业分布

资料来源：UNCTAD 跨国并购数据库。

随着并购规模的逐渐扩大，服务业并购所涉及的行业也在增多。如公共管理和国防、教育和健康与社会服务等行业逐渐成为并购的目标。水、电和天然气行业的并购增长速度较快，1994 年该行业的跨国并购购买额为 8.3 亿美元，到 2000 年就增长到 844.09 亿美元。

二　跨国并购的外部影响因素

跨国并购之所以趋于流行，有其多种动机，主要包括：开拓国际同类市场，取得产品商标、品牌和已形成的行销网络；保障原材料的供应和产品在销售市场上实现经营领域、区域和资产的多元化等。跨国公司采取并购行为有助于实现以上目的。除此之外，与国际经济环境的变化有密切关系。

（一）技术因素

技术变革一方面促使世界技术领先企业面临越来越大的竞争压力。在许多行业，创新的成本和风险与日俱增，而且还需要持续不断地吸收新的技术和管理方法，企业需要付出更大努力，以保持技术领先地位，不断开拓技术领先领域，缩短产品生命周期。处在技术变化快、产品周期短、研发项目投资大、风险高的环境下，通过跨国并购分摊创新成本，获得新的技术资产，增强自身创新能力，成为一种具有吸引力的选择。近年来，资产寻求型 FDI 已经成为跨国公司对外投资的重要动机之一。

另一方面，信息技术和通讯技术的变革，使跨国公司在世界各地的经营活动得到更好的管理，并为组织企业之间、企业内部以及企业和消费者之间的联系提供了新的途径。

技术进步通过降低运输成本、信息和通讯成本，大大缩小了经济空间。一是带来竞争更加激烈，因为外国竞争者可能会提供价廉物美的商品和服务，技术能够快速地扩散，能够更广泛地获得信息；二是跨国公司能够更有效率地进行竞争，他们可以在国际生产体系内部更好地联络，便利地进行商品、劳务等要素的转移，可以把生产和管理过程加以分解，并在不同的国家重新布局，以实现成本最小化，公司总部的不同职能也能够在国际范围内进行分散。跨国并购在促使跨国公司建立和扩展一体化的生产体系以利用区位资产组合方面发挥了重要作用。

（二）政策和管理规制因素

技术变化促进了国际生产体系的运营，政策和管制环境的变化为国际一体化生产体系的扩张提供了更大的空间，世界各国 FDI 规制政策的变化是促使跨国并购的诱因之一。

世界各国对 FDI 的政策变化总体是朝着自由化的方向发展的，从 20 世纪 60～70 年代的限制和控制，到 80～90 年代的促进和自由化，现在是竞相提供优惠政策。全球 FDI 的政策环境，可分为 3 个层面：FDI 和贸易体制的自由化，区域经济一体化，服务行业的私有化和放松管制。

1992～2005 年期间，累计涉及 964 个国次对其国内的外资政策进行调整，变革政策有 2267 项，其中，有利于吸引 FDI 的政策有 2078 项，占 91.3%，不利于吸引外资的有 189 项，占 8.7%。许多国家不仅取消了准入限制，还采取了积极促进措施，提供高标准待遇、法律保护和担保。由于 FDI 管理规制通常既适用于新建投资，也适用于跨国并购，所以世界各国 FDI 政策的自由化变革也促进了跨国并购的发展。与并购有关的变化包括取消了强制性合资要求、多数股权限制和审批要求。

在双边层面上，截止到 2005 年底，全球已签署的双边投资协定和避免双重征税协定的总数分别达 2459 项和 2758 项。此外，越来越多的自由贸易区协定，区域一体化协定，双边合作协定也包含与投资有关的内容，此类协定已达 232 项。区域自由贸易区的形成推动了新建投资和跨国并购的发展，区域贸易协定扩大了企业可以直接进入的市场规模，从而吸引外国投资者利用建立新的机构服务于区域市场，自由贸易协定能够提供市场透明度，降低跨国交易成本，有利于跨国并购的实施。

多边协定例如 WTO 中的 TRIMS，取消了跨国公司的当地成分要求、业绩要求和出口比例要求，世界银行和 IMF 的计划，鼓励各国对外国投资者采取更加开放、透明和友好的管理体制。多边投资协定，强化了国际管制框架的作用，也有助于跨国并购的发展。

另外，各国推行的私有化运动，特别是电信、运输、电力、金融服务、公共基础设施等服务部门的私有化，为跨国并购提供了机遇和刺激因素。

（三）资本市场因素

世界资本市场的变化有助于跨国并购。资本流动的自由化，新的信息技术发展，金融工具的创新以及活跃的市场中介，对跨国并购的扩张产生了重要影响。20 世纪 80 年代以来，多数国家的资本账户完全开放，跨国界信贷、外币储蓄和证券投资等不受限制，资本市场的自由化得以极大地提高。

另外，跨国并购的增长也反映了所有权市场的变化，可供收购的目标企业不论是上市公司还是非上市企业数量都在增加。金融市场中介的发展和不断扩大新的业务，促进了向潜在客户提供并购交易的机会。

公司管理层受到来自股票市场的压力，促使他们积极参与全球重组进程，抓住潜在机会，这又与大型并购交易新的融资方式相结合。外国股份所有权的自由化推动了以股票互换而不是以现金交易为基础的并购，股票市场的增长、资本市场庞大的流动性，使企业能够通过银行或发行债券筹集到巨额资金，这也促进了重大并购的发展。

三 跨国并购及其对东道国经济发展的影响

跨国并购与新建投资对东道国经济发展的影响途径和方式有所不同，人们通常认为，通过新建投资方式进入的 FDI 对东道国经济是有益的，而通过并购方式则不同。

跨国并购和新建投资的基本差别在于，前者涉及资产从本国人转移到外国人手中，开始之初不会增加东道国的生产能力。这就容易引起人们对跨国并购产生的资源转移、裁员、资产剥离（包括技术和创新能力剥离），尤其是对市场结构和竞争产生不利影响的担忧。进而担忧侵害国家经济主权、削弱民族企业以及失去对国家发展方向和实现社会、文化和政治目标的控制。

事实上，无论外国企业是以新建投资方式还是跨国并购方式进入，表1的对比分析表明，它们对东道国经济发展的影响并没有本质性差别，从长期来看，这两种进入方式对发展的影响几乎是一样的。

表 1　跨国并购与新建投资的比较：对发展的影响

		相同点	差异性
金融	金融资源	增加金融资源	跨国并购存在汇率、资产定价和资产剥离问题
	资本形成	都有后续投资	跨国并购为资本控制权转移，新建投资建立新资本
技术	技术转移	都有技术转移	跨国并购对当地技术转移在时间上更快
	技术提升	都有技术提升	跨国并购对当地技术提升可能是缓慢的
	技术扩散	都有技术扩散	并购方式 FDI 的技术扩散更好更快
	技术创造	都伴有研发	跨国并购可能转移研发和剥离当地企业的技术资产
就业	就业数量	都能增加就业	短期内跨国并购可能会导致失业增多
	就业质量	都能改善质量	短期内并购的质量标准较低，长期内则更能改善质量
	劳动技能	都能提升技能	跨国并购可能导致技能损失
贸易	出口竞争	都能改善出口	跨国并购的出口导向程度低于新建投资
	进口依赖	都有进口增加	新建投资比跨国并购更多地依赖进口供应
市场	市场结构	都能强化竞争	跨国并购可被用来削弱市场竞争，导致垄断
	挤出效应	都有挤出效应	新建投资对当地企业的挤出效应可能来得更快

资料来源：《2000 年世界投资报告》。

四 中国跨国并购基本情况分析

本文选取 2000 年至 2007 年 2 月之间发生的 86 起主要外资在华并购案，并对其归纳分析，以了解外资在华并购的趋势与特点。

（一）并购成交金额不断扩大

多年以来，中国吸收了大量国际直接投资，但跨国并购在中国利用的 FDI 中比例一直维持在 10% 以下（见图 1），尽管近年来有所增长，但仍与 FDI 流入的其他重要国家存在显著差异。

（二）并购类型以横向并购为主，并购方式趋于多样化

从并购类型上来看，外资在华并购仍然是以横向并购为主。横向并购占 78%，纵向并购占 8%，混合并购占 14%。但自 2004 年以来混合并购有上升之势，这些并购多发生在金融业和制造业之间。

从并购方式上来看，外资在华并购主要采用的是现金支付股权，占 45%；收购母公司、现金支付资产各占 11%；合资方式占 8%。但外资在华收购形式正趋多样化，其中增资扩股、定向增发 A 股、杠杆并购、购买不良资产、债转股等方式也时有发生。例如：2006 年太平洋同盟投资基金以 10.66 元采用杠杆并购的方式并购了浙江好孩子集团 68% 的股权；2006 年美国华平投资集团以 13.05 元收购国美电器 10% 的股权，并购的方式为认购可转换债券和权证。

（三）外资并购主要发生行业

外资并购的行业中，初级产业只占 3%，制造业占 52%，第三产业占 45%。

在具体行业方面，饮料制造业和金融业各占 12%；零售业占 10%；非金属矿物制造业和电信及其他信息传输服务也分别占 8%（见图 5）。

（四）并购区域集中在东部地区

外资在华并购的区域分布中，东部占 67 个，其中北京和上海分别占 21%，广州占 9%；东北、中部和西部分别有 11 个、8 个和 5 个。外资在华并购仍集中在东部经济发展较快的地区。

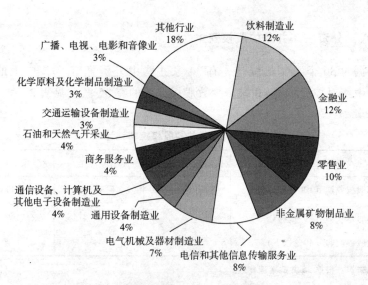

图 5　外资在华并购的行业分布

资料来源：根据 86 并购案例整理。

（五）并购方所属国家以美国为主

从并购方所属国家来看，主要集中在美国、香港特区和法国。美国占 31%，香港特区占 19%，法国占 12% （图 6）。

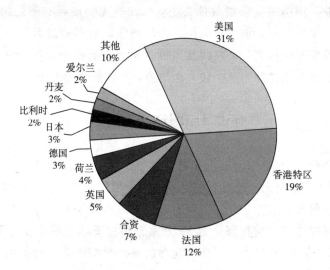

图 6　外资在华并购来源国所占比例

资料来源：根据 86 并购案例整理。

（六）外资在华并购的股权安排

根据对 86 个案例的统计，有 34 家并购中外资拥有 50％ 以上的控制权，其中绝对控股的有 10 家，少数股权并购的有 35 家（见表 2）。

表 2　外资在华并购股权控制统计表

分　类	项 目 数	分　类	项 目 数
全部股权收购（100％）	10	不　确　定	17
多数股权并购（50％～99％）	24	合　计	86
少数股权收购（49％ 以下）	35		

资料来源：根据 86 并购案例整理。

（七）行业龙头企业成为外资在华并购的目标

目前，跨国公司在华并购，青睐于国内的行业龙头企业。例如：肉品加工行业，双汇集团是中国最大的肉类加工企业。2006 年 4 月，高盛集团、鼎晖中国成长基金以 20.1 亿元收购了双汇 100％ 的股权；工程机械制造行业，美国凯雷对外国最大的工程机械生产企业徐工机械公司的收购；轴承行业，德国 FAG 公司对西北轴承股份有限公司 100％ 的股权收购；油嘴油泵行业，德国博世公司对排头企业—江苏无锡威孚有限公司 100％ 的股权收购；电机行业，如大连电机；齿轮行业，杭州前进齿轮箱集团有限公司；以及常州变压器厂、陕西鼓风机（集团）有限公司等，中国制造业中具有举足轻重地位的企业，成为跨国公司并购的主要对象。

五　外资对中国经济安全的影响

截至 2006 年底，中国累计批准设立外商投资企业 59.4 万家，实际使用外资 7039.7 亿美元。绝对规模世界上居于领先位置，次于美国，约占全球总流入量的 8％，亚洲的 50％ 以上。根据外商投资企业联合年检数据测算，中国现存注册外商投资企业 32 万家，约占全国注册企业总数的 3％，外资存量为 2925.59 亿美元。这些现存的外商投资企业，对国内经济的发展产生了重要影响。

2006 年，中国实际使用外资 694.68 亿美元，占同期全社会固定资产投资的比重为 5.04%。外商投资企业实现工业增加值 22502 亿元，占全国工业增加值的 28.2%。税收总额 7976.94 亿元，占全国税收收入总额的比重为 21.19%。进出口总值 10364.51 亿美元，占全国进出口总值的比重为58.87%。在外商投资企业出口顺差 912.19 亿美元，占全国进出口顺差总额（1774.66 亿美元）的 51.40%。在外商投资企业出口总额中，机电产品所占比重达 72.15%，为 4068.52 亿美元；高新技术产品占 43.96%，为 2478.83亿美元。

由此可见，中国利用外商直接投资总体规模较大，对中国经济发展产生了多方面的重要影响，但总体影响力并没有超出一个合理范围。笔者的研究表明，在 189 个行业中，外资具有控制力的行业 22 个，占 11.6%，拥有高度控制力的行业 7 个，约占 3.7%。即使有些行业被外资控制，但每一个细分行业都存在数百家外资企业，市场结构并非属于完全垄断。从外资控制的细分行业看，也非属国家战略或敏感行业，因此，外资危及国家经济安全言之过早。

六 全球跨国并购政策的发展趋势

全球 FDI 政策和立法的发展趋势继续朝有利于投资的方向发展。大部分新的政策变化（大约占政策变化总量的 80%）都是有利于吸引更多的FDI。另外，争夺 FDI 的竞争还在继续，越来越多的国家已经或者正在降低公司所得税。例如，新加坡已经批准把公司所得税从 20% 降低到 18%，以与香港 17.5% 的低税率竞争。越南最近宣布，把公司所得税从 28% 降低到 25%（与中国持平）。近年来，经合组织（OECD）成员国的平均税率已经降至 26.5% 左右。随着越来越多的国家朝这个方向努力，这股趋势可能还会持续下去。例如，法国总统已经建议把公司所得税从 34.4% 降低至25%。到 2008 年，德国的总体税率将从 38.7% 降至 29.8%。提高国家对外商投资的吸引力是推动这些减税政策的主要动力。

近年来，伴随着跨国并购成为全球 FDI 的主导方式，由并购所引发的一系列问题成为各方关注的焦点。核心的问题集中体现在国家安全和就业方面，也就是说，大量跨国并购的发生，是否导致东道国在战略资产、敏感产业失去控制权，从而给国家安全带来了威胁。中海油并购美国的Unocal 公司，中国五矿公司并购加拿大的矿业公司（Noranda），阿拉伯联合酋长国的 Dubai Port World 并购英国的—P&A，俄罗斯天然气工业股份公司（Gazprom）并购英国的 Centrica，以上跨国并购的失败均基于东道国对国家安全的借口，阻止并购的进行。另外一个问题是就业，人们担心并购会导致工作机会转移到低成本区位，海尔集团并购美国第三大家电企业美泰（Maytag）就是考虑对美国就业的影响而被否定。

基于东道国对国家安全和就业的考虑，在总体 FDI 政策趋于自由化的情况下，跨国并购政策有所调整，美国、加拿大、印度考虑国家安全加强了对大型并购案的审查，欧洲国家考虑保护国家行业龙头公司；美国对投资公司具有国家背景的交易加强审查机制。

政策发展前景方面，由于吸引 FDI 的竞争日趋激烈，世界各国将进一步采取积极措施以改善本国的投资促进政策。与此同时，一些国家也会进一步加强对 FDI 的监管，出台一些有关公司治理和企业社会责任方面的政策措施。

七　结论性评述

积极有效地吸引外资仍是当今世界各国的主要政策目标，跨国并购是吸引外资的重要方式之一，主要发达国家依靠跨国并购（特别是服务业）吸引外资都占有较高比例。无论外国企业是以新建投资方式还是跨国并购方式进入，它们对东道国经济发展的影响并没有本质性差别，从长期来看，两种进入方式对发展的影响几乎是相同的。

继续扩大利用外资规模，提高外资质量和水平，加强对外商投资企业的管理，仍是中国利用外资政策的主要指导方针。目前，中国以跨国并购方式吸引外资的比例远远低于其他国家，因此，促使生产要素的流动和有效配置，提高中国国际分工的水平和档次，依靠并购吸引外商直接投资仍应作为中国的长期目标。

但是，世界上没有一个国家放任跨国公司的并购行为，基于国家安全、公众健康和环境保护的理由，每个国家都会对外资准入和并购实施审查和管理。特别是对国内重点敏感产业领域，例如金融（银行、保险、证券信贷及信托业）、能源（石油及天然气生产、电力、核能）、交通（铁路、航空事业）、文化与通讯（广播、出版、电讯等）、核心军工行业、重型装备制造业、行业龙头企业等实行严格的并购审查，防止恶意并购、有些行业甚至禁止外资准入。积极的利用外资政策与限制和加强对跨国并购的审查是不矛盾的。

外商直接投资对中国的行业影响力尚未超越危及国家经济安全的地步，在继续鼓励依靠并购方式吸引外商直接投资的同时，借鉴其他国家对跨国并购的规制经验，达到既有效利用外资，又兼顾防止外资进入敏感行业，危及国家经济安全，使跨国并购在一个安全有序的框架内进行。

参考文献

[1] 冼国明总翻译，联合国贸发会议：《世界投资报告》，中国财政经济出版社，1997~2006。

[2] 商务部 2003~2007 年《中国外商投资报告》，内部印刷。

[3] UNCTAD 跨国并购数据库，www.unctad.org。

QFII 制度在中国证券市场的新进展

陈学彬　张宗新　孙秀琳

自中国 2003 年实施 QFII 制度以来，中国证券市场经历了从熊市到牛市的转变。QFII 制度对中国证券市场的发展起了怎样的作用，近年来 QFII 制度有何进展，QFII 投资行为有何特点，在现阶段投资策略有何转变，正是本文研究的重点。本文还分析了 QFII 制度可能带来的冲击和影响，借鉴国际监管经验，提出了合理的政策建议。

一　中国 QFII 制度进入新阶段

QFII 制度，指合格的境外机构投资者制度（Qualified Foreign Institutional Investor），它是一国在货币没有实现完全可自由兑换、资本项目尚未开放的情况下，有限度地引进外资、开放资本市场的一项过渡性的制度。这种制度要求外国投资者若要进入一国证券市场，必须符合一定的条件，得到该国有关部门的审批通过后汇入一定额度的外汇资金，并转换为当地货币，通过严格监管的专门账户投资当地证券市场。

在目前中国资本项目没有实现自由兑换、资本市场没有完全开放的情况下，QFII 制度能够为国际资本进入中国资本市场提供途径，同时有利于提高机构投资者的比重，引导价值投资，改善上市公司治理，从而有利于完善中国的资本市场。

（一）QFII 的国际经验

在韩国、印度、巴西、中国台湾等国家和地区的证券市场开放过程中，QFII 作为一项资本开放的过渡性措施被采用，成为了推动新兴证券市场走向成熟的重要推动力量。根据国际经验，QFII 制度的实行能够为新兴资本市场注入活力，往往能够在市场低迷的时候带来转机。比如说，1990年 2 月到 10 月，中国台湾股市泡沫破灭，加权指数由 12682 的高位降至 2485 店，跌幅超过了 80%，台湾当局引入了 QFII。在此后 5 年内，QFII 在台湾股市的持股比例和成交额不断上升，在电子产业的带动下，股指大涨。从 1994 年起，韩国股市经历了 4 年的下跌，期间韩国政府 8 次提高 QFII 额度，1998 年 5 月后全部放开，此后一年韩国 KOSP 指数上涨了 125.5%。印度从 1992 年引入 QFII 制度以来，在国际资本流动中，金融资本的比重不断上升。2005 年，印度 QFII 的净流入达到 82.8 亿美元，大大超过了同期 6.13 亿美元的外商直接投资额（FDI）。

从亚洲新兴市场的经验来看，新兴证券市场的开放是逐步进行的，要经历间接开放、引入 QFII、全面开放 3 个阶段。从中国台湾地区来看，资本市场开放经历了以下 3 个阶段。

第一阶段，间接投资开放阶段（1983 ~ 1990），允许省内机构投资者境外募集资金。由台湾省的证券投资信托公司在海外发行受益凭证，放开信托投资公司的资金来源限制，使其能够自由募集海外基金投资台湾股市。同时，通过设立海外封闭式基金引入间接投资者，引导海外机构法人间接投资台湾证券市场。

第二阶段，有限制的直接开放阶段（1990 ~ 1996），实行 QFII 制度。台湾省允许合格的外国机构投资者直接投资台湾的证券市场，为台湾证券市场融入国际证券市场做好了铺垫。1992 年，台湾省准许外资直接投资证券投资信托业，设立证券投资信托公司。

第三阶段，全面开放阶段（1996 年至今），实行一般境外个人投资者制度（Generalized Foreign Individual Investors）。1996 年，台湾开始允许外国自然人直接投资台湾股市，同时全面放开投资信托业，其他规定也大幅放宽，初步实现证券市场对境外法人和自然人的完全开放。新兴市场的开放进程，如表 1 所示。

表 1　新兴市场的开放进程

时　间	中国台湾	韩　国	巴　西	印　度
间接开放市场	1983.5	1984.7	—	1986.7
正式引入 QFII	1991.1.2	1992.1.1	1987.3.20	1992.9.15
全面放开时间	2001.3	1998.5.25	2000.1.27	尚未全面开放

数据来源：相关交易所网站。

（二）中国 QFII 制度发展现状

1. 中国 QFII 制度的发展历程

长期以来，中国资本市场投资理念不够成熟，公司治理机制有待健全，机构投资者规模偏小，证券经营机构国际竞争力不足。经过反复论证和周密设计，借鉴了境外经验，2002 年底，中国证监会、中国人民银行和国家外汇管理局共同颁布了《合格境外机构投资者境内证券投资管理暂行办法》，标志着中国 QFII 制度开始实行。不久，上交所和深交所分别发布了各自的《合格境外机构投资者证券交易细则》，标志着 QFII 制度开始进入实质性操作阶段。

总体来看，在 2003 年以来，QFII 制度与中国的证券市场经历了共同发展的过程，可以用图 1 来表示。图中左轴表示了上证指数在 2003 年 1 月到 2007 年 8 月的走势，右轴表示 QFII 重仓的股票金额。

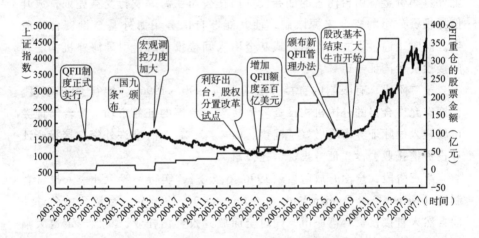

图 1　QFII 与中国证券市场的发展历程

数据来源：Wind 资讯。

2003 年 5 月，瑞士银行有限公司被批准为境内首家 QFII。随后，摩根斯坦利、花旗集团、高盛银行、德意志银行等世界级大投行也获批。2003 年 7 月 9 日，瑞士银行，买入了宝钢股份、上港集箱、外运发展以及中兴通讯 4 只股票，标志着 QFII 对中国证券市场投资的正式开始。除了对股票市场投资外，QFII 还积极投资于可转债和封闭式基金。根据 2003 年的年报统计，2003 年底，QFII 重仓持有的股票市值已达到了 13.71 亿元，同时持有阳光转债、丝绸转债等 13 家转债，总面额达到 9.92 亿元，另外还重仓持有 6 家封闭式基金。

2004 年 1 月，国务院颁布《资本市场开放和稳步发展的若干意见》（简称《国九条》），意在大力促进资本市场的发展。在一系列利好政策配合下，股指不断上行，并在 4 月创年内高点。与此对应，QFII 对额度的利用也不断加大。2004 年中报显示，有 7 家 QFII 重仓持有 20 多只股票，市值达到 21.44 亿元，重仓持有的可转债面额达到了 21.80 亿元，而重仓持有的基金达到 9 家。

2004 年上半年开始，国家加大了宏观调控的力度，股票指数一路下行，至 2005 年 6 月 6 时上证综指降至 998.23 点，创近 6 年的新低。在本轮调整中，国内以基金为主的机构投资者悲观减仓，但是整体市盈率水平向合理水平靠近，实现了价格向价值的回归，QFII 重仓持有的股票市值却逐步增加。2004 年中报到 2005 年的中报显示，QFII 重仓的股票市值由 31.19 亿元稳定增长到 45.64 亿元，共有 18 家 QFII 重仓持有了约 90 只股票；同时重仓持有 38 只基金和 29.35 亿面额的 28 种转债。QFII 价值投资的理念和人民币升值的预期是 QFII 在调整阶段增仓的主要原因。

2005 年 6 月至 2006 年 6 月，利好信息不断出现，QFII 大举建仓，推动了股指的上升。具体来说，2005 年 6 月，股权分置改革稳步进行，同时管理层推出利好组合，包括实施允许上市公司回购、允许上市公司买基金、动员其他机构入市、实行股息税税收优惠、成立投资者保护基金、批准商业银行成立基金公司 6 项重大举措，投资者信心恢复，市场回暖，指数攀升。2005 年 7 月，人民币汇率制度改革，实行有管理的浮动汇率制，人民币的不断升值给 QFII 带来了额外的收益。另外，在 40 亿美元的试点限额全部用完的情况下，中国证监会宣布增加 QFII 额度至 100 亿美元，掀起了 QFII 加速进入中国股市的新高潮。在这种牛市初期的背景下，QFII 积极参与股改，根据 2006 年中报，29 家 QFII 重仓持有的股票市值增加到了 201.01 亿元，另外还重仓持有 49 只基金和近 20 种可转债。

2006 年 8 月至 2007 年 5 月，股指实现了爆发式的增长，从 1600 点飙升到 4000 多点，而人民币也不断升值，QFII 在本轮牛市中获利颇丰。2006 年 8 月，证监会、人民银行和外汇管理局联合发布了《合格境外机构投资者境内证券投资管理办法》，放宽了 QFII 投资境内的门槛，具体包括降低申请门槛、缩短资金锁定期限、允许开设分账户、增加投资品种等措施。2007 年初的税制改革，大大提高了上市公司的利润，为股指上行提供了动力。QFII对资本市场更加积极地参与资本市场之中，分享资本增值带来的巨额收益。2007年一季报显示，有32家QFII重仓持有了190多只股票，重仓股总市值达到361.33亿元，是中国实行QFII制度以来的最高点。

2007年5月到7月，受众多利空消息的影响，股市进入宽幅调整期，而QFII也调整了投资策略。在流动性过剩的大背景下，央行频繁提升利率和准备金率以回笼货币，加上印花税增加为3%、利息税下调到5%、发行1.5万亿的特别国债等利空消息，市场进入了宽幅调整期。2007年中报显示，QFII重仓持有的股票市值锐减到54.39亿元，重仓持有的可转债面值下降到8.50亿元。

截至2007年8月，中国证监会已批准52家合格境外机构投资者，其中49家的总投资限额达到了99.95亿美元，接近100亿美元的上限。在2007年春的美中战略经济对话上，中国曾表示将把QFII的总额度提高至300亿美元，但是目前尚无提高QFII额度的时间表。

2. QFII已成为中国证券市场重要的机构投资者

根据我们的统计显示，截至2007年6月底的主要机构投资者的持股比重占流通市值的34%左右。从统计数据看，证券投资基金是中国资本市场最主要的机构投资者，上半年现有59家基金公司管理的347只基金中，股票方向基金资产净值达到1.61万亿元，占A股流通市值30.22%，QFII占流通市值比重为0.78%（见图2）。

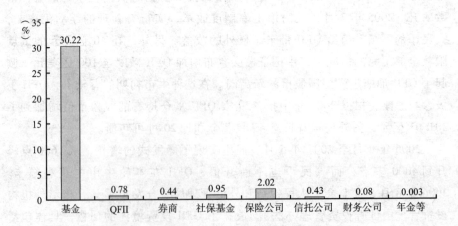

图2　机构投资者占A股市场流通市值比重

说明：根据统计数字自行绘制。

从中国机构投资者构成看，尽管证券投资基金膨胀过快，其他投资主体（如私募基金、养老基金等）机构投资者发育不足。共同基金（Mutual fund）主导市场，而资本项目在尚未开放条件下外国投资者比重不高，同时私募基金并未公开化，养老基金、信托基金等发育严重不足。

表 2　美国纽约证券交易所的持股分布

年　　度	2002	2001	2000	1999	1997	1995	1993
私募养老基金	1414.8	1929.8	2001.1	2156.9	1765.4	1289.2	924.9
地方养老基金	937.0	1221.9	1335.1	1343.2	1295.2	678.9	506.7
人寿保险	701.7	855.2	940.8	964.5	582.2	315.4	228.0
其他保险	150.3	173.9	194.3	207.9	176.9	134.2	103.4
共同基金	2005.0	2836.1	3250.8	3400.0	2049.4	1024.9	607.4
封闭式基金	27.1	30.3	35.7	39.9	54.2	38.2	27.7
银行个人信托	227.0	313.0	280.0	338.0	259.0	225.0	181.0
家庭与非赢利组织	1192.9	1533.8	1748.3	1537.8	881.7	527.6	373.5
外国持有	4021.4	6024.1	7487.1	9342.8	5737.6	4160.9	3284.8
其他	282.7	331.0	293.2	249.9	156.7	80.6	42.6
发行在外股票总数	10960.1	15245.5	17556.4	19581.2	12958.6	8474.8	6280.0

资料来源：www.nyse.com。

二　QFII 对中国证券市场的影响

1. 价值投资理念

在 QFII 制度下，最终成功申请到额度的都是国际一流的投资机构，它们坚持长期稳健投资的理念，有丰富的操作经验和良好的业绩。他们在选择股票时注重基本面分析，从经营业绩、财务状况、未来发展趋势和公司内部机制等方而选择具有成长前景的公司，长期持有，换手率相对较低。根据交易所数据统计，2005 年 QFII 的换手率为 193%，低于同期基金、社保基金、券商集合理财和券商自营的换手率（分别为 325%、218%、520% 和 360%），表明 QFII 持股相对稳定。

2. 改善资金供给，完善市场结构

QFII 制度作为向外资开发市场的特殊通道，其给一国（地区）资本市

场最直接、最明显的影响便是增量资金的持续流入。同时，QFII 的进入将会使中国证券市场以散户投资者为主的市场结构有所改善，使机构投资者的比重逐步提高，最终会发展成为以机构投资为主导的市场。

3. 带动相关行业，加快金融创新

QFII 的渐进性介入，给相关的金融证券服务行业带来了更多的业务，证券公司的经纪业务和商业银行的托管业务都有所增加，QFII 的操作流程如图 3 所示。在这个过程中，QFII 成熟的经营理念、先进风险管理制度必将会更直接、更迅速地为国内券商所借鉴，有利于促进国内证券公司管理赢利模式的创新和内控制度的完善，使得国内证券公司的国际竞争力得以提高。

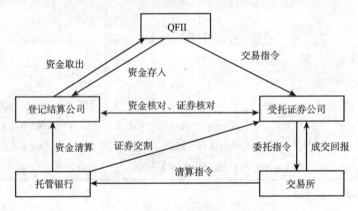

图 3　QFII 操作流程

说明：此图自行绘制。

4. 改善上市公司治理，提高公司价值

QFII 选择好的上市公司，而且投资集中度很高，往往成为上市公司的前十大流通股东名单。QFII 的持续跟踪、研究和与上市公司沟通都能在一定程度上给上市公司带来压力，这将有利于改善中国上市公司的股权结构和法人治理机制，规范中国上市公司经营行为和财务信息准确及时披露的机制，提升其业绩水平。2006 年年报显示，有 32 家 QFII 成为 186 家上市公司的流通股大股东，其中龙溪股份被日兴资产管理、摩根士丹利、美林国际和荷兰银行持有，持股比例之和占流通股的 18.42%。

5. 推动市场开放，积累监管经验

QFII 制度是在严格监管之下的积极探索，有力地推动了中国资本市场逐步融入国际金融体系。QFII 制度推动了监管部门的政策研究和制度建

设，有助于中国证券法律法规体系的规范化和国际化。经过 4 年多的运作，监管部门对跨境证券投资和资本流动积累了一定的经验，为今后资本市场扩大开放和人民币可自由兑换做了一定的探索。

三　QFII 投资策略分析

1. 资产配置多元化，注重控制风险

QFII 的主要投资对象有股票、基金、可转债、国债等金融工具，通过对股票的投资实现收益性，而通过持有风险相对较低的可转债、基金和国债来实现安全性和稳定性。通过这种资产配置的多元化，在有效控制风险的同时追求收益最大化。

（1）投资股票。

对股票市场的投资是 QFII 投资的重点。根据上市公司每季度披露的十大流通股股东的投资份额，[①] 我们可以推算出 QFII 重仓持有的股票股数和金额，但是 QFII 实际投资的股票要远远高于表 3 中的情况。

表 3　QFII 重仓持股情况统计

时　期	重仓持 A 股的 QFII 家数	重仓持有的 A 股家数	共持股份数 （万份）	持股金额 （万元）
2003. 12	3	19	14671	137097
2004. 6	7	24	17962	214470
2004. 12	11	38	29700	311964
2005. 6	18	98	65554	456422
2005. 12	23	131	172034	1040549
2006. 6	29	195	272579	2010121
2006. 12	33	182	284874	3037219
2007. 3	33	243	252594	3613339
2007. 6	24	38	26174	543922

资料来源：wind 资讯。

---

① 根据相关规定，QFII 只披露资金的进出情况，不用披露证券的买卖信息；只需向证监会和外汇管理局报告，而不需向交易所和公众披露。所以要获得 QFII 在境内证券市场的投资状况，只能从各上市公司定期财务报告中关于十大流通股股东的信息来获取信息，对于 QFII 投资规模低于上市公司第十大流通股股东持股量的情况就无从知晓。如没有特别指明，本文根据 wind 资讯提供的数据整理分析。

分析可知，2003 年到 2005 年 6 月，属于 QFII 持有股票缓慢增长的阶段，重仓持有的股份数在 10 亿份之内，持股金额在 50 亿以内；随后两年经历了一个飞速发展的阶段，参与 A 股市场的 QFII 越来越多，持股对象范围也增大，在 2007 年 3 月时达到顶峰，QFII 重仓持股金额达到 361 亿。值得注意的是，2007 年的中报表明，QFII 投资的 A 股家数大幅减少，QFII 重仓持股金额锐减到 54 亿元，我们认为这是 QFII 大幅套现的结果。

（2）投资基金。

QFII 也积极投资于基金，分散非系统风险而获得指数化的收益。其中，封闭式基金是 QFII 投资最多的基金品种，这是因为中国封闭式基金长期存在着 10% 以上的折价率，基金封转开会使 QFII 获得额外的收益。从投资方向来看，QFII 认购了股票型基金、债券型基金、准货币型基金和货币市场基金（见表 4）。

表 4　QFII 投资基金情况统计

时　　期	投资基金的 QFII 家数	重仓持有的基金个数	持有基金份数 （万份）
2003. 12	1	5	5091
2004. 6	1	9	16105
2004. 12	2	17	29750
2005. 6	7	37	110290
2005. 12	12	57	212748
2006. 6	13	44	242795
2006. 12	11	35	225746

资料来源：Wind 资讯。

分析可知，QFII 对基金的投资呈逐年上升的趋势。瑞士银行最早投资于基金，早在 2003 年就投资了 5 只基金，总数量达到 5091 万份。2006 年年报显示，共有 11 家 QFII 投资于 35 只基金品种，其中瑞士银行重仓持有 14 只基金，总数量达到 57963 万份，位居榜首。

（3）投资可转债。

QFII 对上市公司可转债的投资，在确保安全性的同时，也获得了丰厚的收益。国内研究表明，中国多数可转债在二级市场上价值被严重低估，加上优厚的修正条款、转股条款和转股价格向下修正的条款，中国可转债的投资价值很高。

QFII 对国内可转债的投资开始于 2003 年，花旗集团和瑞士银行是较早进入这一市场的先驱，比如说，2003 年年报显示，花旗集团重仓持有 9 家转债，其中有 62 万张山鹰转债，占其发行额的 24.8%；瑞士银行持有 192 张首钢转债，占其发行额的 9.6%。2004～2005 年间，市场前景不明朗，QFII 持有可转债的金额相对较大，都在 20 亿元以上。2006 年以来，QFII 对可转债的投资有所减少，至 2007 年 8 月，仍有 9 家 QFII 持有 25 家公司的可转债，总持有面额为 8.3 亿元。其中，花旗集团持有晨鸣转债、国电转债等 16 个品种，总面额达到 3.7 亿元，位于首位；瑞士银行持有中海转债、西钢转债等品种，总金额约 3.1 亿元，位居第二。从行业结构来看，QFII 持有转债按行业划分，位居前三名的分别是房地产业、水电煤供应和金属非金属业。QFII 在可转债投资上获得了可观的收益，比如说，花旗集团在 2006 年 12 月 31 日披露，持有 66 万张晨鸣转债，此时价格约为 117 元，至 2007 年 5 月时，晨鸣转债的最高价格达到了 218 元，花旗银行在短短 5 个月中获得了 86% 的收益率。

表 5　QFII 重仓持有的可转债情况

时　　期	重仓持可转债的 QFII 家数	重仓持有的 可转债家数	持有份数 （万张）	持有面额 （万元）
2003.12	3	13	993	99259
2004.6	4	26	2180	217978
2004.12	4	26	2180	217978
2005.6	10	28	2935	293496
2005.12	11	27	2107	210666
2006.6	19	7	607	60679
2006.12	10	23	971	97123
2007.6	9	25	850	84957
2007.8	9	25	833	83349

资料来源：wind 资讯。

（4）投资国债。

目前，QFII 投资国债主要是基于人民币升值的因素。2005 年 7 月人民币汇率制度改革以来，人民币对美元的汇率由 8.11CNY/USD 升值到 2007 年 8 月 17 日的 7.60CNY/USD，累计升值幅度达到 6.7%。也就是说，QFII 投资国债，除了获得国债本身隐含的收益率外，还获得人民币升值带来的收益。

目前 QFII 投资了那些国债品种没有具体的信息披露，但是根据中国证监会在 2005 年初公布的数据，QFII 投资了 37 亿元人民币的国债品种，占其投资总额的 23%，少于投资股票的份额，但比可转债及基金都多。

2. 股权投资有明显的行业偏好

QFII 具有出色的判断能力，重仓投资的行业一般都表现不俗，优于大盘。根据 QFII 将重仓持有的股票按证监会行业划分，得到 2003 年以来 QFII 重仓持有股票的行业分布，如表 6 所示。对应每个日期，将每个行业按 QFII 持仓的市值由高到低排列，表格主体中的数字就表示对应日期对应行业持仓市值的排名。

表 6　QFII 重仓持有的行业变化

时　　间	2007.3	2006.12	2006.6	2005.12	2005.6	2004.12	2003.12
制造业—机械、设备、仪表	1	3	2	5	6	14	10
金融、保险业	2	2	4	10	9	5	6
交通运输、仓储业	3	4	5	7	8	6	5
采掘业	4	6	9	8	4	7	3
制造业—金属、非金属	5	1	1	1	1	2	1
房地产业	6	9	11	6	—	—	—
批发和零售贸易	7	11	12	11	15	13	—
制造业—石油、化学、塑胶、塑料	8	10	10	—	11	10	—
信息技术业	9	7	7	3	2	1	2
电力、煤气及水的生产和供应业	10	8	8	2	5	4	4
制造业—食品、饮料	11	5	3	4	3	3	7
制造业—医药、生物制品	12	13	13	12	10	8	—

数据来源：wind 资讯。

分析来看，QFII 的行业偏好，与宏观经济走势和行业景气程度是密不可分的。从 2003 年到 2005 年，金属、非金属、信息技术业、食品饮料业和电煤水生产供应业是 QFII 投资的重点。2005 年 12 月的数据表明，QFII 重仓持有股票的市值为 104.05 亿元，而重仓持有上述 4 个行业股票金额为 60.05 亿元，占 57.7%。一般说来，QFII 在资产的行业配置方面倾向于投资该地区的传统优势行业和新兴优势行业。中国廉价、丰富的劳动力资源优势和巨大的市场潜能使得跨国公司不断将其产品生产基地挪向中国内地，使中国日益成为"世界工厂"。在这一背景下，制造业的行业优势显而易见，与制造业关联度高的金属非金属受到 QFII 重仓持有是在意料之中的。在 2003~2005 年信息产业化加快，所以信息产业也受到了 QFII 的强烈关注。另外，2003~2005 年之间，股市整体上以波动调整为主，由于食品饮料和电煤水生产供应业属于防守型行业，受市场波动影响相对较小，在此阶段 QFII 重仓持有也在情理之中。

2006 年以来，牛市格局逐渐明显，QFII 相应地调整了行业投资策略，提高了对金融保险业、交通运输业、机械设备和房地产业的投资，降低了对电煤水生产供应业的投资。QFII 在这轮牛市中重仓投资的行业，大多数受到市场的追捧，表现要优于大盘。根据 wind 的行业指数，我们选取沪深 300 指数作为市场的基准，选取 QFII 重仓持有的几个行业，比较在 2006 年 6 月到 2007 年 3 月之间的收益率。分析可知，QFII 重仓持有的行业收益率多数比同期市场收益率要高，其中金融服务业比市场收益率高 39.3%，房地产业比市场收益率高 44.7%（参见表 7）。

表 7　QFII 重仓持有的行业表现

对应行业指数	代码	2006.6.30 点数	2007.3.30 点数	收益率	与市场收益率之差
沪深 300	000300	1394	2781	99.5%	0.0%
机械设备	883108	756	1468	94.2%	- 5.3%
金融服务	883009	861	2056	138.8%	39.3%
交运仓储	883006	965	1857	92.4%	- 7.1%
金属非金属	883107	821	1720	109.5%	10.0%
房 地 产	883010	609	1487	144.2%	44.7%

资料来源：wind 资讯。

根据 2007 年中报信息，QFII 重仓持有股票的金额锐减到 54 亿元，行业结构也有所调整。QFII 重仓持有的前十大行业如表 8 所示。

表 8   2007 年中报披露 QFII 的重仓投资的行业

行　　　业	金额（亿元）
制造业—机械、设备、仪表	13.91
制造业—金属、非金属	10.00
制造业—石油、化学、塑胶、塑料	7.81
交通运输、仓储业	4.51
农、林、牧、渔业	3.34
电力、煤气及水的生产和供应业	2.97
制造业—医药、生物制品	2.70
批发和零售贸易	2.41
采掘业	2.40
房地产业	1.19

资料来源：wind 资讯。

3. 股票集中投资

由于 QFII 在遵循着相似的投资理念，在投资股票时集中投资的现象较为明显。我们分别按照 QFII 持股数量、持股市值和持有的流通股比例之和 3 个标准，选择出 2003～2007 年 QFII 重仓的股票，如表 9、表 10、表 11 所示。

表 9   QFII 持股份额最大的股票

时　　间	2003.12	2004.12	2005.12	2006.12	2007.3	2007.6
股票名称	宝钢股份	宝钢股份	宝钢股份	宝钢股份	大秦铁路	宇通客车
持股份额（万份）	8751.4	6722.4	31167.9	30635.8	12572.1	3475.3
参与 QFII 家数	1	2	4	4	4	3
主要持有者	瑞士银行	瑞士银行	瑞士银行	花旗集团	瑞士银行	德意志银行

资料来源：wind 资讯。

表 10   QFII 持股市值最大的股票

时　　间	2003.12	2004.12	2005.12	2006.12	2007.3	2007.6
股票名称	宝钢股份	中兴通讯	宝钢股份	招商银行	美的电器	宇通客车
持仓市值（万元）	61872.7	98530.1	128411.6	283425.2	200934.9	94666.0
参与 QFII 家数	1	2	4	3	6	3
主要持有者	瑞士银行	德意志银行	瑞士银行	摩根士丹利	瑞士信贷	德意志银行

资料来源：wind 资讯。

从国际经验看，QFII 对股票的流通性、公司规模、业绩稳定、分红派现的能力要求较高，一般选择支柱产业中的领头企业。如瑞士银行第一单中的宝钢股份是国内钢铁业龙头股，位居世界钢铁业前 10 位，具有很好的公司规模和业绩。宝钢股份无论从持股份额还是持股市值说，一直受到 QFII 的青睐。招商银行是国内股份制商业银行的先驱，赢利能力突出，成为 2006 年 QFII 持股市值最大的股票。美的电器在 2007 年一季报的前十大流通股中有 6 家 QFII，分别是瑞士信贷、摩根士丹利、比尔盖茨基金、高盛、耶鲁大学和富通银行，而美的电器在第二季度表现突出，前复权价由 3 月末的 13.7 元涨到 6 月最高价 43 元。

表 11   QFII 持有流通股比例之和最高的股票

时 间	2003.12	2004.12	2005.12	2006.12	2007.3	2007.6
股票名称	宝钢股份	燕京啤酒	海螺水泥	龙溪股份	平煤天安	众和股份
持有流通股比例之和（%）	4.66	16.53	27.30	18.42	21.15	14.33
参与 QFII 家数	1	1	5	4	9	3
主要持有者	瑞士银行	瑞士银行	瑞士银行	日兴资产	瑞士信贷	通用电气资产

资料来源：wind 资讯。

以流通股的比例来看，往往出现多家 QFII 共同重仓持有某一只股票的局面。比如平煤天安 2007 年的一季报显示，前十位的流通股东名单上有 9 家 QFII，所持流通股比例之和达到了 21.15%。而 2005 年的海螺水泥、2006 年的龙溪股份，也有 QFII 扎堆投资的情况出现。

总体来看，QFII 对股票的投资，具有集中投资的特点，多家 QFII 共同成为上市公司的前十大流通股东的情况经常出现。

4. 选股偏好：低市盈率、高收益、大盘股，高价股

2007 年一季报披露，QFII 共重仓持有 243 家 A 股，我们以此作为研究 QFII 选股偏好的依据。我们选取在上海交易所和深圳交易所上市的 A 股，计算其 2007 年 3 月的市盈率（以 2006 年报收益为准）、每股收益、总市值和平均股价，共下载 1382 个有效样本，我们以此作为对照的标准。

（1）偏好低市盈率的股票。

以 2007 年 3 月 30 日的价格和 2006 年报收益，可以分别算出市场及 QFII 重仓股的市盈率的具体数字。为了便于比较，我们将所有股票按市盈率高低分为 4 类：市盈率高于 50 倍的股票为高市盈股，介于 30 倍和 50 倍间的为中市盈股，小于 30 倍的为低市盈股，小于 0 倍的表示 2006 年收益为负，称为负市盈股。则市场所有股票和 QFII 重仓股票的分类情况如表 12 所示。

表 12　QFII 重仓股票的市盈率分析

定　义	倍　数	低市盈股	中市盈股	高市盈股	负市盈股
定　义	倍　数	<30	30~50	>50	<0
所有股票	家　数	143	341	717	181
所有股票	百分比	10.3%	24.7%	51.9%	13.1%
QFII 重仓股票	家　数	63	84	86	10
QFII 重仓股票	百分比	25.9%	34.6%	35.4%	4.1%

资料来源：wind 资讯。

　　分析可知，QFII 重仓的低市盈股比例为 25.9%，中市盈股比例为 34.6%，而市场低市盈股和中市盈股的比例分别为 10.3% 和 24.7%，可见，QFII 偏好低市盈率的股票。另外，QFII 也投资了少量 ST 类股票，如瑞士银行持有 ST 啤酒花，美林持有 ST 酒鬼，QFII 持有负市盈股的比例为 4.1%，这说明 QFII 在注重价值投资的同时，在短期内也有投机行为，但是 QFII 注意控制风险，组合中负市盈股的比例要低于市场比例。

　　（2）偏好每股收益高的绩优股。

　　我们按照 2006 年报收益，用全面摊薄的方法来计算每股收益，并将市场所有股票和 QFII 重仓股票分为 3 类。每股收益大于 1 元的为高收益股，介于 0.4 元和 1 元之间的为中收益股，低于 0.4 元的为低收益股。3 类股票的比例如表 13 所示。

表 13　QFII 重仓股票的每股收益分析

定　义	元	低收益股	中收益股	高收益股
定　义	元	<0.4	0.4~1	>1
所有股票	家数	1065	274	43
所有股票	百分比	77.1%	19.8%	3.1%
QFII 重仓股票	家数	38	107	98
QFII 重仓股票	百分比	15.6%	44.0%	40.3%

资料来源：wind 资讯。

对比可知，QFII 重仓持有高收益股的比例为 40.3%，远远高于市场 3.1% 的比例。QFII 对于业绩优良的蓝筹股的偏好，符合 QFII 一贯的稳健投资和价值投资理念，即使在中国泡沫初现的牛市中也不例外。QFII 持有的中收益股比例为 44%，也高于市场 19.8% 的水平。

（3）偏好大盘股和中盘股。

我们按照 2007 年 3 月 30 日的总市值，将股票分为 3 类，其中总市值大于 200 亿的为大盘股，介于 50 亿和 200 亿之间的为中盘股，小于 50 亿的为小盘股。市场以及 QFII 重仓股的盘面大小情况如表 14 所示。

表 14　QFII 重仓股票的盘面分析

		小盘股	中盘股	大盘股
定　义	亿元	< 50	50 ~ 200	> 200
所有股票	家数	999	313	70
	百分比	72.3%	22.6%	5.1%
QFII 重仓股票	家数	164	63	16
	百分比	67.5%	25.9%	6.6%
	持有市值（亿元）	46.5	164.5	150.3
	百分比	12.9%	45.5%	41.6%

资料来源：wind 资讯。

分析可知，单单从重仓持有股票家数来看，QFII 没有对于大盘股的偏好，QFII 所持有的大盘股比例为 6.6%，中盘股比例为 25.9%，小盘股比例为 67.5%，与市场水平较为接近。但是，通过对持有市值的分析可以发现，QFII 虽然投资了 164 家小盘股，但是投资的总市值只占 12.9%，中盘股虽然只有 16 家，但是市值却占 41.6%，这表明 QFII 对大盘股的投资较为集中，将较多的资金集中于数量相对较少的大盘股上。

（4）偏好高价股和中价股。

我们按照 2007 年 3 月股票的平均价格，将股票分为 3 类。股价高于 20 元的为高价股，介于 10 元和 20 元之间的为中价股，小于 10 元的为低价股。则市场所有股票以及 QFII 投资股票的价位分布如表 15 所示。

从持有数量来看，QFII 持有高价股的比例为 18.9%，高于市场 10.6% 的水平，而中价股比例则与市场相差不大。从持有市值来看，QFII 约有 81.7% 的资金投入了中价股和高价股上。

表15　QFII 重仓股票的价位分析

定　义	元	低价股 <10	中价股 10～20	高价股 >20
所有股票	家数	813	422	147
	百分比	58.8%	30.5%	10.6%
QFII 重仓股票	家数	114	83	46
	百分比	46.9%	34.2%	18.9%
	持有市值（亿元）	66.2	179.8	115.3
	百分比	18.3%	49.8%	31.9%

资料来源：wind 资讯。

四　对 QFII 的监管

（一）QFII 带来的挑战

对发展中国家和地区采取激进式还是渐进式方式推动本国金融自由化的进程，一直存在争议。韩国在证券市场开放中较为激进，在1992年实行QFII制度，对QFII资格条件、投资品种范围没有限制，对持股比例和投资行业的限制也较为宽松，导致 QFII 的登记数目和投资市值的剧增。至2001年底，外资持股市值达到了93.7万亿韩元，达到了韩国总市值的36.6%。但是，韩国对 QFII 的监管较为宽松，外资的频繁进出，使其金融和经济受到了冲击，增加了宏观调控的难度，致使韩国在1997年亚洲金融危机中货币大幅贬值，股价大幅下跌，并在以后几年中持续动荡。此外，如阿根廷、巴西、墨西哥、泰国等以激进方式开放证券市场的国家，均遭受过金融风暴的袭击。我们认为，大多数新兴市场不具备完全开放的前提，市场并不能保证开放后的良性循环，应该采取审慎的态度，逐步开放市场，应对 QFII 带来的诸多挑战。

1. 加大股市波动，有大规模撤资的隐患

推行 QFII 制度后，国内外股市的关联度将会增大，其影响因素会更加复杂，不排除在国内基本因素完全正常的情况下，由于受国外经济因素影响而出现较为剧烈波动的可能。境外投资机构投资于国内证券市场，使市场结构发生变化。境外机构投资的比例会逐步上升，对证券市场的影响力也会越来越大，所以其投资行为会引起股市的波动。比如2007年6月以

来，市场的波动加大，QFII 重仓持有的股票市值锐减，给原本就不稳定的市场添加了市场波动的因素。

2. 扩大收支不平衡，加大人民币升值压力

国际收支平衡是外汇管理和宏观经济政策的重要目标。QFII 制度实行以后，作为投资主体的外国投资银行、保险基金、养老基金等机构，以外汇形式注入的资本金无疑扩大了中国资本项目顺差，加剧了目前中国资本和经常账户双顺差的处境，加大了人民币升值的压力。当然，与中国现在巨额的贸易顺差相比，QFII 的额度有限，不能对汇率起决定性的作用，但是 QFII 流入的资金还是对人民币升值起一定的加速作用。

3. 资金来源不明确，隐藏着风险隐患

虽然中国对 QFII 的要求很高，但是没有对资金来源的明确限制。一般机构的申请 QFII 资格很难获得批准，这种达不到要求的机构可以委托已获批准的 QFII 进入中国的证券市场，增加了委托代理的层次，产生了新的委托代理风险。比如说，QFII 可能接受客户的委托，购买一些风险比较大的 ST 类股票，这与 QFII 一贯的投资理念不符合，有违引进 QFII 的初衷。

4. 信息不对称，加大了监管难度和投资者的分化

根据现行的 QFII 管理办法，QFII 只需披露资金进出和具体的运作情况，没有披露具体证券买卖信息的义务，这就加大了对 QFII 有效监管的难度。另外，随着世界经济一体化的加深，全球资本市场的联动效应加强，QFII 对国际市场现状和未来走势的把握要强于国内的投资者（包括中小投资者和机构投资者），从而在市场上占据一定的优势。

（二）QFII 监管的国际比较

QFII 作为典型的过渡性开放措施，在新兴市场中应用广泛。而新兴市场机构投资者监管体系，主要由监管主体、监管法规、监管目标和具体措施等要素构成。从新兴市场的实践来看，对 QFII 的监管措施主要包括以下方面。

1. QFII 准入监管

监管者从外国机构投资者进入市场的第一步开始，对申请者的能力和资格进行一次性的认可或审查，主要有审批制和登记制。审批制是以 2003 年以前的中国台湾市场为代表，申请者需要在机构资格、申请程序、许可证申领、年检制度等方面满足诸多条件。在登记制下，手续要相对简便，QFII 只需按照相关规定进行登记，获得登记号码后即可进行投资，改制度

目前在韩国、印度、巴西等地实行。

2. QFII 投资活动监管

对外国机构投资者投资活动的监管，在各国的证券市场中广泛应用，有利于降低市场波动性，防止操纵市场，保证国家经济安全。涉及的主要内容包括投资额度、投资行业和比例、投资机会、投资程序等。比如说，印尼规定外资可以投资所有上市公司49%的股权，韩国和马来西亚对于外资在某些行业的持股比例也设有上限。

从投资机会来看，新兴市场一般都禁止外资进行信用交易，对于衍生品交易也存在限制。在投资程序上，新兴市场对外资有诸多规定，体现在当地代理人的指定、托管人的选择、交易账户的开立、买卖程序和托管规定等。比如说，中国台湾规定，QFII 必须在指定代理人处办理买卖证券的开户、结汇申请、缴纳捐税等业务。

3. QFII 资金监管

对外国投资者本金的汇入及本金和资本利得汇出的管理，是外国投资者监管的一项重要内容，通常由新兴市场的证券监管机构和外汇管理部门共同管理。对 QFII 的资金管理最主要的目的是控制短期资本的流入，可以采取直接和间接的措施。对本金和利得的汇出时间及金额进行直接控制，实行本金和资本利得的申报制度，就是直接限制措施，如中国台湾在实行 QFII 制度初期规定，QFII 必须在被核准的 3 个月内汇入本金，汇入本金满3 个月后方可汇出本金，利得每年结汇一次。间接措施可以是对税收政策的调节，比如印度征收的资本利得税，因持有证券时间的长短不同而有所不同，持有超过 1 年的税率为 10%，而持有不到 1 年的税率相对较高，为 20%。

（三）QFII 监管建议

1. 健全和完善法律法规

不断完善 QFII 制度，有赖于法律法规体系的完善。要在《证券法》中完善有关外国投资者的内容，完善对 QFII 的监管规定，在 QFII 资格申请、外汇汇入汇出限制、投资领域和持仓限制等方面做出详细的规定。对现存的各种法律法规条文，则可采用附加条款的方式弥补因缺乏对外资的相应规定而导致的漏洞。

2. 建立规范的信息披露体系

中国证券市场信息披露不规范，不利于投资者公平地获得证券信息，降低其对证券市场的信心和参与度，也不利于上市公司的规范经营和持续发展。中国应该建立一套公开透明、层次清晰、公平执行的信息披露体系，既要提高上市公司财务相关信息的披露情况，又要提高投资者，尤其是包括 QFII 在内的机构投资者投资行为的披露水平，以市场的力量来约束市场主体的行为。

3. 加强国际合作，提高监管水平

证券市场的开放程度受证券监管能力和水平的制约，目前，国内证券监管属于集中型监管体制模式，与西方发达国家的证券市场相比，国内证券监管制度和体系并不完善，监管主体过于集中，自律组织的作用较小，市场参与者的自律意识不强。在证券市场国际化的进程中，应当充分吸收和借鉴国外先进的监管经验、监管技术和监管手段，加强与各国证券监督机构以及国际金融组织的合作，最大限度地防范证券市场开放面临的风险。

参考文献

[1] 曹曼莉：《金融理论与实践》，《QFII 制度对中国证券市场的影响》2004 年第 6 期。

[2] 孙立、林丽：《QFII 投资中国内地证券市场的实证分析》，《金融研究》2006 年第 7 期。

[3] 王跃东：《中投证券研究报告》，《QFII 新管理办法解读》2006 年 9 月 20 日。

[4] 申屹：《新兴证券市场开放与外国机构投资者监管》，中国财政经济出版社，2005。

[5] 殷鸿、蓝发钦：《QFII 制度影响中国股市的实证研究：行业视角》，《经济理论与探索研究》2007 年 3 月。

附录 1　中国 QFII 一览

单位：亿美元

公司名称	英文名称	批准额度
瑞士银行有限公司	UBS LIMITED	8
花旗环球金融有限公司	CITIGROUP GLOBAL MARKETS LIMITED	5.5
瑞士信贷（香港）有限公司	CREDIT SUISSE （HONG KONG） LIMITED	5
富通银行	FORTIS BANK SA/NV	5
日兴资产管理有限公司	NIKKO ASSET MANAGEMENT CO. , LTD.	4.5
摩根士丹利国际有限公司	MORGAN STANLEY & CO. INTERNATIONAL LIMITED	4
德意志银行	DEUTSCHE BANK AKTIENGESELLSCHAFT	4
香港上海汇丰银行有限公司	THE HONGKONG AND SHANGHAI BANKING CORPORATION LIMITED	4
野村证券株式会社	NOMURA SECURITIES CO. , LTD	3.5
荷兰商业银行	ING BANK N. V.	3.5
高盛公司	GOLDMAN, SACHS &CO	3
美林国际	MERRILL LYNCH INTERNATIONAL	3
景顺资产管理有限公司	INVESCO ASSET MANAGEMENT LIMITED	2.5
雷曼兄弟国际公司（欧洲）	LEHMAN BROTHERS INTERNATIONAL （EUROPE）	2
法国巴黎银行	BNP PARIBAS	2
高盛国际资产管理公司	GOLDMAN SACHS ASSET MANAGEMENT INTERNATIONAL	2
安保资本投资有限公司	AMP CAPITAL INVESTORS LIMITED	2
摩根士丹利投资管理公司	MORGAN STANLEY INVESTMENT MANAGEMENT INC.	2
英国保诚资产管理（香港）有限公司	PRUDENTIAL ASSET MANAGEMENT （HK） LIMITED	2
通用电气资产管理公司	GE ASSET MANAGEMENT INCORPORATED	2
汇丰投资管理（香港）有限公司	HSBC INVESTMENT （HONG KONG） LIMITED	2
施罗德投资管理有限公司	SCHRODERS INVESTMENT MANAGEMENT LIMITED	2
瑞银环球资产管理（新加坡）有限公司	UBS GLOBAL ASSET MANAGEMENT （SINGAPORE） LIMITED	2
三井住友资产管理株式会社	SUMITOMO MITSUI ASSET MANAGEMENT COMPANY, LIMITED	2
荷兰银行有限公司	ABN AMRO BANK N. V.	1.75

续附表 1

公司名称	英文名称	批准额度
摩根大通银行	JPMORGAN CHASE BANK	1.5
JF 资产管理有限公司	JF ASSET MANAGEMENT LIMITED	1.5
加拿大丰业银行	THE BANK OF NOVA SCOTIA	1.5
马丁可利投资管理有限公司	MARTIN CURRIE INVESTMENT MANAGEMENT LTD	1.2
恒生银行有限公司	HANG SENG BANK LIMITED	1
比尔及梅林达—盖茨基金会	BILL & MELINDA GATES FOUNDATION	1
新加坡政府投资有限公司	GOVERNMENT OF SINGAPORE INVESTMENT CORPORATION PTE LTD	1
淡马锡富敦投资有限公司	TEMASEK FULLERTON ALPHA PTE LTD	1
第一生命保险相互会社	THE DAI-ICHI MUTUAL LIFE INSURANCE COMPANY	1
星展银行有限公司	DBS BANK LTD.	1
比联金融产品英国有限公司	KBC FINANCIAL PRODUCTS UK LIMITED	1
法国爱德蒙得洛希尔银行	LA COMPAGNIE FINANCIERE EDMOND DE ROTHSCHILD BANQUE	1
渣打银行香港分行	STANDARD CHARTERED BANK （HONGKONG） LIMITED	0.75
巴克莱银行有限公司	BARCLAYS BANK PLC	0.75
德累斯登银行股份有限公司	DRESDNER BANK AKTIENGESELLSCHAFT	0.75
东方汇理银行	CALYON S. A.	0.75
大和证券 SMBC 株式会社	DAIWA SECURITIES SMBC CO. LTD.	0.5
法国兴业银行	SOCIéTé GéNéRALE	0.5
加拿大鲍尔公司	POWER CORPORATION OF CANADA	0.5
美国国际集团投资公司	AIG GLOBAL INVESTMENT CORP.	0.5
耶鲁大学	YALE UNIVERSITY	0.5
大华银行有限公司	UNITED OVERSEAS BANK LIMITED	0.5
斯坦福大学	STANFORD UNIVERSITY	0.5
新光证券株式会社	SHINKO SECURITIES CO. ，LTD	0.5
邓普顿资产管理有限公司	TEMPLETON ASSET MANAGEMENT LTD	—
挪威中央银行	NORGES BANK	—
百达资产管理有限公司	PICTET ASSET MANAGEMENT LIMITED	—

注：批注额度截至 2007 年 8 月。

资料来源：Wind 资讯。

第三篇

走出去篇

中国企业"走出去"的意义、现状与发展趋势

张二震　安礼伟

　　早在 1998 年，中国政府就提出"走出去"战略，鼓励和支持有条件的各种所有制企业对外投资和跨国经营，主动参与各种形式的国际经济技术合作，并于 2001 年把实施"走出去"战略正式写入了《国民经济和社会发展第十个五年计划纲要》。2001 年以后，随着中国经济较快增长，中国企业实施"走出去"战略的步伐进一步加快，中国对外直接投资呈现快速发展的态势。本章将对中国企业走出去的意义、现状与趋势、方向与政策支撑体系等相关问题进行分析。

一　文献回顾

　　所谓"走出去"是相对于企业生产与市场仅局限于国内而言的，在这个意义上，有学者认为从广义上看，"走出去"战略是指中国的产品、服务、技术、劳动力、管理以及企业本身走向国际市场开展竞争与合作的战略取向。因此，这一战略又可以分为两个层次：基本的层次是指商品和劳务的输出，即货物、服务、技术、劳务等的出口贸易；较高的层次则是指资本的输出，即对外直接投资，或者说跨国公司化（马常娥、卜海，2006）。但是从其他学者对于"走出去"的研究看，单纯的商品出口一般不被看做企业"走出去"的范畴。从现有研究看，中国企业"走出去"的范畴包括 3 个方面：对外直接投资、对外工程承包和对外劳务合作，尤其是对外直接投资往往被作为"走出去"的代表形式加以研究。

　　相关研究对于中国企业"走出去"的必要性和意义都予以高度肯定。裴长洪（2007）根据中国对外经济关系发展的新情况、新特点，从战略高

度把"走出去"作为解决中国经常项目失衡的重要途径，提出要在国际化生产视野中促进收支平衡，从商品输出向生产和资本输出转变，从寻求商品市场向开拓利用资源转变，从世界工厂向世界公司转变。① 江小涓（2006a）把对外投资作为利用全球科技资源，提升自主创新能力的重要方式，指出国内企业已有实力通过收购兼并国外企业或者在海外建立研发中心，获得先进技术。赵闯（2005）指出，中国企业"走出去"主动参与经济全球化进程，可以抓住机遇加快发展自己；深化国际经济合作，可以增进与世界各国的友好关系，为中国现代化建设创造良好的国际环境；利用国际市场，可以促进中国经济结构的战略性调整，利用国外资源，可以弥补中国资源不足，实现国民经济可持续发展；参与国际市场竞争，可以增强中国企业的竞争能力，培育中国的跨国公司。郭朝先（2005）从确保中国资源安全，保护生态环境，实现中国经济可持续发展的角度分析了中国企业"走出去"利用海外资源的重要意义。冯赫（2006）指出，与庞大的吸收外资规模相比，中国的对外直接投资已经严重滞后，这种长期以来"引进来"与"走出去"发展极不均衡的局面若不尽快扭转，必将引发一系列深层次的经济矛盾，从而影响中国经济持续、快速、健康发展。②

对于中国企业"走出去"的影响和效应，也有学者进行了深入研究得出了一些富有启发意义的结论。比如赵伟等（2006）对中国外向 FDI 对中国技术进步的影响进行理论研究和实证分析，提出技术进步效应是中国企业"走出去"各种效应中最值得关注的效应之一，认为存在 4 个机制使得FDI 对母国技术进步产生积极效应，即"R&D 费用分摊机制"、"研发成果反馈机制"、"逆向技术转移机制"和"外围研发剥离机制"。通过实证分析发现，中国对外直接投资每名义增长 10%，则能促进全要素生产率增长0.9%。项本武（2005）则对中国对外直接投资的贸易效应进行了实证研究，结果表明，中国对外直接投资是出口创造型的，中国对东道国的 FDI流量每增加 1 个百分点，则中国向该东道国的出口增加 0.01 个百分点，中国对东道国的 FDI 存量每增加 1 个百分点，则中国向该东道国的出口增加0.176 个百分点。而中国对外直接投资是进口替代型的，中国对东道国的FDI 流量每增加 1 个百分点，则中国从该东道国的进口减少 0.05 个百分

---

① 参见裴长洪研究员 2007 年 8 月 3 日在 2007 年第一次江苏经济形势分析会上的发言。《新华日报》2007 年 8 月 5 日，第 1 版。

② 冯赫：《"引进来"与"走出去"：统筹均衡协调发展》，商务部网站（www.mofcom.gov.cn），2006 年 2 月。

点,中国对东道国的 FDI 存量每增加 1 个百分点,则中国从该东道国的进口减少 0.355 个百分点。赵春明等(2005)指出,中国对外直接投资对经济增长的贡献更多地是通过获取海外市场和资源;通过向外转移国内剩余生产能力,从而促进本国技术进步、产业结构升级、对外贸易的发展来实现的,更多地体现为对经济增长的长期影响。

对于中国企业对外投资的动因,章海源,王海燕等(2006)进行了问卷调查,结果表明,中国企业积极开展海外直接投资的主要动因有以下 5 个方面:拓展海外市场,扩大市场份额,获取高新技术,增强企业竞争力,企业战略发展的需求。关于中国企业对外直接投资的优势,问卷结果显示成本优势、商品质量优势和中国政府的政策支持和更优越的营销策略是中国企业对外直接投资的主要优势。同时问卷结果也显示中国企业对外投资的问题在于以下几个方面:规模劣势、市场秩序不规范、人才缺乏、投资环境风险、政府支持政策不到位和汇率风险。张汉亚(2006)也对中国企业对外直接投资存在的问题进行了概括,包括缺乏对投资目的地的深入了解,对投资方向缺乏认真的分析,不注意舆论和宣传工作,急于求成,合作渠道狭窄,对困难估计不足和缺少专业人才等。

冯赫(2005)指出,企业"走出去"一定要政府推动。在经济全球化的大趋势下,企业必须"走出去",只要政府不断加强财政金融等方面的促进措施,企业就会制定"走出去"的发展规划,积极"走出去"。①

接受外包这种方式也是在国际分工不断深化条件下中国企业"走出去"的重要形式。对于中国企业积极参与国际外包的问题,也有学者进行了研究。王爱虎等(2006)研究表明:1992~2005 年,中国吸引跨国外包量以平均每年 29.37% 的速度在增长,仅仅在 14 年间就增长了 20.81 倍;垂直专门化占总出口比率也从 14.22% 增加到 23.20%。说明中国已经成为跨国公司外包的主要基地之一。通过对跨国公司在华外包容量的计算、外包环境评价体系的建立以及中国三大经济圈的九省市外包环境的演化趋势的研究,文章指出:从宏观经济环境层面上来说,不管是对于中国总体而言,还是对于中国三大经济圈的九省市而言,宏观经济环境在吸引跨国外包的环境中占据十分重要的地位;从工业经济环境层面上来说,一个地区的工业发展水平无疑是吸引跨国外包的重要筹码。从对外经济政策环境层

---

① 冯赫:《"走出去"战略须重视企业自发性》,商务部网站(www.mofcom.gov.cn)2005 年 2 月。

面上来说，对外经济政策环境在总体环境中的地位有着上升的势头，这有利于中国更加积极地参与全球经济和全球贸易链。尽管运输成本没有纳入该评价体系，然而不断完善中国物流基础设施的建设、提高物流服务和支撑体系的管理水平、加速物流企业的信息化建设等无疑能够进一步降低跨国公司在华业务外包的成本进而促进国际贸易和物流的持续健康发展。卢锋（2007）研究了中国承接服务外包的现状、成绩与问题，指出中国在承接国际服务外包方面已经取得了初步的成就，但无论是与中国参与国际制造业产品内分工的深度比较还是与承接国际服务外包比较成功的印度等国比较，都存在相对不足和落后问题。该研究还对中国承接服务外包相对落后的原因进行了解释，指出中国制造业的成功发展对发展国际服务外包形成资源竞争，中国英语人才缺乏以及在电信管制、行业协会、人才培养、优惠措施等政策上的调整滞后等是重要原因。

唐宜红等（2006）指出，中国在国际外包中主要处于受包方的地位，"来料加工装配"和"进料加工"为主要方式的加工贸易是中国参加离岸外包的主要方式，并且通过实证分析后发现，在参与外包的程度上，中国资本密集型产业高于劳动密集型产业，发达国家倾向于把资本密集型产品生产过程中的劳动密集型工序转移到中国，使中国资本密集型产品出口占总出口的比例逐年上升，而劳动密集型产品和资源密集型产品出口的比重则都有所下降，证实了比较优势和规模经济是离岸外包的基础，产业劳动密集程度和劳动生产率等指标对离岸外包指数有一定的影响。而刘志彪等（2007）研究指出基于全球价值链代工体系的工业化发展道路虽然有助于发展中国家实现起飞或低端的工业化进程，但是在发展中国家进行到高端工业化进程中，却广泛出现了被"俘获"的现象，亦即在发展中国家参与全球价值链的本土企业或网络，在实现由低附加值的价值链环节向高附加值价值链环节攀升过程中，特别是在历经功能升级或链的升级时，遇到发达国家的大购买商或跨国公司的双重阻击和控制，进而被限制于低附加值、微利化的价值链低端生产制造环节，并提出发展中国家摆脱被"俘获"关系的出路在于基于国内市场空间的国内价值链的培育。

在更宽泛的意义上，中国本国企业通过向外资企业提供中间品等方式与外资企业建立价值链联系，亦即所谓外向配套也是中国企业"走出去"的一种间接方式。外向配套对于中国本土企业竞争力提升的意义，安礼伟（2007）以江苏昆山为案例进行了分析，提出了外向配套中本土企业技术创新的 3 个阶段，指出外资企业与本土企业之间的基于价值链的联系效应是外资企业进入促进本土企业发展的重要来源；发展外向配套是利用这种联系效应，提升本土企业竞争力的主要形式。同时，外向配套也是外资企业向本土企业进行积极型技术溢出的重要渠道。杨桂菊（2006）研究了本土代工企业竞争力的构成要素，包括专业代工能力、可替代程度以及合作关系的建立和发展能力，提出了本土代工企业竞争力提升的路径，包括OEM业务的延伸与拓展、ODM到OBM的战略转型以及OEM、ODM及OBM的动态组合。

需要说明的是，本章对于企业"走出去"概念的界定与已有研究有所不同。我们认为，"走出去"的本质在于企业从全球一体化生产和一体化市场的角度安排自己的生产经营活动。基于此，中国企业"走出去"的形式除了对外直接投资、对外劳务合作和对外工程承包以外，还包括中国企业融入国际生产网络的其他行为，比如为国外企业提供国际外包、或者构建国际生产网络将某些生产环节委托外国厂商制造，甚至更为间接的方式比如为在中国的外资企业提供中间品的外向配套等等。这样较为宽泛的定义中国企业"走出去"的形式来源于国际分工方式的转变，依托国际生产网络的生产环节，国际分工成为越来越重要的国际分工方式。对于"走出去"的传统理解涉及要素的国际流动，包括对外直接投资下的资本流动和其他两种形式下的劳动力等，但是在本章的视角中"走出去"并不一定涉及要素跨国流动，比如承接国际外包等。因此本章理解的"走出去"并不是仅仅指实体意义上的跨越国境，而且还包括企业经营战略上的国际化。事实上，能够成为跨国公司的企业只是少数，但是大量企业能够通过融入国际生产网络，实现生产经营国际化，这是国际分工发展的趋势，也是中国企业提升竞争力的有效途径。

基于对企业"走出去"形式的理解，本章将分析中国企业对外直接投资、承接国际外包和外向配套等3个方面的内容。下面的内容将分为3个部分，第二部分说明中国企业"走出去"的意义，第三部分将分析中国企业"走出去"的现状与趋势，最后说明中国企业"走出去"的方向和政策支撑。

二 中国企业走出去的必要性与意义

（一）国际分工模式的转变是中国企业"走出去"的重要背景

相对于最终产品国际分工，生产环节国际分工的重要性正在不断增加，成为新一轮经济全球发展的特征与趋势。在生产环节分工中，跨国公司往往将最终产品细分为不同的价值增值环节，按照各环节不同的特征将其配置在不同的国家或地区进行生产。企业全球化生产的构建除了通过FDI到国外建厂之外，还可以采用其他较为松散的组织形式，比如OEM等。当多种组织形式同时出现在企业国际化生产之中，就超越了跨国公司的范畴，亦即超越了公司内的国际分工网络，形成了由核心企业主导的国际生产网络。促使国际生产网络形成的客观原因来源于以下3个方面。

1. 贸易与投资自由化的快速发展

贸易自由化的发展，贸易的关税壁垒和非关税逐步减弱或消除，使得货物（中间品和最终产品）跨国流动的成本降低，为国际生产网络的形成提供了条件。而投资自由化的发展则为国际生产网络的形成和发展提供了前提条件。

2. 信息技术的迅速发展

信息技术的快速发展在两个方面促进了国际生产网络的发展。首先是信息产品本身具有很强的技术上的可分性，再加上信息产品具有体积小、价值大，运输成本所占比重较小的特点，使得信息产业中国际生产网络发展很快。信息产业的快速发展当然推动了国际生产网络的发展；其次，信息技术的发展对其他产业国际生产网络的建立和发展也起了很强的推动作用。与在本国生产相比，在国外生产或者通过其他制度安排获得中间品要付出更多的协调成本，而信息技术的发展使得远距离通讯变得快捷而廉价，"地球村"的概念逐步形成，大大节约了国际生产网络的协调成本，显著地促进了国际生产网络的形成和发展。

3. 全球竞争的加剧

全球市场的逐步一体化引起了跨国公司对于国际市场日益激烈的争夺。全球竞争日趋激烈。而利用国际生产网络合理配置资源，通过各种制度安排将非核心环节转移出去，降低成本，集中精力发展核心竞争力成为跨国公司普遍采用的战略，这推动了国际生产网络的建立和发展。前两方面条件使跨国公司利用国际生产网络成为可能，而第三个方面为旗舰企业推动国际生产网络的建立提供了现实的动力。

从微观上看，跨国公司组织的国际生产网络成为国际分工的重要表现形式，国际竞争不仅仅表现为企业竞争，更表现为生产网络的竞争，这为中国企业"走出去"提供了现实背景和必要性。一方面，对于那些有核心竞争力的企业，可以通过"走出去"构建国际生产网络，成为网络的组织者；另一方面，对于那些中小型企业则可以通过融入国际生产网络不断培育和提升竞争力。同时，国际生产网络的快速发展已为中国企业"走出去"提供了更多的方式，除了传统方式外，外包和外向配套都可以作为"走出去"的途径，这也是本章在比较宽泛的意义上界定"走出去"的重要原因。

（二）中国企业"走出去"是整合全球资源提升企业竞争力的需要

国际生产网络的快速发展使得国际分工从以产业和产品为界限的国际分工转变为以生产要素为界限的国际分工，或称为"要素分工"（张二震，2007）。在要素分工下，一国的优势要素不再是该国企业的专享资源，而转变为各国企业都可以利用的优势，企业竞争力构建的关键在于其是否能够有效整合全球不同国家和地区的优势资源，在国际生产网络下，也就是能否成为生产网络的组织者或者称为网络旗舰。

当然网络旗舰也存在不同类型，比如品牌领导商（brand leaders）和合同制造商（contract manufacturers），20世纪90年代以来，品牌领导商纷纷将大部分制造环节甚至整个制造环节剥离而专注于核心竞争力的培育，比如研发和品牌的塑造等，这为合同制造商的快速发展提供了机遇。同时国际生产网络也具有层次性，一个完整的国际生产网络可能包含多个次级生产网络，网络旗舰也是如此，有些厂商可能担任的是次级旗舰，也就是次级生产网络的组织者。

构建国际生产网络是企业整合全球资源，提升国际竞争力的重要途径，而中国企业"走出去"是构建国际生产网络的必然选择，尤其是对于那些具有核心竞争力能够构建国际生产网络的企业而言更是如此。通过构建国际生产网络，将生产环节分解配置到合适的地区，不仅可以降低生产成本，而且通过在发达国家配置研发部门等还可以提升技术水平，进而提升企业竞争力。这里所指的生产环节也是一个宽泛的概念，不仅包括制造环节，也包括从研发设计到销售和售后服务的整个价值增值环节。这些环节都可能根据需要配置到境外，比如将销售部门建立在国外有利于接近顾客，把握市场需求趋势，推动技术创新等。

（三）中国企业"走出去"是融入国际生产网络培育促进企业成长的需要

生产环节分工和国际生产网络的快速发展是中国企业发展过程中面临

的现实环境，面对这样的环境，除了作为生产网络的组织者，通过"走出去"在全球范围内配置生产环节，构建国际生产网络外，对于大部分企业而言，通过外包和外向配套等方式融入跨国公司所组织的国际生产网络可能是更现实更容易的"走出去"的途径与方式。

跨国公司组织的国际生产网络一个重要的特征是多元化的组织形式，跨国公司既可以通过 FDI 将生产环节配置到特定的国家和地区，但是较为松散的制度安排如外包也是跨国公司的重要选择。"归核化"是目前跨国公司发展的重要趋势之一，为了应对日益激烈的国际竞争，跨国公司纷纷将非核心环节剥离出去，将资源集中用于核心竞争力的培育上。外包就是一种理想的将非核心环节剥离的方式，通过选择合适的供给商，既可以剥离非核心环节，又可以通过与供给商的协调保证中间品的质量和技术创新的同步。

中国在国际生产网络中的一个重要特征就是外资嵌入型，也就是直接作为国际生产网络供给商的大部分是外商投资企业。而这些作为国际生产网络供给商的外资企业为了降低成本等原因也需要将部分生产环节交由本土企业代工，从本土企业角度看，这种方式也被称为外向配套。在外资大量流入中国的条件下，通过外向配套间接融入国际生产网络对于中小企业而言不失为一种相对间接的"走出去"的方式。无论是通过国际外包还是外向配套"走出去"，其意义应该从动态的角度看待。外包和外向配套都可能伴随着技术的溢出和本土供给商竞争力的不断提升，作为其结果可能出现本土企业在国际生产网络中层次的提升或者代工层次的提升，比如从简单的 OEM 制造逐步转向 ODM 和 OBM 等，甚至从简单的代工厂商转向生产的组织者。这种转变已经可以在江苏昆山等地区的本土企业中被显著地观察到。因此，通过"走出去"融入国际生产网络是中国企业提升竞争力的重要途径。

（四）中国企业"走出去"是实现经济可持续发展的需要

"走出去"对于中国经济可持续发展的意义主要表现在两个方面。

首先，通过"走出去"，勘探开发获取国外资源，有利于获得稳定的资源来源，缓解中国经济发展中出现的资源缺口，保证经济稳定发展。同时，通过"走出去"获取资源还能降低中国资源开采的强度，有利于中国生态环境的保护。

其次，中国企业"走出去"还有利于提升中国的产业结构和贸易结构。通过企业"走出去",有利于提升企业的技术水平,提升产品的技术含量,并及时介入新兴产业的国际化生产体系,长期来看必然会带动中国产业结构和贸易结构的提升,提高中国经济发展的质量,获取更多的国际分工利益。国家的竞争力归根到底来源于企业的竞争力,通过企业多种途径和方式的"走出去",不断提高整合全球优势资源的能力,必然有利于中国国家竞争力的提升,实现经济的可持续发展。

(五)外资的大量流入为中国企业"走出去"提供了压力和动力

外资的大量流入必然对中国企业产生竞争效应,这种竞争效应体现在两个方面,首先是市场竞争,外资企业凭借其技术和规模优势与中国同行业厂商相比往往显示出竞争优势,必然侵占中国企业的部分市场份额;其次是要素竞争,外资企业的大量进入必然增加对劳动力、土地和基础资源要素的需求,对中国企业形成竞争。这种竞争效应将迫使中国企业加速"走出去"的步伐,以扩大在全球市场上的销量,提升技术水平,降低成本。

三 中国企业走出去的现状与趋势

(一)中国企业对外直接投资的现状与趋势

1. 中国对外直接投资步入快速发展期

2002～2005 年 4 年间,中国对外直接投资流量年均增长速度为65.6%,2005 年流量较 2004 年增加 1.2 倍,中国的对外直接投资开始步入快速发展期。2005 年,中国对外直接投资流量首次突破百亿,达到122.6 亿美元,同比增长 123%;2006 年中国企业"走出去"成效显著,

表1　1990～2006 年中国对外直接投资额

单位:亿美元

时间	1990	1991	1992	1993	1994	1995	1996	1997	1998
金额	9.1	10	40	43	20	20	20.8	26	27
时间	1999	2000	2001	2002	2003	2004	2005	2006	累计
金额	19	10	69	27	28.5	55	122.6	161.3	733.3

资料来源:根据历年《世界投资报告》和商务部统计资料整理。

实现对外直接投资（非金融类）161.3 亿美元，较 2005 年同期增长 31.6%。截至 2006 年底，中国累计对外直接投资达到 733.3 亿美元。

中国对外直接投资的快速发展与中国经济和世界经济发展趋势密切相关。从国内经济情况看，中国经济长期保持高速增长，市场经济体制逐步规范，现代企业制度逐步确立，企业竞争力逐步提升等等，为中国企业"走出去"提供了制度上和能力上的支撑，同时中国外汇储备达到相当高的水平，为企业"走出去"提供了用汇保证。从世界经济发展趋势看，贸易和投资壁垒逐步降低，国际生产网络快速发展，国际分工的不断深化，为中国企业"走出去"提供了良好的条件。应该看到，政府在国家层面建立和推动中国与各相关地区和国家之间的友好经济合作关系，也是推动中国企业"走出去"的良好大环境。

尽管从绝对量上看，中国对外直接投资的规模仍然较小，但是可以预见，随着中国经济快速发展、企业竞争力和国际化经营意识和水平的进一步提升，中国企业"走出去"将出现快速发展的趋势。很多研究持这样的看法，比如江小涓（2006b）预测"十一五"时期，中国年均对外投资额可能达到150亿美元以上，到2010年，对外投资额可能达到200亿美元以上，5年合计对外投资额可能达到800亿美元以上。如果国内经济增长速度有所放缓、生产能力过剩问题进一步加剧，人民币继续升值，对外投资规模可能更大。到2010年，中国将成为全球重要的对外投资母国，对外投资额在发展中国家排名进入前3位。

2. 从方式看，跨国并购逐步成为重要的对外直接投资方式

中国企业对外投资由最初的货币投资、实物投资向跨国并购等方式扩展，并有越来越多的企业采取入股及股权置换等方式对外投资。2005 年中国对外直接投资流量首次超过 100 亿美元；通过收购、兼并实现的直接投资 65 亿美元，占当年流量的一半。2005 年通过收购、兼并方式实现的直接投资，主要包括中国石油天然气集团公司收购哈萨克斯坦 PK 石油公司的投资、中国网通集团通过其 BVI 公司收购香港电讯盈科有限公司股份的投资、上汽集团收购韩国双龙汽车公司股份的投资等。2006 年跨国并购继续活跃，国内有竞争力的企业更多地采用收购兼并方式开展对外投资。2006 年，以并购方式实现对外直接投资 47.4 亿美元，占同期对外直接投资总量的 36.7%。如中石化收购俄罗斯乌德穆尔特石油公司、中国蓝星集团总公司收购法国罗迪亚公司等。

跨国并购成为中国企业"走出去"越来越重要的形式，一方面是由于

中国企业并购外国企业的能力不断提升，另一方面还来源于并购相对于绿地投资的优势。由于产品生命周期，本国生产成本不断提高等原因，发达国家很多拥有核心技术、品牌和营销渠道的企业面临经营困难，这些企业往往成为中国企业并购的目标。相对于绿地投资而言，并购有利于快速获得这些核心资产，并通过与中国低成本制造相整合，获取国际竞争力的提升。

3. 从行业看，对外直接投资动因明确，行业趋于多元化

商务部《2005 年度中国对外直接投资统计公报》显示，从中国对外直接投资存量的行业分布情况来看，截止到 2005 年，对外直接投资存量达到 572 亿美元，其中，商务服务业（主要为投资控股）165.5 亿美元，占 28.9%；批发和零售业 114.2 亿美元，占 20%；采矿业 86.5 亿美元，占 15.1%；交通运输和仓储业 70.8 亿美元，占 12.4%；制造业 57.7 亿美元，占 10%；房地产业 15 亿美元，占 2.6%；电信和其他信息传输业 13.2 亿美元，占 2.3%；建筑业 12 亿美元，占 2.1%；其他 37.1 亿美元，占 6.6%。从对外直接投资企业数量来看，行业分布为制造业企业占对外直接投资企业总数的 34.7%，批发和零售业占 17.5%、租赁和商务服务业占 17.5%，建筑业占 7.6%。

从上述统计数据可以看出，接近客户，获取资源和节约成本等因素是中国企业对外直接投资的重要动因。可以预见，随着中国企业竞争力和国际化经营水平的提升，价值链的分解将会更加细化，比如获取技术等核心资产，提升研发能力和技术水平将成为向发达国家投资的重要动因等。

总体来看，中国的对外直接投资已经进入了一个快速增长的时期，一些涉及金额巨大、具有较大影响力的对外并购案例不断出现，对外直接投资的行业出现多元化的特征，从一般出口贸易、餐饮和简单加工扩大到营销网络、航运物流、资源开发、生产制造和设计研发等众多领域。

（二）国际外包和外向配套的现状与趋势

1. 国际外包现状与趋势

中国吸引国际外包的准确数据难以获得，王爱虎等（2006）指出国际上计算跨国外包容量的方法主要有 3 种：以投入产出表数据近似计算跨国外包容量；第二，利用来料加工装配贸易进出口数据近似计算跨国外包容量；第三，利用大量公司水平的数据来计算不同国家的跨国外包容量。应该说第三种方法测量的准确性较高，但是数据获取成本也最高。平新乔等（2005）采用了休梅尔斯（Humells）等人估算垂直专门化比率的方法对中国 1992~2003 年总出口中垂直专门化比率进行了计算，王爱虎等（2006）补充了 2004 年和 2005 年的数据，变化趋势如图 1 所示。

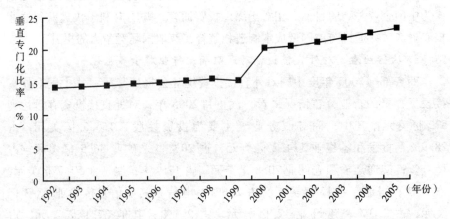

图 1　1992~2005 年中国出口中垂直专业比率
数据来源：平新乔等（2005），王爱虎等（2006）。

　　从加工装配贸易重要性角度看，加工贸易进出口占中国进出口总额的比重接近 50%，有些年度甚至超过 50%，这从一定的角度反映了中国参与国际外包的重要地位，但是应该看到外商投资企业是加工贸易的最重要的主体，其加工贸易进出口额占中国加工贸易总进出口的近 70%。这说明尽管中国参与国际外包的程度逐步深入，但是本土企业所占比重较低，这与本土企业融入国际生产网络程度较低以及本土企业加工制造能力和技术水平相对较低相关。随着中国本土企业竞争力的提升和国际化程度的提高，本土企业参与国际外包的程度和规模也必然逐步提高。

　　2. 外向配套现状与趋势

　　外向配套作为中国企业"走出去"的一种间接形式，其对于实力相对较弱的本土企业而言，是一种融入国际生产网络的有效途径。外资企业的进入为本土企业提供了巨大的中间品市场，一些本土企业适应这样的趋势积极为外资企业提供配套，并在配套中提升技术水平和产品层次。很多企业以外向配套作为企业发展的起点，逐步走向为外国跨国公司提供国际外包，甚至有些成长为国际生产网络的组织者。外向配套在外资集中的东部地区相对比较常见，江苏昆山就是一个很好的案例。1997~2005 年，通过外向配套，融入跨国公司组织的国际生产网络，昆山的民营企业迅速发展，民营配套企业数目由 1997 年的 199 家发展到 2004 年的 685 家，到

2005 年 9 月份内已经达到 791 家；与当地民营企业存在配套关系的外资企业也由 1999 年的 562 家发展到 2004 年的 1048 家；从 1997 年到 2004 年，配套项目数由 374 个上升到 1156 个，2005 年的前 9 个月已经达到 1270 个；配套销售额从 1997 年的 11.05 亿元上升到 2004 年的 132.85 亿元，2005 年前 9 个月已经达到 136 亿元。从企业规模看，2004 年配套销售额最大的一家民营企业达到近 10 亿元，而 1998 年只有 1.66 亿元，2004 年配套销售额超过 1000 万元的民营企业达到 270 家，而 1998 年只有 40 家。① 配套产品的层次也不断提升，由通用性较大的外围产品逐步向专用性较强的具有较高技术含量的产品发展，由传统产业向现代 IT 产业和精密机械产业发展，一批民营企业被著名跨国公司评选为合格供应商。

但是应该看到，外向配套的发展仍然处于初期阶段，一方面因为外向配套还没有成为一种普遍的现象，另一方面外向配套的产品层次总体而言还较低，大多数属于成本竞争型的劳动密集型生产环节。从发展趋势看，外向配套应该成为外资推动型增长地区企业融入国际生产网络，提升本土竞争力的重要途径之一。

四 中国企业"走出去"方向与政策支撑体系的构建

（一）中国企业"走出去"的方向

中国企业"走出去"的动因与中国经济发展的特点以及世界经济发展的趋势密切相关，以下几种类型应该成为中国企业"走出去"的方向。

1. 基础资源寻找型

处于突破经济发展的资源瓶颈和生态环境保护等目的，获取基础资源必然是中国企业"走出去"的重要目的之一。"走出去"的重点区域是自然资源丰裕的地区，比如部分亚洲国家以及拉美、非洲、中东欧等国家。

2. 边际产业转移型

随着中国经济发展水平和阶段的提升，将一些技术水平成熟的劳动密集型产业转移出去是发展趋势。边际产业的转移一方面有利于新产业的发展，包括承接新产业的国际转移，推动产业结构的动态提升；另一

---

① 昆山市经贸委。

方面在规避贸易壁垒的同时也有利于发展中东道国的经济发展，因此容易受到它们的欢迎，从而密切国家间的经济合作关系。这种类型"走出去"的产业可能集中在纺织品、化工产品、机电产品、拖拉机、小型农具、自行车、玩具、鞋帽和手工艺品等中国的优势产业，重点地区可能包括与中国邻近的亚洲经济相对欠发达的国家和地区以及拉美、非洲和中东欧等地区。

3. 技术水平提升型

无论从宏观角度看产业结构提升还是从微观角度看企业竞争力的提升都离不开中国企业技术水平的提升。技术水平的提升除了依靠自身的研发以外，"走出去"也是一个很好的途径。在生产环节国际分工的趋势下，技术密集型生产环节集中于美日欧等发达国家，中国基本上还是处于加工制造等技术密集型环节。在这种条件下，企业"走出去"通过设立研发机构、建立合资企业、并购具有核心资产的企业以及通过核心环节让外国企业代工等方式学习和获取先进技术。

4. 国际生产网络构建型

所谓国际生产网络构建就是将生产环节分解并在全球范围内最优配置，达到提升企业整体竞争力的目标，所以资源寻找和技术水平提升等类型的"走出去"都属于国际生产网络构建的范畴，这里将其单独提出是这种类型的"走出去"含义更为广泛。国际生产网络的构建既包括制造环节的分解与优化配置，也可能涉及研发、物流、营销和售后服务等环节。作为真正意义上的国际生产网络的构建者和控制者，往往是具有核心竞争力的大型企业。

5. 国际生产网络参与型

对于数目众多的中小型企业而言，它们不但无力构建国际生产网络，甚至也可能难以实施传统意义上的"走出去"战略，那么积极参与国际生产网络也是"走出去"的现实途径，同时也可能作为实施进一步"走出去"战略的起点。参与国际生产网络的途径正如上文所述的，可以是承接国际外包，也可以是外向配套。尽管在传统意义上，这种类型不被看做"走出去"的一种形式，但是融入国际生产网络是一种趋势，其作为中小型企业参与国际化经营的重要途径还是应该予以重视和支持的。

（二）构建中国企业"走出去"的政策支撑体系

中国企业"走出去"的快速发展离不开政策的促进，但这里不打算就具体政策进行逐一讨论，有关政策建议已经有不少的研究，这里主要就政策支撑体系的构建问题提出看法。

1. 针对不同"走出去"类型，构建针对性政策支撑体系

企业"走出去"的目的、方向和形式是不同的，因此政策支撑体系也必然是不同的。比如中小型企业可能更需要有关信息支持，大型项目的并购可能更需要金融支持，高风险的项目更需要保险支持，有些"敏感"项目可能更需要政府间良好经济合作关系的建立，而国际化程度很高的企业需要更为灵活的外汇管理制度和财务制度等等。因此对不同"走出去"形式下企业需求进行研究，搭建不同的"走出去"形式下的政策支撑平台是需要的。

2. 构建合作双赢的国际经济合作关系是支撑体系的重要内容

促进中国企业"走出去"的政策支撑体系不能仅仅从一些微观的层面考虑，从宏观方面构建良好的国际经济合作关系往往事半功倍，它可以为企业"走出去"提供良好的制度环境、政治环境和舆论环境。比如随着中国企业进入非洲开展生产经营活动和经济合作规模扩大和不断深入，西方舆论提出了所谓的"新殖民主义"担忧，但是这种可能别有用心的说法甚至遭到非洲国家的批评，这与中国政府与非洲国家保持长期友好合作关系，建立了可靠的相互信任密切相关。因此，结合中国企业"走出去"的趋势和方向，积极主动地有针对性地在政府层面与相关国家和地区构建双赢的经济合作关系，是支撑体系的重要内容。这方面的重要性将随着中国经济和国际影响力的提升以及中国企业"走出去"的发展而日益增强。

3. 政策支撑体系应该是系统的、简单的和透明的

企业"走出去"需要对方的支撑，包括信息平台，财政、金融、保险等方面的支持，财务制度和外汇管理制度的配合，等等，但是这些政策的制定权分散于不同的政府职能部门，甚至某一个具体方面都可能存在多头管理的现象。支撑体系应该是系统的，就是要求各方面的促进政策要有统一性，要相互配套，而不是各种政策的简单汇总。支撑体系应该是简单的，就是要求一方面政策本身要简单明了，另一方面就是要使企业"走出去"的手续简单化。支撑体系应该是透明的，就是要加大宣传，使相关企业明确知道，以充分发挥政策的促进作用。

4. 引导企业实施正确的"走出去"战略

企业是"走出去"的主体，支撑体系得以构建归根到底是要帮助企业成功实施国际化战略并借此提升竞争力。在"走出去"的过程中，中国企业也出现了一些问题，比如存在一定的盲目性和短期性，没有从企业发展战略的角度认识"走出去"的意义；有些企业对国外分支机构缺乏有效的监管；有些企业与东道国存在文化冲突等问题；一些国际并购案例由于准备不充分而失败等等。这些问题还要在不断实践中得到解决。

参考文献

[1] 安礼伟：《外资推动型经济发展与本土企业成长——江苏昆山经验剖析》，《上海经济研究》2007 年第 2 期。

[2] 郭朝先：《中国企业"走出去"利用海外资源问题研究》，《经济研究资料》2005 年第 64 期。

[3] 江小涓：《利用全球科技资源提高自主创新能力》，《求是》2006 年第 7 期。

[4] 江小涓：《中国对外开放进入新阶段：更均衡合理地融入全球经济》，《经济研究》2006 年第 3 期。

[5] 卢锋：《服务外包经济学分析：产品内分工视角——兼论中国承接国际服务外包问题》，《北京大学中国经济研究中心讨论稿系列》，No. C2007011，2007 年 7 月。

[6] 刘志彪、张杰：《全球代工体系下发展中国家俘获型网络的形成、突破与对策——基于 GVC 与 NVC 的比较视角》，《中国工业经济》2007 年第 5 期。

[7] 刘凯敏、朱钟棣：《中国对外直接投资与技术进步关系的实证研究》，《亚太经济》2007 年第 1 期。

[8] 马常娥、卜海：《论企业"走出去"的路径选择及其支持政策》，《财贸经济》2006 年第 12 期。

[9] 平新乔、郝朝艳等：《中国出口贸易中的垂直专门化与中美贸易》，《世界经济》2006 年第 5 期。

[10] 唐宜红，闫金光：《离岸外包对中国出口结构的影响》，《南开学报（哲学社会科学版）》2005 年第 3 期。

[11] 王爱虎、钟雨晨：《中国吸引跨国外包的经济环境和政策研究》，《经济研究》2006 年第 8 期。

[12] 项本武：《中国对外直接投资的贸易效应》，《统计与决策》，2005 年 12 月（下）。

[13] 杨桂菊：《本土代工企业竞争力构成要素及提升路径》，《中国工业经济》2006

年第 8 期。

[14] 张二震:《全球化与中国发展道路的理论思考》,《南京大学学报》2007 年第 1 期。

[15] 章海源,王海燕等:《中国对外直接投资战略选择—〈对外直接投资公司调查问卷〉分析报告》,《国际贸易》2006 年第 7 期。

[16] 赵闯:《关于"走出去"战略若干问题的思考》,《国际商务—对外经济贸易大学学报》2005 年第 1 期。

未来中国对外直接投资形势的判断

张为付

一 中国对外直接投资的理论基础

（一）发达国家对外直接投资经典理论

国际直接投资理论产生于 20 世纪 60 年代，是第二次世界大战后国际直接投资空前发展引起国际经济理论界关注的结果。目前国际直接投资的主流理论主要包括海默（Hymer）的垄断优势理论、[①] 巴克利（Buckley）、卡森（Casson）等的内部化理论、[②] 邓宁（Dunning）的国际生产折中理论、[③] 弗农（Vernon.）的产品生命周期理论[④]和小岛清（Kojima，Kiyoshi）的比较优势理论，[⑤] 等等。其中垄断优势理论认为企业之所以选择 FDI 而

① Hymer. S. , 1976. International Operation of National Firms: A Study of Direct Foreign Investment. MIT press.

② Buckley . P. and M. , Casson, 1976. The Future of the MultinationalEnterprise . London: Macmillan, p. 69.
Rugman, A. M. , 1981. Inside the Multinationals: the Economics of International Markets. London: Croom Helm, p. 28.

③ Dunning. J. H. , 1977 . Trade, Location of Economic Activity and the Multinational Enterprise: A Search for an Eclectic Approach, First Published in B. Ohlin Per Ove Hesselborn and Per Magnus Wijkman ed. The International Allcoation of Economic Activity, London: Macmillan.
Dunning. J. H. , 1981. International Production and the Multinational Enterprises . Allen&Unwin.

④ Vernon. Raymond, 1966. "International Investment and International Trade in Product Cycle . " *Quarterly Journal of Economics*, May.
Vernon. Raymond, 1974. Location of Economic Activity, in John H. . Dunning ed. . , Economic Analysis and the Multinational Enterprises.

⑤ Kojima, Kiyoshi, 1978. Direct Foreign Investment: A Japanese Model of Multinational Business Operation . London: Croom Helm.

（转下页注）

非产品贸易是因为企业通过利用其产品差异化、商标、销售技术、操纵价格及资源专用和规模经济等所形成的垄断优势，可以获得技术资产的全部收益。正如垄断优势理论的另一代表人物金德尔伯格（Kindleberger）所说："凡是通过许可证不能获得的技术优势全部租金的地方，就会采取直接投资。"[①]垄断优势理论较好地解释了二战后一段时期美国大规模对外投资的行为，但该理论却存在一定的局限性，具体表现为：一是具有技术垄断优势是企业产品贸易和对外直接投资的一个条件，但该理论没有解释企业为什么选择 FDI 而非产品贸易；二是该理论不能解释企业对外直接投资在东道国区位选择和生产布局等问题；三是该理论是针对二战后美国企业的 FDI 经验得出的，不能解释发展中国家的对外直接投资现象。

针对垄断优势在解释 FDI 行为中存在的缺陷，一些经济学家从另外的角度探讨 FDI 问题，并提出一些理论，其中英国里丁大学学者巴克利、卡森和加拿大学者鲁格曼（Rugman）将美国学者科斯（Coase）的制度经济学中关于企业性质的内部化理论应用于 FDI 研究，形成了国际直接投资的所谓"内部化"理论。该理论认为中间产品特别是知识类产品存在市场不完全性，增加了产品的市场交易成本，在这种情况下，企业为了获得知识产品的全部收入，其最佳途径是人为地构造一个企业内部市场，以使中间产品在公司内各部门间流动。正如鲁格曼所说的那样："内部化就是将市场建立在公司内部的过程，以企业内部市场取代失效的外部市场，公司内部的调拨价格起着润滑内部市场的作用，使它能像固定的外部市场一样有效地发挥作用。"[②]FDI 内部化理论其实就是科斯的企业理论在国际直接投资领域内的应用和延伸，企业的国际市场内部化过程就是企业对外直接投资过程。但如同其他 FDI 理论一样，内部化理论也只能解释部分 FDI 现象，并且它仅说明了企业发生 FDI 的原因，并不能很好地说明企业国际市场内部化的发展方向及东道国的区位选择。

20 世纪 60 年代美国哈佛大学教授弗农提出了产品生命周期理论，用于解释国际直接投资的动机、时期及区位选择等问题。该理论将产品生命

（接上页注②）Kojima, Kiyoshi, 1982. Macroeconomic Versus International Business Approach to Foreign Direct Investment . *Hitosubashi Journal of Economics*, 23.

Kojima, Kiyoshi, 1985. Japanese and American Direct Investment in Asia: A comparative Analysis. *Hitosubashi Journal of Economics*, 26.

① Kindleberger, C. P. , 1969, American Business Abroad; Yale University Press. pp. 19 – 23.

② Rugman, A. M. , 1981. Inside the Multinationals: the Economics of International Markets. London: Croom Helm, p. 28.

周期划分为产品创新、成熟和标准化生产等 3 个阶段，根据产品生产不同阶段企业所具有的生产和竞争条件，企业会选择不同的国际分工方式。但是产品生命周期理论同样也只能部分解释 FDI 行为，也存在一定的局限性。一是它不能合理解释发达国家之间相互 FDI 现象。二是该理论涉及最终产品市场，而对资源开发和技术开发等与产品生命周期无关的 FDI 缺少解释力。三是该理论也不能合理说明发展中国家的 FDI 行为。

20 世纪 70 年代中后期，日本一桥大学教授小岛清根据对日本企业对外直接投资行为的研究，提出了比较优势理论，也称为边际产业扩张理论。这一理论认为企业的 FDI 应首先从投资国已经或正在处于比较劣势的产业依次进行，而这些产业在东道国又具有明显或潜在的比较优势，这样东道国就可以利用投资国的资本、技术等优势发展自己潜在的比较优势产业，而投资国又可以利用东道国其他要素优势，实现投资国与东道国的双赢。但该理论的缺陷一是它只能解释发达国家与发展中国家间以垂直分工为基础的投资。二是该理论是以投资国的宏观经济和产业发展状况为背景，研究投资国的行为而非跨国公司的微观行为，这又与跨国公司的个体微观行为不符。三是这一理论模式说明发展中国家永远是发达国家边际产业转移的接受国，固化了发展中国家在国际经济分工中的地位，这与许多发展中国家和地区在利用国际直接投资后实现自身产业结构的升级与传统产业的向外部转移现象相矛盾。

20 世纪 70 年代中后期，英国里丁大学教授邓宁在总结垄断优势理论、内部化理论等主要观点的基础上，结合区位理论，形成了被广泛接受的 FDI 国际生产折中理论。该理论认为企业从事国际直接投资活动是由企业自身所具有的所有权优势（垄断优势）、内部化优势和东道国的区位优势三大因素共同决定的结果，即跨国公司直接投资的 OIL（Ownership-Internalization-Location）模式。国际直接投资折中理论是至今为止最为全面和被广泛接受的 FDI 理论，它不仅解释 FDI 的动因，而且指出了 FDI 的区域流向，同时创建了一个关于国际贸易、对外直接投资和国际协作安排三者统一的理论体系。① 指出了国际经济分工 3 种主要形式发生和相互转化的条件。但是折中理论也无法解释发展中国家一些企业在没有同时具备 3 种优势情况下所发生的对外直接投资现象。

上述关于跨国公司的 FDI 理论是从微观或宏观的角度具体解释了 FDI

---

① Clegg, J., 1987. Multinational Enterprises and World Competiton. London: Macmillan, p. 2.

行为的原因和方向，但没有涉及跨国公司以全球发展战略为目标的投资行为。而在国际经济自由化和一体化条件下，国际竞争不断加剧，跨国公司更加注重对全球发展战略类型直接投资的考虑，所以在20世纪80年代后形成了关于跨国公司以全球发展战略为动机的FDI理论，该理论认为跨国公司围绕其全球发展长期目标，在全球范围内统一协调、整合和利用内外部优势资源，安排投资生产、销售和服务研发等经营活动，其FDI行为是以整个全球市场利益最大化为目标取向，而不是基于个别国家的局部市场利益最大化。

（二）发展中国家的对外直接投资理论

20世纪80年代以后发展中国家跨国公司对外直接投资活动的增多，引起了国际社会经济理论界的关注。但是因为许多发展中国家的跨国企业并没有发达国家跨国公司的垄断优势、内部化优势等，所以用原来主流的FDI理论都无法解释发展中国家的FDI现象。美国学者刘易斯、威尔斯首先对发展中国家企业的对外直接投资做了较为系统的阐述。[①] 他认为与发达国家跨国公司相比，在FDI动机方面除了共同的为了规避进口国市场进入壁垒、保护出口市场和降低生产成本外，其独特之处就是利用东道国的种族纽带和人文共性以及分散母国由于政治经济不稳定可能带来的风险等。同时他还认为发展中国家企业具有小规模生产的技术优势，适宜于对收入水平较低，市场容量不大的东道国进行投资。英国学者坎特维尔和托兰惕诺等（Cantwell，JshnA & Tolentino，ParEstrella）根据20世纪80年代以后发展中国家对经济发达国家的直接投资加速增长现象于20世纪90年代提出了技术创新升级理论，即发展中国家企业对发达地区国家的FDI是为了接近发达国家的技术研发市场，反向利用技术溢出效应和组织管理经验。

1980年邓宁通过对全球67个国家经济发展状况和对外直接投资关系的研究，提出了对外直接投资的发展阶段理论。[②] 他按照一国人均国民生产总值水平将一国对外直接投资分为4个阶段，在不同阶段一国对外直接投资的流入和流出水平各不相同，从而进一步发展了其折中理论，也对发展中国家对外直接投资给予了解释。

---

① 刘易斯、威尔斯：《第三世界跨国企业》，中文版，上海翻译公司，1986。

② Dunning. J. H. , 1981. International Production and the Multinational Enterprises . Allen&Unwin.

（三） 中国对外直接投资理论

虽然中国企业对外直接投资的历史不长，但有关这方面的理论探讨日益增多，主要集中在关于中国企业对外直接投资区位选择的研究上。较早的研究以经验介绍和建议为主，代表性的如王锦珍完全从政府管理的角度分析了中国企业"走出去"的战略选择和步骤安排。① 结合实证研究的有程惠芳等通过运用廷伯根（Tinbergen）贸易引力模型②分析了中国企业对外直接投资的区位选择问题，认为中国与投资目标国的经济规模总和、人均国民收入水平、双边贸易量等与中国向目标国的直接投资流量成正相关，而中国与目标国间的距离与直接投资流量成负相关。③ 这一研究结果虽然具有较强的直观性，但是由于缺少对目标国外资政策、文化法律、社会制度和中国企业投资动机等非经济因素的考察，结果与现实具有一定差距。同时在目前国际间交通通讯成本不断下降的情况下，国家间距离对投资流量影响的权重也在下降，而其他一些因素影响在增加。蔡锐等根据小岛清的边际产业转移理论，通过回归实证研究认为中国对外直接投资与对外贸易呈互补关系，间接说明了中国对外直接投资应流向与中国贸易规模大的地区和国家。④

综合目前国内已有的关于中国企业对外直接投资研究的主要结果可发现，这些研究基本上以西方经典 FDI 理论为基础，建立在纯粹的数据计算和逻辑推理之上，缺少对外直接投资企业基本情况的实证调研分析，与现实情况仍有一定的差距。

二　中国对外直接投资的现状与特点

伴随着中国对外开放程度的不断加快，国内企业走出国门进行跨国经营的步伐也越来越快。从现状看，中国对外直接投资涉及领域宽泛，包括

---

① 王锦珍：《中国对外投资的经验、问题及政策建议》，《世界经济研究》2004 年第 4 期，第 37～47 页。

② Tingben, J. Shaping the World Economy, Appendix ⅵ, "An Analysis of World Trade Flows." New York: Twentieth Century Fund, 1962.

③ 程惠芳、阮翔：《用引力模型分析中国对外直接投资的区位选择》，《世界经济》2004 年第 11 期，第 23～30 页。

④ 蔡锐、刘泉：《中国的国际直接投资与贸易是互补的吗?》，《世界经济研究》2004 年第 8 期，第 64～70 页。

商务服务、批发零售、资源开发、交通运输仓储、制造业、房地产等行业。总体来看，中国对外直接投资具有如下特征。

（一）对外直接投资发展迅速，但具有较大的波动性

据商务部统计，到 2005 年底中国累计对外直接投资已达 572 亿美元，其中股本投资 197.3 亿美元，利润再投资 270.4 亿美元，其他投资 104.3 亿美元。投资分布在全球 163 个国家和地区，其中对亚洲的投资达 406.3 亿美元，占 71%，对拉丁美洲的投资占 20%。而对亚洲的投资主要集中于中国香港地区，占 63.8%。

从 1990 年起，中国的对外直接投资在不同年度间呈现大起大落的激烈波动态势。1992 年对外直接投资的大幅增长是由于当时邓小平南巡对中国利用外资和对外投资产生了一个促动效应，使中国对外开放进入了一个新起点，当然也具有相当强的政治性。2001 年增幅最高值与 2002 年增幅最低值相差 600% 以上，表明中国当时对外直接投资的系统性、延续性严重不足，也说明中国企业对外直接投资缺少传统 FDI 理论中所说的各种优势，而是以依靠国家"走出去"优惠政策推动的被动投资为主，企业缺乏对外直接投资的动机和自觉性。

2001 年之后对外直接投资大幅增加有 3 个主要原因：一是中国加入 WTO 后对外直接投资的国际环境得到改善；二是中国入世后遭遇国际贸易壁垒呈现非关税化和严重化的趋势，迫使中国企业必须采取对外直接投资的战略；三是一部分对外直接投资是为了规避国内制造业生产要素价格上升所引发的高成本（参见图 1）。

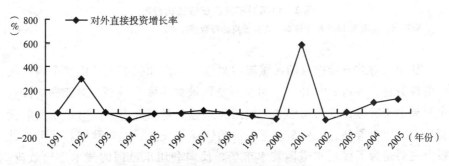

图 1 对外直接投资增长率变化图

资料来源：2000 年以前数据来自联合国贸易与发展会议各年度《世界投资报告》，以后数据来自中国商务部。

根据目前的态势，今后几年内中国对外直接投资将会呈现理性化的增长，因为促进中国企业对外直接投资的内在动因和外部环境不断成熟，企业的投资目标和方向也日趋明确。

（二）中国对外直接投资具有较高的贸易壁垒规避性，区域集中度高

从中国企业对外投资的目标地来看，属于关税规避型的直接投资占较大比重，到 2005 年底在香港特区、开曼群岛、维尔京群岛世界三大避税地投资多达 474.3 亿美元，占中国对外直接投资存量的 82.9%，呈现高度的区域集中性，而在 2005 年对外直接投资中又有 28% 流向香港，42% 流向开曼群岛，10% 流入维尔京群岛，表明规避税收式的对外直接投资仍有进一步持续的趋势。在流入上述三地的投资中又有一部分以外资的名义返回中国内地，以利用内地的外资优惠政策，形成了为追逐优惠政策的"内资外资化，外资内资化"的资本流动怪圈（参见图 2）。

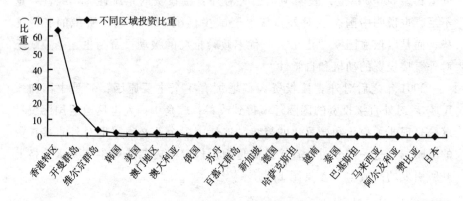

图 2　中国对不同区域投资比重图
资料来源：根据 2005 年中国对外直接投资公报数据整理。

从中国对外直接投资的区域流向来看，亚洲和拉丁美洲成为中国最集中的投资地，共占 90% 以上，可见投资区域集中度非常高。对亚洲的投资主要集中于香港，这与民族文化相同和人脉关系相近有关；对拉丁美洲投资集于两个群岛，主要是规避关税的转移式投资；而对欧洲和北美洲的投资主要是为了接近东道国技术市场，反向利用东道国的技术溢出效应；对非洲的投资则是为了利用其丰富的自然资源和廉价的劳动力；对大洋洲投资以寻求战略资源和扩大经营网络为目标（参见表 1）。

表 1　2005 年末中国对外直接投资存量的洲际分布表

洲　　别	投资存量（亿美元）	比重（％）	洲　　别	投资存量（亿美元）	比重（％）
亚　　洲	406.3	71	非　　洲	15.9	2.7
拉丁美洲	114.8	20	北美洲	2.68	0.47
欧　　洲	15.98	2.8	大洋洲	2.45	0.43

资料来源：根据 2005 年中国对外直接投资公报数据整理。

（三）中国对外直接投资主要集中于低附加值的服务行业

从中国对外直接投资的行业存量分布来看，主要集中于技术水平和附加值较低的商务服务行业、批发零售行业，这是一种典型的商业存在式投资，在这部分投资中有些又通过商务服务方式进入中国内地进行返回式投资。近年来采矿业投资比重有所增加，这归功于对战略性资源投资力度的加大。而入世后贸易摩擦增加以及中国出口产品遭遇贸易壁垒的增多促使制造业投资的增加，与之相关联的交通运输和仓储业的投资也随之扩大（参见图 3）。

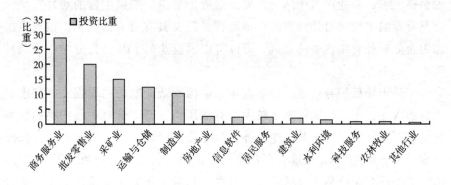

图 3　中国对不同行业投资比重

资料来源：根据 2005 年中国对外直接投资公报数据整理。

（四）中国对外直接投资的主体是中央国家企业，属于典型的国家推动式

从中国对外直接投资的投资主体来看，中央国家企业的投资占投资存量的 83.7％，这一方面体现国有或国有控股企业具有了对外直接投资的规

模优势、行业垄断优势和肩负国家战略产业安全的责任，另一方面也表明国有企业是国家"走出去"战略的忠实执行者。这就使中国对外直接投资具有明显的国家推动性，大部分企业缺少自觉自发的主动性。

从2004年和2005年两年不同投资主体的投资流量增长率来看，中央国家企业的投资增长幅度仍大大高于地方企业，表明中国大量的中小企业和民营企业对外直接投资的力度远远不够，如何促进民营企业"走出去"是政府的下一步工作重点（参见表2）。

表 2 中国对外直接投资主体构成

投资主体	2003 年（亿美元）	2004 年（亿美元）	增长率（％）	2005 年（亿美元）	增长率（％）	投资存量（亿美元）
中央国家企业	20.98	45.25	115.7	102.03	126.1	478.75
地方企业	7.57	9.73	28.53	20.58	11.5	93.3

资料来源：根据2005年中国对外直接投资公报数据整理。

中国企业对外直接投资发生于中国改革开放后生产能力大幅提升、产品竞争力不断提高、针对中国贸易的国际贸易限制增多、国内生产要素资源价格上涨、企业谋求国际化发展战略等形势下，所以中国的对外直接投资具有发展中国家对外投资的典型特征，但又具有自身的特色。根据目前国内企业对外直接投资的动机，可以将中国企业的 FDI 行为分为以下几种类型。

一是市场保护寻求型。由于近年来中国制造业能力的增强和产品出口数量的增加，给进口国带来了较大的竞争压力，所以针对中国产品的贸易壁垒也不断增多，除了关税壁垒外，近年来反倾销、反补贴和临时性保障措施以及 SA8000 标准等非关税的贸易保护措施使用数量和频率不断增加，增大了中国企业产品出口的难度和成本，刺激了部分企业通过 FDI 方式进入东道国或周边国家，以保护和寻求扩大产品的国际市场。

二是低成本寻求型。中国是劳动力要素十分丰裕的国家，具有劳动力成本优势，从而也形成了劳动力密集型产品的价格优势，但中国企业在世界市场上还是具有寻求更低生产成本的空间。因为对于许多工业制成品来说，除了需要劳动力要素外，还需要其他生产要素，而这些要素在中国国内并不一定是丰裕的，在过去企业不具备对外直接投资能力的情况下，只有通过贸易的方式来获得这些生产要素，但贸易方式并不是企业的最优选

择，所以在目前具备对外直接投资条件的情况下，许多企业也会进行 FDI
行为以从东道国直接获取生产要素。同时，在许多发展中国家劳动力要素
的成本比中国还要低，所以相比较而言，中国企业仍可以通过 FDI 活动在
全球范围内寻求更低的生产成本。

三是技术接近型。在中国制造业生产能力迅速增强的过程中，中国企
业的技术水平也不断提升，但不可否认的是与发达国家相比中国企业的优
势在于产品的制造加工等具有劳动密集型的特点，在产品的研发技术、生
产管理和营销管理等方面仍存在较大的劣势。对于存在技术劣势的中国企
业来说提高其技术和管理水平有 4 种基本方式，首先是以许可证形式购买
外国企业的技术；次之是对进口产品所包含的新技术进行分析研究并掌握
这种技术；再之是通过外商对本国的直接投资，利用其技术外溢效应；最
后是在技术领先和输出国（地区）进行研究类的直接投资，以在研发网络
中获得技术领先国的新技术的溢出效应。但布克利、卡森特（Buchly、
Cassont）和蒂斯（Teece）的研究表明，[1] 第一种方式会因为市场的不完全
和交易成本原因在实际操作中往往存在一定的障碍。而随着产品生命周期
的缩短和技术复杂程度的提高，技术模仿又具有一定的滞后性，所以通过
解析进口产品获取新技术的成本和难度增加，同时也会使进口国技术一直
处于劣势地位。而利用外商直接投资虽然给当地企业带来了研究、管理和
营销等方面的技术外溢效应，但是这种技术外溢效应是有限的。因为首先
外部直接投资企业在技术和管理上具有封闭性，阻碍了技术外溢效应的发
挥。次之，进入中国的外资在技术和管理水平上与母国仍有一定的差距。
所以对于需要引进新技术和东道国特殊知识的中国企业来说，通过对外直
接投资的方式加以获取成为理想的方式之一，因为直接投资活动可以最大
限度地降低东道国技术外溢的空间局限和约束性，融入东道国产品研发技
术、生产管理和营销服务网络之中。

四是战略资源寻求型。对于世界上许多跨国公司来说，在全球范围内
寻求战略资源和网络已成为其对外直接投资的重要目的之一。因为中国许
多企业正处于成长和发展阶段，国际化经营和战略意识不强，所以对全球
发展战略的考虑也不多。但近年来，随着中国一些大型国有和民营企业的
崛起，对全球发展战略十分关注，正试图通过产品贸易、外包式生产、对

---

① 茹玉骢：《技术寻求型对外直接投资及其对母国经济的影响》，《经济评论》2004 年第 2
期，第 109~112 页。

外直接投资、股权与非股权式兼并等经贸合作的方式谋求全球发展战略，而其中对外直接投资已成为许多企业关注的重点。

五是政府推动型。虽然中国经济经过多年以市场经济为目标的经济体制改革，但目前仍有相当一批大中型国有和国有控股企业，在这些企业中有的本身并不具备对外直接投资的优势条件和必要性，但由于企业负责人出于对中央、地方政府的"走出去"优惠政策的寻求，或企业负责人为了自己职位升迁等原因，也盲目地对外直接投资。

三 中国对外直接投资与经济发展水平的实证研究

（一）对中国对外直接投资所处阶段的实证检验

2003 年中国的人均 GNP 突破 1000 美元，2006 年近 2000 美元左右，按照目前中国经济发展水平，根据邓宁投资发展周期理论，中国国际直接投资应当处于整个周期的第二阶段与第三阶段的交界期。为了验证中国国际直接投资的阶段，做如下实证分析。

1. 变量与数据选择

选择中国净对外直接投资额：NFDI 为因变量，从 1984 年到 2006 年的 22 个投资趋势变量：Trend 为自变量。首先建立一元线性回归模型，根据中国 1984 ~ 2006 年的对外直接投资净额数据，对中国的对外直接投资趋势进行分析。然后又以 NFDI 为因变量，以人均 GDP 为自变量，对外直接投资净额与经济发展水平间的关系进行了分析。

2. 数据检验与结果分析

（1）对外净直接投资的趋势分析。

NFDI 与 Trend 数据回归分析结果如下式：

$$NFDI = 88.69 - 30.584 \text{ Trend} \qquad (1)$$

$$(3.104) \quad (-14.06)$$

$$R^2 = 0.908 \qquad F(1,22) = 197.82$$

其中自变量系数 T 统计值和 F 统计值均十分显著，R^2 也很高，说明该回归方程是比较理想的。根据该方程可以推断，在 1984 ~ 2006 年间，中国的净对外直接投资额的绝对数平均每年增长 30.584 单位。根据中国历年来 FDI 的净流出额，可以看出中国国际直接投资的净流出额呈现出明显的下降趋势，据此可以初步判断中国的对外直接投资仍然处于投资发展周期的第二阶段。

邓宁的投资发展周期理论还认为，一国的净对外直接投资额在前 4 个阶段呈现 J 形曲线分布，在第五阶段又将返回水平轴。以 1984～2006 年中国的净对外直接投资额为样本，建立如下非线性回归模型：

$$NFDI_t = \alpha + \beta RGDP_t + \gamma (RGDP_t)^2 \qquad (2)$$

其中，$NFDI_t$ 是 t 年的净对外直接投资额，$RGDP_t$ 是相应年份的人均国内生产总值（由于中国人均 GNP 与人均 GDP 相差不大，所以用人均 GDP 替代人均 GNP 值）。

按照投资发展周期理论，式（2）中的 β 和 γ 应分别小于零和大于零，即随着人均 GDP 的提高，一国的净对外直接投资额应当服从一个 J 形曲线分布。

针对 22 年数据的非线性回归，结果如下：

$$NFDI_t = 97.53 - 1119.8 RGDP_t + 481.9 (RGDP_t)^2$$
$$(5.435) \quad (-12.342) \quad (9.781)$$
$$R^2 = 0.978 \quad F(2,19) = 328.78$$

从上述回归结果来看，$R^2 = 0.978$，表示模型的拟合优度很高，人均 GDP 及其二次项系数的 T 检验也较显著，显示了中国人均 GDP 的确很好地解释了净对外直接投资的变动。从系数的符号来看，两个变量的系数符合邓宁发展周期理论"J 曲线"的假设，所以也可以判断，中国的国际直接投资目前仍然处于邓宁提出的 5 个发展阶段中的第二个发展阶段。

（二）中国对外直接投资与经济发展水平的协整分析

目前国内大部分学者限于从定性的角度，阐述对外直接投资与经济发展水平之间的关系，少部分学者通过回归的方法，考察对外直接投资与经济发展水平之间的关系，但很少指出两者之间是否存在长期的协整关系，以及两者之间是否存在因果关系。本文下面将对中国国际直接投资与经济发展水平进行协整分析，并考察两者间的因果关系。

1. 变量与数据的选取

分析以 OFDI 表示对外直接投资额，反映一国对外直接投资的能力。RGDP 代表人均国内生产总值，它反映经济发展水平。为了使 RGDP 与

OFDI货币单位一致，用当年的 RGDP 乘以当年的人民币对美元的汇率（汇率标准来源于中国人民银行网站），对 RGDP 进行计量单位调整，以美元计量的 RGDP 进行数量分析。因为对数变换并不影响原始变量之间的协整关系，而且对数变换往往可以消除异方差现象，所以首先对 RGDP 与 OFDI 进行对数变换，并分别用 LN（RGDP）和 LN（OFDI）来表示对数变换后的人均国内生产总值和对外投资额，然后分析两者关系。本分析所采用的样本数据为 1984～2006 的年度的相关统计数据。

2. 对时间序列 LN（$RGDP_t$）和 LN（$OFDI_t$）的单位根检验

因为协整关系存在的条件是，只有当两个变量时间序列 $\{x_t\}$ 和 $\{y_t\}$ 是同阶单整序列，即 $I(d)$ 时，才可能存在协整关系。因此在对 LN（$RGDP_t$）与 LN（$OFDI_t$）进行协整关系检验之前，先用 ADF 单位根检验方法对两序列 LN（$RGDP_t$）与 LN（$OFDI_t$）进行平稳性检验。检验结果如表 3。

表 3　时间序列 LN（$RGDP_t$）和 LN（$OFDI_t$）单位根检验结果

变　量	ADF 统计量	τ 临界值 （5%）	AIC	SC	检验形式 （c, t, k）	结　论
LN（OFDI）	-1.705	-3.6920	-7.4636	-4.412	(c, t, 1)	非平稳
LN（RGDP）	-1.945I	-3.6920	-4.5432	-7.362	(c, t, 1)	非平稳
ΔLN（OFDI）	-2.624	-3.7119	-6.2314	-4.685	(c, t, 1)	非平稳
ΔLN（RGDP）	-2.621	-3.7119	-5.3791	-7.579	(c, t, 1)	非平稳
Δ^2LN（OFDI）	-3.625	-3.0521	-7.4568	-4.2681	(c, 0, 0)	平　稳
Δ^2LN（RGDP）	-3.324	-3.0521	-4.5782	-7.2546	(c, 0, 0)	平　稳

其中：c，t，k 分别表示截距、趋势项和滞后阶数，Δ 和 Δ^2 分别表示一阶和二阶差分。k 的取值依据于 AIC 和 SC 取最小值，表 3 中的 k 值即为 AIC 和 SC 取最小值情况下的值，τ 相当于回归分析中 t 值。

由表 3 可以看出，序列 LN（$RGDP_t$）与 LN（$OFDI_t$）经过二阶差分后平稳，两者均为二阶单整序列，满足两变量的协整条件，两者可能存在协整关系。

3. 对时间序列 LN（$RGDP_t$）和 LN（$OFDI_t$）的协整关系检验

上述单位根检验表明变量 LN（RGDP）与 LN（OFDI）可能存在协整关系，为确定两者之间是否具有协整关系，以下根据恩格尔—格兰杰（Engle-Granger）协整检验的两步检验法进行检验，检验方法和步骤如下：

第一步，用 OLS 方法估计方程得到

$$LN(OFDI_t) = \beta_1 + \beta_2 LN(RGDP_t) + \varepsilon_t \qquad (3)$$

$$LN(\hat{O}FDI_t) = \hat{\beta}_1 + \hat{\beta}_2 LN(RGDP_t) \qquad (4)$$

$$\hat{\varepsilon}_t = LN(OFDI_t) - LN(\hat{O}FDI_t) \qquad (5)$$

第二步，检验误差序列 $\{\varepsilon_t\}$ 的单整性。如果 $\hat{\varepsilon}_t$ 经过 d 阶差分后为稳定序列，那么 $\hat{\varepsilon}_t$ 为 d 阶单整序列，则可以认为时间序列 $LN(RGDP_t)$ 和 $LN(OFDI_t)$ 存在协整关系。

根据以上所述方法，运用 1984～2006 年人均 GDP 和对外直接投资的实际数据，由 EViews5.0 软件得到如下结果：

$$LN(OFDI_t) = 1.1920 + 0.2109\, LN(RGDP_t) \qquad (6)$$
$$(18.120) \quad (39.921)$$

$$R^2 = 0.981 \quad Adjusted \ R^2 = 0.9678 \quad F = 414.765$$

从而得到误差序列 $\{\varepsilon_t\}$，其函数关系如下：

$$\varepsilon_t = LN(OFDI_t) - 1.1920 - 0.2109 LN(RGDP_t) \qquad (7)$$

(6) 式中的括号里值分别为 t 统计量值，各检验统计量值结果表明方程具有较好的拟合度。

根据恩格尔—格兰杰：检验法，若时间序列 $LN(RGDP_t)$ 和 $LN(OFDI_t)$ 存在协整关系，则 $\{\varepsilon_t\}$ 必须是单整的。为此对 $\{\varepsilon_t\}$ 进行 ADF 单位根检验，结果如表 4。

表 4　误差项的单位根检验结果

ADF Test Statistic	-1.9614	1%	Critical	Value	-2.7057
		5%	Critical	Value	-1.9067
		10%	Critical	Value	-1.6257

由于检验统计量值 -1.9614 小于显著性水平为 5% 时的临界值 -1.9067，因此可以认为误差序列 $\{\varepsilon_t\}$ 在 5% 显著性水平上是平稳序列，表明时间序列 $LN(RGDP_t)$ 和 $LN(OFDI_t)$ 具有协整关系，亦即人均国内生产总值与对外直接投资之间存在协整关系。从式（4）可以看出其协整系数为 0.4321。表明经济增长与对外直接投资具有正向的长期均衡关系，且

人均 GDP 每增加一个百分点，对外直接投资就会增长 0.2109 个百分点。

4. 人均 GDP 与对外直接投资之间因果关系检验

（1）误差修正模型的建立。

上述协整检验表明，人均 GDP 与对外直接投资之间具有协整关系，即两者具有长期的均衡关系，但是这种长期均衡关系是否构成因果关系，还有待进一步验证。由于现实生活中许许多多的时间序列是不平稳的，如果直接用于做回归分析可能会出现"伪回归"，因为误差修正模型既能显示长期的均衡关系，又能体现变量短期变化的影响，为此下面将根据误差修正模型对经济增长与对外直接投资增长进行短期和长期的均衡关系分析。

根据已经求得的误差修正序列 $\{\varepsilon_t\}$，构建经济增长与对外直接投资增长两者之间的误差修正模型如下：

$$\Delta \mathrm{LN}(\mathrm{OFDI}_t) = \beta_0 + \beta_1 \Delta \mathrm{LN}(\mathrm{RGDP}_t) + \sum_{i=1}^{P} (\theta_i \Delta \mathrm{LN}(\mathrm{OFDI}_{t-i})$$
$$+ \delta_i \Delta \mathrm{LN}(\mathrm{RGDP}_{t-i})) + \lambda \varepsilon_{t-1} + \mu_t \tag{8}$$

经过多次回归分析，可得到如下回归方程：

$$\Delta \mathrm{LN}(\mathrm{OFDI}_t) = 0.5216 \Delta \mathrm{LN}(\mathrm{OFDI}_{t-1}) + 0.1847 \Delta \mathrm{LN}(\mathrm{GDP}_{t-1}) + 0.1529 \varepsilon_{t-1} \tag{9}$$

数据估计分析结果如表 5。

表 5　误差修正模型的估计结果

变　量	系　数	标准误差	t 统计量	概率 P 值
$\Delta \mathrm{LN}(\mathrm{OFDI})(-1)$	0.5216	0.1416	5.1475	0.0002
$\Delta \mathrm{LN}(\mathrm{RGDP})(-1)$	0.1847	0.0391	2.9684	0.0140
$\varepsilon(-1)$	0.1529	0.0694	1.8538	0.1014
样本决定系数	0.6140	因变量的均值	0.0618	
调整后的决定系数	0.5938	因变量的标准差	0.0313	
回归标准误差	0.0204	赤池信息量（AIC）	-7.6266	
残差平方和	0.0062	施瓦兹信息量（SC）	-7.4782	
对数似然比	46.098	F 检验的统计量	12.447	
DW 统计量	3.4379	相伴概率	0.0006	

由 EViews5.0 软件运行结果可知，误差修正项 $\varepsilon(-1)$ 能在 10% 的显著水平上通过检验，其他两个差分项均能在 5% 的显著水平上通过检验，D-W 值为 3.4379，表明误差项 μ_t 不存在自相关。

由方程（9）可以看出被解释变量的波动可以分为两部分：短期波动，前一期 OFDI 增长率对后一期 OFDI 增长率具有正向的促进作用，并且短期影响高达 52.16%，滞后一期 RGDP 的增长对 OFDI 的增长也有一定的影响，但影响相对较小，为 18.47%。长期均衡 ε_{t-1} 的系数 λ 反映偏离长期均衡的调整力度，估计的系数值为 0.1529，调整力度不是很高。

（2）格兰杰（Granger）因果关系检验。

上述分析表明对外直接投资 OFDI 与 RGDP 之间具有协整关系，即两者具有长期的均衡关系，但是这种长期均衡的关系是否相互构成因果关系，即对外直接投资是否能促进经济的增长，经济增长是否又能带动中国企业的对外直接投资，或者两者皆有，这就需要进一步对两者之间的关系进行格兰杰（Granger）因果关系检验，为此建立如下分析模型：

$$LN(OFDI_t) = \delta_0 + \sum_{i=1}^{k} a_i LN(OFDI_{t-i}) + \sum_{i=1}^{k} \beta_i LN(RGDP_{t-i}) + \mu_t \tag{10}$$

$$LN(RGDP_t) = \sigma_0 + \sum_{i=1}^{k} \gamma_i LN(RGDP_{t-i}) + \sum_{i=1}^{k} \lambda_i LN(OFDI_{t-i}) + \nu_t \tag{11}$$

其中，ν_t 和 μ_t 为不相关的误差项。在以上模型中，如果式（10）中的滞后项 LN（RGDP）所估计的系数作为一个群体是统计上异于零（即 $\sum \beta_i \neq 0$），并且式（11）中的滞后项 LN（OFDI）所估计的系数的集合不是统计上异于零的（即 $\sum \lambda_i = 0$），则表明有从 LN（RGDP）到 LN（OFDI）的单向格兰杰因果关系。反之，如果式（10）中的滞后项 LN（RGDP）所估计的系数作为一个群体不是统计上异于零（即 $\sum \beta_i = 0$），并且式（11）中的滞后项 LN（OFDI）所估计的系数的集合是统计上异于零的（即 $\sum \lambda_i \neq 0$），则表明有从 LN（OFDI）到 LN（RGDP）的单向格兰杰因果关系。如果 LN（RGDP）和 LN（OFDI）的系数集在统计上都是异于零的（即 $\sum \beta_i \neq 0$，$\sum \lambda_i \neq 0$），则表示两者存在双向的格兰杰因果关系。

运用 Eviews5.0 软件可以计算出用于检验的 F 统计量及相应的概率，经过反复的实验对模型式（10）和式（9）取最大的滞后阶数为 2，分析结果如表 6：

表 6　格兰杰因果检验结果表

Nu11 Hypothesis	Obs	F 统计量	根率 P 值
人均 GDP 不是对外直接投资的格兰杰原因	20	8.2496	0.01102
人均 GDP 不是对外直接投资的格兰杰原因		3.4782	0.48880

格兰杰因果关系分析结果表明，在 5% 的显著性水平，LN（RGDP）是 LN（OFDI）的格兰杰原因，而后者不是前者的原因概率比较大，即对外直接投资不是促进经济增长的原因，但是经济增长可以带动中国企业的对外直接投资。这一检验结果表明，随着经济的增长，中国对外直接投资的数额将呈逐渐上升的趋势，这符合邓宁的国际直接投资理论，即随着一个国家的经济发展水平的提高，企业所拥有的优势将更加明显，那么这个国家的对外直接投资的数额也将逐渐增加，但对外直接投资的增多并不能促进国内经济发展水平。

（三）主要结论

通过建立计量经济模型，依据 1984～2006 年的样本数据，对邓宁的投资周期理论进行了检验，并对中国对外直接投资与经济发展水平进行了因果关系检验。主要结论如下。

（1）净对外直接投资与经济发展水平的线性与非线性回归分析结果表明，中国对外直接投资仍处于邓宁的投资周期理论的第二阶段，目前对外净投资呈现大量的负值与中国经济发展水平相吻合。

（2）通过对中国对外直接投资与经济发展水平之间的时间序列的单位根检验、两者之间协整分析、误差修正模型检验和因果关系检验。得到如下结论。

一是单位根检验结果表明，LN（RGDP）和 LN（OFDI）同是二阶单整的时间序列，两者存在协整关系，即对外直接投资的增长与人均经济规模的增长存在长期稳定的均衡关系。并且协整关系系数为 0.2109。说明人均 GDP 对中国对外直接投资有正向关系，表明人均经济规模的增长对中国的对外直接投资具有较大的影响作用。

二是由于长期误差项系数的大小反映了对偏离长期均衡的调整力度，误差修正模型中的长期误差项的系数估计值来看，调整力度一般。短期来看，人均 GDP 的短期波动与对外直接投资的短期波动也呈现正向关系，也就是说，短期内人均 GDP 的增加也能促进中国对外直接投资，但是系数不是很高。

三是从格兰杰因果关系检验来看，在5%的显著性水平下，人均 GDP 的增长是中国对外直接投资的格兰杰原因，而中国的对外直接投资的增长，并不是人均 GDP 增长的格兰杰原因。

四 对中国未来对外直接投资形势的判断

1. 从经济发展水平视角来看

1980 年邓宁通过对全球 67 个国家经济发发展状况和对外直接投资关系的研究，提出了对外直接投资的发展阶段理论。① 他按照一国人均国民生产总值（GNP）水平将一国对外直接投资分为 4 个阶段，在不同阶段一国对外直接投资的流入和流出水平各不相同，从而进一步发展了其折中理论，也对发展中国家对外直接投资给予了解释。

邓宁理论认为随着一国经济的发展和人均 GDP 水平的提高，一国的净对外直接投资将经历如下 4 个发展阶段。

第一阶段，人均 GNP 不超过 400 美元。是世界上最贫困国家。由于国内企业没有所有权和内部化优势，就不能利用国外的区位优势，所以没有对外直接投资。又由于该国缺少吸引外商直接投资的经济规模和市场条件优势，也较少有外商直接投资进入，所以国家的净对外投资为零或负值。

第二阶段，人均 GNP 处于 400 美元~2000 美元。由于国内经济发展水平的提高，市场规模的扩大，投资环境改善，区位优势增强，外商直接投资进入迅速增加，但由于国内企业的所有权与内部化优势有限，该国的净对外直接投资仍为负值，大多发展中国家处于该阶段。

第三阶段，人均 GNP 处于 2000 美元~4750 美元。处于这一阶段的国家经济实力有了较大的提高，国内部分企业开始拥有所有权和内部化优势，对外直接投资迅速增加，且速度超过外国对本国的投资。虽然此阶段国际直接投资的流入与流出量规模较大，但净流量仍为负值，大多数新兴工业化国家处于这一阶段。

第四阶段，人均 GNP 超过 5000 美元。处于这一阶段多为发达国家，他们具有较强的所有权和内部化优势，并能从全球战略分工角度利用东道国的各种优势，所以国际直接投资净值为正值。

---

① Dunning. J. H. , 1981. International Production and the Multinational Enterprises . Allen&Unwin.

1988 年，邓宁又提出第五个阶段。此阶段的净对外直接投资额仍然为正数，但绝对值已经开始下降。与前 4 个阶段相比，第五个阶段受经济发展阶段的影响程度大大减弱，而更多地取决于发达国家之间的交叉投资。

遵循邓宁的投资阶段理论，以人均 GNP 来表示一国经济发展水平，以净对外直接投资表示参与国际直接投资的地位，可以将处于不同经济发展阶段的国家分为 5 组，表述对外直接投资与国民经济发展水平间的关系，也可以将一个国家伴随经济发展水平的提高而参与国际直接投资的动态演变历程，可划分为 5 个阶段，在前 4 个阶段两者间呈现 J 型结构（见图 4）。

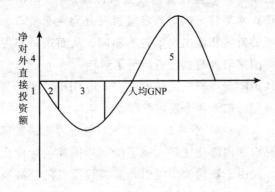

图 4　对外直接投资发展周期图

说明：此图自行绘制。

2003 年中国的人均 GNP 突破 1000 美元，2006 年近 2000 美元左右，按照目前中国经济发展水平，根据邓宁投资发展周期理论，中国国际直接投资应当处于整个周期的第二阶段与第三阶段的交界期。

2. 从规避贸易壁垒视角来看

当随着中国对外贸易的不断增加，各种贸易摩擦也不断增加，反倾销、反补贴、保障措施和特保措施层出不穷，中国已逐渐进入贸易摩擦多发期，中国企业走出去遭遇的贸易壁垒也越来越多。当受到进口国的贸易保护壁垒限制时，为了绕过这些壁垒，很多出口企业都会选择在东道国进行直接投资。当前，对外直接投资已成为出口生产企业跨越国外技术性贸易壁垒的主要途径之一。

理由主要有：其一，认为出口企业在出口商品时，所遭遇到的进口国技术性贸易壁垒可以通过对外直接投资这一过程进行规避，即可以通过资本、技术、劳务等生产要素的输出等形式来规避国外技术性贸易壁垒。其二，主要是从规避技术性贸易壁垒的角度解释：认为在新古典经济学理论中，几乎从未考虑过对外直接投资的问题。由于贸易使生产要素的价格相等，在没有外部经济、贸易障碍和信息成本的情况下，国际贸易是进入国际市场的"唯一最好方式"。只有国际贸易出现了摩擦和障碍时，对外直接投资才会出现。对此问题，海默在其著名的博士论文中也曾做过分析：为了逾越当时的欧洲共同市场和欧洲自由贸易协会两个贸易集团对外设置的贸易壁垒，美国一些具有所有权特定优势的企业大量进行直接投资。

芒德尔（Mundell，1957）最早研究了投资对贸易的替代性。他利用两个国家、两个产品和两种生产要素的标准贸易模型，考察了贸易障碍是如何导致资本的国际流动或直接投资的。他认为，假如两个国家之间不存在资本的流动障碍，那么，由于贸易障碍会引起两个国家之间资本边际收益的差异，贸易障碍在一定条件下会导致资本的国际流动或直接投资，并最终导致资本要素价格的均等化。芒德尔实际上是使用资本边际收益的差异来解释对外直接投资的。

中国由于受国际贸易保护主义倾向抬头、国际竞争日趋激烈等因素的影响，中国遭遇的贸易摩擦日益增多，已进入贸易摩擦高发期。由于多边贸易协定限制了各国使用关税和其他非关税壁垒的能力，因此，反倾销日益成为各国进行贸易保护的主要工具，也成为产生国际贸易摩擦的新的壁垒。中国在 1995 年遭遇的反倾销数量是 20 起，到 2006 年已经上升到 70 起。随着中国遭遇的反倾销数量的不断增加，根据对反倾销措施的效应所进行的实证研究表明：跨越反倾销壁垒的对外直接投资（Antidumping-jumping FDI）现象已经相当普遍，因此有理由相信中国企业对外直接投资的步伐将会进一步加快。

3. 从边际产业与战略寻求视角来看

20 世纪 70 年代中期日本一桥大学教授小岛清根据国际贸易比较成本理论，以日本厂商对外直接投资情况为背景提出了比较优势理论，又称为边际产业扩张理论。比较优势理论的基本观点是：根据比较成本的原则，对外直接投资应该从本国（投资国）已经处于或趋于比较劣势的产业（又称边际产业）依次进行。这些边际产业是对方国家具有比较优势或潜在比较优势的产业。从边际产业开始进行投资，可以使对方国家因为缺少资本、技术、经营技能等而未能显现或未能充分显现出来的比较优势显现出来或增强起来，可以扩大两国间的比较成本差距，实现数量更多、更大的贸易。邓宁对外直接投资根据对外直接投资的动机不同，分为 4 种基本类型：即资源寻求型、市场寻求型、效率寻求型和战略资源寻求型。

中国企业对外直接投资发生于中国改革开放后生产能力大幅提升、产品竞争力不断提高、针对中国贸易的国际贸易限制增多、国内生产要素资源价格上涨、企业谋求国际化发展战略等形势下，所以中国的对外直接投资具有发展中国家对外投资的典型特征，但又具有自身的特色。从目前中国企业对外直接投资的动机与模式来看，基本符合小岛清的边际产业扩张理论和邓宁所归纳的对外直接投资 4 种基本类型中的战略资源寻求型。战略资源寻求型主要是指为获取外国公司的资产或战略性资源以推进本公司长期发展而进行的投资，此类投资的投资国多为发达国家，东道国多为发展中国家。但近年来发展中的经济大国也会通过上游一体化的逆向兼并等方式进行战略资源寻求型的投资。如中国对中亚国家的石油开采业的投资。

4. 从市场寻求与技术接近视角来看

对于中国企业来说，市场寻求型对外直接投资占相当比重。而其对外直接投资的目标国可以是发达国家。也可以是发展中国家，因为就目前来看，欧盟、美国、日本等发达国家是中国工业产品的主要出口目标市场，但这些地区和国家对中国产品出口设置了许多非关税贸易壁垒，对中国产品的进入构成了极大的威胁，通过直接投资的方式可以有效地规避这些贸易壁垒，保护和扩大发达国家的市场份额。但是对发达国家的直接投资最大困难是这些地区或国家的劳动力成本大大高于中国，会使生产成本上升，产品竞争力下降，使企业受到损失。而中国企业对发展中国家的直接投资同样也具有规避贸易壁垒和保护扩大市场的功效，同时由于发展中国家也具有劳动力成本优势，从而维持产品的竞争优势，所以对于市场寻求型的中国企业来说，理想的对外直接投资路径选择是通过对发达国家周边发展中国家的直接投资，生产工业产品后再出口进入发达国家市场，实行一种"迂回式"的间接出口。如中国的纺织类企业可以到拉美地区的墨西哥、哥伦比亚、牙买加、智利、阿根廷、厄瓜多尔、乌拉圭、特立尼达和多巴哥等国家进行直接投资，根据对这些国家外资政策和纺织品生产成本的综合考察，非常适合中国纺织企业的直接投资。[①] 而家用电器类企业则

---

① 商务部对外经济合作司：《拉美地区纺织服装加工贸易投资国别指导目录》，《经济管理文摘》2004 年第 10 期，第 33 页。

可以到东欧的一些经济转型国家和东盟的部分国家进行直接投资，然后再以贸易方式将产品打入欧盟、美国和日本等发达市场，但在进行这种方式直接投资时，要注意发达国家的产品原产地原则。

对于技术寻求型的企业来说，虽然普遍需要对新技术的引进和寻求，但是目前需要通过对外直接投资寻求技术的仍是具有一定规模和实力的大型高新技术产品生产企业，如家电类、汽车类、通讯产品类大型企业，因为这些企业只有拥有世界领先的技术水平和自主的研究能力才能保持产品的国际市场竞争力。由于世界先进技术特别是信息技术基本上集中于美国、日本和欧盟等少数国家和地区，所以技术寻求型的对外直接投资应以发达国家为目标市场。但在具体投资的路径安排上中国企业一定要注意应在发达国家投资产品的技术研发和经营管理方面，而不是投资于产品的生产加工环节，所以对这些国家直接投资应建立技术研究中心、营销管理研究中心为主，充分利用发达国家的技术研发的外溢效应和集聚效应，然后指导母国公司的产品生产技术升级。如中国的海尔集团在美国建立研发中心就属于这类投资。同时中国类似企业还可以到美国、欧盟、日本等建立研究中心。

参考文献

［1］ John. H. Dunning. International Production and the Multinational Enterprises ［M］, George Allen and Unwin, 1981, p. 439.

［2］ Javorcik, Beata, Smarzynska: "The composition of Foreign Direct Investment and Protection of Intellectual Property Rights: Evidence from Transition Economics", *European Economic Review* 2004, 48 (1) pp. 39 – 62.

［3］ Aitken, B. & Harrison, A. "Do Domestic Firms Benefit From Foreign Direct Investment? Evidence from Venezula", *American Economic Review*, 1999 (89), pp. 605 – 618.

［4］ Konings, Jozef: "The Effects of Foreign Direct Investment on Domestic Firms", *Economics of Transition*, 2001, pp. 619 – 633.

［5］ De Gregorio J., Economic growth in Latin America, *Journal of Development Economics*. 1992, 39, pp. 59 – 83.

［6］ Bloomsom, M. Kokko. A. Multinational corporations and spillovers, *Journal of economic Surveys*. 1998, 12 (3), pp. 247 – 277.

［7］ Balasubramanyam. V. N., Salisu, M., Sapsford, D. Foreign Direct Investment and

Growth in EP and IS countries. *Economic Journal.* 1996，106，pp. 92 - 105

[8] Borensztein. E，De Gregorio J.，Lee. J. w，How does Foreign Direct Investment Affect Economic Growth，*Journal of International Economics Surveys*，1998，12 (3)，pp. 247 - 277.

[9] 魏后凯：《外商直接投资对中国区域经济增长的影响》，《经济研究》2002 年第 4 期。

[10] 武剑：《外国直接投资的区域分布及其经济增长效应》，《经济研究》2002 年第 4 期。

[11] 于津平：《外资政策、国民利益与经济发展》，《经济研究》2004 年第 5 期。

[12] 卢获：《外商投资与中国经济发展—产业与区域分析证据》，《经济研究》2003 年第 9 期。

[13] 高铁梅、康书隆：《外商直接投资对中国经济影响的动态分析》，《世界经济》2006 年第 4 期。

[14] 赵果庆：《中国 GDP-FDIS 非线性系统的动态经济学分析——中国 FDIS 有最佳规模吗?》，《数量经济技术经济研究》2006 年第 2 期。

[15] 赖明勇、包群、彭水军、张新：《外商直接投资与技术外溢：基于吸收能力的研究》，《经济研究》2005 年第 8 期。

[16] 程惠芳、阮翔：《用引力模型分析中国对外直接投资的区位选择》，《世界经济》2004 年第 11 期。

[17] 蔡锐、刘泉：《中国的国际直接投资与贸易是互补的吗?》，《世界经济研究》2004 年第 8 期。

[18] 茹玉骢：《技术寻求型对外直接投资及其对母国经济的影响》，《经济评论》2004 年第 2 期。

[19] 商务部对外经济合作司：《拉美地区纺织服装加工贸易投资国别指导目录》，《经济管理文摘》2004 年第 10 期。

资本项目开放研究

王仁祥　肖科

2007年8月20日，"港股直通车"政策的出台标志着中国资本项目管制的重大体制突破。资本项目管制是一把"双刃剑"。当海外金融市场波动的时候，资本管制就好比是一道有力的防火墙，能够避免直接的波及。10年前亚洲金融危机时，中国能够免于直接陷入其中，正是受益于资本项目的严格管制。但另一方面，资本项目管制的弊病也很明显，包括监管的成本日渐高企、金融市场资源配置效率的低下、削弱了本国金融业在国际市场上的竞争力等等。近年来，随着中国金融监管体制的完善、商业银行应对风险能力的提高、汇率政策体制配合的更加默契、反洗钱机制的完备、外汇储备的日益充裕、巨大贸易顺差的逐年攀升，国内有关资本项目进一步开放的呼声越来越高涨。然而，资本项目的开放绝非是一个简单的问题，需要有更大的谋略，需要找准时机，需要视前提条件的完备程度，制定具体开放的步骤。

一　资本项目开放的定义

资本项目，又称资本与金融项目，是国际收支平衡表中的一个项目。按照国际货币基金组织《国际收支手册》第5版的口径，资本项目包括资本和金融两个账户。资本账户是指资本转移以及非生产、非金融资产的收买和放弃；金融账户包括经济体对外资产和负债所有权变更的所有交易，这类变更情况包括同世界其他地方双向债权的产生和清偿，包括直接投资、证券投资及其他投资。

资本项目开放，目前学术界尚未给出权威定义，一般是指一国允许其资本项目下的各种资本（包括商业性资本、产业性资本和金融性资本，但通常所指的资本项目开放主要是指金融性资本开放）自由流动。① 可以从以下3个方面把握其深刻内涵。

（1）资本项目开放有两层含义。一是从动态角度来讲，资本项目开放是一个逐步推进和完成的过程，目标是达到资本项目可兑换。从1996年经常项目可兑换以来，中国一直处在资本项目不断开放的过程中。二是从静态角度来讲，资本项目开放是指资本可在一国与他国之间自由流动，包括在金融市场的自由交易和货币的自由兑换。本文主要从资本项目开放的动态过程方面来展开研究。

（2）资本项目开放具体是指解除国际收支平衡表中资本与金融项目下的资本流动管制。可以分成两个层面：一是指放开跨境资本交易本身的管制；二是取消与资本交易相关的外汇（包括资金跨境转移及本外币兑换）的管制。② 因此，资本项目开放可以是资本交易的放开，也可以是资本项目下的汇兑自由，可以是两者同时放开，也可以是先后进行；但资本与金融项目下的汇兑自由，是开放的最后一步。

（3）资本项目开放是一个相对概念。从世界各国（包括发达国家）的资本项目开放和汇兑安排的实践中可洞悉：世界上没有绝对的开放，也没有绝对的管制；尚无一个国家真正实现了资本项目的完全开放，美国也不例外。资本项目包括众多子项目，由于各国的内外经济环境不同，每一个国家总是根据自己的特殊约束条件及环境，选择不同的政策及方式开放资本项目。在放松或取消资本项目中一些子项管制的条件下，一国货币当局依然可以对资本项目中另一些子项实施管制；在国内外条件变化的情况下，一国货币当局也可以对已经取消管制的资本项目子项再度实行管制。因此，资本项目开放，是指资本项目的基本开放，即大部分或绝大部分子项目已充分开放，而少部分或个别子项目依然有所管制的状态。

综上所述，资本项目开放是一个过程的集合。它既是一个复杂且具体的过程，国内外无现成的经验可借鉴；又是一个动态的演进过程，不可能绝对实现，更不可能一步到位。当今中国所强调的开放资本项目从严格意义上讲是指放松或取消资本项目中尚未放松或取消管制的子项目。

---

① 廖发达：《发展中国家资本项目开放与银行稳定—兼论中国资本项目开放》，上海远东出版社，2001，第183页。

② 王国刚：《资本账户开放与中国金融改革》，社会科学文献出版社，2003，第151页。

二　资本项目开放的条件

学术界认为，开放资本项目下的流动，需要满足稳定的宏观经济环境、相当的国力水平、健康的微观经济基础、高效的金融监管体制、有效的金融运作体系、有效配合的汇率政策体制、完备的反洗钱机制和充裕的外汇储备等等前提条件。[1][2] 尽管资本项目开放必须具备这些条件，但并不意味着要等到具备所有条件之后才开始推行，各国应根据自身所具有的条件和内在要求来决定如何推进本国的资本项目开放。

（一）稳定合理的宏观经济政策

稳定合理的宏观经济政策是任何一个国家开放资本项目的基本前提。因为在一国资本项目开放过程中，价格、利率、汇率和收入等经济杠杆将逐渐取得对经济生活的主导调节和支配地位，稳定合理的宏观经济政策有助于这些经济杠杆作用的发挥，而不稳定合理的宏观经济其本身就是资本大规模投机性流动的诱因。为了避免资本的大量不利流动，必须实行稳定合理的宏观经济政策。一是要实行稳健的财政政策。如果财政扩张过度会产生巨额赤字，导致高利率，从而引发投机性资本流入，影响宏观经济的稳定。二是要采取灵活的货币政策。资本项目开放可能会降低货币政策实施的独立性，因此货币当局必须增加间接金融工具（特别是公开市场操作）的应用，从而减少对银行等的直接干预。此外，货币当局要随时警惕通货膨胀，减少资产价格的波动，从而使投资者的决策更加合理。三是要保持经常项目略有顺差。由于经常项目与资本项目紧密相连，它对资本流动有较大的作用，那些经常项目有着巨额逆差的国家往往会扩张外债以克服不平衡，这将提高偿债率，增加风险。保持经常项目略有顺差可以增强抵御金融风险的实力，也可为资本项目开放提供一个宽松的环境。

（二）健康完善的微观经济基础

尽管资本项目开放主要涉及宏观经济环境的变化，但是，宏观经济状

---

[1]　姜克波：《人民币可兑换和资本管制》，复旦大学出版社，1999。

[2]　世界银行：《全球经济展望与发展中国家1998/99：写在经济危机之后》，中国财政经济出版社，1999。

况是以微观经济主体状况为前提的，而且从长远看取决于后者。作为微观
经济基础的企业的健康与否不仅直接关系企业自身在激烈市场竞争中的生
存与发展状况，而且也影响金融体系资产的安全与风险程度，进而影响资
本项目开放能否正常推进以及宏观经济是否具备足够的调整能力。在许多
发展中国家，由于政府的长期保护、过度干预与管制，企业在治理结构方
面普遍存在着严重缺陷。在解除资本管制、实行资本项目开放之前，发展
中国家必须对国内企业进行系统的改革和重组，建立健全现代产权制度，
优化公司股权结构，建立良好有效的公司治理结构，形成有效的激励和约
束机制，硬化企业预算约束，使企业真正成为具有竞争意识和自我生存能
力的经济实体。只有这样，国内企业才能充分利用资本项目开放带来的各
种机遇，从容应对开放带来的各种挑战。

（三）适度充裕的国家外汇储备

适度充裕的国家外汇储备是顺利推进资本项目开放的重要前提。主
要是因为：① （1）相对充裕的外汇储备可以较好地应付一国经济日益开
放条件下所面临的各种国际冲击，减少经济运行中的不确定性，减轻国
际收支调节的压力；（2）资本项目开放过程中很可能会在短期内发生难
以预测的经济金融波动，甚至会导致经济金融危机，而充裕的外汇储备
可以有效化解；（3）充裕的外汇储备有利于凝聚市场信心，在一定程度
上抑制短期资本投机。需要强调的是充裕的外汇储备必须适度。因为过
多的外汇储备的机会成本太高；而且外汇资产猛增所引起的金融危机也
不可小视。②

（四）健全高效的金融监管体系

健全高效的金融监管体系是资本项目开放的重要保证。首先，从银行
体系来说，资本项目开放之后，面对外国资本大量流入而引起的银行体系
可贷资金迅速膨胀，如果没有有效的金融监管体系，结果是灾难性的。③
1997 年东南亚金融危机爆发就是如此。因为，在这种情况下，银行很可能

① 张礼卿：《资本项目开放的政策性框架：前提条件、速度和顺序》，《国际金融研究》
1999 年 11 期。

② 蒋硕杰：《外汇资产猛增所引起金融危机之对策》，《台湾货币与金融论文集》，台湾联
经出版事业公司，1975。

③ IMF：《世界经济展望：金融危机案例分析与指标预示》，中国金融出版社，中译本，1998。

会放松风险约束，大举涉足高风险部门或行业，如将贷款直接投向房地产和有价证券等具有高回报率的领域，或是通过参股、控股房地产公司和证券公司变相将资金投入进去，并使这些部门的资产价格迅速膨胀。而这一切，将不可避免地把整个社会经济推向泡沫化，并以累积大量的不良资产而告终。因此，为了防范银行系统的风险，在资本账户项目之前，应该建立起健全的银行监管体系。其次，对证券市场来讲，资本账户开放后，外国证券资本将会大量地流入，特别是那些短期逐利者将会闻风而动。如果不能有效地控制过度投机，那么不仅无法实现利用证券市场来进行长期融资的目的，而且将面临灾难性的金融动荡。因此，只有在金融基础结构比较完善（如有效的信息披露机制、公正的市场中介机构等），在金融监管体系比较健全的情况下，资本账户才能放开，否则不仅整个金融市场的资源不能有效配置，而且会造成金融整个市场的激烈震荡。

（五）富有弹性的汇率制度安排

通常情况下，为了减少资本项目开放后资本流动规模扩大所引起的经济运行中的不确定性，除了持有适度充裕的外汇储备外，更为明智的选择是较高弹性的汇率制度安排。根据"蒙代尔三角定律"：在开放经济条件下，一国政府只能同时实现资本自由流动、货币政策独立性与汇率稳定三大政策目标中的两项。一国开放资本项目意味着该国选择了资本的国际间自由流动。为了在放松资本流动管制基础上保持国内货币政策独立性，该国就应当放弃固定汇率制，选择具有灵活性与弹性的浮动汇率制度。其基本理由在于：第一，随着资本项目开放而产生的国际资本流入或流出的增加，会使投资者产生对本币的升值或贬值预期，并形成相应的投资或投机行为，从而对国内的货币政策独立性与固定汇率制度形成压力，因此，通过选择更具灵活性与弹性的浮动汇率制对本国汇率做出适时调整，实际上就可以基本打消投机者对本币的升贬值预期，抑制投机性资本流动。第二，在资本自由流动的情况下，较高弹性的汇率安排可以大大增强本国货币政策的独立性，并成为阻止外部市场动荡对国内经济冲击的"防火墙"。[①] 在业已完成资本项目开放的发展中国家中，除了阿根廷、爱沙尼亚等极少数国家在资本项目开放时选择了固定或钉住的汇率制度外，更多的

---

① 余波：《中国资本项目开放的金融风险防范研究》，《生产力研究》2007年第12期。

国家如萨尔瓦多、冈比亚、圭亚那、牙买加、秘鲁、委内瑞拉、智利等都先后放弃了固定或钉住汇率制，而改行单一的、以市场供求为基础的浮动汇率制。值得指出的是，从某种意义上说，正是泰国在资本项目开放后所实行的钉住汇率制，使僵化的汇率制度安排成了国外投机者攻击的目标，当政府在抛售大量外汇储备以试图维持汇率稳定的措施失败之后，终于引发了本币泰铢恶性贬值的后果。显而易见，适时地改革汇率制度，选择更具灵活性与弹性的浮动汇率制，应是发展中国家开放资本项目过程中明智的政策选择。

（六）市场化的利率形成机制

市场化的利率形成机制是资本项目开放不可或缺的条件。首先，利率由市场来决定是防止资本非正常流动的有效途径，可以杜绝以利差套利为目的的投机资本流动。资本管制解除之后，资本的流入和流出将主要依靠利率进行调节。如果继续维持金融压抑环境下的利率管制，很可能造成资金价格信号的失真。当受到人为管制的利率水平明显低于国际利率时，资本项目开放的结果将是资本外逃；反之，则可能引起短期资本的过度流入。其次，在利率尚未市场化的条件下，资本项目开放带给一国的不是利益，而是动荡不安的经济金融危机。这主要因为资本项目开放要实现利用外国金融资源来弥补本国投资储蓄缺口，促进该国经济的长期增长的利益目标，首先必须实现利率市场化。否则，本国投资储蓄缺口不仅不能反映本国资金稀缺情况，而且其缺口可能是国内有限的金融资源没有有效地利用而造成的，国外金融资源的引入实际是挤出了国内储蓄；同时，引入的国外金融资源同样也得不到有效的利用，不能成为经济长期增长的新动力，最终还可能引发外债的偿还危机。可见在利率管制的情况下，资本项目开放并不能为国内经济发展增加动力。再次，在利率管制的条件下，金融市场的广度与深度要受很大限制。在发达的市场体系中，为了在竞争中取胜，市场竞争主体就会努力开展金融创新活动，从而促使新的金融工具、品种、市场应运而生。但是在利率管制情况下，金融机构必然倾向于通过非市场的竞争方式来获取利益，这必然会阻碍金融服务和金融工具的创新和多样化，抑制金融市场的深入发展。所以，在金融压抑的情况下，资本项目开放必然不利于现行的市场经济发展。

三　资本项目开放的模式

根据开放的速度，资本项目开放的模式传统上可以分为两种类型：激进模式和渐进模式。随着时间的推移，人们在实践中发现，激进模式和渐进模式都存在一些难以克服的缺陷，据此，约翰斯顿（Johnston）于1997年提出了整体模式的概念。

（一）激进模式

资本项目开放的激进模式是指开放的进程由政府制订一揽子计划来启动，启动之后，市场主体的行为就对开放的进程日益起决定性的作用，而政府的力量逐渐被削弱，常常难以控制整个进程；整个开放的过程进展较快、较全面，每一个环节都在同一时间或较短间隔的时间内推出，各种因素的影响相互冲击，对政策的冲击力度较大。由此可见，这一模式具有明显的开放速度快、范围大、冲击力强的特点。

（1）积极效应。这种较快速的开放可迅速刺激资本流入并增加国际竞争压力，可以促进国内资本市场的快速发展，同时也对一些限制自由经济、阻碍资源有效配置的力量造成冲击，这些都是积极效应。但是这种模式对于改革主体的要求也相应更高，要求国内宏观经济比较稳定，货币、财政和汇率政策相互配合有力；国内金融体系稳健，具有较高的竞争力和较强的风险承受力；监管体系强大有力，信息公开、透明度高等等，这些可以抵御资本项目开放对一国经济的冲击，保障每一环节的开放迅速并顺利进行。事实上，快速完成从严格管制的金融系统到开放的金融系统的转换大多是发达工业国家，这些国家的成功开放很大程度上归功于国内发达的金融体系和监管体系。

（2）消极效应。在这一模式下，政府在设计开放进程时就容易追求速度和力度，忽视了开放的前提条件和准备工作，资本管制一旦放松，市场力量日渐强大，由于缺乏有效的政策配合及有力的金融体系的支持，资本自由化逐渐脱离了国内体制改革，呈现出体制的混乱，国内经济不堪一击。智利在1985年以前的开放历程恰好说明了这一点，因而对于新兴市场国家和发展中国家而言，激进的开放模式蕴藏了极大的风险。

激进模式的代表人物主要包括拉尔（Lal）和班达瑞（Bhandari）。拉

尔 (1987)[①] 认为，资本账户开放与贸易改革、实行浮动汇率制度以及财政制度的改革应该在经济改革的初期阶段同时进行。由于金融自由化与贸易自由化可以同时实现，直接投资和间接投资都应该在世界通行的利率水平和通行的贸易价格水平基础之上进行。班达瑞 (1989)[②] 认为，在资本管制的情况下，削减关税会造成价格紧缩等不良后果。如果政策目标与该国的国际竞争力和汇率有关，那么资本账户应当优先开放。

布鲁诺 (Bruno, 1988)[③] 则认为，一国在经济改革的初期之所以会考虑实行资本账户自由化，是因为：第一，与实质经济开放 (包括取消对进口品的数量限制、统一进出口补贴以及逐渐或快速降低关税等) 相反，政府在金融领域面临的反对意见 (这些意见来自于有权力的既得利益集团，他们的利益在面临国外竞争时会被削弱) 较少；第二，可以利用多余的国外资金缓解投资和融资的问题，而且政府还能够在一些国内部门利用那些看起来便宜的国外资金，同时保持国内的高利率；第三，在许多情况下，政府可以使用这些资金增加支出，而无需求助于税收，也无需动用印钞机。

总而言之，赞成激进模式的学者认为，在经济改革的初期就开放资本项目，是因为资本项目开放能够通过利率、汇率等价格机制减少经济运行中的各种扭曲，提高资源的配置效率，同时资本的大量流入也可以提高资本稀缺国家的福利水平。

(二) 渐进模式

资本项目开放的渐进模式是指由政府负责开放方案的总体设计，并且自始至终主导着开放的进程；开放过程中每一个环节的顺序都由政府选定，政府可以根据上一个环节的实施状况调节下一个环节的开放时间和开放力度，对政策的冲击力度较小。

这种模式强调了政府在整个开放过程中的作用，并讲求开放与国内体

[①] Lal, D., 1987, The Political Economy of Economic Liberalization, *The World Bank Economic Review*, Vol. 1, January, pp. 273 - 299.

[②] Bhandari, J. S., 1989, Trade Reform Under Partial Currency Convertibility, Staff Papers, IMF, vol. 34 No. p. 2.

[③] Bruno, M., 1988, Opening up, inR. Dornbusch and f. L. C. H. Helmers, eds., The Open Economy: Tools for Policymakersin Developing Countries, NewYork: Oxford University Press. Chapter10.

制改革间的政策配合，使开放的速度和进程与国内改革协调一致，避免了因超前开放而给国内经济造成的不良影响。实践中，渐进式开放模式被发展中国家广为采纳，其成功的案例多在东亚和东南亚地区，如中国台湾、新加坡、印度尼西亚等国和地区。这种模式成功的最主要的条件是：存在"高质量"的政府选择与市场机制相吻合的经济开放政策，但是必须认识这种政府替代市场的次优选择存在着一定的局限性，当开放进行到一定阶段，政府的效力会受到多方面的冲击而减弱，只有依靠高效率的市场机制才能最终保障资本项目开放的顺利实现。

渐进模式对于国内经济体制尚不健全或金融市场欠发达，同时面临国内改革和国际化改革任务的新兴市场国家尤为适用。这是由新兴市场国家的国情所决定的。

（1）市场体系发育不健全。西方发达国家在历史上经历了缓慢、渐进和自发的市场发育过程和经济增长方式，才拥有今天发达高效的市场体系，而发展中国家落后的经济状态和残缺的市场决定了它不可能以巨大代价来重复西方模式，而寄希望于政府。政府替代市场的本质是政府为克服未发育或残缺的市场所造成的制度缺陷，以强大的行政力量所进行的制度创新和制度供给。在开放中政府运用强有力的政治、经济、法律等宏观手段来引导资源的配置、经济结构的调整，并约束某些不规范的市场主体行为，以期通过国家和市场主体报酬相互递增来达到市场的扩张和健全，这种政府主导型经济是"东亚奇迹"的主要原因。

（2）国内缺乏稳健有效的金融体系。一般来说，理想的资本账户开放应在国内发达的金融体系的支持下进行，但是发展中国家普遍缺乏健全的金融体系和发达的金融市场，这就决定了资本账户开放的同时必须加大国内金融体制的改革，并且密切注意两项改革的进度和相互影响，因而整个开放必须谨慎设计、有序实施。

渐进模式的代表人物主要包括爱德华兹（Edwards）和麦金农（McKinnon）。爱德华兹（Edwards，1984）[1] 认为，只有国内金融市场改革和国内利率提高之后，资本管制才可以解除，而只有在财政赤字得到控制之后才能提高利率。从实际汇率的反应角度看，一国在经常账户开放之后才可

---

[1] Edwards, Sebastian, 1984, The Order of Liberalization of the External Sectorin Developing Countries, Princeton Essays in International Finance, No. 156, Princeton：Princeton University Press.

以进行审慎的资本账户开放。他认为，在一个划分为出口商品、进口商品和非贸易品 3 个部门的世界里，关税的削减一般会导致实际汇率的贬值，而资本账户可兑换在短期内会导致实际汇率的升值，贸易部门会处于不利地位。因此，资本账户的开放应该被推迟，直到贸易部门发展到足以吸收消化实际汇率升值的影响为止。在国际贸易本来存在扭曲现象的情况下，资本账户开放会带来社会福利的损失。

麦金农（1993）[①] 在《经济市场化的次序》一书中，在通过对大量国家的案例分析总结后，认为经济市场化有一个"最优"次序。在实行市场化改革的不同国家中，这种次序虽然会因为初始条件的不同而有所不同，但都具有一些共同的特点：财政控制应该优先于金融自由化；市场化的第二步是开放国内资本市场，使存款人能够得到、借款人能够支付正的实际利率（名义利率对通货膨胀做了调整）；最后进行外汇自由化，其中经常账户的自由化应该优先于资本账户的开放。资本账户自由化是经济市场化的最后一步，否则就"会导致未经批准的资本外逃或者没有偿还能力的外债堆积，或者两者兼得。"他的分析逻辑如下：如果实行市场化的国家积累了巨额的财政赤字，无非通过下面两种方式来弥补：第一种方式是通过货币化或由商业银行体系提供货币弥补，但最终会导致通货膨胀；第二种是发行债券，由于这些国家国内资本市场狭窄，政府很难向非银行公众推销债券，或者如拉丁美洲国家以极高利率发债，但这会造成债务负担的进一步加重。对于发展中国家来说，金融抑制是普遍现象，其中一个重要的表现就是负的实际利率。而负的实际利率不利于储蓄的积累，不利于银行贷款质量的改善。因此，实现国内金融体系的市场化十分必要，可以纠正金融市场的各种扭曲。在进行外汇自由化过程中，必须坚持经常账户优先于资本账户。一方面，经常账户开放需要本币实际贬值来抵消贸易保护减少或取消后的国际收支的恶化。另一方面，因为国内外收益率存在明显的差异，所以资本账户的开放将引起大量的国际资本流入，资本的流入将会导致本币的升值。由于金融市场的调整速度快于商品市场的调整速度，这种升值的影响是比较突然的，因此两者同时开放或资本账户先于经常账户，会恶化经常账户。

---

① 〔美〕麦金农：《经济市场化的次序》，中译本，上海人民出版社、三联书店出版社，1997。

（三）整体模式

在对智利、印度尼西亚、韩国和泰国等国资本项目开放的经验进行分析和总结的基础上，约翰斯顿（Johnston）[①] 于 1997 年提出了资本项目开放适宜采用整体模式的观点。资本项目开放的整体模式是指，将资本项目开放看做整个经济金融改革的一个不可分割的组成部分，并与宏观经济政策保持一致，即资本项目开放和经济金融改革的其他方面是交错在一起的，难以分清孰先孰后。其实质是更加积极、更为审慎的渐进式资本项目开放模式。

资本项目开放的整体模式的提出，主要是因为，实践中发现激进模式和渐进模式都有一些不可克服的缺陷。

（1）激进模式的缺陷。对激进模式来讲，这种改革缺乏相应的理论基础。根据次优理论，如果某一经济体虽然进行改革，但在其改革过程中某些扭曲由于某种原因仍然存在，这时，同时实行的所有改革，则不再是最优的。这是因为，为获得帕累托最优，必须同时满足所有的最优条件。但是，如果在一个一般均衡中，存在某种制约因素，使得某一项帕累托最优条件无法满足，这时尽管其他条件满足，但这些条件已经不合意了。[②]

（2）渐进模式的缺陷。渐进模式最大的缺陷在于忽视了在将资本项目开放进程无限期地延迟的情况下，随之而来的是管制成本的不断增加和管制效率的相应丧失。[③] 随着全球经济和金融一体化程度越来越高，违规资本流动的形式多种多样，必然造成资本管制效率的降低。另外，渐进模式具有成本递增的特点。改革是一种利益格局的再分配，渐进模式为获得既得利益集团的支持，往往采取"赎买"政策，但改革产生的新利益集团又需要进一步"赎买"，改革的成本越来越大，但政府的财力有限，因此，渐进式改革很难继续推进下去，只能放弃，转而采用强制性的制度变迁。

整体模式强调资本项目的开放应该与经济的整体改革同步推进，成为整体规划中的一部分。它不同于渐进模式，认为开放不存在"最优"的次

[①] Johnston, R. Barry, Salim M. Darbar, and Claudia Echeverria, 1997, Sequencing Capital Account Liberalization: Lessons from the Experiences in Chile, Indonesia, Korea, and Thailand, IMF Working Paper wp/97/157, Washington, D. C.: International Monetary Fund.

[②] 张志超：《开放中国的资本账户—排序理论的发展及对中国的启示》，《国际经济评论》2003 年第 1 期。

[③] 高海红：《资本项目自由化：模式、条件和泰国经验》，《世界经济》1999 年第 11 期。

序问题；也不同于激进模式，而是主张资本项目开放应该根据整个经济改革其他方面的进展来确定步伐和次序。

整体模式的提出有如下深厚的理论基础。

（1）经济内外均衡之间的冲突。

内外均衡之间的冲突是开放经济始终面临的重大课题。[①] 经济的内部均衡与外部均衡是开放经济条件下宏观调控的两个重要目标。两者之间的关系是非常复杂的，既可能一致，也可能相互冲突。在后一种情况下，原有封闭经济条件下的宏观调控方法处于一种困难境地，某一均衡目标的实现会以另一均衡目标的恶化为代价。因此，当一国内外均衡发生冲突时，就必须对该国与外界的经济交往进行适当管理，以实现经济的合理开放。资本项目开放程度直接决定了一国与外界资本流动的状况，从而对内外均衡的影响非常大，因此，保持适度的资本项目开放对内外均衡能否同时实现起着十分关键的作用。实施整体模式，其实质是要求资本项目开放必须服从于整个经济的内外均衡需要。需要注意的是，在这个过程中，不仅仅是内外均衡的实现特征决定了资本项目开放的进程，资本项目开放的进程对内外均衡也会产生作用。

（2）新制度经济学。

诺贝尔奖获得者舒尔茨（Schulz）把制度定义为一种行为规则，这些规则涉及社会、政治和经济行为。他对制度的作用做了经典性的总结：①用于降低交易费用的制度，如货币、期货市场等；②用于影响生产要素的所有者之间配置风险的制度，如合约、保险、分成制等；③用于提供职能组织和个人收入之间联系的制度，如遗产法等；④用于确定公共产品和服务的生产和分配框架的制度，如基础设施等。制度对于经济主体的重要作用还在于它提供了一个激励约束机制，如专利法鼓励人们去创新。

资本流动不仅可以给东道国带来资本和技术，更重要的是制度。资本流动不仅仅是资本的流动，实际上还有与这种资本流动相伴随的制度流动。当资本进入东道国时，带来了一定的制度，既包括微观的，如先进的企业管理体制等，也包括宏观的，如成熟的市场经济制度。为了能够充分利用国际资本，为了能够与流进的资本进行竞争，东道国必须对存有缺陷的制度进行修改、补充和完善，以与国际上成熟的经济制度接轨。对于东

---

① 姜波克、杨长江：《论国际金融学学科体系》，《复旦大学学报（社会科学版）》2000 年第5 期。

道国，特别是像中国这样的转型国家来说，长期内的资本流动其实就是一个强制性的制度变迁过程。如资本的流入会使中国金融体系摆脱金融抑制，促进金融深化，提升金融体系的资源配置效率。这种制度的变迁通过制度学习和制度创新两个过程来完成。一方面，资本项目的开放将使国内金融体系在同外国资本展开激烈竞争时，不得不遵循国际流行的游戏规则和惯例，促进金融体系的制度变迁；另一方面，在国内金融体系不断地向国外学习和借鉴先进的管理技术和方法的同时，结合自己的特点进行制度创新，提高金融体系的效率。

另外，新制度经济学认为，制度提供的一系列规则由社会认可的非正式约束、国家规定的正式约束和实施机制所构成。正如发展中国家资本有效配置机制的缺乏要比资本缺乏更严重一样，发展中国家往往是制度实施机制的缺乏要比制度的缺乏更严重。一个国家的实施机制是否有效取决于违约成本的大小。资本项目开放可以增加这种违约成本。如某个国家对产权的保护不利，那么就会引起投资者离开该国对于那些产权保护有效的国家，投资者会增加信心，资本会大规模地流入，因此资本项目开放对东道国起激励和约束作用，鼓励它们有效地实施制度。

四　资本项目开放的经验

（一）发达国家资本项目开放的经验

发达国家开放资本项目下的自由流动，是国际和国内两种因素共同作用的结果。从国际因素看，最大的冲击来自国际货币制度的变化：1973 年美元最终同黄金脱钩以及浮动汇率制的广泛实行，迫使主要发达国家先后解除对资本跨国流动的限制；从国内因素看，金融创新发挥了最重要的作用，使传统的金融监管手段效力递减，迫使各国货币当局重新审视其金融监管赖以存在的基础以及监管手段的适当性。由于具体国情不同，发达国家放松金融管制，开放资本项目的进程及特点有很大差别，根据特点的不同，可以分成如下 3 类。

1. 全面迅速地开放资本项目

第一类是全面迅速地开放资本项目，这类国家以澳大利亚和新西兰为代表。澳大利亚在 1980 年之前属发达国家中金融管制较严的国家之一，从 1980 年取消商业银行和储蓄银行的存款利率上限开始，澳大利亚进行了迅速而全面的金融自由化重构。在 1980~1985 年的短短 6 年间，政府几乎取消或放松了所有的金融管制措施，包括：取消对存款银行的存贷款利率限制；放松金融机构经营业务范围的限制，并允许它们自由从事证券业务；放松新银行进入和银行间兼并的限制；将原先的六大银行合并为 4 个，同时成立了多家新银行；取消对外汇交易和外汇汇率的管制；澳元自由浮动；将外汇经营权扩大到多家非银行金融机构；放松金融市场的管制；取消股票市场的固定佣金制和对新经纪商品进入市场的限制；允许外国投资者拥有 30% 以上的证券公司股份；允许外资银行进入澳大利亚，等等。通过这一系列的改革，到 20 世纪 80 年代末，即不到 10 年的时间，澳大利亚已经从发达国家中金融管制较严的国家变成了金融管制最宽松的国家之一。

2. 渐进地全面开放资本项目

第二类是渐进地全面开放资本项目，这类国家以美国为代表，日本也可归入此类。尽管金融自由化浪潮事实上是从美国兴起的，但其改革步调却是渐进的。通过 20 世纪以来美国主要的银行法规的演变，我们可以看到，取消利率上限的决定在 20 世纪 80 年代的两个银行法中都已明确规定，但是货币当局并没有立即宣布取消它，而是对它做了十分详尽的阶段性安排，直到 20 世纪 90 年代后期，这一规定才最终从法律上取消，前后共用了 10 多年时间。其他关于存款保险制度改革、金融机构海外业务开展及其混业经营、商业银行跨州设立分行等问题，莫不经过了相当长的时间才最终"就位"，而且，其中有些改革，至今还没有最终完成。

日本的金融体制基本上是模仿美国体制建立起来的，因此，其改革的内容和进程也与美国有很多相似之处。迄今为止，日本的金融改革经历了 20 多年，目前仍在进行之中，进展并不顺利。

3. 以证券市场为突破口带动资本项目开放

第三类是以证券市场为突破口带动资本项目开放。这类国家主要是德国和英国等欧洲国家。比起美、日等国，德国的金融机构一直享有较多的经营自由，业务交叉一向较为普遍，素有"全能"金融机构之名。因此，德国在 20 世纪 80 年代开始的自由化改革主要集中在证券市场的国际化和多样化上。1985 年，德国取消了对以欧洲马克为单位的欧洲债券发行规模和发行时间的限制，使外资银行获得了牵头经营这类发行的权利。1986 年以后，又接连采取措施，允许外国银行发行以德国马克为面值的大额存单，允许引入浮动利率债券、外汇互换交易等新的金融工具，允许外国银行与其他银行结为银团参与发行联邦债券、邮政债券和国家铁路债券。证券市场的这些自由化措施，使法兰克福金融市场的国际化程度大大提高。进入 20 世纪 90 年代，德国金融市场的自由化步伐进一步向前，股票贴花税的取消、离岸金融市场的建立，极大地推动了德国资本项目的开放，并使德国马克在国际金融市场上的地位进一步加强。

英国的金融自由化主要表现在对证券市场管理的放松上，采取了一系列被舆论称为"大爆炸"的措施，使得伦敦证券市场的竞争性大大加强，国际化程度大大提高，从而使其金融机构和金融市场的结构发生了进一步变化。

（二）新兴市场国家资本项目开放的经验——以韩国为例

1. 进程回顾

韩国资本项目开放走的是一条渐进、有序的道路。共经历了如下 3 个大阶段。

第一阶段：1980~1990 年。

这一阶段的资本项目开放以银行民营化、利率自由化、银行代替政府进行资源分配为中心内容，逐步展开。

在对外直接投资方面。1983 年 12 月和 1984 年 7 月，韩国政府分别对《外资引进法》和《外资引进法施行令》进行修补，大大扩展了外资可投资范围。1986 年以后，国内公司在外部融资使用方面的限制也逐步放松，向外国子公司提供的贷款担保上限被逐步废除。1988 年 11 月，韩国居民海外直接投资自动认可额提高到 200 万美元。

在证券市场开放方面。1981 年韩国颁布了《资本自由化计划》，成立了两个服务于外国投资者的开放型国际信托基金；1984 年韩国则成立了 3 家封闭型国际投资信托基金，以便国外投资者投资国内股市；1985 年韩国允许企业在海外发行和购买证券。这样，韩国企业通过海外证券市场进行投融资的渠道基本开通。就金融机构而言，1988 年韩国证券公司被允许在国外的资本市场上从事经纪业务，同年 7 月，韩国的机构投资者被允许在一定的限额内进行对外证券投资。

自 1990 年起韩国实际汇率迅速升值，国内财政状况恶化和通货膨胀上升，经常账户开始恶化。为此，韩国决定重新鼓励资金流入，一些对资本流入的限制性措施改成了鼓励性措施，如允许外汇银行通过某些金融工具增加离岸资金，提高能够从国外获得并售予外汇银行的外汇数量上限。政府也加快了 FDI 自由化的步伐，如提高自动认可的 FDI 的上限、以通知书代替批准函、提供税收优惠、扩大 FDI 的进入领域等。

第二阶段：1991～1997 年。

这一阶段的重点是开放证券市场交易。以 1990 年美韩双边金融政策对话为开端，韩国采取了一系列资本账户开放举措，具体有：（1）1992 年，外国投资者被允许在一定的个人投资限额下直接投资于国内的证券，投资上限逐步提高，到 2000 年，单一投资者最多可持有一个公司的流通股的 10%。（2）债券市场的开放进入实质阶段。从 1992 年开始，韩国的外资金融机构可以在场外市场进行债券交易。1994 年，外国投资者被允许直接投资于中小企业的可转换债券和长期无担保债券，承销和购买政府债券，经授权的国际机构可以发行韩元面值债券。到 1996 年，非居民可以通过在伦敦股票交易所上市的国家基金投资国内债券。（3）自 1993 年开始，本国居民可以进行对外证券投资。1994 年，对机构投资者的海外证券投资的所有限制均被取消。个人海外投资的上限也逐年提高。（4）1996 年，韩国取消对某些短期外债（如中小企业进口货物的外国商业贷款）的管制。（5）自 1988 年接受 IMF 协定第 8 条款后，韩国的外汇交易管制逐步放松。1990 年，韩国采用了市场平均汇率的新汇率体系。从 1992 年开始，外汇管制开始采用否定目录体系。

第三阶段：1997 年之后。

1997 年金融危机后，韩国在 IMF 的监督下推进资本项目开放。在 1997 年韩国发生金融危机之后，IMF 给韩国开出的药方是"紧缩＋开放"。这对韩国来说，是一剂效力和用量都非常大的猛药。但为了获得 IMF 的贷款，韩国政府与 IMF 达成了一系列加快金融改革的协议，其中涉及资金项目开放的主要有：（1）在外汇政策方面，取消外汇日交易范围的规定，把中央银行对商业银行发放的外汇贷款利率从超过 LIBOR400 个基点提高到 1000 个基点；（2）在股市政策方面，将外国投资者对股票的总最高持有额提高到 55%，最高个人持有额提高到 50%；（3）在债券市场方面，取消了外国投资于政府债券、公司债券和特殊债券的一切限制；（4）在货币市场方面，向国内投资者和国外投资者发行了为期 1 年以美元标价的国库券，制定了允许外国无限制进入货币市场的时间表；（5）在公司借款方面，取消了对出口提前期和期限在 3 年以上的外国贷款的限制。

2. 经验启示

韩国资本项目开放在曲折中，渐入佳境，其中有许多宝贵经验，也有许多惨痛教训。

（1）经验。

第一，韩国开放的总体思路是渐进改革。在资本流动自由化的侧重点上，韩国率先开放资本流入方面，而在放松资本流出的管制方面则相当谨慎。

第二，韩国在放松资本管制过程中，严密关注国际收支的状况，并及时根据国际收支状况的变动调整策略。经常账户余额的波动成为政府制定资本账户开放政策措施的主要依据。这一点在1980～1991年的开放阶段表现得非常明显。

第三，在开放过程中，韩国政府及时施行了国内金融自由化的改革。尽管事后的经验表明，国内金融机构形成有效自我激励与约束机制的进度大大慢于资本项目的开放进度。但国内的改革使得韩国的金融基础较前期有了较大的改观。

（2）教训。

第一，开放资本项目的进程应视国内金融体系的健全程度和金融监管水平而定。虽然韩国在20世纪80年代初就开始了金融自由化的改革，但成效并不明显。韩国政府为了配合国内大企业的发展战略，仍然积极推进资本项目开放。这使得银行大量借取外债，并以借短贷长的方式贷给有问题的大企业集团，成为导致日后金融危机的一个重要原因。

第二，对外资流入的开放顺序安排应坚持"先长后短"的基本战略。20世纪90年代以后韩国在诸多方面放松了对短期外债借入的管制，但却保留了对中长期外债的管制，结果造成短期外债迅猛增加。在1997年的金融危机中，韩国企业的短期外债问题异常突出，大大影响了外国债权人对韩国金融体系和偿债能力的信任，引发外资大规模的抽逃。因此，实施渐进式开放的国家应当谨慎安排资本项目各个子项目的开放次序，特别需要在开放中长期外债管制之前，严格控制短期外资流入。

（三）经济转型国家资本项目开放的经验——以波兰为例

波兰的情况与中国极为相似：既是发展中国家，又是从计划经济向市场经济转轨的国家。因此，波兰资本账户开放的经验对中国有重要的借鉴意义。

1. 进程回顾

在经济转型的过程中，波兰为增强外国投资者的信心，鼓励更多国际私人资本流入，采取了"休克疗法"的经济体制改革，几乎在顷刻之间完成了私有化，取消了物价管制。波兰自改革伊始就积极推行对外开放，实行兹罗提自由兑换。1990 年 1 月 1 日，波兰推行经常项目自由化，以国际货币基金组织提供的 7.15 亿美元信贷和 10 个西方国家联合提供的 10 亿美元稳定基金作为后盾，对兹罗提实施大幅贬值。从 1 美元兑 3100 兹罗提，贬为 1 美元兑 9500 兹罗提，然后开始钉住美元，实行固定汇率制度。1991 年 5 月，波兰兹罗提从钉住美元改为钉住一篮子货币。然而，波兰资本项目开放却采取了渐进的、审慎的方式。总的原则是"先流入后流出，先长期后短期"。从 1990～2002 年波兰花费了 10 多年时间才基本完成了资本账户开放进程（见表 1）。

表 1　波兰资本账户开放进展情况

时　　间	开 放 进 程
1991 年 6 月	允许外资企业利润汇回，提供 3 年免税。
1993 年 6 月	允许转移政府证券收入。
1994 年 9 月	允许非居民购买国内股票并转移受益。
1994 年 12 月	发布新的外汇交易法，加快资本项目开放进程。
1995 年 3 月	放开个人资本流动。 除了对一些关系到国家产业政策和政治因素的行业以及不动产投资限制外，允许外商直接投资于其他所有行业； 取消对经合组织成员的直接投资限制； 允许居民出于商业目的进行境外不动产投资，放松居民个人境外购买不动产的最高限额控制。
1996 年 1 月	允许非居民经证券管理委员会批准在国内发行和交易股票； 允许居民在经合组织成员市场买卖 1 年以上 100 万埃居以内的证券； 允许居民对外提供信用担保和贷款担保。
1996 年 4 月	开放商业信贷。
1997 年 2 月	允许公司公开发行值的 25% 进入经合组织资本市场； 允许居民购买国外长期证券；提高非居民在国内市场发行和交易证券的最高限额； 开放居民在经合组织资本市场上的证券操作。
1998 年 1 月	对非居民银行在国内居民银行的存款实行准备金要求。
1999 年 1 月	除抵押债券外开放所有居民和非居民的证券市场交易； 允许非居民为居民提供保证和担保； 允许居民在境外进行本外币的兑换。
2000 年 4 月	开放在国外资本市场上的证券交易。
2002 年 10 月	对经合组织成员国开放所有剩余项目。

资料来源：国家外汇管理局考察团：《关于波兰资本账户开放和汇率制度演变的考察报告》，《金融参考》2003 年第 6 期。

2. 经验启示

（1）经验。

第一，资本账户的开放应该循序渐进。与其他领域"休克疗法"的改革形成鲜明对比的是，波兰资本项目采取了谨慎而渐进的开放模式。在资本项目开放的过程中，波兰特别将取消对短期资本流动的限制安排在开放的最后阶段。事实上，波兰在取消短期资本流动限制时，考虑当时不利的国内外环境，不惜推迟了兑现对经合组织的承诺，直到两年以后才实施。

第二，资本项目开放必须作为国家综合改革的一部分，整体推进。[①]波兰资本项目开放一直伴随着中央银行货币政策操作的改进、国家法律制度和市场设施的完善、金融体系健康性的增强，以及汇率制度弹性的增加，等等。

第三，汇率制度应该顺应形势变化及时主动地调整。从 1990 年经济转轨以来，波兰几乎尝试了所有类型的汇率安排。尽管经历了如此多的汇率制度调整，波兰迄今为止没有发生过货币危机。其中的奥秘是，汇率制度应该顺应不同时期国内外经济、金融环境的变化，根据本国资本项目开放进程和货币政策操作目标主动调整；而且，每次汇率制度改革，都与市场进行了较为充分的沟通，透明度较高。

第四，在资本项目开放的同时，应该大力发展衍生产品市场。波兰实践表明，随着跨国资本流动的增加和汇率波动的扩大，市场自然会产生风险对冲的需求。在这种情况下，如果国内不提供风险对冲的工具，那么，外国投资者就将在离岸市场上进行对冲，这同样会影响国内市场。

第五，鼓励外资银行以独立法人形式进行投资。为了防止外资银行总部频繁调拨资金，增加短期资本流动的冲击，波兰政府要求进入波兰外资银行必须是独立法人机构，以便对其实施更有效的监管，防止跨境资金频繁流动，进而减少发生银行危机的可能性。

（2）教训。

开放之初，货币贬值幅度过大，资本项目开放对波兰经济增长产生不利影响。波兰的失业率从 1990 年的 6.1% 迅速上升到 1992 年的 13.6%，实际工资水平从 1989 年 6 月到 1990 年 6 月期间下降了 37%，实际个人消

---

① 国家外汇管理局考察团：《关于波兰资本账户开放和汇率制度演变的考察报告》，《金融参考》2003 年第 6 期。

费水平在 1990 年下降了 15.3%。① 在外贸方面，虽然大幅贬值使得出口数量增加，存货下降，但是国际贸易交换条件恶化，实际资源不断流失。造成这一状况的原因在于资本账户开放缺乏适当的汇率安排。根据蒙代尔"不可能三角"，在资本自由流动的情况下，弹性汇率安排可以增强本国货币政策的独立性，并成为阻止外部市场动荡对国内经济冲击的隔火墙。而波兰在资本项目开放初期选择了钉住美元或钉住一篮子货币的固定汇率制度，这样波兰如果要保持本国货币政策的独立性，就存在受到国外资金冲击的威胁。

（四） 各国资本项目开放的经验总结

各国资本项目开放的经验表明，资本项目的顺利开放，必须在遵循经济规律前提下，根据自身条件的完备程度，适时、适度地开放，有所为，有所不为。

（1）在一定的条件下，即使经常项目还是相对封闭的，资本项目开放仍然会带来益处。

（2）金融自由化和资本项目开放与提高本国投资率和储蓄率间并没有简单的线性因果关系。

（3）依靠资本流入来解决国内经济不景气往往是不可靠的，资本流动往往是顺经济周期的，而非反经济周期的，很可能的是资本的流动会加剧经济的波动，而不是减少。

（4）汇率制度的选择对于资本项目开放后的内外冲击如何影响经济是十分重要的。

（5）资本项目开放后，政府必须与企业划清界限，避免为他们承担保证偿还外债的风险。

（6）央行要大力加强对金融部门的监管，规定银行对外头寸的暴露比例或限制银行参与国际借贷活动。

（7）资本项目开放后，政府对外债的使用和整体规模一定要严密注意，及时发现危险信号，及时采取相应措施。

（8）在资本项目开放下，金融部门中存在多种限制国内金融机构媒介国外资金的方法，但它们的有效性却需要根据不同国家的不同国内情况来选择，任何一种限制方法的选择都会有较高的管理成本。

---

① IMF, International Financial Statistics, 1991 - 2002。

（9）资本项目的开放一定要极其慎重，一旦开放就不要轻易反复。因为政府信誉的丧失要么会减少国外资本的流入，要么会加剧国外资金流动的波动。

（10）在资本项目开放后，与本国经济联系密切国家的通胀与紧缩会更容易传入本国，从而对本国控制通胀、刺激经济增长目标带来很大难度，并进而可能会引发对本币币值的信心危机。

五 中国资本项目开放的策略

（一）背景分析

1. 中国资本项目管制现状

1996年，人民币经常项目实现了可兑换。亚洲金融危机后，出于金融安全、防范外部危机传染和汇率稳定的需要，中国根据经济发展阶段和金融监管能力，对资本项目的开放采取了审慎的态度，按照循序渐进的方式推进。从1999年初开始，中国逐步放松了资本项目管制。近年来，根据加入WTO时的承诺，中国采取一系列措施并发布相关法规加速开放资本项目。到目前，中国资本项目开放已经取得了一定成果，但依然是资本管制较严格的国家。

从表2可见，在中国资本项目管制中，从交易的角度来看，在很多领域，很多资本项目都已经基本放开，完全限制的项目或者领域其实很有限；而另一方面，在汇兑方面，普遍存在的结售汇制度严格地限制了交易的资金转移和支付，同时由于实行的是审批制，很多在实际管理上比较宽松的项目从法律的角度上来说仍然是相当严格的。

2. 中国资本项目进一步开放的必要性

"十一·五"规划明确规定要实现国民经济持续快速协调健康发展和社会全面进步，取得全面建设小康社会的重要阶段性进展，实现2010年人均国内生产总值比2000年翻一番。而要实现这一战略目标，就必须保持一个较快的经济发展速度。其中，资金作为一种资源也需要合理配置。进一步开放资本项目就是在更大范围内、更高层次上合理配置资源，它将有助于成功实现国民经济总体发展战略目标。

（1）从自身来说，中国要保持一个介于严格的资本控制和完全自由的资本流动之间的管理体系很困难。

表2　中国资本项目管制现状

流动方向		项　目	交易环节	汇兑环节
流 出	主要针对居民	对外直接投资	有管制。境内投资者须到商务部及商务部授权的部门办理境外投资审批。	有管制。要求进行境外投资外汇风险审查和外汇资金来源审查，投资资金需经登记后才能汇出。
		对外股本证券交易	有管制。除经批准可以对外借款的金融机构、工商企业或者企业集团外，居民不得到境外买卖证券。中国人民银行要对金融机构到境外购买证券进行资格审查。	有管制。要求境内投资者在境外购买股票或者在境内购买外资股，只能用自有外汇，不得购汇。
		债务证券交易	有管制。只有经中国人民银行授权的金融机构可以在境外购买债券。	有管制。境外投资者在境内购买债券只能用自有外汇，不得购汇。
		对外贷款	有管制。境内金融机构经批准可以遵照外汇资产负债比例管理规定对外放贷。境内工商企业不可以对外放贷。符合条件的中资跨国公司可对境外子公司放款。	有管制。境内金融机构向境外放贷事后须向外汇局备案。境内机构还本付息必须首先使用自由外汇，不足部分经批准方可购汇。限制提前购汇还贷。
	主要针对非居民	外国在华直接投资	有管制。外商投资的清盘、撤资、转股须经原审批部门事先批准。	无管制。外商投资企业清盘、撤资、转股后属于外方投资者的资金，经外汇局审核真实性后可现汇或购汇汇出。
		股本证券交易	禁止外国投资者在境内出售和发行股票。对外国投资者购买B股的资金撤回无管制，放开了外资投资A股的限制。	无管制。对外国投资者买卖B股的资金撤回没有管制。
		债务证券交易	有管制。允许经过批准的国际金融机构在国内发行债券。	—
	共同	贸易信贷	无管制。	无管制。
		货　币	有管制。居民、非居民携带外币现钞出境一定金额须向海关申报。携人民币出境限额为20000元。	有管制。出境人员一般不得携带超过等值5000美元以上的外币现钞，超过该限额的须经外汇局核准，核发外币现钞携带证。
流 入	主要针对居民	对外直接投资	有管制。境外投资企业变更资本，应事先报经原审批部门批准。	有汇回要求。外管局对中国境外投资利润和其他外汇收益汇回进行监督管理。境外企业停业、解散时应将外汇资产调回境内。
		股本证券交易	有管制。境内发行体在国外出售或发行股票须经证监会批准。	有汇回要求。要求境外发行股票的股票收入须及时调回境内。

续表 2

流动方向	项 目	交 易 环 节	汇 兑 环 节
流 入	主要针对居民	债务证券交易	有管制。境内机构（财政部除外）对外发债资格，由国家发改委会同人民银行和有关主管部门进行审批后报国务院批准，对外发债，经国家发改委审核并会签外管局后报国务院审批。地方政府不得对外举债。	有管制。由外管局审批对外发债的市场选择、入市时机等。对外发债须按规定保留外债登记。在外出售和发行债券所得收入须调回境内。
		对外借款	有管制。允许外商投资企业依法自主对外借款。境内其他机构对外借款，要事先取得主体资格，并纳入国家利用外资计划。	有管制。审批借款的金融条件。要求所有境内机构包括外商投资企业借用外债必须登记，否则本息不得擅自汇出。外债资金除经国务院批准外，一律调回境内使用。除出口押汇国内外汇贷款可以结汇外，其他境内银行外汇贷款不许结汇。
	主要针对非居民	外国在华直接投资	有管制。对外商直接投资分鼓励、允许、限制和禁止4类实施产业指导。出于环境和安全考虑，一些行业不允许外国直接投资，所有外商直接投资都须经商务部批准。	基本无管制。实行外商投资企业外汇登记制度，资本金结汇须经过批准（但一般情况都给予批准）。
		股本证券交易	有管制。允许外国投资者在境内购买B股或购买在境外发行的H、N股。境外合格的机构投资者可以通过QFII在境内购买A股。	无管制。B股，H股，N股基本无管制。对于QFII中的资金的汇兑，要求投资者日汇入本金超过等值5000万美元的，应提前通知国家外管局。国家外管局根据国际收支情况，可建议合格投资者在其投资额度有效期内调整本金汇入的时间。
		债务证券交易	有管制。外国投资者可在银行间债券市场买卖债券。	—
		非居民偿贷款	无管制。	无管制。
	共同	贸易信贷	无管制。中资企业向境内外资银行或境外银行获取贸易信贷须事先取得借款主体资格和借款指标。	无管制。主要是真实性审核，没有汇兑限制。
		货 币	有管制。居民非居民携带外币现钞入境超过一定金额的须向海关申报。携人民币入境限额为20000元。	无管制。

资料来源：秦娟娟：《中国资本项目自由化问题研究》北京大学经济学院硕士学位论文，2003。并结合近年信息调整。

第一，从国际经验来看，在全球贸易日益发展，各种金融衍生工具不断涌现的今天，资本管制的有效性正不断下降，现有的资本管制体系在外逃资本和国际投机资本面前是无力的。除了统计上的误差与遗漏外，相信大部分数据反映了资本大量外流这样一个事实。虽然资本管制能控制大规模的资本转移，但考虑管制中存在的资本转移的事实，以及管制中所涉及的成本与费用，管制的效果值得怀疑。

第二，随着社会经济的发展，环境在不断改变，资本的正常流动有了新的要求，而很多资本管制方法和手段却跟不上变化，没有及时调整，使现有的管制体系成为很多合理资本流动的障碍。中国的外汇管理所带来的成本除了直接表现在人力物力的大量投入外，还表现在企业、单位或个人因外汇管理在市场竞争、机会获得等方面可能遭受的机会成本方面的损失，如在用汇方面的限制，或者外汇管理中的审核环节过多，时间过长，导致企业丧失商机，或影响企业开拓国际市场的信心和能力等。因此，进一步开放资本项目，有利于降低外汇管理的成本，推动外汇管理体制改革。

（2）从外部环境来说，在经济金融全球化的过程中，放松资本项目的管制已成为一种全球趋势。

第一，世界上所有发达国家和越来越多的发展中国家都实行资本项目的可兑换，或放松资本项目的管制。

第二，世贸组织和国际货币基金组织近年来也都对成员方的资本项目开放提出了更高的要求。世贸组织关于服务贸易尤其金融服务贸易的自由主张，已开始渗透到资本项目的开放；国际货币基金组织在1997年年会上也曾明确动议，将基金组织的管辖范围从取消经常项目汇兑限制扩大到鼓励成员方的资本流动自由化。

第三，近年来中国外汇储备的急剧上升，使人民币面临很大的升值压力，美日等国不断要求人民币升值。要解决这个问题，缓解这种国际收支的不平衡带来的外汇占款增长，最为直接的办法就是一般项目下的盈余通过资本项目下的流出来达到国际收支的平衡。

第四，中国经济正以较快的步伐参与国际经济的竞争之中，在这一背景下，适时、适度地扩大资本项目开放有利于中国经济从经济全球化的浪潮中获取最大利益。

3. 中国资本项目开放过程中存在的问题

中国资本项目开放已成为大势所趋，但在开放过程，必须正视开放体系中还存在的诸多问题，应加以修正和改善。

（1）很多资本项目在从一个相当严格的管制体系过渡到比较温和的管制体系时，由于管制的难度加大，而管制的技术和手段没有相应提高，造成了管制中的漏洞。例如，随着经常项目的完全可兑换，与经常项目有着密切联系的贸易信贷和其他资产负债项事实上自由化程度大幅提高，而相应的管理手段显然没有发挥作用，造成这一项目这些年的急剧波动。而同时，从另一个角度来看，这也意味着即将开放的，或者新近开放的部门和领域常常会成为监管的下一个漏洞。这是因为国内外的流动资本也会基于对上述经验的总结，常常把这些领域作为追逐的焦点，进出的通道。因此，在开放某一领域之前，必须慎重考虑自身的管理能力和管理水平，尽可能地在建立相应比较完善的应对冲击的措施之后再放开。

（2）在中国宏观经济高速发展、经常项目存在长期顺差和人民币面临巨大升值压力的情况下，在"进松出紧"的资本项目管制体系下，一方面中国国内资本表现出强烈流出的要求，另一方面国外资本大量地通过各种渠道和手段进入中国。而事实上，无论是通过其他投资、证券投资这样表面上合法的资本外流还是表现在误差与遗漏方面的资本外逃和资本流入，形势都已经十分严峻。虽然目前法律上中国资本项目管理范围基本上涵盖了所有资本项目下的交易项目，然而实际上的管理主要集中于对资本流入的管理，对资本流出管理仅限于投资风险的审查和外汇资金来源审查以及投资主体的事前审查。因此，这种政策上与管理上的松紧不同，或者实际管理上的缺乏力度，管理手段相对比较落后、僵硬，管理水平很低等的管制体系在强大的资本流出压力下和国际投机资本的大量涌入情况下表现出各种漏洞和问题。

（3）除了资本项目内容的变化所表现出来的中国资本项目管制存在的问题之外，中国资本项目管制还存在另一个非常重要的缺陷，那就是以行政管制为主的管理手段。从表2可以看出，其中出现最多的是审批、批准、授权等字眼，而这些都明显是计划经济的产物，用这样的管制手段来应对日益国际化的金融市场是不合时宜的。其实，对资本流动的数量管制就类似于进出口贸易中的配额制，不但会造成更为严重的福利损失，而且极易产生寻租行为，导致相关部门的腐败。除此之外，还是导致中国管理体制僵硬，灵活度差，很难随着市场的变化进行及时调整，产生管理上滞后的根本原因。并且行政管理手段主观性、随意性、歧视性都很大，常常不能够公平而有效率地发挥作用。在中国，针对数量管理体制存在的缺陷，采取了所谓的弹性管理办法，即当国际收支状况比较好的时候，就对属于管制的资本交易和非法资本流动放松管理，相反则加强管理。这种措施在一定程度上确实有效地缓和了管理体制僵硬的问题，但是，这种方法却直接损害了法律的严肃性和权威性，危害了管理体制的稳定和严格，造成了管理的松懈，常常是在放松的时候容易，再次收紧的时候就难以达到原先的管制水平。并且由于相应措施的暂时性和不稳定性，反复使用也会损害投资者的信心和预期，影响投资者的投资热情。

综上所述，中国在进一步开放资本项目的同时，不但要借鉴相应的国际经验，更重要的是要不断总结自己的经验，而这些在实践过程中总结出来的自身的经验可能对于调整中国资本项目开放的方针策略，指导其健康发展有很大的裨益。

(二) 模式选择

1. 中国资本项目开放的整体模式

国内学者一般认为，中国资本项目开放采用的是渐进模式，这主要是受中国经济体制改革采用渐进模式并且取得成功的启发。其实，中国资本账户开放采取的并不是单纯的渐进模式。根据麦金农的分析，在资本账户开放之前，财政赤字应该得到控制，实际利率应该为正的。中国财政赤字占 GDP 的比重一直处于 3% 的警戒线附近；尽管 2007 年连续数次加息，但中国的实际利率依然为负。从这两个指标可以判断，中国尚不具备麦金农提出的实施资本项目开放的条件；但中国资本项目开放已经有了较大的进展。这说明中国并不是遵循单纯的渐进模式。实际上，中国资本项目开放实行的是整体模式，它遵循积极、稳健、温和、有序的原则，把资本项目开放看做整个经济金融改革的一个不可分割的组成部分，并与宏观经济政策保持一致；它不仅仅强调金融体系的发展和宏观经济政策的设计对资本账户开放的影响，而且也重视资本账户开放对提高金融体系的稳健和宏观经济政策的改善起了促进作用；它不同于渐进模式，认为开放不存在"最优"的次序问题，也不同于激进模式，而是主张资本项目开放应该根据整个经济改革其他方面的进展来确定步伐和次序。

2. 在整体模式下中国资本项目开放的实践

中国资本项目的开放一直在整体模式下积极、稳健、温和、有序、渐进地向前推进。截至 2004 年底，按照国际货币基金组织划分的七大类 43 项资本交易项目，中国已经实现可兑换的有 11 项，占 25.6%；较少限制的 11 项，占 25.6%；较多限制的 18 项，占 34.9%，严格管制的 6 项，占 13.9%，实现了部分可兑换。2005 年，中国在银行间债券市场引入外国投资者、允许国际金融机构在境内发行人民币债券、允许中国保险公司外汇资金境外运用等。2006 年是中国资本项目开放力度较大的一年。推出了酝酿已久的合格境内机构投资者（QDII）制度，允许银行、证券经营机构、保险公司等可以在一定范围内，以代客理财或自营方式进行境外投资，并分别批准境内银行、保险、证券等机构对外金融投资外汇额度 134 亿美元、34.88 亿美元和 5 亿美元；降低了 QFII 准入门槛，新批合格境外机构投资者 34 亿美元投资额度。这表明中国正从 QFII 和 QDII 两端"松绑"中国资本项目管制。同时，2006 年初，五部委联合发布的《外国投资者对上市公司战略投资管理办法》表明，外资机构获准进入 A 股。此外，为了进一步深化境外投资外汇管理改革，支持有条件的企业"走出去"，便利境内投资者开展对外直接投资和跨国经营，国家外汇管理局发布了《关于调整部分境外投资外汇管理政策的通知》，自 2006 年 7 月 1 日开始，取消境外投资购汇额度的限制，允许其先行汇出境外投资相关的前期费用，充分满足境内投资者对外投资的外汇需求。2007 年，中国在资本流出方面做出重大改革。1 月，国家外汇管理局通过了《个人外汇管理办法实施细则》，将个人年度购汇额度由 2 万美元提高到 5 万美元；8 月 20 日，国家外汇管理局又批准了中国境内个人直接对外证券投资业务试点，居民个人可以通过天津中行及中银国际证券，以自有外汇或人民币购汇投资于香港证券交易所公开上市的证券品种，这意味着中国迈出了资本项目开放的历史步伐。这两项改革的意义在于，境外证券投资下的购汇规模被完全放开，离完全的自由流出仅一步之遥。可见，中国资本项目开放正在顺利进行，并渐入佳境。国家外汇管理局的有关人士[1]指出，中国将在较短时间内实现资本项目基本可兑换，即 75% 以上可兑换（而对于这一比例，有专家称达到 2/3 就可以称为基本可兑换了）。

3. 未来中国资本项目需要加快开放的方面

目前，中国实行严格管制的项目已经不到一半，近期内可以实现资本项目的基本可兑换，但是中国离资本项目完全可兑换则还需要相对较长的时间。这主要是因为中国尚在管制正待放开的项目主要集中为两个方面：

---

① 邹林，国家外汇管理局资本项目管理司司长，在"CFO 上海论坛 2005 年会"上的讲话，2005。

一是股权类投资的限制定。包括境内机构到境外发行股票和其他权益类证券的限制；对境内机构和个人投资境外股市和相应购汇的限制；境外机构在境内发行股权类证券和境外投资者投资从事境内 A 股交易的限制。二是对债务证券投资的限制。包括境内机构到境外发行债券和对境内投资者投资境外债券市场的限制；境外机构在境内发行债券以及境外投资者在境内从事债券交易的限制。这两类正是资本项目开放真正的重点和难点。

为了实现资本项目的开放，中国应该继续在整体模式下进行积极的探索和尝试，有选择、分步骤地放宽对跨境资本交易活动的限制。未来中国资本项目需要加快开放的方面，主要如下。

（1）逐步放宽对合格境外机构投资者投资于境内的限制，探索利用外资新方式。主要需要做的是：进一步放宽对 QFII 的资格要求，但在审核 QFII 时着重资信状况与其投资经营理念，并择优通过；逐渐放宽对单个 QFII 的投资额度的限制，但对所有 QFII 总的资金流入进行比例管理；逐步放宽对 QFII 汇出入资金的限制。

（2）放松境外机构和企业在境内资本市场上的融资限制。通过境外机构和企业在境内资本市场上融资的增加，逐步扩大其参与中国金融市场的范围，优化国内资本市场结构。具体而言，积极拓宽境外参与者在国内的融资渠道，吸引国外包括金融机构在内的优质企业以多种形式来中国融资，进一步推动境外企业在国内上市（发行 A 股）及发行人民币债券，鼓励国内外金融机构合作开展中国存托凭证业务（CDR）。

（3）允许合格境内机构投资者投资境外证券市场，拓宽境内外汇资金投资渠道。今后应该逐步调整 QDII 的准入制度，在条件成熟时通过制定更为明确的准入条件，变现在的审批制为注册登记制；扩大 QDII 范围，现在 QDII 主要限于金融机构，适当时候扩展到非金融机构；逐步扩大 QDII 的投资领域，放宽其资产选择。

（4）放松境内中资金融机构和中资企业到境外发行股票和公司债券的限制，拓宽中资机构在境外筹资的渠道，同时，也推进中资机构运作的国际化进程。

（三）次序研究

中国资本项目开放作为整个经济金融改革的一个不可分割的组成部分，是按照整体模式，依照循序渐进、统筹规划、先易后难、留有余地的原则，分阶段、有选择地逐步推进，不存在"最优"的次序问题；但相对优先次序的研究，依然是中国顺利推进资本项目开放的重要理论基础。

1. 资本项目开放与经济金融改革的次序

理论界对于资本项目开放与国内经济金融改革的次序研究显示：资本项目开放应在国内成功实现经济稳定之后才进行，并且需要改革国内金融市场，减少市场中价格扭曲的现象。但在各国经验中存在差异。在实践中，多数国家在资本项目开放前都进行了国内经济金融改革，比如智利；而印度尼西亚的资本项目开放相对滞后于国内经济金融改革，其资本项目开放是从 1967 年开始的，而直至 1982 年 6 月才结束利率管制。因此，在资本项目开放与本国经济金融体制改革之间的排序原则是，强调宏观经济稳定的重要性、选择合适的汇率制度、优先进行旨在支持宏观稳定的经济金融改革。

中国是一个发展中大国。一方面，中国作为一个发展中国家，市场经济尚不够发达，银行和非银行体系还比较脆弱。这表现在，央行市场化调节能力尚待加强；银监会对银行体系、证券和保险市场、外汇市场的监管仍很薄弱；信息披露和信息公开制度尚待建立和完善；各种违规现象和内部交易频频发生。这些都表明中国的央行市场化调控能力远远不够成熟，监管体系亟待健全和完善，金融发展还在继续深化之中，现在尚不足以抵挡开放资本账户后大规模的资本流动，容易导致国内收支危机乃至金融危机。另一方面，中国作为一个大国，经过近 30 年的改革开放，经济已步入持续、快速、健康发展的轨道，综合国力大大增强，已具备了进一步开放资本项目的条件和时机。在这一背景下，未来中国要按照整体开放的模式，把资本项目开放作为一揽子综合性改革方案的一部分，与其他方面的改革一起整体推进，边开放、边改革，相辅相成，相互促进，实现良性互动发展，以应对 WTO 倒逼效应的影响。

2. 资本项目开放与经常项目开放的次序

理论界中对此问题也存在分歧，少数经济学家主张两者可同时开放，甚至有极个别的主张资本账户可先于经常项目自由化，但多数经济学家的观点是，资本账户开放应在经常项目开放执行之后，以避免不必要的资源转移。各国的实践提供了各自的案例。在已有的开放资本项目的这些国家中，绝大多数是在开放经常项目后再开放资本账户的，如法国、印度和智利等；而泰国正好相反。

中国于 1996 年 12 月 1 日开放了经常项目，实现了经常项目下人民币的自由兑换，这意味着放松了贸易及与贸易活动有关的服务性支付的外汇管制，依靠国家的产业政策、贸易政策、投资政策和金融政策等来指导和调控企业的外汇收支行为，加强了中国经济金融与世界经济金融的联系和交往。从实践结果看，在改革过程中，中国宏观经济不仅保持了稳定，而且在当时经济"软着陆"的情况下保持了经济的快速增长。因此，中国的经常项目开放在事实上已经先于资本账户开放，尽管现在在结售汇体制上还留有少许限制，但不影响它的实效及为资本账户开放所起的铺垫作用。

3. 资本项目开放内部子项目的开放次序

中国在针对具体 43 个资本项目的开放一直坚持积极、稳健、温和、有序、渐进的方式，从具体开放次序的选择上，遵循"先流入后流出，先长期后短期，先直接投资后间接投资，先机构投资者后个人投资者"① 的原则，其政策目标的关键是：要尽量减少资本项目开放所带来的巨大冲击和阵痛，并用各种手段减少投机，为国民谋求福利。

（1）资本流入自由化与资本流出自由化次序。

观察众多经济体资本项目自由化的过程，一个基本规律是：在资本大量流入、本币面临升值压力时，往往先放开资本流出限制；而在资本大量流出，本币面临贬值压力时，资本流入的自由化先于资本流出的自由化。

一直以来，中国都是按照"先流入后流出"的顺序开放资本项目。因为两者的实施条件不同，所带来的风险也有较大差异：开放资本流入项目可以弥补国内资金不足的现状，使投资超越储蓄；限制资本流出可以防止投机资金的频繁出入所带来的风险。

而当前中国的人民币正处于升值历程之中，外贸顺差的不断攀升更是令人民币升值预期不断强化，于是各类热钱蜂拥而入，在原有强制结售汇制度下，就形成了央行的巨额外汇资产而造成被动的大量货币投放，迫使央行发行天量的央票来对冲。而又由于升值期间的低利率倾向，低息央票的对冲效率十分有限。因此，管理层逐渐意识到被动地应付不是办法，因而主动地逐步放开了资本的流出。无论是放开境外证券投资，还是提高个人购汇额度和经常项目强制结售汇制度的取消，均是希望引导资本有序流出，缓解国内流动性过剩的压力。

（2）长期资本项目与短期资本项目的开放次序。

长期与短期资本交易主要包括直接投资、有价证券投资、证券发行、无证券债权（如除外汇交易外的金融期权、期货、掉期和远期交易）。长

---

① 易宪容：《金融发展必然要求资本项目基本可兑换》，《东方早报》2006 年 3 月 2 日。

期和短期资本交易的开放是经常项目开放后对国民经济整体最有影响、最能引起金融变革的实质性内容，也是学术界研究的重点。

国内学术界认为先开放长期资本项目，再开放短期资本项目。这是因为短期资本流动的灵活性，决定了其风险远远大于长期资本流动，面对数量庞大、冲击力强的国际游资，只靠一国金融当局的干预是有限的，它需要各国政府间的协调。所以，在条件有限的情况下，我们应继续对短期资本项目加以适当的管制。若开放短期资本项目，对贸易融资的开放应先于投机性资本的开放。

而在长期资本范围内，应先放宽对直接投资的管制，再放宽对证券投资的管制。因为直接投资的开放既包括外商来华投资，也包括中国对海外的投资，为中国政府提出"请进来，走出去"的方针提供条件。对开放间接投资的管制，也要先开放证券投资，再开放对银行信贷的管制。

（3）真实交易背景的交易与无真实交易背景的交易的开放次序。

有真实交易背景的资本交易指直接投资、贸易融资等；无真实交易背景的资本交易包括发行证券、有价证券投资、金融信贷等。前者中，外商作为设备物品进行的投资在海关统计中体现为贸易进口，作为资金流人的投资也将用于进口，或在国内市场上形成购买力，贸易融资为贸易进出口提供便利，因此这些交易行为事实上与经常账户密切相关，有着直接的实物交易背景，具有较高的稳定性；后者中，由于缺乏直接的实物交易背景，这种资本投机性的大量流入存在诱发泡沫经济的因素，种下经济和金融危机的祸根。正是由于有真实交易背景的资本交易与经常项目密切相关，中国早在 1996 年底就已经实现了经常项目的可兑换，为放开这种交易打下良好的基础。因此，出于风险控制的考量，中国可以先放开有真实交易背景的交易。与有真实交易背景资本交易相比，无真实交易背景的资本交易要求的国内经济发展稳定性和金融市场发达、健全的程度要高得多，需要逐步创造实施所需要的先决条件。

在无真实交易背景的交易的层面上，要先开放间接与实物交易有关的资本交易，后放开无间接与实物交易有关的交易。无真实交易背景的交易，可以进一步细分为间接与实物交易有关的资本交易和即使从间接的角度看也与实物交易无关的资本交易。例如，证券发行、有价证券投资、国外借款，都没有真实的交易背景。但相比之下，证券发行是企业融资的一种形式，所筹集到的资金用于企业的运营，因此可以判断它与实物交易间接有关；生产性企业的国外借款，也是由于企业生产经营的需要，因此也与实物交易间接有关；有价证券投资是指在证券发行后，投资者对有价证券进行买卖的行为，因此即使从间接角度看，它也与实物交易没有关系。在对有、无直接实物交易背景的资本交易的论述中，无直接实物交易背景的资本交易有着较大的风险；在对无直接实物交易背景的资本交易细分后，同样，即使从间接角度看也与实物交易无关的资本交易，风险相对而言更大。

（四）配套改革

资本项目的进一步开放是中国经济发展的必然选择，但这并不意味着中国要贸然开放资本项目。在不具备条件的情况下加快开放资本项目，不仅无法实现开放资本项目的收益，反而会加大经济金融风险。国内外开放资本项目的实践给中国提供借鉴的经验是：① 第一，资本项目开放应该作为国家经济改革和结构调整计划的一个有机组成部分，与发展市场经济、加大开放度集合起来整体推进。第二，资本项目开放会使国内经济更容易遭受国际资本的冲击，所以健全的国内金融体系和加强金融监管应该早于资本项目开放。因此，为了平稳有效地推进中国资本项目开放步伐，最终实现资本项目的自由兑换，需要把资本项目的开放和以下几个方面的配套改革当做一个整体工程来推进。

1. 保持良好稳定的宏观经济环境

资本项目的顺利开放必须有一个良好稳定的宏观经济环境作为保证。营造良好稳定的宏观经济环境，关键是要实施稳定的财政政策和灵活的货币政策。如果财政过度扩张，导致大量财政赤字出现，政府通常通过两种方式进行弥补：一是通过发行债券方式；二是通过向中央银行借款来维持赤字。而这样两种方式分别会引发实际利率上涨和下降，导致大规模短期资本流入或者流出，引起汇率的波动。同样，资本项目的开放要求稳健的货币政策，因为过度扩张的货币政策一样会导致通货膨胀和短期内大规模的资本流出。当然对货币政策除了稳健以外还要求其具备灵活性，即中央银行能够灵活地运用各种货币政策具体进行调控资本项目开放过程中频繁的资本流入流出。

2. 逐步实行更具弹性的汇率制度

在资本自由流动的情况下，根据"蒙代尔三角"理论，弹性汇率安排

---

① 马进、范祚军：《从 CAFTA 进程看区域内人民币自由兑换》，《中国金融》2006 年第 13 期。

可以增强一国货币政策的独立性。此外，弹性的汇率安排对国际收支具有一定的自动平衡功能，在资本大规模流入流出的情况下，弹性的汇率安排可以缓解固定汇率制度造成的本币升值或者贬值的压力，有利于市场均衡汇率的形成，并且可以抑制资本的进一步流入或者流出。尽管中国在2005年7月21日进行了人民币汇率形成机制的改革，但从市场走势来看，目前人民币汇率的浮动区间还是相对狭小，而且在升值压力下呈现单方向浮动，所以，政府在推进资本项目进一步开放的进程中，应该同时推进人民币汇率形成机制的改革。

3. 推进国内金融自由化与完善金融体系

资本项目全面开放应该以国内金融的自由化为前提，其中利率的自由化应当放在优先位置，因为一旦资本项目完全放开，资本的流入流出将主要依靠利率进行调解。中国目前的利率形成机制尚未完全市场化，这种受人为管制的利率可能造成资金价格信号的失真，当国内利率水平与国际市场利率水平出现差异时，必将引发短期资本的大规模流入或者流出，引起通货膨胀或者货币危机。同时，资本项目全面开放以后，资本的流动变得频繁，需要一个健全的金融体系，才能较好地应对各种冲击，实现自我减震。因此，中国应该继续推进银行业的改革，完善金融市场主体，增加金融产品种类，保证金融市场的健康发展。

4. 建立审慎、高效的监管体系

审慎、高效的监管体系是资本项目开放正常进行的保证，也是资本项目开放后整个金融体系安全和稳定的保证。当资本项目管制完全放开以后，大量的国际资本流入中国金融市场，会导致银行可贷资金增加和证券市场投机增加，如果监管措施不得力，后果可能是灾难性的。所以，在中国逐步开放资本项目的同时，必须加强金融监管力度，这包括：提高对短期资本流动的警惕，建立监控机制；建立健全各种法规制度，如市场准入、信息披露制度等；灵活运用经济手段对资本流入流出进行结构调整；加强与国际金融机构和其他国家在金融监管领域的合作等等。

5. 培育健全的微观经济主体

资本项目的开放将使国内企业一方面获得更多的直接和间接融资渠道，增加发展的机遇；另一方面，面临更多的外国企业直接投资或间接投资带来的竞争压力。[①] 而中国的企业公司治理结构和经营机制上普遍存在

---

① 张礼卿：《资本账户开放与金融不稳定》，北京大学出版社，2004。

缺陷，效率低下，竞争力不足，尚不具备应对资本流动、资本价格变动和汇率变动的机制，所以在资本项目开放过程中，中国应该继续推进国内企业改革，加快建立现代企业制度的进程，增强企业对价格、利率、汇率的敏感性，使其成为真正具有生存和竞争能力的微观经济主体。

6. 实施冲销政策

冲销政策是中央银行在干预外汇市场后，为消除干预所造成的货币市场失衡而采取的政策措施。在公开市场采取冲销政策干预时，中央银行购买外汇储备的资金是通过以政府或中央银行证券形式发行等量国内公共债务来融通的。20世纪60年代日本、70年代的韩国成功地进行了冲销干预政策，保持了国际储备不断增加，经济高速增长，低通货膨胀的黄金时期。由于中国持续巨额的国际收支顺差，为维持人民币汇率稳定，中央银行通过银行间外汇市场买入大量外汇，同时投放等量的基础货币，为确保市场适度的货币供应量，进行反向冲销是必要的。冲销政策能够抵消国际资本流入对国内货币供应总量和信贷扩张的影响，进而防止经济过热和通货膨胀的危险，抑制本币汇率升值造成的本国对外出口竞争力下降，避免信贷膨胀引起的银行资产质量下降以及金融市场的系统性风险，也保证了中央银行币值稳定目标的实现。

7. 设立无补偿准备金制度

无补偿准备金制度（Unremunerated Reserve Requirement, URR），又称无息准备金制度，是一种常用的价格管制手段，它要求国际投资者按照跨境资本投资额的一定比率，向中央银行缴纳本币或外币存款，在存期内存款不计息。

URR是一种隐性税收，类似对国际短期资本流动间接征税。其隐性税率为:[1]

$$r = \mu(i + s)t/d(1 - \mu)$$

式中，μ 表示无息准备金率，i 表示 URR 所要求的货币国际基准利率，s 表示借款人的风险升水，包括国家风险和信贷风险升水，t 表示存款期限，d 表示投资期限。

中央银行可以规定无息准备金率和存款期限来灵活调整隐性税率，有效地抑制短期资本流动。智利在20世纪90年代初面对资本大量流入，严

---

① 丁志杰：《发展中国家金融开放—效应与政策研究》，中国发展出版社，2002。

重的实际汇率升值和通货膨胀的压力。在 1991~1998 年期间，为了控制短期资本流入，同时又不影响长期外国投资，减少资本流动的波动引致的汇率波动，建立了无补偿准备金制度。1996 年 6 月实施这一制度，规定除贸易信贷以外的所有外国借款，URR 比率为 20%，3 个月及以下期限的借款，URR 存期为 3 个月；3 个月至 1 年期的借款，URR 存期等于借款期限；1 年期以上的借款，URR 存期为 1 年；URR 货币与借款货币相同。哥伦比亚、委内瑞拉、马来西亚等国也运用过这种管理手段，其政策效果比较明显。据统计，智利、委内瑞拉和马来西亚三国在资本流入控制期间，跨境资本流量分别下降了 7.6%、3.5% 和 15.1%。

中国要尽快设立 URR 制度，对一些短期资本项目有选择性地实施。

中国企业海外直接投资的
发展与理论探讨

徐　锋　李秀辉

一　2006 年中国企业海外直接投资的发展

（一）中国企业海外直接投资的发展概述

1. 总体规模与发展速度

伴随中国经济进一步发展，实施的"走出去"战略得到进一步落实，2006 年中国企业海外直接投资的总体规模与发展速度较上年都有较大的提高。据国家商务部统计，2006 年，中国非金融类对外直接投资 176.3 亿美元，同比增长 43.8%，境外企业实现销售收入 2746 亿美元，境外纳税总额 28.8 亿美元，2006 年末境外企业就业人数达 63 万人，其中雇用外方人员 26.8 万人，境内投资主体通过境外企业实现的进出口额 925 亿美元；其中：股本投资 77.2 亿美元，占对外直接投资额的 47.9%；利润再投资 32 亿美元，占 19.8%；其他投资 52.1 亿美元，占 32.3%。截至 2006 年底，中国 5000 多家境内投资主体设立对外直接投资企业近万家，共分布在全球 172 个国家（地区），对外直接投资累计净额（以下简称存量）906.3 亿美元。其中：股本投资 372.4 亿美元，占 41.1%；利润再投资 336.8 亿美元占 37.2%；其他投资 197.1 亿美元，占 21.7%。①

根据联合国贸发会议（UNCTAD）发布的 2006 年世界投资报告，2005 全球外国直接投资（流出）流量为 7787 亿美元，存量为 106719 亿美元，以此为基础测算，2006 年中国对外直接投资分别相当于全球对外直接投资

---

① 引自商务部、国家统计局、国家外汇管理局《2006 年度中国对外直接投资统计公报》。

（流出）流量、存量的 2.72% 和 0.85%；2006 年中国对外直接投资流量相当于全球国家（地区）排名的第 13 位。[①]

国家外汇管理局发布 2006 年末中国国际投资头寸表。2006 年末，中国对外金融资产 16266 亿美元，比上年末增长 33%；在对外金融资产中，对外直接投资 824 亿美元，证券投资 2292 亿美元，其他投资 2420 亿美元，储备资产 10729 亿美元，分别占对外金融资产的 5%、14%、15% 和 66%。[②]

2. 地区分布

2006 年中国非金融类对外直接投资的地区分布状况是：拉丁美洲地区 84.7 亿美元，占 48%，主要流向开罗群岛、英属维尔京群岛；亚洲 76.6 亿美元，占 43% 主要流向中国香港、新加坡、沙特阿拉伯、蒙古、伊朗、印度尼西亚、老挝、哈萨克斯坦、越南等国家（地区）；欧洲 5.9 亿美元，占 3.4%，主要流向俄罗斯、德国、英国、爱尔兰等国家；非洲 5.2 亿美元，占 2.9%，主要流向阿尔及利亚、赞比亚、尼日利亚、苏丹、南非、刚果（金）等国家；北美洲 2.6 亿美元，占 1.5%，主要流向美国、加拿大、百慕大群岛；大洋洲 1.3 亿美元，占 0.8%，主要流向澳大利亚（见图 1）。

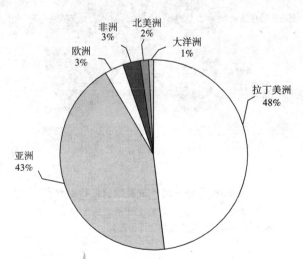

图 1　2006 年中国非金融类对外直接投资的地区分布

资料来源：商务部、国家统计局、国际外汇管理局：
《2006 年度中国对外直接投资统计公报》。

---

① 引自商务部、国家统计局、国家外汇管理局《2006 年度中国对外直接投资统计公报》。

② http://www.cnfol.com。

3. 行业分布

从投资的行业分布看，目前中国对外直接投资已从一般出口贸易、餐饮和简单加工扩大到营销网络、航运物流、资源开发、生产制造和设计研发等众多领域，在采矿、商务服务和制造行业的直接投资较为集中。2006年中国对外直接投资流向采矿业85.4亿美元，占40.4%；商务服务业45.2亿美元，占21.4%；金融业35.3亿美元，占16.7%；交通运输仓储业13.8亿美元，占6.5%；批发和零售业11.1亿美元，占5.2%；制造业9.1亿美元，占4.3%；房地产业3.8亿美元，占1.8%；农林牧渔业1.9亿美元，占0.9%；其他行业6亿美元，占2.8%（见图2）。2006年对采矿、商务服务和制造行业的投资额占中国全部非金融部门对外直接投资的59%、24%和6%。

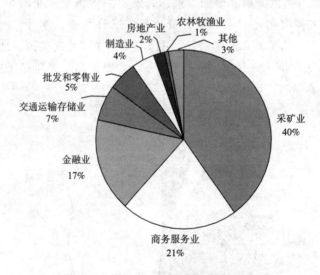

图2 2006年中国对外直接投资的行业分布

资料来源：商务部、国家统计局、国家外汇管理局：
《2006年度中国对外直接投资统计公报》。

（二）2006年中国企业海外直接投资的主要特点

1. 投资增长速度高，利润再投资增幅大

2002年以来，中国的对外直接投资（非金融类）的年均增长速度高达60%，呈现高速增长的势头（见图3，单位：亿美元）。

2006年利润再投资66.5亿美元，其中非金融类境外企业利润再投资

58.6 亿美元，同比增长 83%。

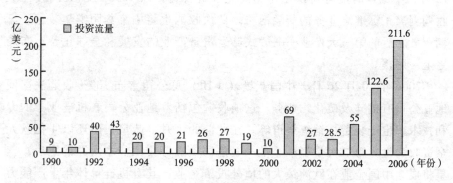

图 3　1999－2006 年中国对外直接投资流量情况

资料来源：商务部、国家统计局、国家外汇管理局：《2006 年度中国对外直接投资统计公报》。

2. 跨国并购已经成为中国企业海外直接投资最主要方式

从投资方式看，跨国并购已成为中国对外投资的重要方式。2006 年，通过收购、兼并方式实现的直接投资 82.5 亿美元，占当年流量的 39%。其中非金融类 70 亿美元，金融类 12.5 亿美元。① 国内有竞争力的企业更多地采用收购兼并方式开展对外投资。如中石化收购俄罗斯乌德穆尔特石油公司、中国蓝星集团总公司收购法国罗迪亚公司等。在中短期内，中国企业跨国并购将以中小型并购为主，兼有大型并购，而且仍将主要集中在制造业和资源领域。②

2006 年发生的影响较大的海外并购案例如下。③

2006 年，在集团董事长陈同海带领下，中石化以 24 亿美元竞购成功两个区块的安哥拉海上油田，又与俄罗斯国有石油公司联手以近 35 亿美元竞得一家英国石油公司，彻底更改了外界以往对中石化海外战略相比中石油、中海油而言"缩手缩脚"的评价。

中国建设银行则在董事长郭树清领导下拉开了海外扩张序幕，成功地实施了中国银行业有史以来最大的一次海外并购：在 8 月 24 日同意以 97.1 亿港元收购美国银行（亚洲）股份有限公司 100% 的股权。

① 引自商务部、国家统计局、国家外汇管理局《2006 年度中国对外直接投资统计公报》。
② http://www.sina.com.cn。
③ 经济视点报：http://www.jjsdb.com。

2006 年 7 月，中集集团并购荷兰博格遭遇"欧盟对华反垄断第一案"，12 月，中集审时度势再次出手，设立合资公司，以 4800 万欧元间接控股收购剥离了标准罐业务的荷兰博格。此次收购也将中集集团继集装箱、车辆业务之后的第三大产业——罐式储运设备产业的发展和全球化营运布局更上一层楼。

2006 年 10 月 26 日，中国蓝星（集团）总公司宣布 100% 收购法国罗地亚公司有机硅及硫化物业务。这项收购包括罗地亚公司有机硅业务的专利技术、生产装置、销售渠道等。在此前的 1 月，蓝星集团还以 4 亿欧元全资收购世界第二大蛋氨酸企业——法国安迪苏集团。本次并购之后，蓝星将成为中国企业在欧洲最大的境外投资企业，其有机硅单体年生产能力将达到 42 万吨，跻身为世界第三。

2006 年 8 月，无锡尚德电力全资收购日本 MSK 公司是目前为止最大一次收购日本企业的案例。在该宗收购案中无锡尚德以现金和股票交易方式，分两步全资收购日本 MSK 公司，整个交易将耗资 1.6 亿～3 亿美元。借此无锡尚德将产品打入日本电池市场，在国际化道路上也迈出了重要一步。

近期比较大的海外投资来自于联想集团的消息：① 联想集团于 2007 年 7 月 26 日表示，将斥资 3000 万美元，在墨西哥和印度新建两座 PC 制造和装配厂。其中约 2000 万美元投资于墨西哥蒙特雷年产电脑量 500 万台的工厂，计划 2008 年年中投产，它将是联想在海外投资最大的一个制造厂。设在印度拜迪（Baddi）较小的工厂设计年产 200 万台电脑，预计在 2007 财年的第三季度投入使用。

3. 境外资源开发再次成为对外投资的热点

2006 年，中国对外直接投资流向采矿业的达到 85.4 亿美元，占 40.4%，主要是石油、天然气开采业、黑色金属矿采选业的投资。与 2005 年的 15.1% 比较有大幅提高。资源开发近几年一直是中国对外直接投资的一大热点，2003 年采矿业占中国对外直接投资的比重一度达到 48.4%。

4. 投资主体继续保持多元化格局

从投资者的构成看，2006 年中国对外直接投资的主体仍由有限责任公司、国有企业、民营企业、外商投资企业等构成，继续保持多元化的格局。有限责任公司所占比重为 33%，位于境内投资主体数量的首位，并较

---

① http://www.sina.com.cn. 2007 年 7 月 28 日北京娱乐信报记者：贺文华。

上年又提高了一个百分点；国有企业占整个境内投资主体比重的 26%，位于境内投资主体总数的第 2 位；私营企业对外投资的主体数量占 12%，位于境内投资主体总数的第 3 位（见图 4）。

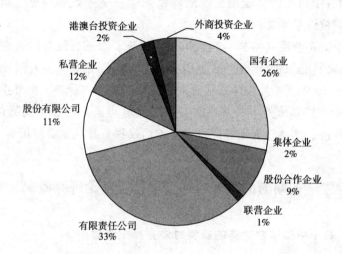

图 4　2006 年末境内投资主体按企业登记注册类型分布情况

资料来源：商务部：《2006 年度中国对外直接投资统计公报》。

5. 浙江等沿海各省市企业对外直接投资最为踊跃

在非金融类对外直接投资主体中，中央企业及单位仅占 11%，各省市区的投资主体占了 89%。其中：浙江、广东、山东、福建、江苏、上海、黑龙江六省一市的境内主体数量占境内投资主体总数的六成；浙江省的境内投资主体数量最多，占境内主体总数的 22%；七成的私营企业投资主体来自浙江、福建两省。

（三）对外投资政策法规的新进展

中国直接投资相关政策方面，继续深化"走出去"战略。出台《境外投资产业指导政策》，重点支持符合国家经济发展的对外投资。运用直接补助和贷款贴息等方式支持国内企业"走出去"，重点支持有实力的国有企业以并购方式投资能源原材料等重大项目。为支持和配合国内有实力的企业"走出去"，取消境外投资购汇额度的限制，允许企业先行汇出相关前期费用，鼓励境内母公司和银行为境外投资企业提供融资支持。

2006 年商务部抓紧贯彻落实"走出去"战略，继续完善对外投资相关政策法规，推进对外投资便利化。陆续编制了《对外投资国别产业导向目录》，进一步完善对国内企业对外投资产业国别协调和指导。2006 年 10 月国务院常务会议原则通过了《关于鼓励和规范中国企业对外投资合作的意见》，这是自中央提出"走出去"战略以来第一个全面系统规范和鼓励对外投资的纲领性指导文件。

境外中资企业商（协）会建设取得新进展。目前，境外中资企业商会已有 50 多家。继 2005 年成立"美国中国总商会"后，"澳大利亚中国总商会"也于 2006 年 4 月在温家宝总理访澳期间成立。目前，境外中资企业商（协）会在协调境外中资企业利益、加强与当地政府和工商界的交流、维护合法权益、推动与当地共同发展等方面发挥着日益重要作用。

二 近期国内关于对外直接投资理论研究概况

（一）基于中国综合优势的新型对外直接投资理论

国外主流的对外直接投资理论并不完全适用中国的国情，也不能完全解释中国企业对外直接投资的实际。2006 年中国一些学者结合中国的实际，进行了有意义的理论探讨。

欧阳峣（2006）提出的"大国综合优势"理论：以中国处于转型时期，存在着地区结构、经济结构、技术结构并存的"多元"状态为现实基础，认为中国在对外直接投资的战略选择中存在着优势多元化、动机多元化、产业多元化、区域多元化等特点，对多元化资源的整合就形成了"大国综合优势"：局部的差异性和整体的综合性在对外直接投资战略选择方面更灵活，而转型中的中国既具有发展中国家的"比较优势"又具有发达国家的"竞争优势"。因此，应积极发展中国"资源整合型"的对外直接投资，以获取最佳利益。

吴勤学（2006）提出大强国综合优势和需求理论：在比较了垄断优势理论、边际产业扩张理论、国际生产折中理论及产品周期理论优劣的基础上，吸收其精华，兼容并蓄，分别从静态和动态角度分析了中国海外直接投资的现状和未来发展潜力，试图指导确立中国的长久发展优势。该理论强调国家和政府的作用，认为决定中国海外直接投资的因素是中国综合优势和综合需求。应树立国家战略意识，政府承担起创造和提高不动产价值的主要责任，支持、管理和引导处于刚起步阶段的企业进行海外直接投资，实现使中国成为一个世界大强国的海外直接投资的最终目标。

另外，李翀（2006）在对对外直接投资各经典理论进行回顾和评述的基础上，试图重构该理论：一方面，对外直接投资产生的前提是国内生产向国外生产的发展，这取决于投资国资本的相对过剩和东道国发展工业的基础条件，并从历史发展角度提供了事实依据；另一方面通过国际贸易与对外直接投资3种类型的分别比较，分析了放弃国际贸易而进行对外直接投资的不同条件。结论认为：垄断优势和内部化是对外直接投资的条件，追求利润和区位因素分别是对外直接投资的根本原因和具体原因。这与邓宁把垄断优势看做对外直接投资的原因，内部化是投资方式，区位因素看做对外直接投资地点的观点形成对照，显示了理论的创新。

（二）对外直接投资对经济的影响分析

中国对外直接投资的作用有多大，在世界的位置如何，受哪些因素制约等是一系列首要且重要的问题，研究它们的意义在于了解对外直接投资对经济增长的意义。

李杏等（2006）从母国角度分析对外直接投资对经济增长的影响。从理论方面，提出对外直接投资可以获取技术创新优势，并可提高全因素生产率，从而促进经济持续增长；从实证角度，以美、英、法、新加坡等国为代表建立回归模型，表明对外直接投资确实促进了本国经济增长。认为中国应加强对外直接投资，对境外投资进行政策改革；以比较优势确立投资方向；对对外直接投资保障体系三方面提出建议。

刘志伟等（2006）从国际收支的角度，研究了中国对外直接投资对经济的影响。作者在阐述了针对中国具体情况的理论分析的基础上，选取了1983～2004年度共22个样本数据，对中国对外直接投资对中国国际收支影响进行实证分析。表明对外直接投资对中国经常项目平衡具有积极的调节作用，约占16%；对金融项目的影响并不稳定；由于政策影响及总体规模偏低等原因，中国对外直接投资规模的大小与国际收支余额规模不存在因果关系。

王英等（2007）从实证角度分析了中国对外直接投资的贸易效应，具体从出口规模效应和出口结构效应两方面分别选取数据进行回归分析。结论表明，中国对外直接投资对贸易有互补作用；在出口结构优化中，GDP增长和对外直接投资积累起了关键作用，而FDI却没有显著的影响。因此，作者的对策建议强调了全球化背景下，强调立足自我发展经济的重要性。

（三）　对外直接投资决定因素的实证分析

决定对外直接投资的因素有很多，且在不同时间对不同东道国，决定因素会有差异，不同的视角有不同的答案。

姚利民等（2007）通过对中国外资流向的 20 个发达国家和地区与 18 个发达国家的两样本对比，进行实证分析，得出在两个样本中都显著影响中国对外直接投资倾向的 4 个因素：（1）与投资倾向呈正相关的出口倾向，表明中国对东道国的出口与投资间有互补性；（2）与投资倾向呈负相关的进口倾向，表明中国对东道国的出口与投资间有替代性；（3）与投资倾向呈负相关的劳动生产率差距，表明较大的差距增加了对外直接投资的风险；（4）与投资倾向呈正相关的技术投入差距，表明中国对发达国家投资的一个动机就是获得其先进技术。另外，通过比较得出，距离和华裔人口数分别与投资倾向呈负相关和正相关。

张新乐等（2007）选用了 2003 年和 2004 年中国对 51 个东道国的非金融类对外直接投资为样本，对中国对外直接投资的影响因素进行实证研究，结果表明：（1）东道国 GDP 与对外直接投资反向变化且弹性不大；（2）东道国汇率与对外直接投资呈显著的正向关系；（3）东道国人均国民收入与对外直接投资呈正向关系；（4）对东道国的出口是对外直接投资一个正的显著影响因素。前 3 个结论都与理论研究结果不同，说明了中国对外直接投资的不成熟。

（四）　对外直接投资具体措施的研究

理论研究的目的是用于指导实践，所以，规范分析的重要性不亚于实证研究。分析范围既有针对中国对外直接投资各环节提纲挈领的概括性建议，又有针对某些环节或对某些东道国投资的具体真知灼见。

鲁桐（2007）认为要提高中国企业海外投资的成功率要把握 4 个关键环节：（1）跨国经营的战略选择有全球战略、地区战略和多国本地化战略 3 种，各有优势，而中国企业宜采用第三种；（2）选择目标市场方面应根据各企业跨国经营的动机和目标对决策变量进行排序以确定市场选择标准；（3）市场进入模式方面，中国企业应从市场扩张的地理顺序和跨国经营方式演变两方面采取渐进性进入的方式；（4）在组织结构与国际战略匹配方面，地区分部组织结构更适合于采取多国化战略的中国。

张为付（2006）根据对外直接投资的动机和类型将中国企业进行分类，分别给出了不同类型对外直接投资区位选择和路径安排的具体建议：（1）市场寻求型企业应对发达国家周边的发展中国家进行直接投资，将工业制成品出口到发达国家市场，实行"迂回式"的间接出口；（2）低成本寻求型企业可对一些自然资源丰富的发展中国家直接投资，如中东地区和南美国家，并仅在东道国进行粗加工，精细化深加工可放在国内；（3）技术和效益寻求型企业则对发达国家直接投资，以建立技术研究中心、营销管理中心等，充分利用其技术研发外溢效应和聚集效应；（4）全球发展战略寻求型企业投资于发展中国家应兼并其战略性资源生产和上游企业，而投资于发达国家则应利用其技术和管理资源。

柳剑平等（2006）对中国企业在东亚直接投资的国别选择方面，提出了"产品内分工"方法：认为要在全球范围内寻求最佳资源配置，跨国公司应按照产品价值链不同环节的不同技术含量进行国际生产分工。具体到东亚各国，对技术密集型的日本、资本密集型的亚洲四小龙和东盟四国、劳动密集型的越南、柬埔寨等、资源密集型的文莱、老挝等应分别投资技术密集型、资本密集型、劳动密集型和资源密集型相应的产品和生产环节。

（五）中国对外直接投资的现状及趋势研究

在各方面综合分析中国对外直接投资现状的基础上，根据国际经验和现有的成熟理论，可以把握中国对外直接投资发展的大方向，并在实际中顺应趋势而发展。

张为付等（2007）从国际经济分工模式的角度，比较了对外直接投资与对外贸易、许可证交易的特点、风险和绩效，并对中国对外直接投资的现状进行分析，理论方面认为中国对外直接投资的动机和模式基本符合邓宁所归纳的企业对外直接投资4种基本类型；实证方面认为中国对外直接投资有如下特征：（1）被动性较强，缺乏持续和连续性；（2）投资模式以规避贸易壁垒的市场寻求型为主，而技术寻求型不足；（3）投资行业以低附加值的服务业为主；（4）投资主体以国企为主。

张宗斌（2006）认为中国现在大规模的对外直接投资与日本20世纪80年代的情况极其相似，分别对中日两国对日本在对外直接投资的背景、动机、主体选择、产业与区域选择、进入方式、政府支持等6个方面进行了比较，揭示了日本在对外直接投资方面的成功经验，同时指出了中国在对外直接投资方面的不足。

对中国对外直接投资发展趋势的实证研究主要是结合邓宁的投资发展路径理论，也称 IDP 理论。杨健全等（2006）选取 1985～2004 年的数据，结合 IDP 理论，对中国对外直接投资进行实证检验，结果表明中国对外直接投资符合 IDP 理论的"J 曲线"分布，且正处于投资发展周期的第二阶段，即对外国资本吸引力明显增强，但对外直接投资仍十分有限，净对外直接投资为负数，且负数值呈不断增加的趋势。通过比较表明，中国对外直接投资在增幅与投资比率效率方面仍落后于美、日、欧等发达国家。同样基于 IDP 理论，姚永华等（2006）对 1982～2004 年国际直接投资情况进行计量分析，指出中国正处于 IDP 理论的第二阶段并积极向第三阶段转变，即对外直接投资大幅上升，但净对外直接投资仍为负值，并预测未来5～10 年将出现对外直接投资高潮。同时，截面数据对不同地区和省份的分析表明各地区间对外直接投资存在极大不平衡，处于 IDP 理论的不同阶段。

欧阳峣（2005）以知识经济和经济全球化为大环境，提出了中国对外直接投资的发展趋势，认为知识经济和全球化对中国企业对外直接投资具体产生了 4 个方面的影响：（1）动机多极化，如开辟国外市场、获取高新技术、寻求资源开发和扩大出口贸易等；（2）发展空间差异化，表现为发展阶段、技术层次及产业空间、投资主体等；（3）企业国际投资政策不断优化，如政策目标的优化、法律规范的优化、管理措施的优化、促进政策的优化等。而中国企业对外直接投资本身发展表现为以下趋势：规模持续增长、区位广泛化、行为多样化、主体和形式的多元化等。

（六）对外直接投资风险的分析

投资的收益是与风险成正相关的，因此，我们在关注如何提高对外直接投资收益的同时，更应该重视如何规避和降低风险。

颜晓晖（2007）将灰色系统理论中的灰关联分析方法引入企业对外直接投资方案风险识别中，依据专家评判法得出各种境外投资风险因素的重要度，建立对外直接投资风险的灰关联评价模型。并通过比较与其他模型对具体案例的分析，表明该模型确实是有效可行的。

冉宗荣（2006）具体分析了中国企业跨国并购的现状和特点，认为目前中国跨国并购主要面临以下整合风险：并购战略及整合规划风险；技术整合风险；人力资源整合风险；企业文化整合风险以及整合时间风险。并提出了实施科学并购整合战略规划、大胆培育和使用整合经理等针对性建议。

从总体上看，中国国内学者已经针对中国对外直接投资这一新兴热点问题进行了初步的系统研究，形成了中国对外直接投资的理论雏形，但仍显薄弱。这些弱点，需要进一步深入研究：首先，基本理论方面虽有适于国情的新突破，但观点的角度单一，且似乎力图解释所有问题；其次，过多关注具体细节，对中国对外直接投资较宏观的分析不够，缺乏高屋建瓴的深层次研究；再次，对中国对外资金投资的发展趋势方面，无论是理论结合还是实证分析都稍显片面。在对外直接投资发展的初级阶段，研究其发展趋势有着广阔的前景；最后，对于对外直接投资的决定因素众说纷纭，莫衷一是，正说明这方面的研究还有很长的路要走。

参考文献

［1］欧阳峣：《中国对外直接投资导论》，中南大学出版社，2005。

［2］吴勤学：《中国海外直接投资理论与实务》，首都经贸大学出版社，2006。

［3］欧阳峣：《基于"大国综合优势"的中国对外直接投资战略》，《财贸经济》2006 年第 5 期。

［4］鲁桐：《论跨国企业海外投资的成功之道》，《世界经济与政治》2007 年第 3 期。

［5］张为付：《中国企业对外直接投资的区位选择和路径安排》，《国际贸易问题》2006 年第 7 期。

［6］柳剑平、孙云华：《中国企业对东亚直接投资的国别（地区）选择——基于产品内分工实态的研究》，《国际贸易》2006 年第 11 期。

［7］姚利民、孙春暖：《中国逆向型 FDI 决定因素的实证分析》，《国际贸易问题》2007 年第 4 期。

［8］张新乐、王文明、王聪：《中国对外直接投资决定因素的实证研究》，《国际贸易问题》2007 年第 5 期。

［9］张为付、武齐：《中国企业对外直接投资的理论分析与实证检验》，《国际贸易问题》2007 年第 5 期。

［10］张宗斌、于洪波：《中日两国对外直接投资比较研究》，《世界经济与政治》2006 年第 3 期。

[11] 杨健全、杨晓武、王洁：《中国对外直接投资的实证研究：IDP 检验与趋势分析》，《国际贸易问题》2006 年第 8 期。

[12] 姚永华、苏佳丽、陈飞翔：《中国对外投资发展阶段的实证分析》，《国际贸易问题》2006 年第 10 期。

[13] 李杏、李小娟：《外商直接投资对经济增长的影响》，《国际贸易问题》2006 年第 4 期。

[14] 刘志伟、高利、陈刚：《中国的对外直接投资对其国际收支影响的实证研究》，《国际贸易问题》2006 年第 12 期。

[15] 颜晓晖：《境外直接投资风险的灰关联评价及案例研究》，《国际贸易问题》2007 年第 6 期。

[16] 冉宗荣：《中国企业跨国并购的整合风险及应对之策》，《国际贸易问题》2006 年第 5 期。

[17] 李翀：《对外直接投资理论的构建》，《人大复印资料——外贸经济、国际贸易》2007 年第 1 期。

[18] 王英、刘思峰：《中国对外直接投资的出口效应：一个实证分析》，《人大复印资料——外贸经济、国际贸易》2007 年第 5 期。

第四篇

对外经贸关系篇

中美经贸关系：新发展、新问题

刘振林 黄建军

一 "抛售美国国债"风波问题

最近中美经贸关系的最大热点不外乎是 2007 年 8 月 9 日，美国总统乔治·布什在接受福克斯电视网采访时所说的那番话："如果中国指望以打压美元作为打交道的筹码，那我只能说他们有勇无谋。"

事情的起因：2007 年 8 月 8 日，英国《每日电讯报》发表了一篇题为《中国威胁"核选择"欲抛售美元》（China threatens 'nuclear option' of dollar sales）的文章。文章认为，中国国务院发展研究中心金融研究所所长夏斌对媒体表示，中国可以把手中的 1.330 万亿美元外汇储备变成"政治武器"，以对付美国国会要求中国人民币升值的压力。与此同时，报道还说，中国社会科学院世界经济与政治研究所的何帆也在官方的英文报纸《中国日报》（China daily）说，如果中国愿意，中国有能力通过抛售美国国债使美元崩溃。

这番言论立即在美国政界引起轩然大波，并引起鲜少谈论中美经济问题布什的强烈反弹。布什虽很质疑这两名学者的言论能在多大程度上代表官方的立场，但仍威胁说，如果中国这么"一味蛮干"，"中国所受的伤害绝对比美国更大。"

这番交锋的背景是：从 2007 年年初开始，由于美元持续贬值，为提高资产收益率，进行多元化投资，一些国家持有美国国债的数量呈逐渐下降趋势。中国也在 2007 年 4~8 月，将持有美国国债的数量从 4198 亿美元减少至 4002 亿美元，累计减持美国国债 196 亿美元。在近年中国国内倡导外汇储备多元化改革呼声日益强烈的背景下，① 减持行为的发生是再正常不过的事情，中国政府也没有大规模抛售美国国债，改变以美元为主外储货币政策的打算。② 但问题是美国近年一直饱受"次级按揭贷款"危机的影响，国内金融形势不稳。2007 年 8 月中旬，"次级按揭贷款"在一周内就给美国股市带来了超过 1 万亿美元的损失，美国政府非常担心其他国家趁机落井下石，尤其是像中国这个持有美国国债居第二位的国家掀起抛售美国国债的风潮，加重美国经济的压力。而此时，中国政府恰恰在 2007 年 8 月份减持美国国债 88 亿美元，创下 7 年以来单月减持最高记录。夏斌和何帆的观点刚好又在此时被《中国日报》报道出来，进而在以英国《每日电讯报》为首的一些西方媒体添油加醋报道下，上述言论被理解成了中国将会使用庞大的美元储备作为"经济核武器"使用，并通过抛售美国国债使美元崩溃，以改变自身在中美经贸战中的不利地位的观点。

对此，北京大学国际关系学院教授朱锋认为，官方学者在中美关系问题上发表如此轻率的言论，显然是"不负责任的"。朱锋指出，中美经济关系如此密切，特别是人民币和美元汇率挂钩，将抛售美元作为解决中美经贸争端的手段是"很荒唐的建议"。朱锋认为，抛售美元不但对中国没有任何好处，中国也将遭受比美国更大的损失，因此，"抛售美元"的观点肯定不代表政府的政策。中国近来扩大外汇储备的种类，增加外汇储备的可调节性，主要是为了规避单一美元储备带来的风险，并不是要威胁美国。中美两国正在为解决贸易摩擦进行积极的沟通，双方都强调要用谈判而不是对抗的手段来化解经贸纠纷。③

上述事件进一步表明了中美经贸关系的复杂性。

张燕生等④谈到上述事件时认为，集体抛出美元产品有可能对全球经济、美元的国际地位带来巨大影响。中美在贸易和投资之间的复杂关系将分别从产业和金融层面触及美国的核心利益。届时，美国对华政治将服务于经济利益的要求，而不是经济利益服从于政治格局。

---

① 张莹：《成思危建议调整中国外汇储备结构》，《第一财经日报》2007 年 11 月 8 日。

② 易纲：《中国不改变以美元为主外储货币的政策》，中国新闻网 2007 年 11 月 15 日。

③ 于泽远：《北京中美关系学者："抛售美元"非政府立场，不会影响中美实质关系》，《联合早报》2007 年 8 月 11 日。

④ 张燕生、张岸元：《从新的角度考虑中美经济战略对话》，《国际经济评论》2007 年第 4 期。

对于中美关系的复杂性，王逸舟①认为，中美经贸联系俨然成为新世纪全球最重要的经贸关系之一。从中长期观察，中美关系中结构性、深层次的矛盾可能逐渐加强，何去何从既受制于变动的国际环境，更决定于两国高层的战略取向和意志。在未来的中美经贸关系上，中国应该学会建立更多的危机反应和反馈修正，包括对双边关系复杂性的认识，和对自身不成熟、自身缺失的改进。从经贸领域、从双边关系、从挫折中去学习一些将来应对的挑战。

王缉思②则从 3 个方面讨论了中美关系的复杂性：第一，越来越向全球的问题扩张，真正中美关系双边的问题很少，多数是多边的问题。第二，在双边问题中，两个国家的关系向社会的、经济的、政治的纵深方向渗透。向两个方向拓展，一个向国际，一个向国内。第三，任何一个领域都是合作和摩擦共存。他认为，任何单个领域的摩擦，都不至于引起双边关系的严重倒退或全面对抗，而在任何一个单一领域的突破或交流，也不会导致双边关系的迅速改善。因此战略互信已经成了中美经贸关系的核心问题。

对于如何处理复杂的中美关系，美国约翰斯·霍普金斯大学高级国际问题研究院（SAIS）中国研究系主任戴维·蓝普顿教授在其新作《同床异梦：处理中美关系 1989～2000》提到了 7 点建议：第一，在获取权力和运用权力时不要把话说绝，不要把对方逼到墙角。他认为克林顿在竞选中和第一任期中的做法正是犯了这一忌讳。第二，建立一种可以发展和贯彻一项前后一致的政策的机制。在历届政府中，对华政策或由白宫主导，或由国务院负责，两种做法都可能成功，但如果两者竭力竞争对华政策的主导权，或者对中国问题都没有兴趣，那么政策就会有大麻烦。第三，由于资源有限，要确定什么是优先的问题，抓住优先问题不放松。克林顿第一任期的主要问题是不能在中美关系中确定现实的优先问题。关键是根据什么标准来确定优先问题，是根据传统的国家利益的标准还是价值观主导的标准。作者提出的标准是不能驱使中国朝着与美国长远利益相冲突的方向发展。第四，进行战略对话，并确定意图。这里所说的"战略"不是"军事"的意思，而是两国之间"长远的重要的共同利益"。在与中国讨论具体问题之前，首先要确定一个"利益、原则和意图的框架"。第五，要保

① 王逸舟：《展望新阶段的中美战略关系》，《国际经济评论》2007 年第 4 期。
② 王缉思：《中美利益交汇与战略互动》，《国际经济评论》2007 年第 4 期。

持信誉。说话要算数，做事要有决心，做不到的事情不要虚张声势。虚张声势，进行威胁，只能损害信誉，制造混乱。第六，考虑对方的国内政治环境。第七，教育公众。作者认为，布什和克林顿总统都没有充分发挥教育公众的作用。①

王勇则提出，应该在"国家—市场—社会"的三维互动框架下，从经济学、政治经济和国际关系方面分析中美关系的复杂性。这一框架主要是扩大了社会维度的内容，以国家、社会和市场的3个维度，两个层次、多角色互动的框架来分析当前中美经贸关系的发展。在这一新的框架下，中美经济关系呈现出以下特征：（1）中美经济决策过程日益复杂化，国家、市场、社会（社会集团）三者间的互动关系越来越复杂，远远超出"国家中心主义"倡导的国家间关系模式所能解释的，决策过程更为复杂。（2）伴随着中美在全球生产中合作程度的加深，中美之间共同领域的不断扩大，跨国共同利益、跨国利益集团或联盟成为了重要的现象，对于各自国内政策的平衡和决策起到了很大的牵制作用。（3）社会因素作用增强，两国决策过程趋同。② 由于国际政治经济发展的"绝对所得"与"相对所得"并存的规律，这将决定未来的中美经济关系既是一个长期融合、合作的过程，同时也将是一个长期摩擦、冲突的过程。在此过程中，重要的是，中美双方要以战略的眼光看到共同利益的不断增长，看到双方对于全球经济与社会健康发展的责任。但是，由于中美经贸关系还同时受到"相对所得"规律的支配，两国又不可避免地在利益多寡的分配问题上产生摩擦与冲突。对此，王勇建议中国要做好充分的准备：首先，要加强体制改革，进一步扫除市场经济建设中的种种障碍，进一步完善统一的全国性市场的建设；其次，利用WTO的"灰色"领域，对于某些对国民经济具有重要战略意义的"幼稚"工业进行一定程度、一定期限的扶持；第三，提高WTO规则斗争的灵活性；第四，利用WTO规则与国家经贸政策审议的时机进行"反诉"、"反制"；第五，进一步学习与借鉴美国驾驭"国际规则"的经验与做法，提高中国运用"游戏规则"的能力；第六，通过扩大中美合作领域，拓展共同利益，缓解有关规则的冲突。③

---

① 戴维·蓝普顿：《同床异梦》，钱乘旦译，香港中文大学出版社，2003。
② 王勇：《中美经济关系：寻求新的分析框架》，《国际经济评论》2007年第4期。
③ 王勇：《中美经贸关系——揭示全球化时代中美经贸纷争的政治逻辑》，中国市场出版社，2007。

二 中美战略经济对话

为适应经济全球化的深入发展和中美经济关系日益密切的需要，推动中美两国长期经贸关系框架的建立，在美方提议、中方同意下，2006 年 9 月和 2007 年 5 月，中美两国政府高层官员先后举行了两轮"中美战略经济对话"（SED）。第三次战略经济对话也于 2007 年 12 月举行。这几次对话集中讨论了贸易诚信、经济发展平衡、能源节约、金融领域改革、环境可持续发展以及推动双边投资等议题。

总的看来，中美经济对话力图通过对两国经贸摩擦、金融、环保等双边战略性问题的探讨，进行坦诚交流和直接沟通，以减少误判，增信释疑，划定准则，明晰目标，确保双边关系长期平稳发展。

关于中美战略经济对话的目标，美国财政部中国问题特使霍尔默在 2007 年 11 月 14 日于清华大学"建立中美经济关系合作新习惯"的演讲中，明确谈到了美国对 SED 的三大核心目标，即建立合作新习惯、加快中国经济转型、积极鼓励中国在国际往来中承担其对世界的责任。①

对此，王国兴认为，中美战略经济对话创建了一种宏观经济政策国际协调的新框架，其主要特点是双边、发展中国家对发达国家，以及协调内容超越了传统经济协调范畴。新框架的建立不仅反映了中美两国经济的全球影响越来越大、相互依存度不断提高，而且也是中国加入 WTO 过渡期结束后进一步发展双边经贸关系的客观需要。中美通过联合经济委员会（JEC）、商务与贸易联合委员会（JCCT）等平台开展的单项经贸协调的历史与实践，为新框架下开展更加广泛、更加深入、更具战略性的协调奠定了基础。尽管新框架对于稳定和发展中美经济乃至战略关系具有积极意义，但是它并不能完全防止两国局部利益的冲突，而且中方在新框架下面临的压力也更为巨大。为此，中方应在参与协调的政策和策略上做好中长期的准备，以寻求中国国家整体经济利益的最大化。②

宋玉华等③认为，由于中美经贸关系是当前世界上最重要的双边经贸

① 冯迪凡：《中美战略经济对话首次将食品安全列为议题》，《第一财经日报》2007 年 11 月 15 日。

② 王国兴：《中美战略经济对话：国际经济协调新框架》，《世界经济研究》2007 年第 3 期。

③ 宋玉华、王玉华：《中美战略经济对话机制：性质定位和作用》，《国际经济评论》2007 年第 1 期。

关系，它承载着中美双方各自的经济利益和共同利益。这一点决定了中美战略经济对话机制的战略定位。首先就美国来说，它要确保中国能够坚持经济市场化的改革方向，推动中国的经济体制逐渐向西方市场经济体制靠拢，分享中国发展成果。其次，对中国来说，赢得发展的"战略机遇期"、实现和平发展是中国的核心利益和战略目标所在。中国在向美国开放市场的同时，也同样需要美国市场的开放，中国需要继续从中美经贸关系中得益，进一步引进美国的市场和资本，学习与借鉴美国的先进技术和管理经验，确保自身的经济发展不受外部的过多干扰。

张燕生①则认为，美对华经济政策基调取决于双边政治关系走向。目前，维持对华政策现状，是符合美国利益的政策选择。在经济领域，美国倾向于接受"顺差在中国、利益在美国"、"美在华跨国公司是最大获益者"等我方极力主张的双赢观点；对于高额贸易逆差、人民币持续升值局面的容忍度也有所提高。虽然经贸问题政治化的土壤依然存在，但对战略对话及我方应抱有足够的耐心，要另辟途径把具体的对话引向深入。

三　中美贸易失衡问题

近 10 多年来，中国与美国之间的贸易失衡呈现长期化并急剧扩大的趋势。据中国海关统计，从 1993 年出现 62.7 亿美元顺差开始，中国已经连续 15 年维持对美贸易顺差格局，且在 1996 年突破 100 亿美元，2005 年突破 1000 亿美元，预计 2007 年将达到 1500 亿美元以上。而按美国商务部统计，自 1983 年起，美国对华贸易就出现 3.2 亿美元的逆差，迄今已经连续 25 年维持逆差局面，美方累计逆差 13480 亿美元，预计 2007 年将达到 2500 亿美元以上，并连续 7 年创造新高，中国也将连续保持对美最大贸易顺差来源国地位。

对于双方上千亿美元以上的统计差异，刘遵义②等人认为，原因在于：
(1) 中美出口统计口径不一，中国出口一般采用国际商会通行规则，即出口用 F.O.B 统计，进口用 C.I.F 统计；而美国出口采用 F.A.S 统计，进口

①　张燕生、张岸元：《从新的角度考虑中美经济战略对话》，《国际经济评论》2007 年第 4 期。

②　K. C. Fung and Lawrence J. Lau, 2003, Adjusted Estimates of United States-China Bilateral Trade Balance: 1995 - 2002, *Journal of Asian Economics*, Volume14, pp. 489 - 496, May.

亦用 C. I. F 进行统计。(2) 双方未考虑香港的转口贸易情况。(3) 双方未考虑加工贸易问题。(4) 双方统计中忽略了服务贸易问题。

海闻等[1]人也持类似观点，认为中美贸易逆差不一致的最重要原因在于香港的转口贸易，因此如果将从中国内地运往美国的商品和从美国运往中国的商品各自在附加值方面都归为香港的出口值，中美贸易统计差异就会大大降低。

金旭[2]等人认为，统计方式的不同以及美国对高新技术的出口管制也是贸易不平衡的原因。中美在贸易不平衡的问题上，双方有很大的差异，而由于贸易不平衡带来的争执、引起的摩擦越来越多，包括人民币汇率，包括服务市场的准入，还有关于出口补贴的问题，都是以巨额的贸易顺差为借口，带来了很多极端的问题。但从全球来看，美国的对华逆差也是短期的，从长远来看，只要全球化的趋势不变，目前贸易格局不变，中国对美国的顺差，应该说在今后可预见的若干年里还会持上升趋势。实际上，中国出口商品为美流通领域带来巨大利益，算大账双方利益是基本平衡的。因此，"顺差在中方，但利润在美方，好处在双方。"

对于贸易不平衡的原因，一些学者对该问题的症结进行了许多深入的探究，观点主要集中在结构性问题、税制问题、货币体系、外资政策、进出口的交易成本不对称以及美国的出口管制等方面。

何伟文认为，中美之间贸易的巨大不平衡主要不是中美之间的问题，是美国的问题，而美国贸易逆差是一个结构性问题。[3]

宋泓提出，中美之间贸易的不平衡很重要的原因是美元和国际货币体系造成的。[4]

宿景祥认为，对美国而言，贸易赤字实质是外债，其根源在于货币体制、金融制度，美元的特殊地位使得赤字得以持续。这种情况只能是以美元体制瓦解来结束。他认为，以后的货币体制很可能落到气候问题上，即二氧化碳本位制。[5]

姚顺利认为，贸易不平衡问题的根源还在于外向型经济战略导致的优

[1] 海闻、芬斯阙、胡永泰、姚顺利：《贸易逆差的差异》，《国际贸易》2000 年第 3 期。

[2] 金旭：《中美贸易不平衡的症结》，《国际经济评论》2007 年第 4 期。

[3] 何伟文：《贸易不平衡不应成为中美经济关系中的重大问题》，《国际经济评论》2007 年第 3 期。

[4] 宋泓：《关于中美经贸关系的几点不同解读》，《国际经济评论》2007 年第 4 期。

[5] 宿景祥：《美国贸易赤字的根源》，《国际经济评论》2007 年第 4 期。

惠外资和鼓励出口的贸易激励机制以及它所带来的价格扭曲、资源配置扭曲等问题。仅仅是出口许可、出口税和出口退税这些措施调整是不够的，而要对过去外汇严重短缺时期所制定的以创汇为主要目标的外经贸政策进行全面清理和调整。[①]

肖耿提出，由于通过国际供应链系统出口中国的交易成本很高，进出口交易成本不对称，影响中国消费的各种因素都在国际供应链体系之外，中国发展面临的各种国内经济结构及制度改革挑战同时制约着中国进口的增长，这是中国经常账户持续盈余的根源。[②]

对于中美贸易的前景，大多数中国学者都表示乐观，但也认为，由于产业结构转移等原因，在未来相当一段时间内，中国的贸易顺差还将继续维持在较高水平上。

由于中美贸易互补性大于竞争性，多数学者主张中国应该谋求在失衡的中美经贸关系中走出一条自己的路。

张燕生认为，应主要加强以下 5 个方面：（1）从贸易政策来讲，中国要选择针锋相对和以柔克刚交替使用的政策。（2）中国恐怕要在现行国际规则中寻求一个追求和谐的第三条道路，最好的策略是主动接受并积极参与现行秩序，同时保持一定距离，与欧盟、日本、新兴大国和其他发展中国家保持良好关系，寻求建设和谐世界的第三条道路，是下一步需要解决的大问题。（3）中国要增强自己在世界的地位就是要增强规则实力的法治建设。（4）中国要寻求开放的、相互依存的大国战略。制定出口为本、自主创新为本、全球运作为本的开放新模式。（5）中国要考虑构建高端基础的改革路线。加快要素、金融、外汇的市场化改革；减少新旧价格和激励机制扭曲；提高综合国力和产业国际竞争力。[③]

四 人民币汇率升值与国际收支平衡问题

2007 年 8 月，美国参议院财务委员会通过了一个有关汇率的法案。根

① 姚顺利：《出口与外资优惠政策挂钩：中美贸易不平衡的症结之一》，《国际经济评论》2007 年第 4 期。
② 肖耿：《从结构与制度视角解释中国汇率政策和外部经济失衡》，《国际经济评论》2007 年第 4 期。
③ 张燕生、张岸元：《从新的角度考虑中美经济战略对话》，《国际经济评论》2007 年第 4 期。

据该法案，如果一国在其货币汇率被美国认定为有根本性偏差后而未进行重估，美国企业即可寻求对来自该国的产品征收反倾销关税。该法案还要求美国政府通过国际货币基金组织和世界贸易组织，对拒绝进行汇率政策改革的国家采取行动。如果被美国点名的国家在1年后仍未采取适当的改革措施，美联储将获准在全球市场内对汇率有偏差的货币进行干预。由于财政部在每半年一次的报告中，一直没有将中国列为汇率操纵国，新法案为此提出了"汇率失调"的新概念，以取代"汇率操纵国"概念，试图借此判断一国是否通过操纵汇率获得了不当的贸易优势。这一法案不仅开了立法干涉别国汇率的恶例，也充分表明了美国的贸易保护主义倾向，它将对中美贸易关系产生恶劣的影响。

实际上，自2005年7月中国汇率体制改革以来，人民币汇率升值已累计达10.28%。

但美国政府高官并不满足于此，他们在各种场合，不断向中国施压，要求中国实行更灵活的货币政策以及加快中国金融改革步伐。他们认为，如果实施更灵活的人民币汇率机制，中国人民银行就会有更多的工具保证价格和金融的稳定；那些在中国市场上做决策的个人和企业，能够得到更加准确的市场信号；这对于纠正贸易失衡也是非常重要的。

但美联储前主席格林斯潘并不赞同这种迫使人民币大幅升值的观点。他认为，到目前为止，还没有令人信服的证据可以支持这样的结论，即人民币对美元汇率的大幅度上升将会使美国制造业的活动和就业明显增长。[①]

摩根斯丹利亚洲有限公司主席斯蒂芬·罗奇也认为，人民币升值无法解决中美贸易不平衡问题。虽然人民币升值可以挤压中国出口商的利润空间，但是影响美国对华产品需求的不仅仅是汇率因素。过去10年，中国出口产品的60%由外商投资企业提供，对人民币兑美元汇率施压，其实就是压制为追求效率而在中国投资的跨国企业，无异于向美国国内消费者征税。如果美国不想方设法提高已经过低的储蓄率，任何汇率调整都注定会失败。[②]

中国学者则多从如何深化金融体制改革，消除过多的流动性，增加投资，发展资本市场，促进人民币国际化等角度来讨论人民币汇率升值。

---

① 艾伦·格林斯潘：《迫人民币大幅升值是错误的》，于蕾译，《国外社会科学文摘》2006年第1期。
② 斯蒂芬·罗奇：《为什么我们应该感谢中国》，顾信文译，《国外社会科学文摘》2004年第4期。

黄海洲认为，汇率机制是中美关系的重要议题。美国在中美关系上占了两个道义上的高点：以前是民主、人权的问题；现在是两个经济上的道义——汇率问题，知识产权保护的问题。虽然适度的汇率升值对中国是有益的，但人民币的适度升值对美国的损害也有可能大于它从中得到的利益。中国有必要发展自己的金融市场，在人民币升值的同时要增加货币市场的灵活性，推动金融市场的发展，在外汇储备政策和汇率政策组合方面需求一个适当的框架。而需要一个良好的内部和外部环境，要求双方都按照常理出牌，中国应以"三国演义"的框架来考虑中国的国际金融形势，借助美国的一些经验发展自己的资本市场。中美经济和金融市场的互补性大于竞争性，而这对于中国发展是长期有利的。①

平新乔认为，应该对出口产品对于人民币升值的承受力进行研究，由于出口动力和中国的税制有关系，因此目前在短期、中期关注于税率的调整可能比动汇率要更稳妥一些。②

对于如何消除流动性过剩，增加投资，学者们的观点则比较纷纭。

黄海洲认为，全球流动性过剩问题主要是由 3 个结构性原因造成的：第一，全球总投资量的减少给全球创造了大量的流动性；第二，跨国公司的利润又返销到资本市场；第三，外汇储备的大量增加又变相增加了流动性。中国的流动性过剩，很快会变成昨天的问题，如果是宏观调控继续以压制投资，一味吸纳流动性的方式进行，可能会出现比较大的问题。中国应该在高技术上大力投资，并在提高社会福利、增加教育投资、医疗、卫生、修建地铁等方面下力气。③

对此，肖耿等也持同样的观点。肖耿认为，中国经济过热的是无效率投资，但短缺的是有效率投资，如公共交通、地铁等基础设施。在这方面最困难的就是要改变金融体系，因为金融体系唯一的作用就是降低交易成本，让资本与劳动力更大程度地结合，消化大量的剩余储蓄、剩余资本，然而由于我们国家的金融体制、监管体制还不够发达，造成劳动力和资本之间的交易水平不是很高，在这方面，实际上是需要欧洲、美国等发达国家的帮助。④

张宇燕则不同意这一观点，他认为，劳动力过剩、劳动价值比较低、

① 黄海洲：《全球流动性、投资和"种树经济"》，《国际经济评论》2007 年第 3 期。
② 平新乔：《调整贸易不平衡：税率比汇率更稳妥》，《国际经济评论》2007 年第 4 期。
③ 黄海洲：《中国掩盖如何应对流动性过剩》，《中国财经报》2007 年 3 月 13 日。
④ 肖耿：《从结构与制度视角解释中国汇率政策和外部经济失衡》，《国际经济评论》2007 年第 4 期。

资本和劳动力比例不对称，导致了流动性过剩，投资量减少的状况是有时间限制的。①

在具体货币政策方面，肖耿认为，鉴于日本和中国香港的经验，中国应该先通胀，后升值。②

对此，黄海洲持不同观点，他认为，先通胀或者大幅通胀，不是发展中国家发展金融市场的良好环境。在有大量通胀的情况下，金融市场是不可能得到很好发展的，它恰恰需要一个稳定的通胀水平。③

五 中美贸易摩擦问题

中美贸易的增长始终伴随着贸易摩擦的增长。根据 WTO 的统计，1995～2006 年 6 月，美国共发动各类反倾销调查案 366 起，成为仅次于印度（448 起）的第二大反倾销立案最多的国家。在中国遭到的反倾销问题中，美国是世界上对中国产品发起反倾销诉讼最多、力度最大的国家之一。进入 21 世纪以来，在美国贸易政策由自由贸易转向公平贸易的背景下，随着两国关系的发展尤其是中国加入 WTO 后两国产业结构和贸易结构的变化，中美贸易摩擦日趋激烈。首先，中美贸易摩擦涉及的产品从最初的农产品、化工原料、鞋类、纺织品等初级产品或劳动密集型产成品向钢铁、彩电、电信等资本和技术密集型的工业制成品转移。其次，美国对华发起贸易摩擦的手段日益呈现多样化特征。④ 除了传统的"二反一保"等 WTO 允许使用的贸易救济措施外，美国又从中国加入 WTO 协议中拿到了 12 年"特保措施"、15 年的"非市场经济地位"、8 年的"纺织品限制措施"，以及长达 10 年的 WTO 多边贸易政策审议机制。近年来，美国对中国特定产品实施保障措施的案件主要分布在五矿、轻工和机电领域，对中国产品发起"337 条款"调查涉及的行业也由纺织、服装向工程机械、化工和医药原材料转移。中美贸易摩擦正由微观层面上升到宏观层面，食品和产品安全、知识产权、"非市场经济地位"、履行入世承诺等问题已成为中美贸易摩擦的新焦点。

---

① 张宇燕：《美国行为的信仰根源》，《国际经济评论》2007 年第 4 期。
② 肖耿：《从结构与制度视角解释中国汇率政策和外部经济失衡》，《国际经济评论》2007 年第 4 期。
③ 黄海洲：《全球流动性、投资和"种树经济"》，《国际经济评论》2007 年第 3 期。
④ 陈泰锋：《中美贸易摩擦》，社会科学文献出版社，2006。

对此，张燕生指出，与一般的贸易摩擦相比，中美贸易摩擦有 3 个特点：（1）互补性的贸易摩擦。（2）非经济因素的摩擦是主导。从美方来讲更多是从非经济的安全因素考虑。（3）相互依存的贸易摩擦。也就是说中国实际有大量美国的投资权益，从性质上造就了中美之间的竞合关系。他认为，对中国来讲，对失衡结构的调整是中国、东亚和美国的共同责任，也就是东亚扩大内需和实现贸易平衡的部分是全球失衡问题解决的根本点。①

张蕴岭②则认为，中美经贸关系一个很突出的特点就是经贸政治化、政治经贸化，两方面联在一起，反映了三层问题：（1）经贸本身出现贸易的不平衡；（2）在中美经贸关系背后，中国的经济崛起确实对美国有战略竞争；（3）美国在为不确定性做准备，他们不确定，到底中国是什么样，所有战略都在为未来做准备。当今的中美关系，和当年的日美关系不一样，竞争的性质也不一样。

湖南大学张亚斌等以纺织品贸易摩擦为例，运用特定要素模型，探讨了中美贸易摩擦的原因。他们发现，中美贸易摩擦产生的根本原因在于贸易中美方各利益集团不同的利益，由此中美纺织品贸易摩擦的本质在于中方与美方某一利益集团的冲突和摩擦。③

南京大学谢建国使用格兰杰因果检验与计量模型，对美国对华贸易反倾销的经济、政治及制度因素进行了实证分析，结果显示，经济因素仍然是美国对华贸易反倾销的主要原因。其中，美国国内工业产出的波动与对华贸易逆差显著提高了美国对华的反倾销调查频率，实证结果同时显示中美政治联系与美国对华反倾销之间存在显著的联系，中美政治联系的恶化将强化中美在贸易领域的冲突。④

辽宁大学崔日明教授研究了中美贸易摩擦中的知识产权保护问题，他认为中美贸易摩擦的表现形式也经历了一个不断变化的过程。第一个阶段是以类似纺织品的配额、反倾销的阶段，在中国加入 WTO 之初，反倾销

---

① 张燕生、张岸元：《从新的角度考虑中美经济战略对话》，《国际经济评论》2007 年第 4 期。

② 张蕴岭：《透视全球经济失衡》，《科学决策》2007 年第 3 期。

③ 张亚斌、艾洪山、曾铮：《中美纺织品贸易摩擦及美方利益集团分析》，《国际商务》2007 年第 1 期。

④ 谢建国：《经济影响、政治分歧与制度摩擦——美国对华贸易反倾销实证研究》，《国际贸易》2006 年第 12 期。

措施曾是美国在国际市场上阻击中国优势产品最有力武器，但短短几年中，我们就处在第二个阶段，美国已将制造贸易摩擦的焦点转移到了知识产权保护领域。知识产权是美国的比较优势所在，它将最终成为中美贸易所有经济争端最核心的问题，反倾销等传统贸易救济措施已不能满足美国打压"中国制造"的需要了，所以美国转向求助于"337 条款调查"等新手段。[①]

六 能源与环保问题

美国和中国是当今世界两个最大的能源消费国，也是世界上温室气体排放最多的两个国家。据英国石油公司（BP）的统计，2006 年全球能源消费总量为 108.8 亿吨油当量，其中美国能源消费量为 23.3 亿吨油当量，中国消费量为 17.2 亿吨油当量，分别占全球总量的 21.4% 和 15.8%。又据国际能源机构（IEA）的统计，2006 年美国、中国二氧化碳排放量分别为 59 亿吨、56 亿吨，按照目前的能源消费模式，如果没有相关政策措施出台，中国的能源消耗还将进一步增加，温室气体排放也将随之增加，中国很可能在 2010 年取代美国成为世界上最大的二氧化碳排放国。

总的看来，中美之间在能源、环境、反恐以及全球性的疾病防御等方面，是合作大于竞争，两国具有相当的利益共同点，但彼此也有歧异之处。

国际能源机构在《2007 世界能源展望：洞察中国和印度》中认为，中国等新兴市场经济体经济增长强劲，不仅弥补了美国等国因陷入"次级按揭贷款危机"而给世界经济带来的不利影响，而且还消化了不断提高的能源成本，并通过总体贸易顺差弥补了石油贸易逆差，从而避免了出现世界性经济危机的可能性，保证了世界经济的平稳运行，中国降低能耗、节能减排的政策正在为世界做出绿色贡献。[②] 该报告还以 2004 年数据为例，发现中国能源再出口数量比再进口数量多出 2.3 亿吨油当量，约占当年中国能源消费总量的 16%，这意味着中国实际上还为其他国家承担了相当于英国、法国或韩国能源总消耗量的碳排放。在经济全球化的背景下，中国不但接受了产业转移，也接受了能耗和排放的转移。但是由于中国的初级能

---

① 崔日明：《中美贸易摩擦中的知识产权保护研究》，《国际贸易》2007 年第 9 期。

② IEA, 2007, World Energy Outlook 2007: China and IndiaInsights, http://www. worldenergy-outlook. org/docs/weo2007/.

源消费增长率大大高于世界初级能源消费增长率，国际油价的暴涨和能源需求的扩大确实存在"中国因素"，"中国因素"已经成为世界能源市场中举足轻重的因素，中国正在改变全球能源体系。

查道炯在回顾了中美能源合作历史后认为，中美之间的能源问题主要有两种趋向：一种是美国视中国为威胁；另一种是合作。长期以来，在中美两国政府、能源技术研究和学术机构的共同推动下，两国之间已经建立起了卓有成效的合作机制。但是迄今为止中美两国政府推动的能源合作，主要集中在下游领域，核心目标是提高中国的能源使用效率。近来伴随着对中国石油进口量上升与国际油价高企，中美两国在能源上游和中游领域之间的矛盾开始日益突出。在能源供应上，中美之间的相互依赖程度相当低，相互能源的贡献都很小，虽然中国一直欢迎美商投资，但因为消费比较高，而且投资风险也很大，美商对中国能源前景还不是很看好。美国的一系列投资海外能源和环保的机制以及基金都隐含着一条潜规则，即不能给中国。中美两国间在国际能源开发政策方面的交流还不够充分。中美之间有必要从对话走向全球范围内的合作。作为两个在能源消费和国际政治中有影响的大国，中美之间的能源合作不能仅局限于中国的能源下游领域，而应在上游和中游展开合作，使未来的合作向能源科技方面合作以及推动两国公司联手在第三国开发方面深入。当前，应通过多层次的对话，将双方面临的挑战变成机遇，主动寻求两国在有争议问题上的沟通并寻求减少摩擦的可能，促进两国在能源领域展开更为广泛、深入、有效的合作。[①] 但是，中国在合作之前，必须清楚以下问题：（1）美国能源机制是否针对中国的快速崛起；（2）两国在寻求稳定的海外能源供应的时候，是公开贸易市场可靠还是走出去可靠。[②]

对于如何缓解石油价格上涨问题，何帆认为，从经济学角度来说，如果为了缓解油价的波动，更多地应该采取一些对冲的方式。通过广泛投资冲销中国潜在的风险，这样从经济含义上来说更加有效，从政治含义上说要更加稳定一些。[③]

对于环境、能源与中美经贸的关系，王信认为，在气候变暖的大背景下，未来有关环境、能源的议题在两国经济关系中将占据越来越重要的地

---

① 查道炯：《中美能源合作：挑战与机遇并存》，《国际石油经济》2005 年第 11 期。
② 查道炯：《能源问题与中美关系》，《国际经济评论》2007 年第 4 期。
③ 何帆：《对中国能源政策的几点建议》，《国际经济评论》2007 年第 4 期。

位。两国加强在这些方面的交流与合作，不仅有利于全球气候好转，也有助于两国贸易平衡。中国应该着眼于整个制造业的更新换代，控制高污染、高耗能的行业发展，以更加积极的态度来参与国际减排进程，争取有利的谈判地位。为此，中国应从国际责任上加强和美国的对话，敦促美国以较低的价格或者无偿转让节能减排的技术，设立某种基金来补偿发展中国家，采取进一步的措施减少排放。①

与王信关于国际责任的角度不同，查道炯认为，更多的是要从国内企业公共品德的角度上看问题，如果只考虑企业的发展，企业利润空间的话，包括酸雨等问题就会不断出现。②

对于全球气候变暖对中美贸易的影响，王信认为，全球气候变暖对中国的贸易状况、对中美贸易顺差的调整会有比较大的影响。在短期内，如果这种发展模式还持续，制造业还继续发展，也许会贡献更多的贸易顺差，但气候变暖的加剧，会导致海平面上升、农业生产下降、疾病增多等一系列的问题会进一步严重。因此，在全球气候变暖加剧的情况下，我们很多方面支出都会增加，导致经常项目顺差急剧下降。在这种情况下，中国肯定会受到很大的冲击，而且中国现在以低成本向美国提供产品的情况会改变，从而影响中国的贸易状况和中美的贸易失衡。③

参考文献

［1］张莹：《成思危建议调整中国外汇储备结构》，《第一财经日报》2007 年 11 月 8 日。

［2］易纲：《中国不改变以美元为主外储货币的政策》，中国新闻网 2007 年 11 月 15 日。

［3］于泽远：《北京中美关系学者："抛售美元"非政府立场，不会影响中美实质关系》，《联合早报》2007 年 8 月 11 日。

［4］张燕生、张岸元：《从新的角度考虑中美经济战略对话》，《国际经济评论》2007 年第 4 期。

---

① 王信：《加强中美能源环境合作有利于贸易失衡的有序调整》，《国际经济评论》2007 年第 4 期。
② 查道炯：《能源问题与中美关系》，《国际经济评论》2007 年第 4 期。
③ 王信：《加强中美能源环境合作有利于贸易失衡的有序调整》，《国际经济评论》2007 年第 4 期。

［5］王逸舟：《展望新阶段的中美战略关系》，《国际经济评论》2007年第4期。

［6］王缉思：《中美利益交汇与战略互动》，《国际经济评论》2007年第4期。

［7］戴维·M.蓝普顿：《同床异梦》，钱乘旦译，香港中文大学出版社，2003。

［8］王勇：《中美经贸关系——揭示全球化时代中美经贸纷争的政治逻辑》，中国市场出版社，2007。

［9］冯迪凡：《中美战略经济对话首次将食品安全列为议题》，《第一财经日报》2007年11月15日。

［10］王国兴：《中美战略经济对话：国际经济协调新框架》，《世界经济研究》2007年第3期。

［11］宋玉华、王玉华：《中美战略经济对话机制：性质定位和作用》，《国际经济评论》2007年第1期。

［12］张燕生、张岸元：《从新的角度考虑中美经济战略对话》，《国际经济评论》2007年第4期。

［13］薛本辉：《从美国视角论中国的"满意度"——兼论冷战后美国对华政策》，《理论界》2007年第2期。

［14］王缉思：《美国霸权与中国崛起》，《外交评论》2005年第5期。

［15］张燕生、张岸元：《从新的角度考虑中美经济战略对话》，《国际经济评论》2007年第4期。

［16］海闻、芬斯阙、胡永泰、姚顺利：《贸易逆差的差异》，《国际贸易》2000年第3期。

［17］金旭：《中美贸易不平衡的症结》，《国际经济评论》2007年第4期。

［18］何伟文：《贸易不平衡不应成为中美经济关系中的重大问题》，《国际经济评论》2007年第3期。

［19］宋泓：《关于中美经贸关系的几点不同解读》，《国际经济评论》2007年第4期。

［20］宿景祥：《美国贸易赤字的根源》，《国际经济评论》2007年第4期。

［21］姚顺利：《出口与外资优惠政策挂钩：中美贸易不平衡的症结之一》，《国际经济评论》2007年第4期。

［22］肖耿：《从结构与制度视角解释中国汇率政策和外部经济失衡》，《国际经济评论》2007年第4期。

［23］艾伦·格林斯潘：《迫人民币大幅升值是错误的》，于蕾译，《国外社会科学文摘》2006年第1期。

［24］斯蒂芬·罗奇：《为什么我们应该感谢中国》，顾信文译，《国外社会科学文摘》2004年第4期。

［25］黄海洲：《全球流动性、投资和"种树经济"》，《国际经济评论》2007年第3期。

［26］ 平新乔：《调整贸易不平衡：税率比汇率更稳妥》，《国际经济评论》2007 年第 4 期。

［27］ 黄海州：《中国掩盖如何应对流动性过剩》，《中国财经报》2007 年 3 月 13 日。

［28］ 张宇燕：《美国行为的信仰根源》，《国际经济评论》2007 年第 4 期。

［29］ 陈泰锋：《中美贸易摩擦》，社会科学文献出版社，2006。

［30］ 张蕴岭：《透视全球经济失衡》，《科学决策》2007 年第 3 期

［31］ 张亚斌、艾洪山、曾铮：《中美纺织品贸易摩擦及美方利益集团分析》，《国际商务》2007 年第 1 期。

［32］ 谢建国：《经济影响、政治分歧与制度摩擦——美国对华贸易反倾销实证研究》，《国际贸易》2006 年第 12 期。

［33］ 崔日明：《中美贸易摩擦中的知识产权保护研究》，《国际贸易》2007 年第 9 期。

［34］ 查道炯：《中美能源合作：挑战与机遇并存》，《国际石油经济》2005 年第 11 期。

［35］ 查道炯：《能源问题与中美关系》，《国际经济评论》2007 年第 4 期。

［36］ 何帆：《对中国能源政策的几点建议》，《国际经济评论》2007 年第 4 期。

［37］ 王信：《加强中美能源环境合作有利于贸易失衡的有序调整》，《国际经济评论》2007 年第 4 期。

［38］ K. C. Fung and Lawrence J. Lau, 2003, Adjusted Estimates of United States-China Bilateral Trade Balance: 1995 – 2002, *Journal of Asian Economics*, Volume 14, pp. 489 – 496, May.

［39］ IEA, 2007, World Energy Outlook 2007: China and India Insights, http://www. worldenergyoutlook. org/docs/weo2007/.

［40］ Robert Freenstra, 1998, "Integration of Trade and Disintegration of production in the Global Economy", *Journal of economic Perspectives*, 14 (4): pp. 31 – 50.

中欧经贸关系：贸易平衡诉求中的
整体与结构互动[*]

冯　雷　王迎新　毛日昇　杨锦权

欧盟[①]是中国的重要贸易伙伴。随着中欧之间的贸易顺差日渐扩大，贸易摩擦骤然增多，并成为政界、学界和实业界关注的焦点。贸易顺差的背后隐藏着伙伴国在宏观经济运行、产业结构调整及动态竞争优势等多方面因素间的碰撞。贸易层面上的合理运作及整体互动有助于对顺差的理解与缓解。

一　中国对欧盟贸易顺差的整体及结构特点

（一）贸易平衡关系的整体逆转

中国对欧盟的贸易，在短短的 15 年间分 3 个阶段，完成了由小额逆差向持续增长的巨额顺差的转变。

第一阶段：1992～1996 年的小额逆差。前 4 年保持着 20 亿美元以上的逆差，1996 年骤然缩减为 1400 万美元。

第二阶段：1997～2000 年的顺差与波动。贸易顺差经历了 46 亿美元、74 亿美元、47.8 亿美元、74 亿美元不同额度的波动，与进出口的年增长速度快慢不同密切相关。

---

[*]　本文系商务部 2006 年委托课题"中国对欧盟贸易顺差研究"的主要成果之一，其中部分内容发表于《宏观经济研究》2006 年第 12 期。课题负责人：霍建国、冯雷；课题组成员：王迎新、杨莉、毛日昇、梁瑞、杨锦权、邬沛民、江渊、张斌。在此对商务部对本课题研究的支持表示感谢。

①　本文的研究对象是欧盟 25 个成员国。

第三阶段：2001~2005 年顺差快速增长。其间年均增速达到 72.6%。2004~2005 年的增长速度更是达到了 189%，主要原因在于出口增长速度远远超过进口增长速度（参见表1）。

表1　中国对欧盟贸易：1992~2006 年

单位：百万美元

年份	进出口总额	出口	进口	贸易差额
1992	17430.3	7626.0	9804.3	-2178.3
1993	26119.1	11709.4	14409.7	-2700.3
1994	31546.9	14605.2	16941.7	-2336.5
1995	40381.2	19124.4	21256.8	-2132.4
1996	39720.9	19853.5	19867.4	-13.9
1997	43048.6	23848.5	19200.1	4648.4
1998	48918.9	28167.4	20751.5	7415.9
1999	55699.0	30242.2	25456.8	4785.4
2000	69065.1	38220.1	30845.0	7375.1
2001	80485.7	44205.8	36279.9	7925.9
2002	91865.0	52492.6	39372.4	13120.2
2003	132760.8	78335.6	54425.2	23910.4
2004	177301.9	107208.4	70093.5	37114.9
2005	217307.0	143711.6	73595.4	70116.2
2006	272302.3	181983.4	90319.0	91664.4

数据来源：《中国海关统计》。

注：1992~1994 中国对欧盟 12 国数据；1995~2000 中国对欧盟 15 国数据；2001~2006 中国对欧盟 25 国数据。

（二）贸易顺差的国别结构

中国对欧盟成员国的贸易顺差形成了如下 3 个方面的国别特征。

第一，23 个顺差国。根据顺差水平可将顺差国分为 6 个档次：顺差在 5 亿美元以下有 7 个，包括斯洛伐克、爱沙尼亚、拉脱维亚、立陶宛、马耳他、斯洛文尼亚、塞浦路斯；顺差在 5 亿~10 亿美元之间有 2 个，包括芬兰、葡萄牙；顺差在 10 亿~20 亿美元之间有 5 个，包括捷克、希腊、卢森堡、爱尔兰、丹麦；顺差在 20 亿~50 亿美元之间有 6 个，包括波兰、匈牙利、意大利、法国、德国、比利时；顺差在 50 亿~100 亿美元之间有 1 个，即西班牙；顺差在 100 亿美元之上有 2 个，包括荷兰和英国。

第二，两个逆差国。奥地利和瑞典，逆差额在 5 亿 ~ 10 亿美元之间。

第三，2005 年中国对欧盟贸易顺差最大的 6 个经济体依次为：荷兰、英国、西班牙、比利时 + 卢森堡、意大利和法国。6 个经济体的贸易顺差占中国对欧盟 25 国贸易顺差的 79.6%，顺差增长最快的阶段基本都集中在 2001 ~ 2005 年（参见表 2）。

表 2　2006 中国对欧盟主要成员国贸易及顺差状况

单位：百万美元

	进 出 口	出 口	进 口	差 额
英　　国	30669.6	24163.2	6506.4	17656.8
德　　国	78194.4	40315.7	37878.7	2437
法　　国	25188.5	13909.8	11278.8	2631
意 大 利	24576.6	15973.4	8603.2	7370.2
荷　　兰	34512.2	30860.8	3651.4	27209.4

资料来源：根据海关总署网站资料整理。

（三）贸易顺差的产品结构

1992 ~ 2004 年间贸易顺差中各类主要产品的差额变动状况构成了如下几个特点。

第一，初级产品的贸易顺差所占比重较小。2004 年，中欧之间初级产品的贸易顺差只占全部贸易顺差的 2%，其中 SITC0、SITC3 两类初级产品的贸易顺差占全部贸易顺差的 6.7%。

第二，制成品的贸易顺差所占比重较大。2004 年，制成品的贸易顺差占全部贸易顺差的 98%，其中 SITC6、SITC7、SITC8 三大类产品的贸易顺差占全部产品贸易顺差的 106%。以劳动密集型为主的 SITC6、SITC8 两类产品顺差占全部顺差的 70.7%；以资本和技术密集型为主的 SITC7 产品占全部顺差的 35.3%。

第三，其他混合加工制成品在 1992 ~ 2004 年持续表现为顺差并呈稳步上升的趋势。1992 年顺差为 25.2 亿美元，2004 年上升到 202.8 亿美元，占中国对欧盟全部贸易顺差的 54.6%，年均增长 19%。

第四，按原料划分的制成品贸易差额除 1993 年外，其他年份都表现为中国对欧盟的顺差，2004 年达到最高点 59.8 亿美元，占当年中国对欧盟全部贸易顺差的 16.1%。

第五，机械及运输设备的贸易差额在 1992～2002 年表现为持续逆差，1995 年达到最高点 107.6 亿美元。2003 年该类产品首次出现了 44.6 亿美元的顺差，2004 年贸易顺差迅速上升到 131.7 亿美元，占当年中国对欧盟全部产品贸易顺差的 35.3%。

第六，食品及活动物的贸易差额 1992～2004 年一直表现为贸易顺差，2004 年贸易顺差达到最高点 12.9 亿美元。

第七，矿物性燃料、润滑油及相关产品的贸易差额除 1999 年外，一直都表现为中国对欧盟的顺差，2004 年贸易顺差达到最高点 12 亿美元（参见表3）。

表 3　中国对欧盟贸易顺差的产品特征：1992～2004 年

单位：百万美元

年　份	其他混合加工制成品（SITC8）	按原料分类的制成品（SITC6）	机械及运输设备制成品（SITC7）	食品及活动物（SITC0）	矿物性燃料及润滑油及相关产品（SITC3）
1992	2517.9	587.5	−5680.8	423.4	126.4
1993	4717.1	−592.3	−7496.9	634.0	43.6
1994	5410.2	753.9	−9547.6	624.9	99.8
1995	6445.3	1387.9	−10764.7	206.1	293.5
1996	6874.6	843.8	−8850.4	726.0	211.8
1997	7969.6	1473.5	−6059.3	674.3	253.6
1998	8659.9	2167.4	−5022.4	808.8	360.4
1999	8952.7	2087.5	−5902.0	570.7	−30.1
2000	10092.3	2308.0	−3800.5	616.4	19.0
2001	11108.9	2042.3	−4528.2	908.0	289.7
2002	13809.9	1938.7	−1294.9	819.3	84.7
2003	17988.0	2751.5	4455.7	1056.6	524.1
2004	20278.0	5975.2	13166.6	1289.6	1196.1

数据来源：《中国海关统计》。

说明：1992～1994 中国对欧盟 12 国数据；1995～2000 中国对欧盟 15 国数据；2001～2004 中国对欧盟 25 国数据。

二　中国对欧盟贸易顺差的原因

（一）贸易顺差的统计显示差异

中国和欧盟的统计均显示：中国对欧盟的贸易顺差呈逐步扩大趋势。

中国统计表明中国对欧盟贸易顺差 1997 ~ 2005 年增长了 15 倍，其中 2001 ~ 2005 年贸易顺差呈高速增长的势头，年均增长率达到了 72.5%；欧盟统计显示 1992 ~ 2005 年，增长了 10.3 倍，其中 2001 ~ 2005 年也为贸易顺差高速增长期，年均增长率达到了 30.7%。

但是不同口径下的贸易差额存在较大差异，具有以下 3 个特点：一是贸易顺差的起始时间存在显著差别。中方统计中国对欧盟贸易从 1997 年开始出现顺差，2005 年有较大幅度的增长；欧盟统计 1992 ~ 2005 年间都表现为中国对欧盟的贸易顺差，且基本呈逐年上升趋势。二是贸易顺差的规模存在显著差别。中方统计：2005 年中国对欧盟 25 国的贸易顺差为 701 亿美元，而欧盟统计则高达 1316 亿美元，统计差异高达 615 亿美元。三是贸易顺差的差距存在显著差别。1992 年的统计差距为 150 亿美元，2005 年达到了 621 亿美元（参见表 4）。

表 4 2001 ~ 2005 年中国对欧盟贸易情况

单位：百万美元

统计标准	中国口径				欧盟口径	
年　　份	进出口总额	出　　口	进　　口	贸易差额	贸易差额	二者的差异
1992	17430.3	7626.0	9804.3	-2178.3	12877.4	-15055.6
1993	26119.1	11709.4	14409.7	-2700.3	10622.0	-13322.3
1994	31546.9	14605.2	16941.7	-2336.5	13532.1	-15868.5
1995	40381.2	19124.4	21256.8	-2132.4	15456.6	-17589.0
1996	39720.9	19853.5	19867.4	-13.9	19883.4	-19897.3
1997	43048.6	23848.5	19200.1	4648.4	24206.6	-19558.3
1998	48918.9	28167.4	20751.5	7415.9	27631.8	-20215.9
1999	55699.0	30242.2	25456.8	4785.4	32289.5	-27504.1
2000	69065.1	38220.1	30845.0	7375.1	41263.0	-33887.9
2001	80485.7	44205.8	36279.9	7925.9	45162.6	-37236.6
2002	91865.0	52492.6	39372.4	13120.2	51137.9	-38017.7
2003	132760.8	78335.6	54425.2	23910.4	71700.0	-47789.6
2004	177301.9	107208.4	70093.5	37114.9	99199.2	-62084.3
2005	217307.0	143711.6	73595.4	70116.2	131649.7	-61533.5

数据来源：《中国海关统计》，欧盟各国统计。

注：1992 ~ 1994 中国对欧盟 12 国数据；1995 ~ 2000 中国对欧盟 15 国数据；2001 ~ 2005 中国对欧盟 25 国数据。

（二）贸易顺差的宏观依托差异

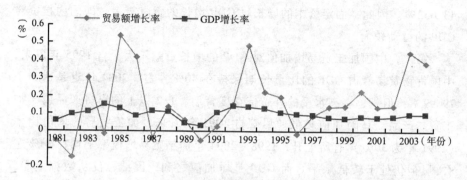

**图 1　1981~2004 年中国对欧盟区（EU25）贸易增长率与
中国 GDP 增长率对比图**

数据来源：联合国贸发会议数据库、联合国统计司数据库。

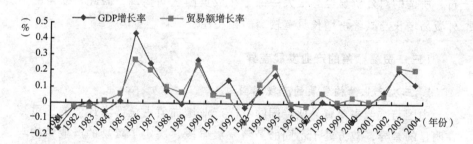

图 2　1981~2004 年德国贸易额增长率与 GDP 增长率对比图

数据来源：联合国贸发会议数据库、联合国统计司数据库。

中国 GDP 增长平缓，货物贸易额增长变动幅度较大，1998 年出现了 0.37% 的负增长，2003 年增速高达 37.08%（参见图 1）。欧盟 5 个主要国家（因图形曲线基本相同，仅以德国为例，见图 2）除 2000 年之外其 GDP 增长率与贸易额增长率虽变动幅度大小不一，但变动趋势较为一致。由此可以看出中国与欧盟在 GDP 增长率与贸易增长率上存在明显差异可以解释如下。

第一，中国 GDP 的增长与国内需求关系较大，主要表现为固定资本形成总值[①]的增长。根据 1990 年不变价格计算，[②] 固定资本形成总值增长率除

---

① 该名词根据统计项目"gross fixed capital formation"翻译。
② 联合国统计网站数据库和联合国贸发会议网站数据库。

个别年份（1997，1999）外均保持在 8.79% 以上，2003 年达到 16.57%；固定资本形成总值占 GDP（支出法）比重一直保持在 33% 以上，2003 年达到 43.632%。因此，固定资本的增长对 GDP 增长的贡献较大，即国内投资对 GDP 的拉动较大。

第二，中国加工贸易增加值对 GDP 的增长贡献不大。自 1995 年以来，中国货物贸易额占 GDP 的比重长期保持在 40% 左右，2004 年更是达到了 79.99%；但是，在高水平的外贸依存度背后，1/2 以上的出口产品属于加工贸易产品，其附加值较低。尽管自 1991 年以来，加工贸易的增值比率（1991 年为 30%）有所上升，1998～2004 年加工贸易增值率平均在 50% 左右，① 但仍处于较低水平。而 GDP 是增加值之和，因此，仅从数据上看，加工贸易产品出口对 GDP 的贡献较小，导致了贸易增长率与 GDP 增长率之间的差异。

第三，欧盟成员国的经济相当程度上在欧盟内部统一市场的框架中运行，所谓的对外贸易也有很大一部分在成员国之间实现，因此，欧盟的对外贸易增长与其经济增长具有较高的相关性。

（三）贸易顺差的产业发展差异

1. 三次产业结构发展的阶段不同

中国与欧盟主要贸易伙伴国的三次产业增加值占全部增加值的比重存在明显的差异，双方处于不同的经济发展阶段，决定了贸易的产业结构与方向。

第一，中国第二产业在三次产业增加值中的比重高于第一、第三产业，并呈上升的趋势，从 1985 年的 43.1% 提升到 2005 年的 46.2%。第一产业比重呈逐步下降趋势，从 1985 年的 28.3% 下降到 2004 年的 13.1%；第三产业比重呈逐步上升趋势，从 1985 年的 28.5% 上升到 2004 年的 40.7%。

第二，欧盟主要贸易伙伴国之间的三次产业增加值的构成变化具有相似的特征，即第一产业和第二产业增加值所占比重明显下降，第三产业增加值所占比重明显上升；第三产业的比重远远高于第一和第二产业的所占比重。其中法国、德国、英国 3 个国家 2004 年第一产业增加值比重都低于

---

① 根据海关总署《海关统计》1991～2002 年计算；2003 年数据来源于海关总署统计咨询部；2004 年数据根据商务部网站提供的数据计算。

3%，第三产业增加值比重分别高达 75%，69%，72%；其他欧盟主要国家第三产业所占比重也基本在 70% 左右。第二产业增加值所占比重都小于 30%。从整个欧盟情况来看，第一产业的增加值比重由 1985 年的 4.3% 下降到 2004 年的 2.2%，第二产业的增加值比重由 1985 年的 35% 下降到 2004 年的 26.8%，第三产业则由 1985 年的 60.6% 上升到 2004 年的 71%（参见图 3）。

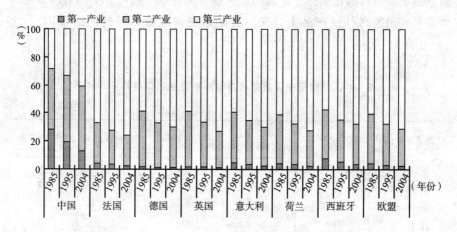

图 3　中国与欧盟主要国家三次产业增加值构成比例

数据来源：世界银行 WDI。

第三，中国的经济增长主要依赖第二产业，欧盟主要贸易伙伴国则主要依靠第三产业。2004 年，中国第二产业对经济增长的拉动率为 68.4%，第三产业只有 27.4%，第一产业仅为 4.2%，但三次产业对经济增长都具有正面的拉动作用。2004 年欧盟主要贸易伙伴国第三产业是拉动经济增长的主要力量，第三产业对经济增长的贡献率远远高于中国。法、德、意、英第三产业对经济增长的拉动都超过 65%，其中英国的第三产业对经济增长的贡献率高达 80% 以上，法国也在 70% 以上。法、德、意三国的第一产业和第二产业对经济增长具有负效应，这 3 个国家的第一产业和第二产业合计对经济增长的负效应超过了 30%。英国的第一产业对经济增长具有微弱的负效应。荷兰、西班牙第二产业对经济增长的拉动率基本保持在 30% 左右，第三产业对经济增长的拉动率基本在 70% 左右。

2. 产业竞争力的技术含量不同

第一，中国对欧盟主要贸易顺差国和欧盟主要贸易顺差国对中国的制造业出口结构存在着显著的特征差异。制成品贸易占中国货物贸易的比重达 90% 以上。按照研发和技术密集度不同，OECD 将制造业分为高技术、中高技术、中低技术、低技术、信息通讯科技（ICT）制造业等 5 类。①

一是中国对欧盟主要贸易顺差国的出口中高科技制成品和低科技制成品份额最高。从 2004 年中国对欧盟主要贸易顺差国的制造业出口结构来看，中国对欧盟主要贸易顺差国的出口主要集中在这两种产品上，中高科技和中低科技制成品所占的比例除了意大利之外基本都很低；同时，中国对欧盟主要贸易顺差国的高科技产品出口又主要集中在信息通讯科技产品（ICT）上（参见表 5、图 4）。

表 5　中国对欧盟主要贸易顺差国的制造业出口结构：2004 年

单位：%

贸易对象国	高科技产品	其中：信息科技产品	中高科技产品	中低科技产品	低科技产品
法　　国	38	92	17	9	36
德　　国	44	94	19	10	27
意 大 利	19	76	26	15	41
荷　　兰	62	98	12	7	19
西 班 牙	25	84	22	11	42
英　　国	25	91	19	12	43
全部 OECD 国家	34	94	18	12	36

资料来源：作者根据 OECD Bilateral Trade Database 2006 年进行的整理。

---

① 5 类制造业：

高技术制造业包括：医药、办公及电子计算机、无线电及通讯设备、医疗及精密光学仪器、航空航天设备制造业。这些行业基本都属于技术和知识密集型行业，但在部分行业，如办公及电子计算机和通讯设备制造行业存在很多劳动密集型加工生产环节。

信息通讯科技制造业（ICT）属于高科技制造业的一部分，主要包括电子器械、办公及电子计算机、无线电及通讯设备等信息科技制造业，这类产品知识和技术密集度高，生产过程的产业链分工特征非常明显，产品的劳动密集型加工环节主要集中在发展中国家，知识和技术密集的研发过程则主要由发达国家完成。

中高技术制造业包括：化学及化工、未分类的机械与设备、电气设备及器具、机动车辆、铁路设备及其未分类的运输设备。这类行业都属于资本和规模密集度很高的装备制造业，该类行业的竞争力水平是一国工业化水平高低的主要体现。

中低技术制造业包括：石油加工、塑料和橡胶、非金属矿物、基础金属及其压延金属制造业，这类制造业主要属于资源密集型行业。

低技术制造业包括：食品饮料、木材加工、纺织服装、皮革加工、造纸印刷行业、其他制造业，这类制造业主要属于劳动密集型行业。

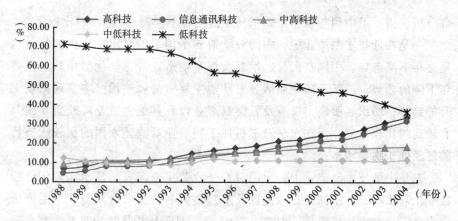

图4　中国对全部 OECD 国家制造业出口结构变化

资料来源：作者根据 OECD Bilateral Trade Database 自行绘制。

二是中国对欧盟主要贸易顺差国的进口中中高科技制成品比重高于其他制成品。从 2004 年欧盟主要国家对中国的出口结构来看，欧盟对华出口中高科技制成品的比重要高于其他类型的制成品，中低科技和低科技制成品所占的比例基本都很小；高科技制成品的出口中，信息科技出产品所占的比重除意大利较高之外，其他欧盟国家信息科技产品在高科技产品对中国的出口中所占比重远低于中国对这些欧盟国家出口的高科技产品中信息科技产品所占的比重（参见表6）。

表6　中国对欧盟主要贸易顺差国的制造业进口结构：2004 年

单位：%

贸易对象国	高科技产品	其中：信息科技产品	中高科技产品	中低科技产品	低科技产品
法　　国	40	36	42	9	8
德　　国	18	59	67	11	3
意 大 利	11	72	62	12	15
荷　　兰	30	35	47	9	13
西 班 牙	11	30	63	13	13
英　　国	29	57	48	13	9
全部 OECD 国家	29	76	47	14	9

资料来源：作者根据 OECD Bilateral Trade Database 2006 年进行的整理。

第二，通过 1990～2004 年中国相对于欧盟 6 个主要贸易顺差国（法、德、英、意、荷、西班牙）在 26 个细分的制造行业中的显示比较优势指数分析，揭示了中国与欧盟主要贸易顺差国在不同制造行业①的比较优势。

一是在低技术制造业中，中国对欧盟 6 个国家的显示比较优势指数均呈逐年下降态势。中国在食品、饮料及烟草制造业的比较优势指数呈现逐年下降的趋势；造纸及印刷制造业对欧盟主要贸易顺差国基本呈现微弱上升的趋势；纺织、服装、皮革及鞋类制造业以及其他制造业对欧盟 6 国具有较高的比较优势，而在木材及木材加工制造业对欧盟六国的比较优势目前已经处于临界状态。

二是中低技术制造业中，中国对 6 个欧盟主要国家的显示比较优势指数变化起伏不定。中国在石油提炼及基础金属制造业中对欧盟 6 个主要国家完全不具有比较优势，从 1990~2004 年，显示比较优势指数基本都小于1；橡胶及塑料制造业对欧盟六国的显示比较优势指数基本表现为先升后降；非金属矿物制造业对欧盟 6 个国家的显示比较优势指数基本没有明显变化；压延金属制造业，1990~2004 年，中国对欧盟六国的显示比较优势指数都大于 1，中国该类产品对欧盟主要国家都具有一定的比较优势但并不明显。

三是中高技术制造业中，中国对 6 个欧盟主要国家的显示比较优势指数虽然都小于 1，但基本上保持上升的趋势。中国在化学及化工制造业和交通运输设备制造业中对欧盟 6 个主要国家完全不具有比较优势，1990~2004 年显示比较优势指数都小于 1。

四是在整个高技术制造业中，中国相对于欧盟 6 个主要国家的比较优势有所改进，但不明显；在除了航空及航天设备制造业和医疗、精密光学仪器及钟表制造业以外，其他所有的高科技行业都具有较强的比较优势，并且呈现出逐步增强的趋势。

第三，不同技术密集度制成品的国际市场占有率显示出，中国和欧盟主要六国在 OECD 国家中的市场份额呈现出明显的差异。

一是 1988~2004 年间中国不同技术制造业对 OECD 国家的出口占OECD 全部进口的市场份额均出现了较为明显的上升趋势。

可以从中得出几个明显的特点：低科技制成品早期的市场份额高于其他类型的制成品；中低科技和中高科技制成品所占市场份额出现了缓慢的上升趋势；高科技制成品早期的市场份额呈现缓慢的上升趋势，后期的市

---

① 根据 OECD 的分类，将制造业分为高技术、中高技术、中低技术、低技术、信息通讯科技（ICT）制造业等 5 类。

场份额出现了大幅度的快速增长；信息科技产品的市场份额快速增长，已经超过低科技产品所占的市场份额。

二是 1998～2004 年间欧盟六国不同技术制造业对 OECD 国家的出口占 OECD 全部进口的市场份额总体上表现为缓慢的下降趋势。

表 7　中国不同技术制造业对 OECD 国家出口占其进口的市场份额

单位：%

年　　份	1988	2000	2004
低科技制成品	3	10.5（1997 年）	16
中低科技制成品	0.7	3.4（1997 年）	6.6
中高科技制成品	0.3	2.1	5
高科技制成品	0.5	5.5	13.3
其中：信息科技产品	0.45	6.5	18.7

资料来源：笔者根据 OECD Bilateral Trade Database 2006 年进行的整理。

可以从中看出几个显著的特点：1990 年所有制成品所占市场份额出现了明显的下降；中高科技制成品所占市场份额最高，次之是中低科技制成品，再次之是低科技制成品和高科技制成品，高科技产品中的信息科技产品所占市场份额最低（参见下表 8）。

表 8　欧盟六国不同技术制造业对 OECD 国家出口占 OECD 进口的市场份额

单位：%

年　　份	1988	1990	2004
低科技制成品	45	36.1	29.4
中低科技制成品	48.5	40.5	33.3
中高科技制成品	63.7	49.5	40.5
高科技制成品	44.1	32.4	28.6
其中：信息科技产品	42.7	30	22.9

资料来源：笔者根据 OECD Bilateral Trade Database 2006 年进行的整理。

3. 产业及贸易具有较高的互补性

第一，经济增长拉动力的产业来源不同。中国的第二产业增加值占全部产业增加值的比重一直处于高位，且持续增长，成为拉动经济增长的主要力量。欧盟六国的第三产业增加值所占比重远远高于第二产业和第一产业，第三产业增加值的比重超过 60%，个别国家甚至超过 80%；欧盟六国的经济增长主要靠第三产业拉动。

第二，中国与欧盟的高科技产业及贸易关系仍是以垂直分工为特征。全球产业格局的重新配置在中国与欧盟的双边贸易结构中得到了体现。中国对欧盟出口的产品中原有的纺织、服装、皮革及鞋类等低科技制成品所占的比重呈逐步下降趋势，而一些产业链分工特征明显的信息科技产品比重出现了快速的上升趋势，目前已经超过低科技产品在出口中所占的比重。从出口比较优势和国际市场竞争力来看，中国制造的高科技产品竞争力超过了许多发达国家。但是无论中国在低科技产品和高科技产品的出口中表现出较高的比较优势和市场竞争力，这都与这些产品生产过程的劳动密集特征相联系，即中国和欧盟的产业和贸易仍然是垂直分工占主导地位。

第三，中国在以资本和规模密集型的装备制造业的中高技术产业中，无论从贸易结构、比较优势还是从市场竞争力来看，都更依赖像欧盟主要贸易伙伴那样的发达国家。从贸易结构上看，欧盟六国对华出口的产品中，该类产品的比重最高，而中国对欧盟的出口中该类产品所占的比重最小，中国在该类产品上很大程度仍然要依赖发达国家进口。从比较优势指数来看，中国相对于欧盟在这类产品的比较优势指数很低，完全不具有比较优势，说明该类产品相对于欧盟的贸易专业化程度很低。从市场占有率来看，中国在该类产品所占的国际市场份额远远低于欧盟六国，且中国在该类产品的国际市场竞争力方面没有明显的变化，市场占有率上升速度较慢。

第四，中国在以资源密集型产业为主的中低技术产业中，随着对进口原材料的依赖程度越来越高，相对于欧盟来说，已经失去了竞争力。从贸易结构上来看，无论是中国对欧盟六国的出口还是欧盟六国对中国的出口，该类产品所占的比重都较低，说明双方在该类产品上都具有很强的进口依赖特征。中国对欧盟六国的显示比较优势指数在绝大多数中低技术行业都小于 1，并且呈下降趋势；中国该类产品出口的国际市场占有率也较低，上升的趋势较缓慢。

第五，中国在以资源密集型产业为主的中低技术产业中，随着对进口原材料的依赖程度越来越高，相对于欧盟来说，已经失去了竞争力。从贸易结构上来看，无论是中国对欧盟六国的出口还是欧盟六国对中国的出口，该类产品所占的比重都较低，说明双方在该类产品上都有很强的进口依赖特征。中国对欧盟六国的显示比较优势指数在绝大多数中低技术行业都小于 1，并且呈现出下降的趋势；中国该类产品出口的国际市场占有率也较低，上升的趋势较缓慢。

总之，中国和欧盟在产业构成、比较优势、市场结构等方面存在显著的差别，中国对欧盟的出口产品主要体现为劳动密集型特征，而欧盟对中国的出口产品主要体现为资本和技术密集型特征。中国与欧盟产业之间总体上存在着很强的互补性，产业间分工呈现出较强的垂直分工模式。

（四）贸易顺差的产业国际转移背景

1. 在华外商投资企业占对欧盟贸易顺差达2/3

经济全球化加速了外商直接投资的流入，改变了国际产业的格局，推动了中国对外贸易的发展。2000～2005年，外商投资企业的出口占中国全部出口的比重稳步上升，其进口也基本上是稳步上升，均达到了58%以上的水平；外资企业自身的贸易顺差也急速上升，6年间增长了20多倍，远远高于全国贸易顺差总体增长的速度，以至于其顺差占全国贸易总顺差的比重在短短数年间，就从9%上升到55.7%。[①] 其特点表现如下（见图5）。

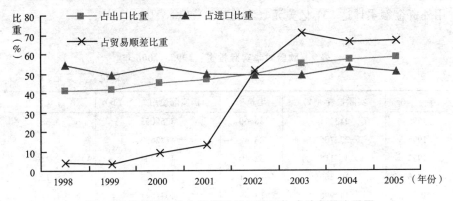

图5　在华外资企业与欧盟进出口贸易占中欧贸易比重图

资料来源：根据商务部《2004 中国外资统计》和《外资动态》2006 年第 11、16 期数据计算整理。

第一，在华外商投资企业贸易顺差急速增长。从 1998 年开始，在华外商投资企业对欧盟的贸易由逆差转为顺差并急速扩大，从 3.03 亿美元增长到 2005 年的 423.24 亿美元，较 2004、2005 年的顺差就翻了一番。

第二，在华外商投资企业贸易顺差在中国对欧盟贸易顺差中的比重急

---

① 中国海关统计。

速上升。从 1998 年的 4.09% 上升到 2005 年的 67.08%。这说明：在近年来的中欧贸易顺差中，大部分是在华外资企业所贡献的——从 2002 年比重为 51.52% 开始，2003 年高达 70.61%，2004 年为 66.27%，直到 2005 年的 67.08%。

2002 年 3 条曲线交叉重叠。其后进口比重趋于下降，出口比重和顺差比重趋于上升。说明欧盟已成为中国外资企业的主要出口市场，外资企业在中国对欧盟贸易顺差中的重要性日益提高。

2. 欧盟在华投资企业近六成以当地市场为主，转移了大量的欧盟对华贸易

欧盟对华投资项目数从 1982 的 15 个增长到 2005 年的 2846 个（累计达 21427 个），占全国比重从 1.63% 增长到 6.47%。实际使用外资金额占全国实际使用外资的比重从 1982 年的 22813 万美元增长到 2005 年的 519367 万美元，占全国实际使用外资的比重从 1982 年的 12.89% 下降到 1992 年的 2.21%（最低点），其后回升到 1999 年的 11.11%，其后比重开始下降，2005 年有所反弹，达到 8.61%。截至 2006 年，欧盟在华实际使用外资金额累计达 531 亿美元（参见表 9）。①

表 9　欧盟对华实际投资：1995 ~ 2006 年

单位：万美元、%

年　份	实际投资（A）	增长率	全国实际使用外资（B）	A 占 B 比重
1995	213131	38.60	3752053	5.68
1996	273706	28.42	4172552	6.56
1997	417115	52.40	4525704	9.22
1998	397869	- 4.61	4546275	8.75
1999	447906	12.58	4031871	11.11
2000	447946	0.01	4071481	11.00
2001	418270	- 6.62	4687759	8.92
2002	370982	- 11.31	5274286	7.03
2003	393031	5.94	5350467	7.35
2004	423904	7.86	6062998	6.99
2005	519367	22.52	6032500	8.61
2006	532436	2.52	6302053	8.45

资料来源：根据商务部《2004 中国外资统计》和商务部网站有关数据计算整理。

---

① 根据商务部网站有关数据计算而得。

欧盟在华投资与对欧贸易的关系。国家发展与改革委员会投资研究所 1998 年对欧盟在华投资企业（807 家）调研结果显示：第一，欧盟在华投资企业出口比重在 50% 以上的占 22%，出口比重在 20% ~ 50% 的占 7%，出口比重在 0% ~ 20% 的占 15%，而 56% 的则完全没有出口。这在很大程度上影响了中国对欧盟贸易的平衡状况。第二，欧盟在华企业以中国国内市场为主要市场的占 59%，以出口欧盟为主要市场的占 19%，以出口亚太地区和北美地区的分别占 15% 和 7%。

三　中国对欧盟贸易顺差的趋势分析

（一）　中国对欧盟贸易顺差的测算

根据中国对欧盟 25 国的贸易额（历史数据上溯到 1980 年国别贸易额的加总），建立 ARIMA 模型，对目标数据进行自相关和偏相关图形鉴别以及单位根检验判断数据的平稳性，确定出口与进口的预测模型。测算结果见表 10。

表 10　中国对欧盟进出口及贸易顺差预测：2006 ~ 2010 年

单位：百万美元

年　　份	出口预测值（EXF）	进口预测值（IMF）	EXF-IMF	贸易顺差预测值（SURF）
2006	170097.5	81426.8	88670.7	104925.0
2007	198296.6	89744.9	108551.7	145209.6
2008	225715.1	98386.5	127328.5	189491.1
2009	253469.6	107452.5	146017.1	236690.1
2010	281079.5	116880.5	164199.0	286018.5

注：预测使用了中国统计的中国对欧盟 25 国 1980 ~ 2005 年出口、进口、贸易差额数据。

（二）　中国对欧盟贸易顺差的解读

上述测算数值是以中国与欧盟现有贸易政策框架为基础。如果现有的贸易政策不做大的调整，各种决定因素继续发挥作用，这一测算数值就具有一定的可信性；如果现有的贸易政策进行较大的调整，则这一测算数值与政策目标之间的差距就可以作为政策调整力度的参考。

第一，2006 年的测算数值与 2005 年的实际值具有较好的拟合度。2005 年中国对欧盟出口 1437 亿美元，进口 736 亿美元，顺差 701 亿美元；2006 年出口预测 1700 亿美元，进口 814 亿美元，顺差 887 亿美元；分别增长了 18%、10.6%、26.5%。出口增速下降了 9 个百分点，进口增速提高了 6 个百分点，顺差绝对值增加 185 亿美元，较前一年的增幅下降了 39 个百分点。根据长期数据预测出的这一趋势与中国贸易政策调整的基本思路是一致的，转变贸易增长的方式，不追求贸易顺差，适当降低出口增长的速度，扩大进口的规模，从而有效地控制贸易顺差的扩大，减少不必要的贸易摩擦与贸易伙伴国的抵触情绪。

第二，2010 年的测算数值显示中国对欧盟出口 2811 亿美元，进口 1169 亿美元，顺差 1642 亿美元。从长期的走势来看，在既定的贸易政策引导下，贸易规模较 2005 年扩大 96%，进口规模扩大 59%，顺差规模扩大 40%。"十一五"期间，中国经济增长的速度极有可能继续保持在 8% ~10%，对外贸易的增长保持现有的势头，国内需求的启动与增长有可能吸纳一部分产出。但是，总体趋势不会有太大的变化，所以，20 多年数据显示的发展规律，尤其是近 10 年的发展模式还将主导整个"十一五"期间，上述测算数值很可能就会在 2010 年实现。

显而易见的是，这一趋势性结果是欧盟所难以接受的。"十一五"期间中国必须对贸易政策进行调整，控制出口增长速度，扩大进口。但除非出现特殊情况，如国际能源的约束凸现，国内需求在短期内唤醒、爆发，欧盟对华贸易政策巨变，仅仅靠从欧盟进口有限的高技术含量的技术设备的增长以及中国贸易政策的微调，做出在"十一五"期间就可以改变中国与欧盟间贸易平衡状况是不现实的判断。上述测算数值代表了 2010 年双边贸易平衡状况的基本轮廓，显示中国对欧盟的贸易顺差不会像自 2002 年以来按照年增率持续高于 60% 的状况恶化下去（2002 年 64%；2003 年 84%；2004 年 76%；2005 年 66%）。"十一五"期间贸易顺差放缓的增长趋势（对欧盟来说是逆差从扩大向缩小转变的趋势）是比较可以接受的。

四 整体与结构互动的贸易平衡建议

第一，加快建立健全中国与欧盟在经贸事务上全方位的对话机制，提高双边沟通效率，开辟向欧盟企业界及消费者的官方信息传递通道。同时，加强在欧盟及成员国中的舆论引导、利益宣传和形象树立等工作，为我发展对欧盟贸易提供良好的国际环境。建立国内中介组织平台，整合国内外、尤其是欧盟各成员国的中介组织资源，配合常规性的赴欧盟采购团机制的实施，有计划地调整、提升中国在欧盟及其成员国中的形象。

第二，建立常规性的采购团机制。包括有针对性地赴欧盟某成员国的采购团机制，采购团可以由中央政府或地方政府或行业组建，一次性采购规模不宜过大，以体现常规性特征，为调整与欧盟及成员贸易的整体及结构性关系创造条件。

第三，结合赴欧采购团机制，合理、有效地利用进口资源，把握对欧盟贸易的整体与结构性平衡。从国别贸易平衡的角度，适当调整与中国存在贸易顺差的成员国的市场开发活动；合理使用进口资源，促使那些与中国存在小额贸易逆差的成员国向顺差的转变，改变其发展对华贸易的政策立场，扩大欧盟与中国贸易存在顺差的成员数量；监控并避免可能在短期内由与中国贸易存在顺差的成员迅速转为逆差，有针对性地扩大从所谓处于临界状态的成员国进口。

从产品类别的角度，采购团机制应有效地选择高新技术产品、机电产品和农产品3个重要领域作为突破口。高新技术产品的进口需要在贸易政策上突破欧盟对华贸易的限制，为中国产业结构升级争取外部的技术及装备支持。机电产品进口有助于结合西部开发战略，调整中国西部地区贸易结构偏重于资源出口而缺少投资品注入的局面，为西部地区培养工业体系、发展资源产品深加工提供物质条件。农产品贸易对欧盟许多成员具有重要的政治及社会意义，灵活运用农产品进口政策有助于调控与欧盟不同成员之间的利益关系、缓解贸易顺差带来的政治压力。

第四，实施"走出去"战略，为国内企业到欧盟成员国或其他与欧盟具有较好贸易关系的国家投资建厂，合理利用国际资源，缓解双边贸易顺差的压力。同时鼓励国内具备条件的企业发展境外加工贸易，在第三国投资、生产向欧盟输出产品，适当地转移中国与欧盟之间贸易顺差的压力。

参考文献

[1] 裴长洪主编《开放经济新问题研究》，社会科学文献出版社，2006。

[2]《中国社会科学院第四届国际问题论坛观点综述》，《国际经济评论》2004 年

第3～4期。

［3］国家发改委对外经济研究所课题组：《必须面对的可能—中国纺织品外部政策环境的变化及影响》，《国际贸易》2004年第1期。

［4］冯雷等：《经济全球化与中国贸易政策》，经济管理出版社，2004。

［5］张汉林：《贸易摩擦多发下的应对策略》，《国际商报》，2005年1月12日。

［6］联合国、中华人民共和国商务部等有关网站。

中日经贸关系：
发展现状与前景展望

高运胜　张　鸿

一　引言

中日两国是近邻，一个是世界第二大经济强国，一个是当今世界经济增长最快的发展中国家，两国之间无论从经贸往来还是地缘关系上看，各自都有别国不可替代的地位和互补性。自 1972 年建交至今 35 年以来，两国经贸关系不断扩大。特别是进入 20 世纪 90 年代以后，随着日本企业对中国投资的进一步扩大，两国贸易额迅速增长，形成了贸易与直接投资相互促进的良性循环，中日间的经贸合作获得了空前发展。两国间的经贸关系对于各自经济增长，东亚地区的经济合作，甚至整个亚洲未来经济发展走势都会产生很大的影响。目前，中日经贸关系已经形成多层次、多领域、多形式的互利合作格局，日本为中国第三大贸易伙伴，中国是日本第一大贸易伙伴。[①] 日本是中国第二大外资来源国（仅次于香港特区）。中日之间的经贸合作在两国的经贸发展中具有举足轻重的地位。

关于影响两国经贸关系的中日产业结构间的关系，国内研究尚存争议：一种观点认为存在较强的互补关系（朱冬梅，2003），郑宝银（2006）利用两国贸易依存度和投资依存度等指标发现两国经贸关系存在很强的依存性，互补关系会导致两国产业结构之间以产业间垂直型分工为主（佟家栋，2005）；另外一种观点认为两国生产技术水平出现趋同性，产业之间开始出现竞争关系，而且会越来越明显，两国产业分工开始由垂直型转向

[①] 根据日本财务省发表的 2006 年度贸易统计速报（海关统计），按照中方统计 2006 年中国是日本第二大贸易伙伴，同时统计数据不包含香港特区。

水平型分工转变（孙丽，2004；李光辉，2007）。

对于解决两国经贸关系面临的困境，吕克俭（2005）认为日本方面承认中国市场经济地位问题、出口管制黑名单问题、贸易逆差是双方必须要尽快解决的问题；郑宝银（2006）认为主要集中在贸易摩擦、资源纠纷、技术引进和政治利益等方面；李光辉（2007）认为主要还有贸易壁垒、技术合作和农产品的问题。

大多数日本学者对于两国经贸发展持有乐观的态度。日本专修大学经济学教授大桥英郎说："对日本而言，一个非常巨大的市场正出现在眼前，同时在物流猛增的同时，通过直接投资，日中两国成为关系极为紧密的经济体。"① 稻田实次（1998）认为中国通过吸收日本投资，可以期待得到资金、先进技术、经营管理方法、扩大出口市场等经济效果。加藤弘之（2004）认为中国加入 WTO 和西部大开发对于日本的产品和投资都是很好的机会。长谷川启之（2005）认为目前中日经贸关系陷入困境之中，势必会影响两国人民的长远利益。日本贸易振兴机构副董事长塚本弘（2007）表示，当前日本经济复苏，国民收入会逐渐上升，国民消费能力增强会大大刺激来自中国等进口商品的供应。

对于中日经贸关系未来的发展，江瑞平（2006）认为日本经济的复苏、日本引资计划推出、中国汇率制度改革、东亚经济合作等方面都是双方拓展经贸关系的出路；吕克俭（2005）认为双方可以加强流通领域的合作，日本政府和企业应扩大对中国技术输出和节能等方面的合作；于津平（2005）认为两国经济合作的前景是开展贸易自由化，开展东亚内部的次区域经济合作。

尽管目前中日两国政治关系出现了一些波折，不断增加的贸易摩擦与日本对华 FDI 减少也在一定程度上影响了两国的进一步合作，使得目前两国经贸合作陷入缓慢增长过程，但从长远来看，两国的经贸合作具有极大的发展空间。因此，探讨两国贸易和投资等方面的变化，从两国产业结构和竞争优势变化对两国分工的影响，从深层次来探寻其中原因，并从区域经济一体化、能源和汇率制度方面合作、增加相互投资等方面探讨未来发展的突破口是今后中日两国之间进行进一步经贸合作面临的一项重要课题。

---

① 吕诺、周婷：《中国首次超过美国成为日本最大贸易伙伴》，《东方早报》2007 年 4 月 26 日。

二 中日经贸关系发展的现状

1972 年中日邦交正常化以来，特别是中国改革开放以来，中日经济交流在平等互利原则下迅速发展。作为世界两个重要的经济体，加之两国经济存在高度互补性和低竞争性，中日两国彼此经济增长与经济关联度日益加深。

（一）近期两国贸易发展的特点

1. 贸易额大幅度增长，但增长率下降

20 世纪 70 年代以来，中日双边贸易步入快速发展的轨道。按中国海关统计，1972 年双边贸易额仅有 10.4 亿美元，2006 年达到 2110.8 亿美元，35 年中增长 203 倍，占中国当年进出口贸易总额的 13%。日本对华贸易大幅增长的同时，中国对日出口却放缓了增长速度。2006 年中国对日出口增长 8.5%，远远低于 2005 年 15.8% 的增幅（见图 1）。

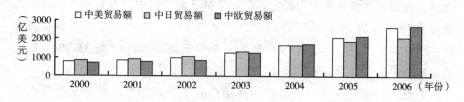

图 1　中国与美国、欧盟和日本贸易额

数据来源：中国海关、日本贸易振兴机构。

2000 年以来中日贸易不仅低于中国对外贸易增长速度，也落后于中美、中欧贸易增长。2000～2005 年，中日贸易总额年均增长率为 17.3%，分别低于同期中美、中欧贸易总额年均增长率 5.9 个和 8.5 个百分点，2006 年中日进出口贸易增长 12.5%，低于欧盟的 25.3%、美国的 24.2%，在前 10 位贸易伙伴中增幅为最低（见图 2）。

2. 商品结构由"垂直互补型"向"水平竞争型"方向发展

中日贸易赖以发展的分工基础是以垂直型国际分工为基本特征的，这是由两国生产要素禀赋差异产生不同的比较优势所决定。这一特征反映在双边贸易的商品结构上，就是日本对华出口以高技术含量和高附加值的高端产品为主，而中国对日出口则以技术和附加值含量较低的劳动资源密集

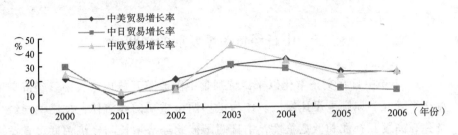

图 2　中国与美国、欧盟与日本贸易增长率比较

数据来源：中国海关、日本贸易振兴机构数据计算出结果。

型的低端产品为主。这也意味着中日双边贸易的商品结构以垂直互补型为主、水平竞争型为辅。

从动态变化看，20 世纪 90 年代以后，伴随中国工业化进程的加速和产业结构的升级，中日贸易赖以发展的分工基础逐渐向水平型国际分工转化，在中国对日出口的商品结构中，高技术含量、高附加值的高端产品所占的比重正在逐步提高，中日贸易的商品结构越来越显现出"水平竞争型"特点。在中国对日出口商品中，原材料的比重逐步降低，纺织、机电、光学医疗设备等工业制成品的比重大大提高。矿产品对日出口占中国对日本出口总额的比重由 1992 年的 20.06% 下降到 2005 年的 3.38%；机电、音像设备及其零件、附件对日出口的比重由 1992 年的 4.36% 提高到 2006 年的 33.7%，机电产品成为中国对日出口第一大类商品（见表 1、表 2）。①

当然，目前在中国对日出口的高端产品中，有相当一部分是由日本在华投资企业提供的。日本企业对华直接投资增长带来的产业内、企业内贸易迅速扩大，直接推动了中日贸易的商品结构向"水平竞争型"转化。

3. 中日贸易依赖关系发生变化

近年来，在中国经济的高速增长和日本经济停滞的背景下，中日贸易的依赖关系发生了巨大变化，具体表现为中国在日本对外贸易中所占比重的提高和日本在中国对外贸易中所占比重的下降。从 2001～2006 年，日中贸易占日本外贸总额比重由 11.8% 升至 17.5%，日方统计表明，中国已成为日本最大贸易伙伴；而同期日美贸易比重则由 24.5% 降至 17.2%。1993～2003 年的连续 11 年间，日本一直是中国的第一大贸易伙伴。2004年，受欧盟东扩等因素的影响，日本下降为中国的第三大贸易伙伴，但两年

---

① 李光辉：《中日经贸关系发展的特点及展望》，《日本学论坛》2007 年第 2 期。

表1　中国对日出口商品结构变化

单位：亿美元，%

主要出口产品	1992		1995		2000		2005		2006	
	金额	比重	金额	比重	金额	比重	金额	比重	金额	比重
纺织原料及制品	36.94	31.57	88.61	31.17	131.11	31.48	170.61	20.31	183.9	20.1
机电、音响设备及附件	5.1	4.36	38.17	13.41	87.89	21.10	280.37	33.38	309.3	33.7
食品、饮料、酒、醋、烟	6.16	5.26	14.79	5.20	22.9	5.50	43.53	5.18	47.1	4.55
植物产品	10.82	9.25	12.77	4.49	15.01	3.60	19.59	2.33	19.28	2.1
活动物产品	9.38	8.02	16.48	5.79	15.45	3.71	14.83	1.77	14.28	1.56
贱金属制品	4.84	4.14	21.33	7.49	19.46	4.67	54.28	6.46	61.86	6.75
矿产品	23.47	20.06	22.82	8.02	22.55	5.41	35.07	4.18	31.05	3.38
光学、医疗仪器、钟表乐器	1.14	0.97	11.31	3.97	17.85	4.29	41.48	4.94	42.04	4.58
化工制品	5.29	4.52	11.51	4.04	14.28	3.43	36.5	4.35	44.09	4.81
对日进口额	117		284.63		416.54		839.92		916.4	

资料来源：李光辉：《中日经贸关系发展的特点及展望》，《日本学论坛》2007年第2期。

表2　中国从日本进口商品结构变化

单位：亿美元，%

主要进口产品	1992		1995		2000		2005		2006	
	比重	金额	比重	金额	比重	金额	比重	金额	比重	金额
纺织原料及制品	12.96	9.47	30.55	10.53	34.81	8.39	37.49	3.73	36.2	3.1
机电、音响设备及附件	58.55	42.80	147.15	50.73	208.2	50.15	514.12	51.18	593.2	51.26
贱金属制品	22.2	16.23	40.52	13.97	46.02	11.09	114.43	11.39	134.1	11.58
塑料、橡胶及制品	6.24	4.56	18.90	6.52	29.41	7.08	61.33	6.11	72.32	6.25
光学、医疗仪器、钟表乐器	6.89	5.04	17.64	6.08	28.07	6.76	89.77	8.94	99.59	8.6
化工制品	8.64	6.32	13.82	4.76	32.39	7.80	88.88	8.85	99.78	8.62
对日进口额	136.81		290.05		415.12		1004.52		1157.2	

资料来源：李光辉：《中日经贸关系发展的特点及展望》，《日本学论坛》2007年第2期。

以来双边贸易额仍继续着快速增长的势头。2001年以来中国是日本的第二大出口市场，而在2002年起中国超过美国成为日本的第一大进口来源地。同时从1993～1996年中日贸易额占中国对外贸易比重超过20%以上，但是此后逐年下降，2005年为11.8%，中国对日本出口占中国出口总额从

2000 年 15.7% 下降到 2006 年的 9.4%。

中日贸易依赖关系可以从贸易密集度角度分析，贸易密集度是反映两国贸易依赖关系强弱的一个最重要指标。贸易密集度又可以分为出口密集度与进口密集度。其公式为：

$$出口密集度 = \frac{A\,国对\,B\,国出口额}{A\,国的总出口额} \Bigg/ \frac{B\,国进口总额}{世界进口总额}$$

$$进口密集度 = \frac{A\,国对\,B\,国进口额}{A\,国的总进口额} \Bigg/ \frac{B\,国出口总额}{世界出口总额}$$

如果贸易密集度大于 1，则表明两国的双边贸易关系比较紧密，两国互为重要的贸易伙伴；如果贸易密集度小于 1，则表明两国的贸易关系还比较弱。贸易密集度的绝对数值表明，中日双边的贸易关系一直处于极为密切的状态，两国的贸易依存关系非常强。表 3 中贸易密集度的数值变化则表明，中日两国的相互依赖程度在不断加强，特别是近些年日本对中国出口贸易密集度和中国对日本进口贸易密集度一直呈上升的态势。这实质上意味着中日双边贸易的相互依存关系在迅速扩张的过程中发生着明显变化，日本对华贸易依存度相对提高，而中国对日贸易依存度相对下降，日本对中国出口的增长已经成为其恢复经济景气的重要引擎之一。

中日相互依赖性的变化反映出中国经济地位的变化，同时日本在中国进口所占的比重不断下降也体现出与中国市场竞争激化有关，同时由于中国对美国贸易顺差不断扩大，增加从美国进口的压力，欧盟也在扩大对华关系，韩国企业对华攻势也在强化（马成三，2004）。中国加入 WTO 后，日本无疑"成为中国入世的最大受益国"。日本自身估计，日本每年对中国的出口会因中国入世而增加约 210 亿美元，将促使 GDP 增加 0.1% 左右。[①]

4. 中日贸易收支向中方逆差型转变

按照中方统计口径，[②] 在中日双边贸易收支关系中早已呈现出双方在不同年份交互出现逆差的特点，而近年则形成中方逆差（日方顺差）不断扩大的特征。在 2001 年的中日贸易中，中方尚有顺差 21.6 亿美元，2002 年则转为逆差 50.3 亿美元，2003、2004 年和 2005 年逆差扩大，分别为

---

① 〔日〕瑞穗综合研究所：《强势日中经济关系——重要的在于维持"经热"》2005 年第 13 期。

② 根据日方统计结果日本对华贸易为逆差，2005 年逆差为 287 亿美元，2006 年为 255.9 亿美元。

表3　中国与日本贸易密集度

年　份	中国对日本贸易密集度		日本对中国的贸易密集度	
	出口密集度	进口密集度	出口密集度	进口密集度
2000	2.94	2.47	1.89	3.75
2001	3.11	2.67	2.04	3.85
2002	2.97	2.82	2.18	3.64
2003	2.76	2.86	2.29	3.36
2004	2.71	2.90	2.36	3.19
2005	2.63	2.94	2.51	3.07
2006	2.49	2.13	2.73	2.96

数据来源：根据中国海关、日本贸易振兴机构贸易数据计算得出。

147.3亿美元、208.6亿美元及164.6亿美元。据中国海关统计，2006年中国对日出口916.4亿美元，由日进口1157.2亿美元，逆差已达240.8亿美元，同比增长46.3%。[①]

步入新阶段的中日贸易在收支关系上之所以朝着中方逆差型发展，主要是基于两大背景：一是中国加入WTO后，正在逐步履行市场开放承诺，而日本早已按照WTO的要求达到了较高的市场开放度，进一步开放市场的潜力明显小于中国；二是中日双方经济增长差异导致了中国明显的进口扩张能力差异。经济增长率的差异在很大程度上造成中国进口增长率也大大高于日本，这势必导致双方在吸纳对方进口商品的能力上也存有很大差距，这种经济增长态势差别导致的进口扩张能力的差异在未来还会持续下去，由此势必导致中日双边贸易收支关系继续朝着"中方逆差，日方顺差"的方向发展；三是日本国内需求降低，贸易保护手段增加，2006年日本国内对音像产品、电视产品的需求减少5.8%，办公机器的需求仅增加2.0%，同时日本实施肯定列表制度后，中国的农产品出口受到影响，2006年全年中国食品对日出口仅增长1.8%，新鲜蔬菜的出口呈大幅下降态势，其中生蘑菇对日出口减少27%，豌豆出口减少34%。自该制度实施至2006年11月末的半年时间里，日本方面以残存农药超标判定不合格的进口食品达264件，其中中国的食品最多，为87件。目前，中国制定的许多标准与日本的标准无法对应，而能够对应的标准中，日本有25%的标准严

———————

① 数据来自于中华人民共和国驻日本大使馆经济商务参赞处网站，http://jp.mofcom.gov.cn/aarticle/zxhz/hzjj/200701/20070104327705.html。

于中国标准（真家阳一，2007）。其次，中国对出口日本的部分商品采取了优先供应国内的政策，受此影响，煤炭出口同比减少18.8%，钢铁出口同比减少6.7%。[1]

长期以来，中日两国在要素禀赋、产业比较优势和经济发展水平等方面存在较大差距，导致两国产业结构和进出口产品间存在相当大的互补性。但是随着中国经济的快速发展，两国间的产业比较优势发生明显变化，中国的电子、钢铁和机械产品与日本差距越来越小，甚至某些已经超过日本，两国产业优势的变化导致很多产品从原来的互补关系演变为竞争关系，两国贸易结构从垂直型向水平型转变，这种经济竞争关系成为以后中日经济发展的主导趋势。

（二）近期日本对华直接投资特点

1. 增长率波动明显

日本对华直接投资始于1979年，当时投资额仅为1400万美元，一直呈增长趋势，实际使用外资金额于1997年达到最高点，此后开始出现剧烈波动，项目数到1999年减少至1167件，合同金额减少至25.9亿美元，而实际使用金额到2000年减少至29.2亿美元。最近几年，日本对华直接投资又开始显现出迅速增长的势头，按照中方统计，项目数在2003、2004年和2005年分别增长20.62%、7.94%和19.79%，实际使用金额分别达到50.54亿美元、54.51亿美元和65.30亿美元。

日本对华直接投资迅速增长对中日经贸关系的发展起了巨大的推动作用：一方面，日本企业不断将主要的生产和经营基地向中国转移，带动其生产和经营活动所需机器设备和主要零部件大规模向中国出口，从而产生了越来越大的"诱发出口效果"；另一方面，日本企业不断将主要的生产和经营基地向中国转移，导致日本国内市场所需的大量产品要通过从中国进口来满足，产生了越来越大的"逆进口效果"。中日双边贸易与日本对华直接投资发展趋势基本一致，形成了中日贸易与投资的良性互动。

中国商务部的统计数据显示，在各种因素的综合作用下，2006年日本对华投资项目数和金额都出现下降，项目数为2590个，减少20.77%；实际投入金额45.98亿美元，减少29.6%，而同期中国引进外资整体则增长4.47%。截至2006年年底，日本对华投资累计项目数为37714个，实际投

---

① 王冲：《中国可能成为日本最大贸易伙伴》，《中国青年报》2007年4月8日。

入金额 579.7 亿美元。日本是中国第二大外资来源国，仅次于香港特区。在对华投资减少的同时，日本对越南和印度的投资却呈现上升态势。对印度的投资从 298 亿日元（约 3 亿美元）增长到 598 亿日元（约 6 亿美元）。①

日本贸易振兴机构副董事长塚本弘（2007）还表示日本对华 FDI 增长率降低是因为前些年日本大的项目都已经进入中国，这几年进入调整期，比如汽车投资项目；同时还有分散投资风险的考虑，增加了对东盟等地的投资；同时中国的投资环境发生很大的变化，人力成本大幅度上涨，且中国正在调整或者考虑调整对外资的优惠政策，日本企业对本地企业竞争优势正在丧失。②

2. 对华直接投资的结构发生变化

根据日本贸易振兴机构研究结果表明，2006 年日本对华直接投资下滑主要是在制造业领域，但是其中没有包括金融服务业投资。日本对于服务业、金融行业投资明显增加，三菱东京 UFJ 银行于 2006 年 6 月向中国银行股份公司注资 1.8 亿美元；大和证券 SMBC 于 6 月宣布以 26.2 亿日元接受上海广电集团（SVA）和 NEC 的合资公司增资的部分股票，其他商业及服务业的投资也大幅增加。今后日本对华投资也会呈现多样化特征，由投资制造业为主变为以房地产、金融证券、保险业和流通业等均为日本投资重点。

汽车业目前仍是日本企业对华投资的热点。日本汽车业在中国市场的起步要比德国、美国等欧美国家晚。为了追赶欧美汽车厂商，日本汽车制造业在确保美国市场的定位后，开始寻求新的市场，大幅增加对华投资，在华建立生产基地。这正在拉动着整个日本制造业和服务业的对华投资。2005 年下半年，日资汽车在华轿车市场上的份额已接近 30%。随着日资汽车制造业在华生产规模日益扩大和正常化，高附加值的各种零部件在华生产也越发增多。2005 年，汽车用发动机的生产同上年相比增长 32%；汽车零部件同比增长 9%。日本汽车厂家认定中国正是今后要发展的市场。今后 5 年，丰田、日产、本田、马自达、富士重工及三菱汽车等日本六大汽车公司将对中国投资约 2200 亿日元（约合 19 亿美元），年产量将达到 241 万辆。

---

① 商务部引进外资司网站。
② 来自于日本贸易振兴研究院网站 http：//www.jetro.go.jp/。

电子信息技术方面也是日本对华投资的重点。中国正在成为生产信息技术相关产品的重要基地。2004 年，在日本对中国的出口总值中，包括半导体器件在内的电子产品占 26.3%，比上年增长了 12%。2005 年，日本自中国进口的 IT 产品增幅较大。电子计算机、印相机等增长 18%；数码相机、小录音机等增长 28.7%；半导体等电子部件增加 22.1%。在传统的电子制造领域，日本正在不断扩大在华投资规模。日立制作所中国总代表塚田实透露，包括"日立环球存储产品（深圳）有限公司"在内，该公司在华的投资总额为 5 亿美元。生产存储器的第一期工程已经完工。全部完工后，在华存储器生产规模将达到日立总产量的一半。

日本对华直接投资正在转向金融、证券、租赁和保险行业。2006 年对以上三行业投资达到 15.66 亿美元。同时在 2006 年 12 月中国对于外资银行全面开放人民币业务后，日本瑞穗实业银行和日本三菱东京日联银行成为第一批注册成为中国法人资格的外资银行。

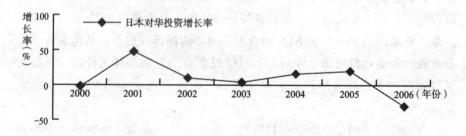

图 3　2000～2006 年日本对华投资增长率

数据来源：中国商务部外资司外资统计数据。

（三）中日间政府合作

日本政府对华提供日元贷款是中日资金合作的重要内容。从 1979～2006 年 6 月底，日本政府累计向中国政府承诺提供日元贷款协议金额 32078.54 亿日元，用于基础设施、交通、能源、环保、扶贫等领域 242 个项目的建设。截至 2006 年 5 月底，中国实际使用日元贷款约 23864.13 亿日元。日本对华日元贷款占中国利用外国政府贷款的 50% 左右。2008 年前对华日元贷款将终止。

2005 年日本政府对华无偿援助金额为 10.45 亿日元，项目为 3 个。截至 2005 年，中国共接受日本无偿援助累计 1376 亿日元（约合 12.5 亿美元），用于 136 个项目的建设，涉及环保、教育、扶贫、医疗等领域。

日本政府在中日邦交正常化后，向中国提供了大量的官方发展援助（ODA），主要包括政府贷款、无偿援助和技术合作三部分。

日本政府贷款。中国从 1979 年开始使用日元贷款，截止到 2002 年 3 月，已经计达到 28293 亿日元（约合 1433 亿元人民币）（协议额），实施了为数众多支持中国改革开放、经济发展、社会开发的基础的项目。2008 年日本对华援助贷款将终止。

日本对华无偿援助。截至 2001 年末，日本政府累计对华使用无偿援助资金 1297 亿日元（约合 53.6 亿元人民币）（包括利民工程无偿援助和文化无偿援助等赠款金额）。日本政府对华无偿援助开始时的重点是农业、医疗保健、环保、人才培养和教育等人民生活领域，同时非常重视对内地贫困地区的援助。利用日本对华无偿援助修建的代表性项目有中日友好医院、中日友好环境保护中心等。

技术合作。截至 2002 年 7 月，在技术合作框架下，中日双方共组织实施各种专项技术合作和开发调查项目 210 多项，中方赴日培训人员和接受日方来华专家计 29000 多人；在日方对华提供无偿资金进行合作的框架下，中日合作金额达 1200 多亿日元。同时过去在政治关系比较紧张的时期，难以实现的需要做出政治决断的大项目，如高速铁路、城市铁道、原子能和平利用、大型机电装备、重大节能技术合作、能源开发、石油储备等具有战略意义的大型合作项目可望重新提起和启动。

三　中日经贸关系发展的困境

虽然近期是中日经贸关系发展最为迅速和全面的阶段，贸易额从 2002 年 1000 亿美元到 2006 年 2000 亿美元只用了 4 年时间，同时日本也成为中国重要的外资和技术引进地，但除了贸易、投资增长率不断下降外，双方经贸关系中还存在贸易摩擦、知识产权等方面的问题，均制约了双方经贸关系的发展。

（一）　贸易摩擦不断增加，范围不断扩大

中日大规模贸易冲突始于 2000 年 12 月 22 日，日本发动针对进口大葱（Welsh Onion）、鲜香菇（Shiitake Mushrooms）和蔺草席（Tatami-Omote）的保障措施调查，并于 2001 年 4 月 23 日，日本正式启动临时保障措施

（Provisional Safeguard Measures）。作为报复措施，中国国务院关税税则委员会于 2001 年 6 月 21 日宣布，对原产于日本的进口汽车、无线电话机、空调器征收 100% 的特别关税，中日之间贸易摩擦迅速升级。2002 年又对中国产菠菜、松磨、青豆等蔬菜残留农药实施歧视性检验标准，并要求进口商限制进口。

日本市场上有 60% 农产品依赖进口，但随着日本连续的食品安全事件的发生，日本政府以生产者为中心的农业和食品政策逐步转变为重视消费者的政策。日本于 2006 年 5 月推出针对农产品进口的"食品中残留农业化学品肯定列表制度"，将所有进口产品农药残留管理纳入体系，除了"暂定标准"、"禁用物质"等标准外，"肯定列表制度"还规定：未制定"最大残留限量标准"的所有农药，残留量一律不得超过 0.01 毫克/公斤的标准。"一律标准"是"肯定列表制度"的核心，它不仅将设限范围无限扩大，将限量标准提高至当今世界上最苛刻的水平，而且由于它未列出农药名称。日本肯定列表还规定，只要某地一个企业的某一种出口产品在日本检测出农残超标两次，都有可能导致全国的整个行业必须接受强制检查，而强制检查的周期长达几个月，实际上是意味着退出日本市场。来自商务部的数据显示，中国对日出口的主要是水产品、肉类、蔬菜、水果及其制品等劳动密集型农产品，山东、辽宁、浙江、福建、河北等主要出口地区，对日出口占其农产品出口总量的比重分别达到 39%、49%、41%、49% 和 47%。出口受阻将对这些地区的经济发展和农民增收造成严重不利的影响。

据商务部统计，日本是中国农产品第一大出口市场，中国也是日本农产品的第二大进口来源国。2005 年中国农产品对日出口近 80 亿美元，涉及 6300 家中国企业和 1600 万中国农民的切身利益。肉类制品、蔬菜、水果及制品、水产品、食用菌、茶叶、谷物均是日本实施"肯定列表制度"后中国出口风险较高的大类商品。①

中日贸易摩擦产品范围也不仅仅局限于农产品，中国产部分纺织品、轻工产品、钢材等都成为日本限制进口的产品。同时贸易摩擦已经延伸到国际资源领域和第三国市场。从另外一个层面来看，中国为了环保需要加紧对资源性产品，如河砂、木炭和一次性筷子等产品的出口，对于日本很多对中国原材料依赖性很大的企业打击沉重。

---

① 中国商务部网站 www.mofcom.gov.cn。

同时美日两国在中国汇率制度方面向中国施压，要求人民币升值，日本还指责中国对日本输出"通货紧缩"，另外双方在和俄罗斯共同修建石油管道方面存在严重分歧。①

（二）知识产权纠纷不断

日本政府将"知识产权立国"作为国策，保护日本企业输出的技术信息。目前知识产权纷争是阻碍日本企业到中国投资和经营的重要因素。目前日本企业认为中国企业对日本侵权最多的是仿冒，据日本经济产业省对8000 多家企业进行调查，有 34% 的企业声称其产品在中国遭到仿冒，受害最多的是家电产品和摩托车及其零配件。

记者从中国驻日使馆经商处了解到，继美国就中国侵犯知识产权问题向 WTO 提出申诉后，日本也准备以第三方的身份参加。日本经产省在 4 月15 日公布的 2007 年版《不公正贸易报告书》中提出的 11 项需要优先改善的问题事例中，有 4 项针对中国。其中包括要求中国政府加大对仿冒产品和盗版的打击力度。

可以预见，知识产权问题亦将成为中日经贸关系发展过程中的暗礁，势必会影响未来日本企业的对华投资。双方在技术合作方面始终进展较慢。对华技术贸易规模小，技术含量低，与欧美国家差距较大，另外日本投资于中国的基础设施和基础产业较少。

（三）双方贸易统计一直存在争议

由于统计口径之间的差异，中日两国统计出的贸易数据存在较大差异，比如日方称 2005 年日方对中国存在 286 亿美元的贸易逆差；但是根据中方统计，中国对日贸易逆差已经达到 165 亿美元，两者之差达到 451 亿美元。2006 年中方统计对日逆差 240.8 亿美元，日方统计对中国逆差255.9 亿美元，两者差额为 496.7 亿美元。

中方和日方统计出现巨额差异主要原因在于对香港特区的转口贸易统计方法不同。日本经过香港转口进入中国内地的出口部分，中方统计记入了来自日本的进口项目，而日方统计却未记入对中国内地的出口项目。双方统计结果的差异往往导致双方认识不足，也是导致贸易摩擦的重要原因（参见表4）。

---

① 江瑞平：《中日经济关系的困境与出路》，《日本学刊》2006 年第 1 期。

表4 2000～2007年中日贸易统计

单位：亿美元,%

年 份	中方统计						日方统计					
	总额	增减比	出口	增减比	进口	增减比	总额	增减比	出口	增减比	进口	增减比
2000	831.6	25.7	416.5	28.5	415.1	22.9	857.8	29.5	304.4	30.4	553.4	29.1
2001	877.5	5.5	449.6	7.9	428	3.1	891.96	4	310.97	2.2	580.99	5.1
2002	1019.1	16.1	484.4	7.8	534.7	25	1015.37	13.8	398.67	28.2	616.7	6.1
2003	1335.7	31.1	594.2	22.7	741.5	38.7	1324.12	30.4	572.19	43.5	751.93	21.9
2004	1678.7	25.7	735.1	23.7	943.5	27.2	1680.48	26.9	738.33	29.0	942.15	25.3
2005	1844.5	9.9	839.9	14.3	1004.5	6.5	1893	12.7	803	8.9	1090	15.7
2006	2073.6	13	916.4	9.1	1157.2	15.2	2110.8	11.5	927.5	16	1183.4	9
2007年 1～6月	1067.9	14.5	649.5	11.7	852.5	16.7	1111.5	12	501.8	17.2	609.7	8.2

数据来源：中国海关、日本贸易振兴机构。

（四）经贸问题政治化倾向明显

中日经贸关系长期受到双方政治关系的影响，2003年日本指责中国国防开支不透明，中国是军事大国，日本是防卫小国，散布"中国威胁论"；同时日本执政党也迎合国内部分农民团体的利益要求，对中国农产品出口设置种种壁垒措施，既巩固执政党的得票数，又能够将国民目光引向国外。2005年初中国有些地方也曾经发生过"抵制日货"活动，抗议日本要成为联合国常任理事国的企图。日本大多数企业都认为两国政治关系紧张影响了双方的经贸关系发展。

2006年10月日本上任首相安倍晋三访问中国，结束了双方长达5年没有高层互访的历史，被舆论称为"破冰之旅"。驻洛杉矶领事馆总领事小原雅博指出："叫嚷中国威胁论也好，实行保护主义、停止对华ODA也罢，都已无法抑制业已建立了以世界为对象的相互依存网的中国发展，中国再次成为世界经济大国已不可避免。故此日本应该停止徒劳的中国威胁论议论，重构如何与大国化的中国相处的战略，这个战略就是与中国建立一种'双赢'的互补关系"。① 日本国际问题研究所所长宫川真喜雄也认为，今后中日两国"必须合作，即使我们不喜欢这样"，因为"我们坐在

---

① 小原雅博：《东亚共同体——走向强大的中国与日本的战略》，日本经济新闻社，2005。

同一条船上，只要其中有一方把身子往外欠，船就会翻掉。"[①]

（五）两国区域经济合作严重滞后

为了贸易多元化方向发展，中日两国都在努力促进贸易投资自由化机制建设，日本已经和新加坡、墨西哥建立了自由贸易协定（FTA），与韩国和东盟主要成员的协定也将签订。但是互为最重要贸易伙伴的中日两国，迄今为止除了共同参与"东盟10＋3"自由贸易谈判外，没有关于投资贸易自由化机制的贸易谈判，尤其是日本方面采取消极态度。东北亚中日韩三国金融合作方面的滞后，已经成为影响区域经济稳定和制约区域经济合作的重要因素。

四　中日经贸关系合作的突破口

（一）中国经济的快速增长成为日本经济摆脱萧条及中日经贸合作的巨大动力

20世纪90年代初，伴随着日本泡沫经济的破裂，日本经济陷入了长达10多年的经济不景气。日本经济的长期萧条影响了两国经贸关系持续稳定的发展，根据IMF测算，1997～2006年10年间日本实际GDP增长率仅为0.9%。面对持续发展的中国经济，日本国内产生一种所谓"中国经济威胁论"的论调。但近来日本经济已有逐步摆脱低迷的趋势，银行不良债权基本解决，通货紧缩问题趋于缓解，失业人数大幅度减少，经济增长率经过2002年0.3%的负增长后，2003年和2004年分别增长1.4%和2.7%，2005年达到2.8%，为近年最高值，2006年也达到2.4%。在日本经济逐步恢复的过程中，中国经济对日本经济的拉动起着非常重要的作用，尤其是中国对日本进口的急剧增加给市场需求不足的日本经济带来了新的希望，并推动着日本经济逐步摆脱经济低迷，步入缓慢持续经济增长的轨道。

（二）日本引进外资计划和中国企业"走出去"的机遇

2003年小泉内阁推出前所未有的"引进外资倍增计划"，2004年日本

---

① 宫川真喜雄：《日中在一条船上》，《环球时报》2006年2月8日。

引进外资 374.6 亿美元，比上一年度增加 100.1%。① 同时随着中国经济的迅速发展，中国企业也在不断地成长壮大，中国企业到境外投资的愿望也将不断增强，特别是"走出去"战略的进一步推进，中国企业"走出去"的条件将越来越好，国家鼓励企业开发海外市场、开发海外资源、开展技术合作等措施也将逐步到位。可以预计，中国企业在未来的跨国投资活动中，由于地缘关系和文化传统相近，对日本投资也将成为中国企业考虑的主要目标，投资规模也将扩大。中国企业的对日投资虽然起步较晚，但短短几年却迈出了可喜的步伐，华为、海尔等有实力的中国企业已进入日本市场，与日本企业开展了良好的合作。2004 年中国对日本投资增加了223.4%，截至 2006 年底，中国累计对日投资企业 320 余家，实际投资 1.7亿美元。②

（三）日元成为中国汇率制度改革重要货币

汇率问题也是困扰两国经贸关系发展的重要因素。东南亚金融危机时期，中国曾指责日本人为纵容日元贬值，采取以邻为壑的汇率政策。但是随后日本又追随西方八国集团在各种场合带头逼迫人民币汇率升值。同时人民币和日元汇率的剧烈波动，对两国贸易投资造成很大的不利影响。2005 年 7 月 21 日，中国对人民币汇率制度进行了改革，人民币汇率升值2%，8 月又提出人民币将取消单一挂靠美元的汇率制度，而采用"一篮子货币"制度，中国主要贸易伙伴的货币，包括日元在内将会成为一篮子的主要构成货币。采用日元作为人民币汇率构成的参照货币之一，会对双方在汇率机制方面展开合作，稳定双方货币汇率稳定，推动双方贸易投资进一步发展有重大意义。

（四）区域经济金融合作为两国经贸关系发展提供了新的空间

东亚广泛的双边经济合作与区域经济合作存在密切互动关系，为中日双边经济关系的发展提供更加广阔的空间，但中日双方目前在建立自由贸易区方面各自为政。启动中日自由贸易区建设，显然有利于降低中日贸易成本，缓解中日贸易摩擦，扩展中日贸易空间，且有助于打破政治领域出

---

① 日本贸易振兴机构网站：http://www1jetro1go1jp/jpn/stats/fdi/data/instate04021pdf/。

② 商务部部长薄熙来 2006 年 5 月 29 日在日本东京中日投资促进机构第 14 次联席会议上的讲话。

现的僵局。同时，只有中日启动了自由贸易区建设，统一的东亚自由贸易区建设才能启动。中日两国应从区域合作的大局出发，承担起区域大国必须承担的责任。

面对日本对于建立中日 FTA 的摇摆不定，国务院副总理吴仪在 2005 年 5 月在日本名古屋表示，启动 FTA 谈判被中国视为推进中日经济关系的"突破点"所在，应尽快启动谈判，与东亚一体化进程和中日韩合作相协调。日本内阁府 2005 年底也表示，就日本与各国的 FTA 谈判战略及效果来看，一旦启动同中国的 FTA 谈判，其对日本经济的推动作用最为可观，将推动日本 GDP 增长 0.5%。[①]

同时还应该加强中、日、韩金融合作，为东北亚区域经济合作提供更多的开发资金，有效地防范区域金融危机。虽然 2001 年签订的《清迈协定》对于东亚金融合作做了一定的铺垫，但是进入实施阶段，仍然任重道远。从现实的角度来分析，中、日、韩金融合作既有坚实的物质基础，又有合适的制度基础。同时由于美元不断贬值，对三国经济冲击极其严重，中日两国是全球外汇储备第一位和第二位的国家，2007 年 10 月中国外汇储备达到 1.4 万亿美元，日本也有 9456.01 亿美元，[②] 其中主要是美元储备，面对美元贬值，中日两国资产会发生大幅度缩水，同时若是各自为政，彼此竞争，很难取得预想效果，日本方面若单方面强调人民币升值，后果也难以预料。

（五）能源、资源、环保等领域是以后双方合作重点

能源问题能成为连接中日经济关系的纽带，也可能成为割裂两国关系的利刃。日本和中国都是能源、资源相对匮乏的国家，比如石油、铁矿石等。由于日本插手，导致中方本来抱以厚望的"安大线"从俄罗斯进口石油蒙上层层阴影。由于日本在能源外交方面积累了相当丰富的经验，俄罗斯的滨海边疆区和萨哈林州等地方政府一致选择与日本合作；中国和日本在伊朗石油开采方面也展开激烈竞争；同时日本对于中国在东海开发的春晓天然气田表示高度关注，认为中国有"独占东海海底资源"的企图。

中日双方如果不改变目前的这种过度竞争或者冲突的局面，将会两败俱伤。从与巴西、印度等国进口铁矿石谈判可以看出，中日两国各自为政

---

① 毛桢，张明扬：《中日自由贸易谈判陷入僵局》，《东方早报》，2005 年 7 月 9 日。
② 来自于中国商务部和日本贸易振兴机构数据。

的结果是铁矿石价格节节高升。若两国主要钢铁企业和行业协会能够紧密合作，肯定会增加共同的谈判力量。

同时日本应该在提高能源效率和可再生能源领域加强与中国的合作，尤其在节能环保、石油替代、新能源等方面的合作，是中日战略互惠关系的重要内容，是促进中日经济关系发展的重要增长点。如果日本将自己先进的节能技术和在可再生能源领域的先进经验传授给中国，必然会促使中国减少石油消耗，这样对日本也非常有利。在条件许可的情况下，中日可以考虑共同构建石油储备，并把能源问题放在多边贸易框架下解决。2007年4月中日两大石油巨头新日本石油公司与中国石油天然气集团签订了一份长期性的谅解备忘录，就开采海外石油和天然气资源以及其他能源相关领域展开合作，中日在能源方面合作将成为一种趋势。

（六）中国西部开发和振兴东北工业基地

中国经济连续多年的高速发展，导致沿海地区的劳动力成本上涨，东南沿海地区的成本优势正在逐步丧失。近年来中国政府对内陆地区的开发力度不断加强，最近商务部又推出了适当放宽中西部地区部分行业的外资准入条件，以优化外资的区域布局。在地方政府的努力下，中国西南、内陆地区的经济环境和基础设施已获得很大改善。2006年9月，NEC信息（中国）有限公司在成都天府软件园设立成都分公司，将其作为西南地区的软件外包地，承接海外金融、电子商务等领域的业务。

同时由于地理和历史渊源的关系，中国东北地区与日本在地缘上十分接近，经济互补性强，这种区位优势和互补性为双方经贸往来与合作深入发展提供了地利条件。中央振兴东北老工业基地战略的出台，使东北地区成为日本企业人士筹划在中国进一步扩大投资发展的一个新"兴奋点"。辽宁有日本投资企业已达4400多家，实际直接投资居各国和地区的次席，而2005年该省对外贸易和外企工业产值中，日本都占了首位；就老工业基地黑龙江而言，日本已成为该省第二大贸易伙伴；长春一汽与日本丰田公司的联手合作也被业界看好。目前中国已成为日本软件发包的最大国家，在与日本隔海相望的大连市高新区，从事对日软件外包业务的企业达200多家，数以万计的中国工程师为包括日立、索尼、NEC等在内的日本公司设计软件。2006年，大连的软件出口额超过4.5亿美元，其中出口日本的占了80%。

过去日本对华投资多为制造业外包，现在则进一步扩展到以软件外包为代表的服务业外包，这使中日经贸合作不但开拓了新的领域，而且使得双方经济的依存度越来越高。

五 结论和展望

日本拥有雄厚的资金和技术实力，而中国则拥有丰富的劳动力资源和广阔市场。中日企业在产业结构方面与中国企业之间的互补性、经济文化的融合度和地理位置等都是两国贸易结合度高的重要原因，这些因素导致双方贸易互补性大于竞争性。目前中日双方的分工还是以产业间垂直型分工为主，但双方互补的内容和程度会发生动态变化，中日企业间以后发展的态势是竞争领域的扩大和竞争程度的加强，东亚以日本为头雁的"雁型发展模式"逐渐会被打破。

从近期看，中日两国不仅在工业生产及加工领域的合作亟待深化，在农业开发及农产品加工、能源开发与节能技术、环保及环保技术、物资流通及服务业等领域的合作也大有拓展空间；从中长期看，旅游业、海洋资源开发、劳动资源的共享以及高端科技领域的合作。双方需要尽快启动中日自贸区谈判，带动东亚自贸区建设，但是日本承认中国"市场经济地位"是双方启动 FTA 谈判的前提，两国可利用人民币汇率制度改革为契机建立双向投资机制，加大两国甚至东亚金融和投资合作。

据瑞穗银行的测算，日本若保持当前积极的对华贸易、投资态势，迄 2010 年可实现年均 GDP 1.91% 的增长，而若保持目前的规模不变，则只能维持在 1.11% 的水平。[1] 同时日本执政的自民党新总裁福田康夫在 2007 年 9 月 24 日组阁后，日本媒体一致认为福田对华路线更加温和，中日经贸关系或有新的突破，特别是在能源领域和中小企业合作方面。[2]

两国应进一步加强经贸关系，不仅是双方经济发展的需要，更是亚洲甚至是整个世界经济发展的需要。两国在增进政治互信和睦邻友好的同时，应积极推进双方贸易和投资的快速发展，扩大合作领域，消除阻碍经贸发展的消极因素，推进企业间广泛合作，建立和谐、共赢和相互促进的

---

[1] 〔日〕瑞穗综合研究所：《强势日中经济关系——重要的在于维持"经热"》2005 年第 13 期。

[2] 李雁争：《福田当选重视亚洲中日经贸关系或有新突破》，中国经济网，2007 年 9 月 25 日。

战略伙伴关系。

参考文献

[1] 江瑞平：《中日经济关系的困境与出路》，《日本学刊》2006 年第 1 期。

[2] 李光辉：《中日经贸关系发展的特点与展望》，《日本学论坛》2007 年第 2 期。

[3] 杨栋梁：《中日经贸合作新动态及其发展趋势》，《现代日本经济》2007 年第 1 期。

[4] 胡鞍钢：《新时代的中日关系》，《国情报告》2007 年 8 月。

[5] 吕克俭：《对中日经贸关系的展望》，《日本学刊》2005 年第 2 期。

[6] 杨晓燕：《日本对华直接投资与中日贸易关系的实证研究》，《财经界》2006 年 6 月下半月刊。

[7] 孙丽：《中日互补性国际分工合作》，《日本研究》2004 年第 4 期。

[8] 丁斗：《中日经济关系的相互依存及其敏感性问题》，《太平洋学报》2005 年第 7 期。

[9] 于津平：《中日经济关系对日本经济的影响》，《国际经济评论》2003 年第 11 ~ 12 期。

[10] 郑宝银：《中日经贸关系的战略思考》，《国际贸易问题》2006 年第 2 期。

[11] 李靖宇、马健：《中日实现经贸合作战略升级的区域环境》，《日本学论坛》2006 年第 5 期。

[12] 高连富：《日本外贸政策的重大变化》，《当代亚太》2001 年第 8 期。

[13] 杨宏恩：《日本对中国直接投资的变化与影响》，复旦大学博士论文，2005 年 4 月。

[14] 李靖宇、马健：《关于 WTO 框架下中日两国经贸合作战略升级：现实依据与推进政策》，《现代日本经济》2006 年第 2 期。

[15] 张岩贵、岑歧：《日本对东亚的跨国投资：战略格局及特点》，《国际经济合作》2003 年第 9 期。

[16] 于津平：《浅析中日经济合作关系的前景》，《世界经济与政治论坛》2005 年第 2 期。

[17] 金明善：《泡沫破裂后日本的经济走势及其对东亚的直接投资》，《日本学刊》2000 第 1 期。

[18] 陈海燕：《日本对华直接投资的特征分析及其趋势展望》，《国际贸易问题》2004 年第 12 期。

[19] 马成三：《究竟谁更依赖谁—中日贸易相互依赖关系的变化》，《国际贸易》2004 年第 8 期。

［20］张季凤：《20 世纪 90 年代中日经贸关系的发展与特点》，《日本学刊》2001 年第 3 期。

［21］龚敏、李文溥：《东北亚经济一体化：中日韩贸易相互依存关系分析》，《南京大学学报》2006 年第 2 期。

［22］顾国达、牛晓婧、张钱江：《技术壁垒对国际贸易影响的实证分析—以中日茶叶贸易为例》，《国际贸易问题》2007 年第 6 期。

［23］刘昌黎：《人民币升值的影响—从中日比较看中国的出口贸易》，《国际贸易》2006 年第 3 期。

［24］闫克远、金华林：《论改善中日贸易结构与转变中日贸易增长方式》，《日本学论坛》2007 年第 2 期。

［25］赵立华：《日本技术贸易壁垒对中国农产品出口的影响与对策》，《商业研究》2005 年第 8 期。

［26］周锐、邹松岐：《日本贸易政策的转变及启示》，《商业经济文萃》2006 年第 6 期。

［27］李汉君：《中日产业内贸易发展实证研究》，《国际贸易问题》2006 年第 4 期。

［28］张惠智：《中日韩 FTA 对产业的影响分析》，《东北亚论坛》2006 年第 7 期。

［29］黄凌云、张伟：《中日韩三国建立自由贸易区的实证分析与模拟》，《当代财经》2007 年第 4 期。

［30］李荣林、鲁晓东：《中日韩自由贸易区的贸易流量和福利效应分析：一个局部均衡的校准方法》，《数量经济技术经济研究》2006 年第 11 期。

［31］程强：《中日贸易结构分析》，《日本问题研究》2006 年第 4 期。

［32］付静：《中日贸易与中国经济发展的灰色关联分析》，《北京工商大学学报》2007 年第 4 期。

［33］佟家栋、刘钧霆：《中日制造业产业内贸易发展态势的实证研究》，《国际贸易问题》2006 年第 1 期。

中国入世过渡期结束后的机遇与挑战

张金生　冯德崇

一　中国入世以来的总体回顾

20 世纪 80 年代以来，世界经济发展明显提速，世界经济在全球化的同时走向一体化，世界范围内出现了新的国际分工，生产要素和资源在全球范围内进行着更合理的配置，中国加入世界贸易组织（WTO）正逢其时。2006 年 12 月 11 日，中国加入世贸组织的 5 年过渡期结束。到目前，中国入世过渡期结束后已有一年多的时间。在入世后的 6 年中，中国充分行使成员权利，认真履行了各项义务和承诺，中国对外开放的程度逐步深入，全面融入世界经济体系，经济社会发展取得了巨大成就，全社会在观念上也有了很大的转变，全球视野、创新思维、法制观念、竞争意识、知识产权保护等观念都已经逐步深入人心。

加入 WTO，一方面在很大程度上消除了中国对外贸易中所受到的许多歧视性待遇，有力地改善了对外贸易环境，为中国经济提供了一个更大的国际经济舞台。另一方面，中国积极主动地把握住了这些极好的发展机遇，中国积极稳妥地开放市场，认真履行各项入世承诺，为外国投资者提供国民待遇，使国外投资稳步增长，成为带动世界经济增长的重要引擎，为全球经济繁荣和稳定增长做出了贡献。入世是中国改革开放进程中具有历史意义的一件大事，是中国积极主动迎接经济全球化的历史机遇和挑战的重大战略决策，是邓小平改革开放理论的伟大实践和成果，是中华民族伟大复兴的一个新的里程碑。

1. 国民经济保持快速增长，经济总量跃居世界第四

2002～2006 年，中国国民经济保持了持续、快速发展的势头，国内生产总值（GDP）年平均增长 10.4%，各年均保持了两位数的增长。在此期间，中国的经济增速不仅大大超过了世界经济平均增长 4.9% 的水平，在世界各国（地区）中也是少有的较快增速。具体看，这 4 年中国经济年均增长速度比世界平均水平高 5.5 个百分点，比发展中国家（地区）平均水平高 3.0 个百分点，比印度高 2.0 个百分点，比俄罗斯高 3.5 个百分点（见表1）。2006 年，在国际货币基金组织统计的 180 个国家和地区中，中国经济增长速度居第 11 位。

表1　2002～2006 年世界主要国家和地区经济增长率比较

单位：%

年 份\国家和地区	2002	2003	2004	2005	2006	2003～2006 年平均增长率
世界总计	3.1	4	5.3	4.9	5.4	4.9
发达国家	1.6	1.9	3.3	2.5	3.1	2.7
美　国	1.6	2.5	3.9	3.2	3.3	3.2
欧　盟	1.4	1.5	2.6	1.9	3.2	2.3
日　本	0.3	1.4	2.7	1.9	2.2	2.0
发展中国家和地区	5	6.7	7.7	7.5	7.9	7.4
中　国	9.1	10	10.1	10.4	11.1	10.4
中国香港	1.8	3.2	8.6	7.5	6.8	6.5
中国台湾	4.2	3.4	6.1	4	4.6	4.5
韩　国	7	3.1	4.7	4.2	5	4.2
新加坡	4.2	3.1	8.8	6.6	7.9	6.6
马来西亚	4.4	5.5	7.2	5.2	5.9	5.9
印　度	4.3	7.3	7.8	9.2	9.2	8.4
俄罗斯联邦	4.7	7.3	7.2	6.4	6.7	6.9
巴　西	2.7	1.1	5.7	2.9	3.7	3.3

资料来源：根据国际货币基金组织《世界经济展望》数据库。

伴随着经济的快速增长，中国的经济总量（GDP）迅速增加。按汇率法计算，2002 年 GDP 总量为 14538 亿美元，到 2006 年已达到 26452 亿美元；居世界的位次也由 2002 年的第 6 位上升到 2006 年的第 4 位；GDP 总量占世界的比重由 2002 年的 4.4% 提高到 2006 年的 5.5%。从与美、欧、日三大经济体的比较来看，中国的经济实力迅速提升。2002 年中国 GDP

总量分别是美、欧、日的 13.9%、21.3% 和 37.0%；2006 年则分别提升为 20.0%、25.1% 和 60.6%。与此同时，对世界经济的影响力进一步增强（见表2）。2007 年中国的 GDP 与德国更为接近，外汇储备规模也连续几年居世界第 1 位。

表2 2002 和 2006 年国内生产总值（GDP）居世界前十位国家比较

单位：亿美元

年 份	2002			2006		
位 次	国家和地 区	国内生产总值（GDP）	占世界比重（%）	国家和地 区	国内生产总值（GDP）	占世界比重（%）
1	美 国	104696	31.9	美 国	132446	27.5
2	日 本	39251	12.0	日 本	43675	9.1
3	德 国	20241	6.2	德 国	28970	6.0
4	英 国	15745	4.8	中 国	26452	5.5
5	法 国	14639	4.5	英 国	23737	4.9
6	中 国	14538	4.4	法 国	22316	4.6
7	意 大 利	12232	3.7	意 大 利	18526	3.8
8	加 拿 大	7348	2.2	加 拿 大	12691	2.6
9	西 班 牙	6887	2.1	西 班 牙	12258	2.5
10	墨 西 哥	6486	2.0	巴 西	10677	2.2
	世界总计	328128	100	世界总计	481445	100

资料来源：国际货币基金组织数据库。

2. 进出口贸易快速发展，吸引外商直接投资居世界前列

入世 6 年，中国的国际市场空间得到明显扩大，中国对外贸易驶进高速发展的轨道。中国的对外贸易非但没有出现原先所担忧的收缩反而出现了巨大增长，中国在世界上的经济地位和影响力大大增强。2002～2006年，中国的进出口贸易额逐年大幅增长，贸易总量在世界贸易中所占比重逐年提高，在世界各国的位次不断提升。入世第一年中国对外贸易增长1000 亿美元，第二年增长 2000 亿美元，之后的 3 年每年增长 3000 亿美元，5 年复合增长率达到了 29%。2001 年的进出口贸易总额为 5000 亿美元，据商务部的预测，2007 年进出口贸易总额有望突破 2 万亿美元。[①]2001 年中国出口产品占世界的份额是 3.9%，到 2006 年，已经占据 8% 的

---

① 商务部：《中国对外贸易形势报告（2006 年秋季）》。

份额。2002 年，中国货物进出口贸易总额为 6208 亿美元，占世界贸易总额的 4.7%。到 2006 年已达 17604 亿美元，增长了近 2 倍，占世界的比重提高到 7.2%；2006 年，中国对外贸易的世界排名已从入世之初的世界第 7 位攀升到世界第三。

随着中国投资环境不断改善，外国投资者对中国投资环境的信心得到增强，入世 5 年来中国每年实际利用外资总额均超过 500 亿美元，始终居发展中国家首位。2003 ~ 2005 年，中国共吸引外商直接投资（FDI）达 1865 亿美元，一直是发展中国家中吸引 FDI 最多的国家。2005 年，中国利用外商直接投资（FDI）居世界第 3 位，占发展中国家总额的 1/3。外商投资结构进一步优化，跨国公司来华设立地区性总部、采购中心和研发中心增多。可以预见，未来贸易增长和外国投资增长的趋势将得以继续，中国的对外股权和战略资源投资也将逐步得到开展。

3. 产业结构逐步升级，主要工农业产品产量稳居世界前列

在经济增长的同时，入世促进了中国产业结构加速调整，国内产业结构不断优化升级，出口产品结构改善显著，产品质量和技术含量不断提高。随着以信息通讯技术为代表的高科技产业继续大规模向中国转移，中国以医药制造业、航空航天制造业、电子及通信设备制造业、电子计算机及办公设备制造业、医疗设备及仪器仪表制造业为代表的高技术产业保持快速增长，效益逐年提升，产业规模跃居世界第三，出口总额跻身世界前两位。高技术产业已成为国民经济新的增长点，对促进产业结构调整、推动经济增长方式转变起了重要作用。统计结果显示，2006 年规模以上高技术产业企业实现工业总产值 41322 亿元，是 2002 年的 2.7 倍。目前，全球信息技术 100 强企业中的 90% 已在华投资，中国电子信息产品出口增加迅速。几年来，电子信息产品年出口增长率约为 37%。2006 年，机电产品占中国出口总额的 56%，高新技术产品份额上升至 28%，制成品在整个出口总额中已占 95%。

通过在服务贸易开放新领域、新市场和新业态，带动了国内服务业的发展。以流通领域为例，连锁经营、物流配送、电子商务等现代流通方式和组织形式发展迅速，零售业态日益多样化，供应链管理和品类管理技术得到推广，企业间联合、兼并和重组步伐加快，流通企业的竞争力进一步提高。

2002 ~ 2006 年，中国主要工业产品产量均大幅增加；居世界的位次也基本保持在前列。其中，煤、水泥和化肥产量自 2003 年以来连续 4 年居世界第 1 位。钢、发电量和布的产量也基本保持在世界前 2 位；原油产量居世界第 5 位。

中国主要农产品产量大幅增长，在世界各国居领先地位。谷物、肉类、棉花、花生、油菜籽、水果的产量 4 年连续居世界第 1 位；茶叶的产量在 2005 年升为世界第 1 位；甘蔗产量连续 4 年位居世界第 3 位，大豆产量稳居世界第 4 位（见表 3）。中国的经济增长和贸易增长不仅体现在数量上而更重要的是体现在质量上。

表 3　中国主要工农业产品产量及世界位次

单位：万吨

工业产品	2002 年		2005 年		农业产品	2002 年		2006 年	
	产量	位次	产量	位次		产量	位次	产量	位次
钢	18237	1	35324	1	谷　物	39799	1	44237	1
煤	145500	1	220500	1	肉　类	6587	1	8051	1
原　油	16700	4	18135	5	棉　花	492	1	675	1
发电量①	16540	2	25003	2	大　豆	1651	4	1680	4
水泥	72500	1	106885	1	花　生	1482	1	1467	1
化肥	3791	1	5178	1	油菜籽	1055	1	1265	1
布②	322	1	484	1	甘　蔗	9011	3	9978	3
糖	926	3	912	3	茶　叶	75	2	103	1
电视机③	5155	1	8283	1	水　果	6952	1	17261	1

注：①亿千瓦小时，②亿米，③万台。

资料来源：《中国统计年鉴》，联合国数据库和粮农组织数据库。

4. 法律体系日臻完善，市场经济建设取得了明显的成效

入世以来，中国一直通过将 WTO 规则转化为国内法律、法规来实现入世承诺，在商品的平均进口关税降低到 10% 以下的基础上，中国取消了 4/5 以上的非关税壁垒和行政性贸易干预措施，改革了对外贸易体制，贸易纳入 WTO 要求的运行规范。几年来，中国各级政府进行了大规模的清理法律、法规的工作。国务院 30 个部委根据 WTO 有关规则和经济管理体制改革的需要，共清理各种法律法规和部门规章 2600 多件，通过人大、国务院和各部门修订 355 件，废止 937 件，范围涉及货物贸易、服务贸易、知识产权和投资等各个方面。各地方政府共清理出 21 万多件地方性法规、

地方政府规章和其他政策措施，并分别进行了修改和废止处理。中国还减少和规范了行政审批，极大地提高了法律评论和咨询方面的透明度。中国逐步调整了外贸进出口退税政策，随着外贸法、新的企业所得税法等一系列法律法规和措施的出台，外贸管理体制改革不断深入，法制环境不断优化，极大地改善了中国的经济运行环境和投资环境，相对完善的法律体系对于经济增长和贸易发展的促进作用将在未来进一步凸显，在法律的基础上逐步形成了与 WTO 框架相适应的对外贸易体系。整个国民经济中民营经济的作用日趋增强，商品和要素市场逐步完善，成为有限经济资源在不同部门和地区展开配置的主要运行机制，政府逐步从经济的参与者变成经济运行的干预者和裁判员。

总之，加入世贸组织以来，中国对外开放呈现三大重要改变：一是区域性推进的对外开放转变为全方位对外开放；二是开放领域从传统的货物贸易向服务贸易延伸；三是市场准入条件更加法制化、更加透明和规范。

二 入世过渡期结束后中国所面临的机遇

在中国入世过渡期结束后的相当长一段时期内，或在未来 10～20 年是中国经济进一步发展的战略机遇期。可以预见，如果有一个更加公平、稳定、开放的国际经贸环境，中国积极抓住机遇，以充分发挥比较优势，弥补资源不足，扩大发展空间，促进改革和发展，将迎来一个辉煌的发展时期。探讨中国入世过渡期以后的发展机遇，我们可以从过渡期后中国外经贸发展的外部环境基本特征和内部环境特征来进行分析。

1. 入世过渡期后中国外经贸发展的外部环境和机遇

第一，世界经济增长预期较为乐观。从世界经济大的发展环境来看，一是支撑世界经济大发展的几个主要因素发挥作用，科技的大发展、发展中国家经济的大发展、世界信息体系的建立以及经济全球化潮流等 4 个因素不断渗透，支撑了最近 20 多年并将继续促进世界经济的新一轮大发展。国际分工和全球化、一体化及其产业转移为中国的产业升级换代提供了难得的历史机遇。国际上普遍认为，到 2010 年，世界经济将进入稳定的增长周期。

第二，世界贸易和国际投资前景较为乐观，经济全球化进入第二阶段。当今世界，经济全球化趋势深入发展，世界经济一体化不断加深，各国市场开放程度显著提高，经济上的相互依存与融合明显加强。2001～

2006 年，世界货物出口规模从 6.2 万亿美元增加到 12.1 万亿美元，年均增长率为 14.3%，几乎是同期世界经济年均增长率的 3 倍。世界服务贸易额也从 1.5 万亿美元增加到 2.7 万亿美元。世界贸易依存度从 48.4% 提高到 60.8%。种种迹象表明，从 20 世纪 80 年代开始的新一轮经济全球化浪潮目前已进入一个新的发展阶段。在发达国家总体上属于服务业范畴的行业开始规模性地向海外转移，其显著特征是发达国家的白领工作即科技产业和服务业向发展中国家转移。发达国家以 IT 产业为主的高新技术产业已由技术竞争阶段进入成本竞争阶段，成熟的高新技术亟须寻找制造成本较低的地区进行技术转移，产业转移也由某个制造工序或环节的转移发展到整个制造过程的转移。以互联网为主的现代通讯技术为我们赶超先进提供了技术上的可能性，在新技术面前人人平等。穷国、富国和发展中国家机会相对平等。广大发展中国家纷纷以开放的姿态积极融入全球化进程，在世界经济中的影响不断提升，最近 3 年来，发展中国家经济年均增长率达 7.5%，是发达国家的近 3 倍。以"金砖四国"为代表的新兴经济体的崛起更令世人瞩目。根据世界银行统计，2005 年中国、印度、俄罗斯等十大新兴经济体跻身世界经济前 30 强，国内生产总值总量为 7.2 万亿美元，占世界的 16.3%。

第三，世界贸易体系正在发生重大而深刻的变化。WTO 多哈回合谈判是从 2001 年 11 月启动的 WTO 成立后的第一轮多边贸易谈判，主旨是进一步促进全球贸易和投资开放，是迄今为止参与方最多、议题最广泛的议论谈判，涉及农业、制造业、服务业、贸易规则等众多议题，涵盖全球贸易的 95% 以上。据世界银行估算，多哈回合协议的达成将在 2015 年之前给全球带来 5000 亿美元以上的经济利益。对中国而言，多哈回合的结果关系到中国今后 10 年乃至 20 年的经济贸易发展的外部环境，是中国加入 WTO 以后行使成员权利、参与并影响国际贸易规则制定的重要机遇。目前，世贸组织多哈回合谈判进展缓慢，而双边和区域贸易安排如火如荼，日益成为各国维护和开拓海外市场、应对关税和非关税壁垒的主要工具。在当前的区域贸易安排中，各方特别是大国角逐加剧。中国作为 WTO 正式成员国，已经积累了一定的经验和谈判能力。中国参与 WTO 多边谈判和区域合作谈判的经验日益积累丰富，参与权和话语权增强，为中国创造更加良好的国际环境。

第四，中国经济与世界经济互动密切。随着国际产业转移向纵深发展，产业升级步伐加快，产业转移层次提高，今后，世界经济增长更多依赖新兴经济体，中国成为最主要增长动力。国际组织预测 2007 年亚洲经济增长 7.6%，非洲增长 6.2%，拉美增长将近 5%。IMF 最新预测 2008 年中国经济将增长 11.2% 和 10.5%，印度 9% 和 8.4%，俄罗斯 7% 和 6.8%。中、俄、印等发展中大国对世界经济增长的贡献率高达 50%，超过发达国家成为世界经济增长的主角，中国的贡献率高达 25%，首次超过美国成为世界经济增长最主要的动力。① 国际产业转移呈现出从劳动密集型向资本技术密集型产业、传统产业向新兴产业、低附加值向高附加值产业提升的趋势；服务业转移成为热点，项目外包成为转移的主要方向，跨国公司主要控制少数核心业务和高增值环节，而将非核心的生产制造、采购营销、物流配送、研发设计等活动予以分包，产业链转移趋向整体化，出现产业集群整体转移现象。中国积极参与经济全球化进程，全球化在给中国产业提升竞争力提供了有力的外部环境。中、美同为公认的世界经济的火车头，但由于美国制造业不断萎缩，对国际经济增长的拉动作用在减弱。随着综合国力大幅上升，中国贸易大国地位和影响力加强，讨价还价的实力增强。中国经济特别是进出口的持续、快速增长，极大地改变着世界经济地理格局。不仅日本和亚洲其他国家对华经贸依存度增大，欧美及其他发展中国家对中国市场的期望值也在增加，中国对世界经济的影响越来越大。"中国经济机遇论"将取代"中国经济威胁论"，成为发展中国家参与国际竞争促进产业发展的成功范例。

2. 过渡期后中国外经贸发展的内部有利条件和机遇

第一，中国国内长期政治稳定，采取了成功的对外开放战略，经济一直保持较高速度发展。党的"十七大"之后，对外开放的总体方针不会动摇，改革开放的路线得到了坚持和贯彻，形成了更加开放的国内环境和国际环境。中国经济增长前景长期看好，中国经济正处于新一轮快速增长的周期，2006 年中国经济增长 10.7%，已经连续 4 年保持 10% 以上的增长速度。

第二，过渡期后中国外经贸政策环境趋于稳定，服务业和服务贸易迎来大发展。到目前，中国加入 WTO 所做的市场开放承诺已基本履行，但这并不意味着开放的终点。外经贸政策环境在趋于稳定的前提下将进一步开放国内市场。入世后过渡期，中国的开放步伐将进一步加快，开放范围将进一步扩大，开放领域将进一步放宽，开放的重点将是服务业，服务业

---

① 商务部办公厅：《商务参阅》（2007 年 9 月 3 日）第 37 期。

和服务贸易将迎来大的发展空间。我们必须充分认识加入 WTO 给中国服务业带来的发展机遇。中国人口众多，劳动力资源丰富且受教育水平稳步提高，服务业具有迅速发展壮大的潜力。从加入 WTO 几年来的发展情况看，中国是服务出口排名最靠前的发展中国家。中国具有较强出口利益的竞争优势部门主要有计算机软件外包、海运、建筑服务和对外承包工程、劳务输出以及旅游服务等。中国人力资源丰富，计算机技术人员、护士、厨师、海员、建筑设计及施工人员、中医、中文教师等专业技术人员走向海外提供服务的前景十分广阔。中国目前已经是一个航运大国，中国远洋、中国海外等一批中国海运企业进一步争夺国际海运市场的机会很大。在建筑业领域，全球建筑市场规模约为 4 万亿美元/年，中国建筑服务出口大有可为。在计算机服务领域，根据专家预测，中国将成为继印度、菲律宾之后的第三大国际项目外包基地。总的来说，加入 WTO 给中国的服务业发展和出口带来了前所未有的发展机遇和空间，也为中国的大量剩余劳动力提供了一个可能的出路，这也需要我们制定一系列政策鼓励服务业的发展和出口。

第三，中国已具备全面参与经济全球化的条件。中国经济迅速发展已成为不争的事实，在世界的地位不断上升，影响力日渐扩大。中国经济不断融入世界，市场化程度不断加深，国际市场空间明显扩大，对外开放程度持续深化，贸易和投资自由化进程不断加快，成为带动世界经济和区域经济发展的重要力量。

三 入世过渡期结束后中国所面临的挑战

入世过渡期的结束后，中国经济发展已经处在一个新起点上。我们必须清醒地认识还面临着新形势、新挑战、新问题，在体制方面还存在深层次的问题，在某些产业方面形势也不容乐观，我们所面临的挑战同样来自国际和国内两个方面。

1. 国际经济形势的影响与挑战

第一，国际贸易不平衡加剧，国际金融风险正在积累。目前，世界经济面临的风险不断增大。全球经济失衡是当前世界经济稳定发展面临的巨大挑战。国际收支特别是经常项目收支持续逆差形式的对外失衡尤其引人关注，因此，纠正美国经常项目赤字成为本轮全球经济失衡调整的焦点。美房市持续疲软，次贷风波不断升级。据估计，次贷危机将给美经济造成

1000 亿 ~ 5000 亿美元损失。过去 10 年，全球广义货币 M2 与 GDP 的相对比例上升了 30% 以上。过量的低成本货币供应刺激投资和消费冲动，导致全球能源、股票、房地产价格暴涨，东南亚金融体系相对薄弱，金融风险增大。据亚行估计，2006 年投入亚洲地区的热钱高达 2690 亿美元，2007 年上半年流入中国的热钱约 1219 亿美元，全球金融风险在积聚和增加。而入世以来，中国正经历着世界经济发展史上的奇迹，处于"高增长、低通胀"的黄金时期。从 2001 ~ 2007 年之前，中国经济年均增长 10% 左右，而消费物价年均增幅不到 2%。但是，作为世界经济的重要组成部分，中国经济在高成长的同时，同样伴随着对外失衡的不断加剧。主要表现为：国际收支经常项目与资本项目持续较大"双顺差"，而且总量不平衡，即外汇储备连年较快增长。中国经常项目自 1993 年以后一直保持盈余，自 2003 年起，中国已从净对外债务国转为净债权国。2005 年底对外净债权达到 2875 亿美元，占 GDP 的 12.7%。作为一个人均 GDP1000 多美元的发展中国家，却较早地表现出了成熟经济体的国际收支特征，面临着发达国家经常遇到的产能和资金双重过剩的问题。

第二，不正当贸易保护主义抬头，中国面临国际贸易摩擦形势严峻。近年来，一些主要的发达国家一方面宣扬经济全球化贸易自由化给各国经济带来的好处，宣扬贸易保护主义的危害与弊端，把国际贸易的公平原则奉为神明并四处推销，而在另一方面实践中他们利用各种关税的与非关税的措施为贸易自由化设置障碍。除了关税高峰和关税升级之外，他们大量使用严格但又超出正常必要水平的技术标准与卫生检疫标准来限制发展中国家扩大出口，使用反倾销反补贴与贸易保障措施，对来自发展中国家的进口课以高额反倾销税或实施配额限制，所有这些都严重制约了包括中国在内的发展中国家出口的扩大。一向以自由贸易的倡导者自居的美国在 2007 年初突破过去 23 年一贯的做法，开始对中、俄等"非市场经济国家"开始实施反补贴调查。一些国家大肆炒作中国产品特别是食品安全问题。美国参议院通过两部汇率法案，将汇率和贸易问题政治化，并在环境、劳工标准、知识产权保护等问题上不断施压。

发达国家不正当贸易保护主义急剧升温，使中国在加入世界贸易组织以来的数年时间里，一直备受贸易摩擦困扰，针对中国的单方面贸易限制行为此起彼伏，且有越演越烈之势，对中国进出口贸易、相关产业发展以及劳动就业等造成较大影响。近 5 年来，各国对中国产品发起反倾销和保障措施调查达到 200 多起。当前，一些国家对中国发起贸易摩擦的形式不断变化，内容不断翻新，尤其是强化了技术性贸易壁垒，加大了中国应对工作的难度和压力。从 1995～2007 年，中国已连续 13 年成为全球遭受反倾销调查最多的国家。在世贸组织成员发起的反倾销案件中，约 1/6 针对中国。2005 年，中国遭遇反倾销调查 51 起。2006 年，共有 25 个国家和地区对中国发起反倾销、反补贴、保障措施和特保调查达 86 起，国外发起的每 7 起反倾销案件中就有 1 起涉及中国。2006 年，中国对外贸易摩擦热点不断出现，与欧盟的鞋业出口争端、欧盟通过《关于在电子电气设备中限制使用某些有害物质指令》（简称 RoHS 指令）对中国机电产品出口进行限制、日本通过"农残比"限制中国农产品出口、中欧打火机贸易摩擦、美国向中国彩电企业征收"反倾销税"等一系列在国际国内具有重大影响的贸易摩擦事件频频发生。

中国遭遇贸易摩擦的主要特点和发展趋势是：一是贸易摩擦对象不断扩散。美、欧仍是对我发起反倾销调查的大户，同时与发展中国家的贸易摩擦呈上升趋势。1995 年以来对我提起反倾销调查国中发展中国家占 60%以上。二是摩擦产品种类增多。中国传统出口产品如轻工、化工等仍受到国外重点限制。近年来中国机电、高科技产品出口迅猛增加，已成为摩擦新热点。三是摩擦领域不断延伸。遭遇贸易限制的领域由货物贸易扩展到服务贸易、投资、知识产权等多个领域，由以企业为主体的微观经济层面向宏观经济政策、体制和制度层面发展。在未来一段时期内，中国出口仍将呈现出持续快速增长势头，发生在中国传统优势行业如彩电、服装、鞋帽等行业的贸易摩擦，仍将在中国与发达国家间的贸易摩擦中占据主导地位，但从长期看将呈现下降趋势。而新兴的优势行业，如钢铁、汽车、通信设备、化工产品将会成为中国与发达国家贸易摩擦中的新热点。非关税壁垒和技术性贸易措施越来越成为今后的主要贸易壁垒形式。技术性贸易措施已经超过了反倾销成为影响国际贸易的首要非关税壁垒，应对国外技术性贸易措施是一项庞大的系统工程，一方面，国外技术法规、标准种类繁多，要求严格；认证程序复杂，费用昂贵等方面。另一方面，中国技术标准整体水平偏低；在国际标准组织中地位低；检测机构臃肿，手段落后；企业缺乏防范技术性贸易措施的意识，信息闭塞等。今后针对国际贸易保护主义的斗争任务仍十分艰巨。

第三，多哈谈判前景不明，面临市场开放的压力不断加大。当前，多哈回合谈判一波三折，进展缓慢。在多哈回合各具体议题中，中国地位和利益较为特殊，既不同于发达国家也有别于一般的发展中国家。在具备相对优势的制造业领域具有明显的进攻性利益，在关系国计民生的大宗农产品和涉及国家安全的金融、电信等领域具有防守利益。

如果 WTO 多哈谈判失败，多边贸易体制的信誉将受损，贸易保护主义将抬头，同时美国、欧盟、日本等主要贸易方将会纷纷寻求区域性的歧视贸易安排，把中国排除在外，使中国面临被边缘化和贸易空间被压缩的风险。总体而言，在 WTO 多哈发展议程谈判中，一方面中国向其他成员提出了市场开放的要求，另一方面自身也面临着进一步开放市场的压力。由于加入 WTO 时我们已做出广泛的承诺，现在正努力消化履行承诺、开放市场带来的影响，进行国内产业调整，如果在新一轮谈判中再做减让，将带来新的压力。但由于多哈发展议程谈判是一个多边谈判，作为一个参加方完全不做进一步减让的可能性不大。

第四，双边和区域贸易发展迅速，对中国国际贸易产生挤出效应。自由贸易区属于双边或多边协议，成员间相互给予的优惠条件比 WTO 更广泛深入。同时自由贸易区谈判方远远少于 WTO，更容易寻求利益共同点从而达成协议。但区域经济合作存在两种经济效应：贸易创造和贸易转移。区域贸易安排的成员国必须相互提供超越 WTO 最惠国待遇的优惠，这就在区域内产生了贸易创造效应。同时，由于成员方对区外贸易伙伴仍然仅提供 WTO 规定的最惠国待遇，对其他 WTO 成员客观上形成贸易歧视，因此区域贸易安排会产生贸易转移效应。以墨西哥为例，北美自由贸易区建立后其全球出口排名从 1996 年的第 21 位跃升到了 2005 年的第 13 位，取代日本成为对美出口第二大国，取代中国成为对美纺织品第一出口国。北美自由贸易协定生效后的最初 3 年，墨西哥男衬衣对美出口增长 122.9%，而中国则减少了 38.1%，墨西哥运动服对美出口增长 769.7%，中国减少了 33.8%。可见，自由贸易区所产生的贸易创造和贸易转移效应对区外国家向区内国家的出口产生了强大的挤出效应。

截至 2007 年 3 月，向 WTO 通报，全球仍然有效的区域性贸易安排共216 个，其中 80% 是近 10 年中出现的，绝大多数 WTO 成员都已参与了一个或多个区域贸易安排。据世行测算的结果，平均每个发展中国家参加了5 个区域性贸易安排，而墨西哥甚至已与占世界 GDP 70% 的国家和地区签署了自贸协定。欧盟、北美自由贸易区等具有重大影响的自贸区内部贸易的比重已达 50% ~60%，而欧盟、美国、日本仍在继续努力推进签订新的区域贸易安排。以上这些表明自贸区对于一个国家的贸易空间和贸易环境而言具有与 WTO 同等重要的地位。

与世界其他大的经济体相比，我们参与自由贸易区的时间不长，中国目前也正致力与自由贸易区（下简称自贸区）合作的开展，正与世界上28个国家和地区商谈11个区域贸易安排，参与程度相对较少，还没有涉及世界上主要的经济体，这对中国的贸易发展是不利的。

2. 国内不利因素和薄弱环节的挑战

尽管中国目前已成为世界上举足轻重的经济大国，但还不是经济强国，人均GDP仅以1700美元排在世界第110位左右；经济增长的粗放型方式尚未转变，竞争优势主要还是依赖劳动密集型产业。产业竞争力不强，自主创新能力严重缺失，自主品牌出口少，贸易进出口不平衡、贸易摩擦和争端日益频繁，人民币汇率问题，能源与资源的短缺与产能扩张的矛盾日益突出，知识产权保护不足等，这些问题都需要在发展的过程中加以解决。

第一，法律法规不完善，法制体系不健全。中国加入WTO后，虽然很多的法律法规得到了清理，但是仍有很多法律不能适应市场经济发展的要求。例如2005年1月1日开始施行的《进出口货物原产地条例》，该条例对于一些来料加工与装配企业申请原产地证明没有一个很好的处理办法；对于"原产地标记"问题规定也还不够明确。

第二，"中国制造"遇到麻烦，部分制造业面临严峻挑战。中国在劳动密集型产品出口方面，受到了发达国家和部分发展中国家的抵制。在纺织品、电视机等电子产品、家具、玩具等行业和产品遭到国外技术性贸易壁垒的狙击。同时，中国冶金、石化和机械行业与世界先进水平仍有一定差距，产业集中度低、劳动生产率低、产品结构不合理的情况虽有一定改善，但仍是制约这些行业发展的主要因素。面对市场开放和国外高档产品的竞争，若调整缓慢，调控不力，将受到一定冲击。汽车工业虽然取得了长足进步，但还存在一些突出的矛盾，主要是相当一部分汽车整车厂生产规模不经济，开发能力弱，技术上受制于人。钢铁产业集中度低，整个产业尚未出现具有国际竞争力的大型企业集团，而国外钢铁巨头已经开始了对国内钢铁企业的并购活动，中国钢铁企业在国际铁矿石市场上的定价权也处于被动局面。根据"入世"承诺，中国石化产品的关税税率将在2008年全部减让到位，随着外资在华石油石化业务的进一步拓展，不少投资项目将陆续建成，市场主体多元化竞争格局的发展，国内石化企业将面临增强实力以应对对手竞争和深化自身改革的双重压力。

第三，农业补贴问题和三农问题日益突出，农产品进口的压力增大。

在入世之前，进口农产品对中国农业的冲击就是最令人担心的问题之一。入世几年来，进口农产品的明显冲击虽尚未出现，农产品出口势头喜人，2001 年中国的农产品出口额为 160.7 亿美元，到 2006 年已达到了 310.3 亿美元，增长近 1 倍。另据商务部预测，5 年后中国农产品出口有望增加到 500 亿美元，从而超越巴西和加拿大成为世界第三大农业出口国。但我们也不能盲目乐观，中国在加入 WTO 时对农业做了广泛的承诺，中国农产品平均关税水平相对很低，为 15.2%，是世界平均水平 62% 的 1/4。承诺不仅不能对农业提供任何出口补贴，而且在国家对农业的支持只能占农业产值的 8.5%，不能享受发展中国家占农业产值 10% 的待遇，这对中国农业生产和农产品市场造成巨大压力。中国是一个农业人口众多的国家占全国人口的 70% 左右，人均的耕地面积仅有 0.1 公顷左右，在大宗农产品的生产与销售方面很难与国外竞争，尤其在发达国家大规模补贴农产品生产与出口的情况下使中国农产品市场面临严峻挑战，如传统农业份额较大，很难适应激烈的市场竞争、土地细碎化经营，很难实现规模效益、农产品优质率低，很难冲破一些国家的技术壁垒、农业的支持保护力度不够，很难抵御农业面临的自然和市场双重风险。

到 2010 年中国人口将增长至 13.7 亿左右，净增长近 7000 万人，据预测届时中国粮食需求为 5.2 亿吨/年，受耕地和水资源等因素的制约，中国在那时的粮食生产能力将只有 5 亿吨，每年存在一定的缺口。在棉花等土地密集型农产品方面中国也存在较大的供需缺口，目前棉花的进口已经超过了中国承诺的关税配额量的两倍。土地密集型农产品的进口需求缺口扩大，人口与资源的矛盾突出。中国农业经济结构存在的一些深层次问题也将进一步暴露出来，脆弱的农业基础有可能难以承受。

第四，金融业面临的竞争日益激烈。中国的银行、证券、保险等行业，在经营机制、管理水平和人员素质等方面，与发达国家存在较大差距，竞争力明显低于国外同行。在入世之初，许多学者都担心入世之后中国的银行、证券、保险等行业在国外巨头的竞争下将不堪一击。从入世几年的实际情况来看，这一现象并未出现，但这些行业目前的良好发展状态很大程度上依赖于 2005 年以来国内证券市场的快速发展和国家对几大国有商业银行的外汇注资，因此我们也不可盲目乐观。

自 2004 年起，中国向外资银行开放了北京、厦门等城市的人民币业务，2006 年底取消了对外资银行设立分支机构和许可证发放的限制，允许外资银行向中国客户提供人民币业务，给予外国银行国民待遇。同时国内的主要商业银行如工商银行、中国银行、建设银行等也纷纷完成了股份制改造和上市工作，实力得到一定增强。从整体上看，在已经结束的过渡期内外资银行与中资银行的竞争还不明显，并未对中资银行业务形成实质性威胁。这主要是因为过渡期内外资银行的业务范围和地域受到了很多限制，实际上这一时期对于外资银行来说也是一种"过渡期"，用于观察、试探和准备。但完全有理由相信过渡期结束后，随着资金实力雄厚的外国银行和保险公司全面进入中国、市场经营地域限制的取消和人民币业务的开放，中国的银行和保险业将面临严峻的竞争局面。中外银行的竞争，从地域上看，外资银行并不会全面开花，仍然会将扩张重点放在经济发达、金融资源集中的沿海地区和中心城市。国内银行业主要面临外资银行在人才、高端个人客户、优质企业客户、外汇业务等方面的竞争和挑战。如何处理好服务产品与水准略逊一筹的问题、优质客户能否留住的问题等等，经过多年培养的业务骨干是否会被挖走的问题都是困扰中国金融行业的难题。

当然目前人民币汇率问题如何妥善处理也是一项挑战。WTO 并没有处理货币汇率这一职能，也没有与此相关的规则，更没有国家因为汇率问题将其他成员诉诸争端解决机制的案例，汇率是国际货币基金组织处理的问题，任何一个国家都需要根据本国宏观经济调控的需要来处理这一问题，而在这个问题上处理失误，往往会使国家经济失调甚至导致金融危机的发生，这种情况在世界上并不乏先例，这是一个我们必须极为慎重和妥善处理的问题。

四　几点建议与对策

入世过渡期结束后，面对众多挑战，中国必须采取一系列的预防措施，以十分严肃谨慎的态度认真应对，才能确保避免出现失控局面，避免出现某种危机。为保持经济又好又快持续发展，中国需要进一步健全和完善宏观经济政策框架，构造一个现代的金融服务体系，并逐步建立有效的社会福利体系。

1. 进一步转变政府职能，加快国内法制化建设进程

当前中国正处于转轨经济中，要进一步加快法制建设进程，健全与WTO 以及国际通行规则相适应的法律法规体系，规范政府、企业和社会组织的行为准则，理顺政府与市场的关系，中央、地方各级政府的职能要进

一步厘定清晰，要增加政府在经济政策制定和实施中的透明度，在宏观经济管理中避免过多依靠行政手段，加大市场调节的力度。

2. 加快服务业的对外开放，大力发展服务贸易

在入世过渡期结束后，服务业将是外资进入的重要领域，如金融、商务服务、物流、信息服务业等。同时，在教育、卫生和社会保障、市政基础建设和城市管理等服务领域，要进一步解放思想，打破行政垄断，通过深化改革，引进多元投资主体，改善民生福利，大力发展公共服务领域现代化进程。要加快中国服务贸易管理体系建设进程，改变目前中国对服务贸易的多头管理，交叉、条块分割、力量分散的管理格局。尽快完善服务贸易的相关法律、法规，以国际服务贸易统计标准规范中国的服务贸易统计。制定和实施中国服务贸易发展战略，通过在国内外建立高效、顺畅的大流通渠道，带动生产要素向科学、高效的方向加速分化、聚集，带动服务业和服务贸易形成种类齐全、国内外布局合理的格局，加快中国制造经济向服务经济的转变。

3. 大力实施知识产权战略，加强知识产权保护力度

加入 WTO 过渡期结束后，对于政府来说在知识产权保护方面提出了更高的要求，要充当一个优秀的管理者，履行其计划、组织、领导、控制的职能。要加大中国在知识产权法律方面的立、废、改。针对加入 WTO 后对中国知识产权的影响，比如 TRIPS 协议和中国知识产权法律之间的差距，要使中国的知识产权法律制度从条文上看与 TRIPS 所要求的应一致，提高全民的知识产权保护意识，这是起码的要求。从更高更长远的角度考虑，就是要制定国家宏观知识产权发展战略、计划，对重大高新技术项目给予资金支持，领导并推动企事业单位健全知识产权制度，完善中国科研管理体制及专利成果分配机制。要加强企业知识产权意识，提高开发自主知识产权的能力；鼓励和支持大中型企业建立知识产权管理和研发机构，以负责知识产权研究开发、经营等工作，使知识产权成为企业进军海外市场，提高国际竞争力的有力武器。此外，为了抗衡外国企业的知识产权保护压力，鼓励成立行业知识产权保护协会。

4. 加大金融业对外开放，积极防范金融风险

要进一步扩大中国在金融领域的对外开放，围绕货币市场、资本市场和外汇市场建设，积极引进外资，加强基础设施投入，推进金融服务业的发展。同时，针对当前世界经济尤其是金融市场出现的风险，中国要增强忧患意识，加强防范金融风险。美国次贷危机仍在发展，在当前中国股市和房市持续走强的情况下，部分国际游资很可能把中国作为"避风港"便企图进入国内股市房市炒作，加大中国的金融风险。

5. 扩大农业对外开放，保障农业安全

要积极推进农业战略性调整，构筑区域特色新格局。推进产业化进程，提高农业产业化经营水平，尽快形成产加销三位一体的产业链条。加强农业安全生产工作，提高农产品市场竞争力，特别是食品安全工作。强化监管力度，加快农产品核测体系建设，努力从生产源头控制农产品的污染。加大农业投入，改善农业生产条件。积极实施科技化发展战略，提高科技对农业的贡献率。

关于农业补贴问题，中国要力争国内微量补贴农业政策得到落实。《农产品协定》中对于互惠原则例外，给予发展中国家特殊与差别待遇主要表现在3个方面：第一，承诺减让更长的适用期及更少的关税减让；第二，使用国内政策工具如投资补贴、出口补贴等手段的更大灵活性；第三，对于食品进口发展中国家、最不发达国家实行特殊的减让承诺。对于WTO规定的农业出口补贴，应予以取消。但允许中国农业综合扶持量（AMS）的"微量允许"水平为相应年份农业产值的8.15%。中国应尽可能地增加综合扶持量的基数。由于WTO规则的基期是1986～1988年，中国今后对农业的支持水平不能超过1986～1988年平均农业生产总值的10%，即约485亿元人民币，相对于美国、欧盟和日本的基数水平，485亿人民币的支持基数留给中国的空间实在是太小了，但就是这样的一个支持空间，中国仍没有好好利用，农民得到的实际利益近于零，应在尽可能的范围内加以提高。

6. 完善外贸进出口制度，保证中国外贸进出口健康发展

面对国外"新贸易保护主义"的威胁，中国各行各业必须有清醒的认识和充分的思想准备，必须尽最大努力防止与克服国际贸易保护主义措施造成的负面影响，确保中国外贸出口健康有序地发展。要调整对外贸易的目标，在现代不完全市场经济的情况下，对外贸易的实质还是以最小量的出口换取最大限度的额外利润。要在合理合法的框架下健全对外贸易救济制度，充分估计某些政策措施的出台和调整可能给经济和贸易带来的利弊。要积极参加区域贸易自由化安排，以便推动贸易的自由化，最大限度地利用国际市场。

针对今后中国可能出现的与其他国家、地区的贸易摩擦形式，我们认为应当做好以下工作：一是要提高出口产品的国际竞争力，在产品的设计能力和研发能力、原材料和终端产品的定价能力、国际营销战略、专利的申请和保护、品牌战略等方面下工夫。二是要敢于打"规则战",应当抛弃中国传统的"和为贵"思想,对一些对中国滥用 WTO 规则的国家,应当努力通过法律方式解决。三是应尽快出台《处罚对外出口低价竞销办法》,遏制低价竞销的不正当行为。四是应该继续主动发起公平对等的反补贴调查,并跟踪督促 43 个承认中国市场经济地位的国家修改其国内立法以及反补贴调查问卷,防止承认中国市场经济地位国家对中国发起反补贴调查。

7. 建立健全综合应对 WTO 事务工作体系,掌握运用 WTO 规则。

入世对于中国来讲虽然已有 6 年,但我们对世贸的规则的掌握、对各类贸易摩擦的应对仍存在很多问题,从中央到地方关于 WTO 事务的整个应对体系尚不够健全。谈判虽然是在中央政府层面进行的,但大量的基础工作是由地方来做的,特别是各类贸易摩擦的应对,大量的企业都分散在各个地方,地方政府对应对工作的组织、指导、协调有不可推卸的责任;加之中国幅员广大、地区之间发展不平衡,各地的投资贸易政策不尽相同,在政策的透明度、促进公平贸易、维护产业安全等各个方面有大量的工作可做,因此,在有条件的地区设立地方 WTO 事务专门工作机构是非常必要的,这样就能建立起从中央到地方的 WTO 事务工作体系,对我们掌握运用 WTO 规则,提升我们的国际竞争力大有好处。

参考文献:

[1] 余永定:《全球不平衡条件下中国经济增长模式的调整》,《国际经济评论》2007 年第 1 期。

[2]《国际经济评论》编辑部:《后 WTO 时代的中国与世界》,《国际经济评论》2007 年第 1 期。

[3] 洛克菲勒兄弟基金、华莱士全球基金:《惠及民众的全球贸易》,中国财政经济出版社,2004。

[4] 裴长洪:《中国"十一五"期间的对外贸易及"走出去"战略:寻求新的突破》,《国际贸易》2005 年第 4 期。

[5] 冯雷:《经济全球化与中国贸易政策》,经济管理出版社,2004。

[6] 余永定:《亚洲金融危机的经验教训与中国宏观经济管理》,《国际经济评论》2007 年第 3 期。

［7］商务部办公厅：《2007 年上半年世界经济发展的新特点及展望》，《商务参阅》 2007 第 37 期。

［8］丁学良：《中国经济再崛起的薄弱环节》，《国际经济评论》2005 第 2 期。

［9］裴长洪：《论中国进入利用外资新阶段——"十一五"时期利用外资的战略 思考》，《中国工业经济》2005 年第 1 期。

［10］朱明：《后 WTO 时代中国银行业的竞争、合作、共赢》，《经济导刊》2007 年第 1 期。

［11］宋智敏、颜柯：《WTO 背景下的中国行政法治理念之转变》，《行政与法》 2004 年第 4 期。

［12］石磊、高帆：《中国农业发展：多重困境与突破路径》，《经济学家》2004 年 第 3 期。

［13］佟福全：《析全球经济失衡及其对世界经济的影响》，《国际商务》2006 年第 3 期。

［14］刘昌黎：《WTO 谈判重新开始后的艰难历程》，《国际贸易》2007 年第 10 期。

第五篇

区域与专题篇

服务贸易自由化：
多边主义还是区域主义

黄建忠　刘　莉

　　基于以下主要原因，人们普遍认为服务贸易自由化超过农业和制造业的自由化，是能够给世界带来最大潜在收益的领域，因为（1）服务贸易壁垒最高，有更大的削减余地和收益空间；（2）金融和通讯等服务业作为现代经济重要的基础设施，对经济的长远发展意义重大；（3）很多服务业提供的是中间产品，自由化带来的这些中间品供给增加、价格下降对经济发展的积极作用是全局性的，并提高制造业的竞争力，因为后者的竞争力越来越取决于其服务"内涵"，越是复杂、高级的货物越是如此。兰厄默（Lang hammer，2007）根据对德国和马来西亚的对比研究，发现服务中间品的使用根据国家发展水平不同而不同。在食品、纺织、皮革、化工和机械等典型制造业的生产中，服务中间品的使用比例在德国为 20% ~ 33%，而在马来西亚只有 2% ~ 8%。价格显然是影响服务中间品使用程度的重要因素，服务贸易自由化通过降低国内服务产品价格，增加服务中间品使用，不仅提高了劳动分工的效率，而且可以使参加方更能从其他方的技术进步中受益（Markusen，1989）。服务作为投入品，其价格降低给福利带来的影响，类似于原料和资本品价格降低带来的效应，提高企业利润率（Mattoo、Rathindran & Subramanian，2006）。赫克曼和布拉加（Hoekman & Braga，1997）则认为如果只有货物贸易自由化，服务贸易自由化发展滞后，服务中间品的性质相当于对产品生产环节增加了额外的税收，引起扭曲，货物贸易的自由化要求服务贸易领域随之自由化。对服务贸易自由化重要性的认识，事实上已经得到包括发展中国家在内的国际社会的普遍肯定。自 20 世纪 90 年代以来，对服务业内外管制的放松和修正，不断改善着过境服务贸易和服务业跨境投资的制度约束。现实的需要，是推动服务贸易自由化前进的基础动力。但服务贸易自由化的发展是不平衡的，首先表现在多边和区域层次上进展的不平衡。

一 多边层次服务贸易的有限自由化

世界贸易组织作为管理包括服务贸易在内最重要的国际贸易管理机构，不仅制定了服务贸易自由化的基本框架和准则，同时建立了自由化的谈判机制，是推进多边层次自由化最重要的国际性平台。GATS 生效至今，推动服务贸易自由化谈判取得了瞩目的成绩，但与人们的预期仍有不小差距，客观上来说的确存在以下困难。

1. 服务贸易自由化的复杂性

首先，服务贸易模式多样。GATS 定义的 4 种服务贸易模式，涵盖范围十分广泛。类似货物贸易的产品流动模式，只是服务贸易种类的 1/4。服务的不可存储性要求服务贸易必须包括服务生产者或消费者跨境引起的服务交易，使服务贸易的范围由产品流动延伸至要素流动，从目前服务贸易的构成来看，后者占主要地位。其次，壁垒形式隐蔽。货物贸易中主要的壁垒仍是关税，配额只能在特殊产业和特殊时期使用。但在服务贸易中，类似配额的非关税壁垒的使用不仅普遍，而且正常。服务贸易壁垒的主要形式是一国的法律和行政管制，同时对特定服务业歧视性的补贴和政府采购也较为常见。服务贸易壁垒不仅高且隐蔽，而且难以量化和比较。再次，合理管制与服务贸易壁垒难以区分。金融电信等服务业的外部性，视听音像、文化产业的政治敏感性，教育、医疗等行业的混合公共产品性质，使服务业对外开放的影响已经远超出经济范畴，管制存在具有充分理由。而且服务业合理管制的内容并不确定，随着时代发展，内容和形式都在不断更新变化，合理管制与服务贸易壁垒的边界并不清晰。最后，服务贸易自由化程度越高，越需要高质量的监管措施。所以，服务贸易自由化就不是简单地撤销规则，而只能修改或调整规则。

2. 服务贸易自由化的困难性

服务贸易自由化的困难性突出表现在服务贸易自由化需要对国内管制政策实现国内外协调。首先，服务贸易自由化需要内部管制的协调。GATS 及随后的《金融服务协定》《基础电信协定》等服务贸易多边规则都在倡导服务贸易自由化的同时，赋予各成员强化服务贸易市场监管的权力。服务贸易自由化是不断修改和调整管理服务商品流动和服务要素的市场准入的法律及规章制度，降低服务贸易壁垒，从而创造出更开放和竞争程度更高的服务交易制度和环境的过程。不仅包括对服务产品过境交易的规制，更多地以对边界内服务要素的管制为主。同时服务贸易自由化具有更大的自由度，不易形成硬性的外界约束，更容易引起国内政治力量的阻挠，服务贸易自由化就远不是一国的贸易部门能够解决的问题，不仅需要经历政治、社会、文化和经济多重标准检验，各利益集团的博弈，更需要国内众多部门的配合与协调，甚至法律支持。

更困难的在于服务贸易自由化还需要国际协调。由于各国不同的发展特征和历史偏好，对同一部门的管制方式往往五花八门，如对金融业的管制就可以采取限制最低资本金、经营地域范围，股份限制等多种形式。随着开放的深入，管制规则不一对服务贸易自由化的障碍就会明白无误地显现。科克斯、亨克和莱朱（Kox、Henk & Lejour，2006）认为欧盟服务贸易自由化在推进进程中，就深受管制在各国境内不一的困扰。如审计业，无论是产品的跨境交付，还是人员过境提供的服务，或对于外资设立审计公司的内部管理要求都千差万别，这样服务供应商为应付不同国家的规定，需要对管理进行调整，增加了进入市场的固定成本。为衡量这样的成本，他们根据市场规则的不同构造了一个指数，加入重力模型的指标体系，测算欧盟内部的双边服务贸易额和服务业的 FDI。结果表明，如果没有这样的成本，2004 年欧盟内部的服务贸易额将增加 30% ~62%，服务业的直接投资将增加 18% ~36%。

因此，服务贸易的开放不可避免地涉及对一国国内政策进行评价和修订。根据所需政策的协调程度，服务贸易自由化需历经 3 个层次：非歧视、相互承认和国际协调。非歧视是指相同的产品应享受相同的待遇，而无论提供者的来源。相互承认和国际协调则不仅要求相互承认其他成员方标准，甚至采用共同的标准，是更为高级的自由化要求。但仅满足非歧视，对于促进服务贸易的正常发展来说还远远不够。比如引入竞争削弱服务垄断形成的高额经济租，就不是依靠非歧视原则能解决的。相对于歧视来说，国内管制所造成的 X - 非效率引起的无谓损失要大得多。正如服务业的市场开放应与其他国内政策（如竞争政策）相配合一样，服务贸易自由化总离不开各成员方国内管制的国际协调，涉及对各国国内政策的修改，乃至推行共同的标准和政策。能否参考金融业的"巴塞尔协议"，建立各服务业的一致标准，如何设计运行监督机制，各成员方都存在很大分歧。

3. 各国在服务业竞争力上存在的差距，影响着服务贸易自由化的态度和意愿

各国在服务业竞争力上的差距突出首先表现在不同层次国家服务业的发达程度不同，服务业的发达程度大致可以以服务业增加值在国民经济中的比重来衡量。图 1 清晰显示出，发展水平不同的国家在服务业上的差距。服务业增加值占 GDP 比重自 20 世纪 70 年代以来，在发展中国家和发达国家都上升了，但两者之间差距明显。同时发展中国家服务业发展的波动大，20 世纪 70 年代经历两个周期，进入 80 年代后才呈较快增长态势，但进入 90 年代不仅发展缓慢同时再次出现小幅波动，1998 年达到最高值53.2% 后开始下降，进入新千年后继续走低，2005 年已经降到 51.7%。由于发达国家一直保持着稳定增长态势，所以发展中国家与发达国家的服务业发展差距在 2005 年时相对于 1970 年反而扩大了。佛朗哥易斯和赖纳特（Francois & Reinert，1996）进一步指出，不同发展水平国家在服务业的差距不仅表现在量上，更表现在质上。在具有中间品典型特征的生产者服务业，无论是传统类型，还是现代生产者服务业，发展中国家与发达国家更是呈现剪刀差的发展态势。

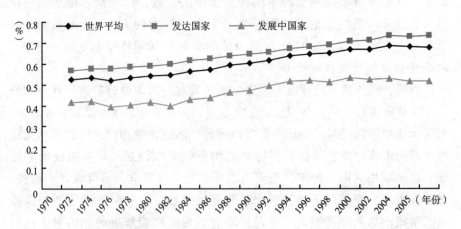

图 1　1970～2005 年服务业增加值占 GDP 的比重

数据来源：UNCTAD handbook of statistics on-line。

基于对以上困难的充分认识，为协调各方差距和部门差异，GATS 配合渐进的服务贸易自由化在制度设计中融合了更大的灵活性，这些制度设计中反过来也加大了 GATS 内多边服务贸易谈判的难度。

　　首先，国民待遇和市场准入适用的部门在 GATS 中适用"肯定"清单，意味着国民待遇和市场准入的适用需要根据部门逐一谈判，而且在某一部门做出的让步不能在部门之间补偿，这显然延缓了自由化谈判的进程。而且在 GATS 的肯定清单中，承诺不仅限于特定部门，限制仍然广泛，仅观察承诺并不能得知仍在实施的限制性的法律和规章，透明度不够。目前，按部门进行的谈判还受到现有的部门划分跟不上现实的突出问题。成员方主要是根据 GATS 中服务部门分类目录（W/120）中的部门划分提交开放承诺。如果一个部门在分类目录中难以找到，自然影响成员方就这个部门提交承诺。现在正在使用的 GATS 服务部门分类体系，很大程度上参考 1991 年联合国的中心产品分类（Central Product Classification CPC）制定，把服务业分为 12 个大类，这种分类体系在原则上是非常全面的，因为任何无法在前 11 个部门找到归类的业务，都可以归到第 12 个部门（其他部门）。但在谈判中实际上前 11 种部门的划分才有重要价值。由于服务贸易新产品的层出不穷以及部门之间业务的融合，GATS 的这种分类方式已经与服务贸易实践出现很大背离。主要表现在：（1）一些新业务无法在 W/120 中归到前 11 种中的某一固定类别中。如在 BPO 业务中流行的工资处理业务（payroll service）和支持业务（support services），分散在 W/120 很多现存的部门中，那么对这些业务实施开放就需要对所有相关的部门进行承诺减让，如果其中有些部门没有承诺，必然大大降低承诺的实际效果。（2）还有些新部门在 W/120 中根本没有对应的部门，如呼叫中心业务（包括接受定单、根据要求提供信息以及技术支持等业务环节）。CPC 在乌拉圭回合结束后几经更新，但 GATS 服务部门分类还没有被修正过。不过，由于统计分类经常滞后于实践，即使 GATS 的分类方法能够得到修正，使 GATS 的统计分类总是能够完全符合不断变化的实践也是件困难的事。

　　其次，要价—出价的谈判方式效果也不理想。世界贸易组织成立以后，也一直在为推进服务贸易领域内的自由化做着不懈的努力。2001 年 3 月服务贸易理事会通过"关于服务贸易谈判的指导方针和程序"（文件 S/L/93）的文件，确定使用"要价—出价"方式来帮助整理各方出价，同时，清晰地了解其他方要求，更快促成谈判。但目前看来，效果也不理想，缺乏外在实际压力，依赖各方自愿的出价承诺相当有限。到 2005 年 5 月，已经超出多哈会议要求的提交出价表时间两年后，只有 51 个成员方出价，其中发达成员方 10 个（EC 算 1 个），发展中成员方 41 个；而且每个成员方的出价并未有根本性的提高，对一些敏感性部门的承诺仍没有突破。另外，要价和出价之间距离过大，发达成员方承诺少，但对发展中成员方要求却过高，甚至要求发展中成员方就一些公共部门的开放进行承诺。

所以从目前看来，GATS 多边层次所推进的服务贸易自由化是十分有限的。到 2005 年 5 月平均每个成员方承诺部门数为 52，是所有部门数的 1/3，在这些部门内和开放的模式还有诸多限制。一方面，部门众多且模式多样，以及更大灵活性的制度设计，使 GATS 框架内的多边谈判仍然处于比较混乱的状态。另一方面，缺乏足够的承诺压力和有效的机制，使自愿的承诺更困难。从竞争力相对很高的发达成员方的承诺也有限，就可以得知，多边层次自由化的进展缓慢并不主要来自保护竞争力的考虑。

二 区域层次上服务贸易自由化的蓬勃发展

1. 服务贸易领域的自由化已经成为区域层次合作的重要内容

相比 GATS 为代表的多边服务贸易自由化，区域服务贸易自由化的谈判开始得更早。欧盟、北美自由贸易区（NAFTA）、澳新更紧密的关系安排（CER）等区域性经济一体化组织就服务贸易自由化存在大量细致的规定，为多边服务贸易规则和如何推进服务贸易的对外开放都提供了可供借鉴的先例和经验。WTO 成立后新签订的合作协议，不仅篇幅长，如新加坡和 EFTA 的正文有 69 页，附录 529 页，新加坡—美国协定有 240 页正文；名称有差异，如新—日的"新世纪经济合作伙伴（New age economic partnership）；东盟—日，东盟—新等"全面经济伙伴"（CER comprehensive economic partnership）协议，并且与 WTO 协定类似，都不再局限于传统的 FTA 模式和货物贸易领域，或多或少地都包含服务贸易领域内以及投资合作的新内容，根据 GATS 第 5 条，目前向 WTO 报告的服务贸易区域优惠协议（PTA）都产生在 2000 年之后。2000 年之后的 PTA 还具有明显的变化就是不再拘泥于地理上临近和发展水平的接近，在发达国家和发展中国家之间订立的 PTA 明显增多。

2. 比多边谈判达到更高服务贸易自由化层次

目前参加服务贸易 PTA 的国家的服务贸易出口额占世界服务贸易总额的比重已超过 80%。而且明显比多边谈判达到了更高阶段，主要表现如下。

（1）国民待遇和市场准入适用的部门在 PTA 中使用"否定"清单的更多，也就是说在 GATS 中，国民待遇和市场准入不是一般义务，而在很多区域协定中是（参见表1）。虽然不是所有的"肯定"清单都一定比"否定"清单的自由化程度更低，但一般而言如此。第一，"否定"清单中，除非在保留项目中加以剔除，国民待遇和市场准入原则上就适用于所有领域，这样就将谈判从部门为重心转向以削减限制措施为重心，加快自由化速度，也容易达到更高的层次。第二，这样政策的透明度也更高。不适用的部门和限制政策都需要列出，这样实行了自由化的部门，以及它们的法律和管理体系就相对清晰。第三，自由化程度也更容易比较，也约束了成员方采取更进一步的限制措施。第四，更重要的是，可以自动将新出现的服务部门包括在自由化的范围内，从而解决前述 GATS 的肯定清单中部门分类困难所带来的承诺有限的问题。

表1　区域服务贸易协议中国民待遇和市场准入适用的清单类型

	清单类型		清单类型
新西兰—新加坡	肯定	EFTA—墨西哥	肯定
EC—墨西哥	肯定	日本—新加坡	肯定（日本在模式3的国民待遇使用否定清单）
新加坡—澳大利亚	否定	美国—智利	否定
美国—新加坡	否定	韩国—智利	否定
EC—智利	肯定	EFTA—新加坡	肯定
中国—中国香港	肯定	中国—中国澳门	肯定
EFTA—智利	肯定	日本—墨西哥	否定
美国—CA + DR	否定	美国—摩洛哥	否定
美国—秘鲁	否定	日本—马来西亚	肯定
美国—哥伦比亚	否定	新加坡—韩国	否定

转引自："service liberalization in the new generation of preferential trade agreements（PTAs）：how much further than the GATS?" pp. 11 – 12.

（2）区域服务贸易自由化所覆盖的部门数量一般远远比 GATS 和多哈回合谈判中要多。除旅游业外，在 GATS 中承诺较多的部门是与基础设施有关的如电信、金融，以及商业服务，除电信外的其他通讯方式（邮政、快递等）、分销、教育、环境、健康、海运等核心服务业，在乌拉圭回合就被认为是敏感部门，承诺度较低。但在区域贸易协定中，很多国家对部分敏感部门如视听、邮政快递、海运和辅助运输也增加了承诺。

（3）GATS 中广泛承诺的部门在区域优惠协议中的自由化程度一般也相对提高。如金融、电信等在 GATS 中很多国家已经承诺的部门，但在区域优惠协议中自由化程度都相对有所提高。发达国家在开放部门方面的限制，发展中国家在除了保险、银行以外增加了开放领域，甚至在资本市场服务如债券、资产管理，GATS 中一般不开放的领域也增加了有限承诺（参见图 2）。

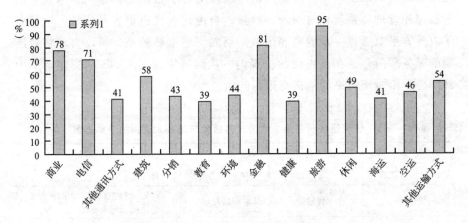

图 2   GATS 发达方承诺的部门结构

注：图中的承诺数据截止到 2005 年 5 月。比例数为在某部门至少承诺一项的成员方数量比例。数据来源 "turning hills into mountains? Current commitments under the GATS and prospects for change" p. 8。

（4）区域服务贸易的开放一般会达到更高的层次。服务贸易自由化的 3 个层次：非歧视、相互承认和国际协调，多边领域主要停留在非歧视层次，而一些区域合作已经进入后两个层次。如欧盟从 1987 年开始建立欧洲共同市场，建设包括服务在内四大领域自由流动的共同市场的过程中，就引入了最低标准和在会计、法律和医药服务业专业资格的相互承认等措施，在金融、道路和空中运输、电信、专业服务领域，实行了更开放的政策，甚至又建立了统一的维护竞争的政策和机制，采用了统一的最低质量标准，并积极探索技术标准的协调，以及实行相似的国内补助、公共安全政策等。

虽然，目前看来区域服务贸易自由化进展迅速，但区域服务贸易自由化在发展中日益暴露两个突出问题，第一，区域协定的根本问题是对区外成员具有的歧视性。因此，为了避免被排除在外或出于"从众效应"，产生了"多米诺骨牌效应"，区域贸易协议林立，同样的规则出现很多版本，使区域规则之间协调的问题非常突出。

其次，区域安排具有层次不一的明显特点，发展中成员方总体处于谈判的不利地位。服务业发达的发达经济体成为签订服务协议的主要推动力，不仅在发达经济体参与的协议中，一般都有服务贸易自由化内容，而且发达经济体之间签订的区域服务贸易合作的层次也更高。在表 1 中就可以看出，发达经济体之间以及有发达经济体参与的区域优惠协议一般采用"否定"清单，而发展中经济体之间的区域优惠协议一般是"肯定"清单。各国一般以 GATS 中的承诺作为底线，与不同成员方做出的承诺也不同。如澳大利亚与美国的区域优惠协议中，承诺的部门范围超出 GATS 中承诺很多，新增法律、快递、视听服务等部门开放，并提高了已开放部门的承诺度，如旅游中的商业存在，金融部门允许设立寿险分支机构等。但与新加坡的区域优惠协议只在一小部分领域内有提高，在与泰国的区域优惠协议中承诺与 GATS 中的差不多。新加坡与美国、韩国和澳大利亚的区域优惠协议中采用"否定"清单，而在与印度、新西兰、日本的区域优惠协议中采用"肯定"清单。

所以，虽然总体上区域服务贸易的开放比多边开放处于更高的层次，成为推动服务贸易开放的重要力量，但却不能代替多边谈判的作用。区域协定也很难解决体制性和基本规则的问题。

三　多边主义还是区域主义：中国的选择

服务业的对外开放是不可逆转的潮流，电子商务推动的过境交付的发展，服务业对外投资更大程度内的开放使服务业成为新兴投资的热点。通过自由化引入先进的服务供应，促进本国服务业和经济的发展，已经成为很多发展中国家的普遍共识。

1. 区域服务贸易自由化将在相当长时期内继续成为推动服务贸易自由化的主要力量

由于 WTO 体制本身遇到的困难和服务贸易自由化的复杂性，以 GATS 为基本框架的多边服务贸易自由化的谈判，从目前看来没有能够发挥曾在货物贸易壁垒降低中的主导作用，进展有限且面临机制设计上的困难，迫使人们不断降低着对它的预期，而将更多推进自由化的努力转向区域。区域内的开放谈判，能更好地避免"搭便车"心理的影响，参加方发展水平更接近，也更容易协调各参加方的立场和利益，达成一致结果的概率更高。其次，从执行效果来看，在区域内而不是世界范围内实行某些服务业的集中管理也更可行，服务贸易自由化更可能实现纵深发展。再次，通过区域内服务贸易开放，更可以凝聚地区服务业发展力量，增加地区在多边谈判中的砝码和谈判能力，制定有利本地区的服务管理规则，使参加方推进区域服务贸易开放更具热情。区域贸易自由化具有比多边层次更有效的机制设计，已经成为推动服务贸易自由化的主要力量，并发挥着比在货物贸易自由化领域更重要的作用。这将在相当长的时间内是服务贸易自由化取得进展的主要领域，"有智不如趁势"，中国应以 CEPA 和 10 + 1 框架协议为基础，继续有选择地推进区域层次服务贸易自由化。

2. 多边层次谈判的作用不可替代

但是，正如前面所分析的那样，多边层次服务贸易自由化的继续进行，从规则制度和效率等方面，都具有不可替代的重要作用，对于发展中成员方更是意义重大，仍应该是推动世界范围内服务贸易自由化的基础。中国在继续积极参与区域服务贸易协议的同时，也仍需要关注世界范围内服务业领域内合作的新动向，积极参与多边层次制度改革的探讨，发挥一个发展中大国的作用，同时为本国服务业自由化的推进营建更有利的外部环境。实际上，无论是多边还是区域层次，服务贸易自由化实际上都十分有限，甚至有专家称"仍处于婴儿"时期。除过境交付的产品贸易自由化之外，投资、自然人流动等要素流动领域，开放和国家安全和经济发展等问题，以及混杂的管制规则的协调，都需要在实践中不断探索并渐进积累有益经验。

总之，多边层次服务贸易的自由化从规则制定和效率等方面来看，都具有不可替代的重要作用。因此，中国一方面需要继续积极参与区域服务贸易自由化建设，这在相当一段时间内都将是推进服务贸易自由化的重要领域。另一方面也需要关注世界范围内服务业领域内自由化改革的新动向，积极参与多边层次制度演进的探讨，以推进中国服务业的发展。

参考文献：

[1] Aaditya Mattoo, Randeep Rathindran & Arvind Subramanian. Measuring Services Trade Liberalization and Its Impact on Economic Growth: An Illustration. *Journal of*

Economic Integration, Vol. 21, 2006.

[2] Hoekman, B. & Primo Braga. Protection and Trade in Service: A Survey [M] . M. I. T. Press, 1997.

[3] James Markrusen. Trade in Producer Services and in other Specialized Intermediate Inputs. *America Economic Review*, Vol. 79, 1989.

[4] Joseph F. Francois & Kenneth A. Reinert. The Role of Service in The Structure of Production and Trade. *Aisa-Pacific Economic Review*, May , Vol. 2 (1), 1996.

[5] Kox , Henk & Arjan Lejour. The Effects of the Service Directive on Intra-EU Trade and FDI. *Revue Economique* 2006.

[6] Martin Roy, Juan Marchetti & Hoe Lim. Service Liberalization In The New Generation of Preferential Trade Agreements (PTAs): How Much Further Than The GATS? WTO Staff Working Paper ERSD - 2006 - 2007.

[7] Rolf Langhammer. Service Trade Liberalization as a Handmaiden of Competitiveness in Manufacturing: An Industrialized or Developing Country Issue? *Journal of World Trade* , Vol. 5, 2007.

[8] Rudolf Adlung & Martin Roy. Turning Hills Into Mountains? Current Commitments Under The GATS And Prospects For Change. WTO Staff Working Paper ERSD - 2005 - 01.

海峡两岸经贸合作模式探讨[*]

冯 雷

21 世纪之初，中国经济的迅速兴起为世界瞩目，通过海峡两岸的经济交流与合作，在全球更广大的范围内寻求更广泛的发展机会已经成为海峡两岸同胞的共识。在经济全球化的进程中，各种区域间的经贸合作风起云涌，海峡两岸经济合作模式的探讨也浮出水面。本文试图对海峡两岸的经贸合作模式做一个初步的探讨。

一 海峡两岸的贸易发展状况

1. 海峡两岸贸易发展水平为经济合作提供了坚实的基础

改革开放促进了中国大陆地区的经济发展与对外开放水平，进出口贸易获得了长足的进步，尤其是进入 21 世纪以来，进出口均出现了高速增长的现象。2006 年中国大陆地区进出口贸易总额达到了 17607 亿美元，其中出口 9691 亿美元，进口 7916 亿美元（参见表 1、图 1）。

台湾地区的进出口额自 20 世纪 90 年代以来也持续走高，从 1989 年的 1190 亿美元增长到 2006 年的 4267 亿美元，其中出口的变化从 660 亿美元增长到 2240 亿美元，进口的变化从 520 亿美元增长到 2027 亿美元。2001 年出现了一个较大的波动，但其后数年迅速回归到持续增长的通道中，表 2、图 2 数据显示，在 1989 ~ 2006 年的 18 年间持续保持顺差。

显而易见，海峡两岸进出口贸易的发展为其经济增长提供了巨大的增

---

[*] 本文系中国社会科学院 2005 年院重点课题"海峡两岸经济合作模式研究"的主要研究成果之一。课题主持人：冯雷、赵瑾；课题组成员：杨圣明、裴长洪、于立新、夏先良、冯远、申恩威、栾文莲、依绍华、张宁。在此对中国社会科学院对本课题研究的支持表示感谢，对课题组成员的共同努力表示感谢。

长空间。同时也为两岸之间的经贸往来提供了重要的物质基础。

表1 中国大陆地区进出口：1989～2006 年

单位：亿美元

年　份	进出口总额	出口总额	进口总额	差　额
1989	1117	525	591	-66
1990	1154	621	534	87
1991	1357	719	638	81
1992	1655	849	806	44
1993	1957	917	1040	-122
1994	2366	1210	1156	54
1995	2809	1488	1321	167
1996	2899	1511	1388	122
1997	3252	1828	1424	404
1998	3240	1837	1402	435
1999	3606	1949	1657	292
2000	4743	2492	2251	241
2001	5097	2661	2436	226
2002	6208	3256	2952	304
2003	8510	4382	4128	255
2004	11546	5933	5612	321
2005	14221	7620	6601	1019
2006	17607	9691	7916	1775

资料来源：《中国统计年鉴（2005）》、《中国商务年鉴（2006）》、中国商务部网站。

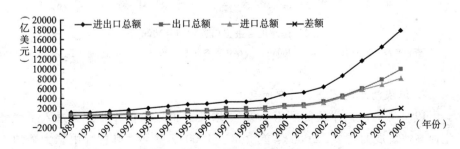

图1 大陆地区进出口：1989～2006 年

资料来源：《中国统计年鉴（2005）》、《中国商务年鉴（2006）》、中国商务部网站。

表2 台湾地区的进出口：1989~2006 年

单位：亿美元

年　份	进出口总额	出口总额	进口总额	差　额
1989	1190	660	520	140
1990	1220	670	550	120
1991	1390	760	630	130
1992	1530	810	720	90
1993	1620	850	770	80
1994	1780	930	850	80
1995	2150	1120	1040	80
1996	2180	1160	1020	140
1997	2370	1220	1140	80
1998	2160	1110	1050	60
1999	2330	1220	1110	110
2000	2880	1480	1400	80
2001	2300	1230	1070	160
2002	2431	1306	1125	181
2003	2714	1442	1272	170
2004	3419	1740	1679	61
2005	3855	1996	1859	137
2006	4267	2240	2027	213

资料来源：《中国统计年鉴（2005）》、《中国商务年鉴（2006）》、中国商务部网站。

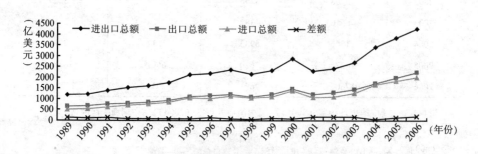

图2 台湾地区进出口：1989~2006

资料来源：《中国统计年鉴（2005）》、《中国商务年鉴（2006）》、中国商务部网站。

2. 海峡两岸间贸易发展空间巨大

1993 年海峡两岸的贸易比 1992 年增长了将近 1 倍，并开始进入了稳定而高速发展的时期，2006 年首次超过 1000 亿美元。其中，中国大陆地区向台湾地区出口 207 亿美元，进口 871 亿美元，台湾地区成为大陆地区的第七大贸易伙伴，第七大出口市场和第五大进口来源地，大陆地区成为台湾地区的第一大贸易伙伴和第一大出口市场（参见表3、图3）。

表3　中国大陆对台湾地区的进出口：1989~2006

单位：亿美元

年　份	进出口总额	出口总额	进口总额	差　额
1989	35	6	29	-23
1990	40	8	33	-25
1991	58	11	47	-36
1992	74	11	63	-52
1993	144	15	129	-114
1994	163	22	141	-119
1995	179	31	148	-117
1996	190	28	162	-134
1997	198	34	164	-130
1998	205	39	166	-127
1999	235	40	195	-155
2000	305	50	255	-205
2001	323	50	273	-223
2002	447	66	381	-315
2003	584	90	494	-404
2004	783	136	648	-512
2005	912	166	747	-581
2006	1078	207	871	-664

资料来源：中国商务部网站。

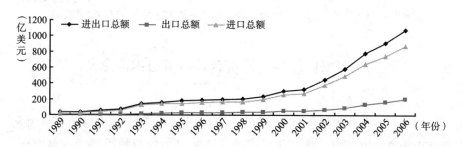

图3　中国大陆对台湾地区进出口：1989~2006

资料来源：《中国统计年鉴（2005）》、《中国商务年鉴（2006）》、中国商务部网站。

海峡两岸间在贸易上具有很大的相关性并具有极大的发展空间。

第一，自1993年以来，中国大陆地区对台湾地区的贸易依存度基本稳定在6.5%与7.5%之间，其中出口的依存度稳定在1.6%～2.2%之间，进口的依存度稳定在11.2%～12.9%之间，波动幅度较小；同期台湾地区对大陆地区的贸易依存度从不足9%陡增到25%以上，其中出口依存度从15%提升到39%，进口依存度从2%提升到10%。不论从哪个方面来看，海峡两岸通过贸易连接，都构成了促进各自经济发展的重要因素。

第二，海峡两岸间的贸易发展极不平衡，1989年，大陆地区对台湾地区贸易逆差23亿美元，1993年这一数字上升到114亿美元，比前一年增长了1倍多，2006年逆差已经达到了664亿美元。台湾地区是大陆地区的最大逆差来源地，反过来，大陆地区是台湾地区的最大顺差来源地。2006年大陆地区的贸易顺差为1775亿美元，而对台湾地区却有664亿美元的逆差，显然没有反映出大陆地区在全球市场上的竞争力水平；2006年台湾地区的贸易顺差为213亿美元，而对大陆地区就有664亿美元的顺差，说明台湾地区在全球市场上的竞争力是不平衡的。这就预示着海峡两岸在贸易上的巨大潜力（参见图4）。

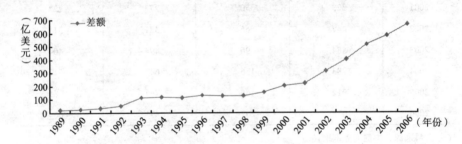

图4　台湾地区对大陆地区的贸易顺差：1989～2006

资料来源：《中国统计年鉴（2005）》、《中国商务年鉴（2006）》、中国商务网站。

二　海峡两岸构建经济合作区域组织的意义

1. 区域经济合作组织依托的发展趋势

区域经济合作的组织化推动了贸易自由化的发展，在多边贸易体制的框架内为这种以区域经济合作模式推动更加自由的贸易提供了发展空间。海峡两岸通过某种区域模式寻求更加稳定的经济合作是合理而睿智的选择。

第一，有利于推动海峡两岸的双边贸易和经济实力的增长。大陆地区经济发展进入了一个新的时期，从对外经贸发展的总体趋势来看，大陆地区已经成为世界上的贸易大国，并正努力调整其经济结构与贸易结构，向贸易强国发展，对外开放作为经济发展的一个重要驱动因素，其作用越来越重要；台湾地区正处于经济转型时期，产业结构也面临着升级换代的选择，在全球产业链分工中的地位有待于进一步的巩固与加强。这就为两岸的经贸合作提供了重要的现实基础。

第二，可以充分利用 WTO 的制度空间。世界贸易组织在制定公平公正透明的多边贸易制度框架中，既强调了最惠国待遇原则，同时也对区域贸易安排的发展提供了足够的空间。在全球范围内区域经贸合作安排的趋势中，海峡两岸之间的经贸发展有着重要的依据：一是地缘关系，全球范围内相当大一部分的区域经贸安排与成员间的地缘关系十分密切，通过区域经贸安排实现贸易与经济的增长已经成为人们的共识；二是贸易平衡的空间巨大，从两岸目前的贸易平衡状况来讲，台湾地区是大陆地区的最大逆差来源地，大陆地区是台湾地区的最大顺差来源地，通过区域贸易安排，实现贸易平衡可以给两岸带来直接的贸易增长机会；三是制度安排本身可以降低贸易障碍，扩大贸易的商品种类，提高贸易的便利程度，降低交易成本，提高贸易活动的效率。

第三，为推进全球范围内的自由贸易提供新的动力。据不完全统计，目前世界范围内有各种区域贸易安排将近 300 个，且 80% 以上是在近 10 年成立的。在多边贸易谈判进展缓慢的背景下，区域贸易安排已经成为推进自由贸易的重要手段之一。海峡两岸的经贸合作安排也将促进双边贸易及经济的发展，为推动世界范围内的自由贸易做出应有的贡献。

第四，推动海峡两岸产业协作发展的现实桥梁。大陆地区的产业结构调整与台湾地区的经济转型都对跨地区的产业协作提出了要求，从两岸具有潜在合作优势的产业来看，半导体、光电、生化和农业等领域都存在着巨大的协作发展的空间，构建两岸的经贸安排无疑会为两岸的产业协作提供一个现实的通道。

2. 海峡两岸经贸活动组织依托的实践及可借鉴的经验

近年来，海峡两岸的经贸活动实践已经创造出了一些具有制度性特征的安排。所有这些前期的努力，都在为海峡两岸未来具有实质性的区域经贸合作模式创造条件。

第一，"海峡西岸经济区"。海峡西岸经济区是指以福建为主体，涵盖广东、浙江、江西和湖南等部分地区的经济带。海峡西岸经济区的地理位置独特，东临海峡对岸的台湾、西邻湘赣、北承长三角、南接珠三角，是一个具有20多个中心城市支撑，经济互动性强的经济带。福建省于2004年初提出建设海峡西岸经济区的设想，意在推动海峡两岸经济发展的深层次互动，一旦实现"三通"，其经济地缘优势就会迅速显现，为此，提前进行海峡两岸经济发展合力的战略储备。目前，"海峡西岸"已经写入中国"十一五"发展规划，国家工商总局于2007年初与福建省政府建立了联席会议制度，支持海峡西岸经济区的市场建设。

第二，两岸的"论坛机制"。"两岸经贸论坛"于2005年4月召开，大陆方面宣布了一系列对台湾地区农产品的准入与优惠措施；"台湾农产品供需见面会"于2006年5月在福州召开，由中国土畜食品进出口商会和海峡两岸经贸交流协会举办，会议主要围绕着台湾地区农产品销往大陆地区的安排；"两岸经贸合作与发展论坛"于2006年9月由中国商务部和国台办举办，会议提出了推动两岸关系发展和通商方面的合作愿望，集中体现了中国政府在海峡两岸经贸合作中的积极态度，并为两岸的交流搭建了一个重要的平台。以论坛为基础，诸如农产品紧急采购机制的建立，这一机制已经在台湾地区的香蕉和柳橙输入大陆发挥了重要的作用，逐渐把论坛的精神落到了实处。这些举措集中体现了近两年来，两岸各界为经贸合作做出的多方努力。

第三，厦门对台出口商品交易会。1997年首次举办，历经10年，成为两岸规模最大、影响最广的商品交易会。2006年的厦门对台出口商品交易会恰逢10周年，规模也迅速扩大，展会期间举办了包括"台湾地区专业人才暨大学毕业生大陆就业交流会"、"十大闽南语经典名曲评选揭晓颁奖晚会"、"海峡两岸民俗文化活动周"、"海峡两岸名优特产商品展销会"等10多场不同类型的配套活动，成为海峡两岸经贸交流的重要平台。

第四，"海峡两岸中医药发展与合作论坛"于2006年5月在厦门召开，来自大陆、台湾、香港和澳门的代表通过了一份建立中医药长效交流机制的倡议书。其联合研发的战略思路、开辟专题论坛的具体要求和同期举办的"中医药国际商贸博览会"为海峡两岸构建经贸合作的模式提供了新鲜经验。

第五，"内地与香港关于建立更紧密经贸关系的安排"和"内地与澳门关于建立更紧密经贸关系的安排"在具有战略高度的体制安排下实现了内地与香港及澳门之间经贸关系的深入发展，促进了香港与澳门回归后的经济繁荣，同时也为大陆地区与台湾地区实现经贸合作发展的模式提供了很好的借鉴范本。

第六，所谓的"小三通"问题。"小三通"是指 2000 年台湾当局为回避两岸直接"三通"的压力，提出并推动金门、马祖与福建沿海的通航与通商。大陆方面以个案方式开放的两地直航与通商，福建省已先期提出了"两门对开，两马先行"的方案。2001 年 1 月 1 日，福建沿海的厦门港和马尾港与金门和马祖实现了海上直航，但由于台湾当局当时只允许台湾船只申请经金马进入大陆，禁止大陆船只在金马停靠，所谓的"小三通"只是"单向"而非"双向"直航。

三 海峡两岸经济合作模式的设想与选择

1. 海峡两岸经贸合作模式的设想

就海峡两岸经贸合作的具体模式已经有了相当广泛的讨论。从合作领域与合作参与面两个角度来看，现有的探讨可以归纳出 3 种基本的提法，即两岸自由贸易区、两岸共同市场和中国自由贸易区。

这 3 种提法各有特点：两岸自由贸易区和两岸共同市场把经济合作的范围限制在一个有限的区域范围内，而在经济合作的深度上有所不同。两岸自由贸易区和中国自由贸易区的着眼点都在于以自由贸易区为目标模式，但是在区域范畴上有所差别，前者着眼于海峡两岸，后者则放眼于整个中国，首先是把香港纳入合作的对象，希望以一种更为广阔的框架来涵盖两岸的经济合作。

第一，两岸自由贸易区着眼于海峡两岸的经贸发展，以自由贸易区的基本特点为框架来设计未来的模式。这种模式是两岸实现"三通"后，最直接也是最容易实现的一种合作模式。一旦"三通"，地处海峡西岸的福建省就具有大陆其他省份所无可比拟的地缘优势，因此，组建两岸自由贸易区的设想符合多数区域贸易安排的实践经验。一旦"三通"，福建省的经济地位得到提升，通过设立两岸自由贸易区可以迅速降低经贸活动的成本，提升经贸活动的效率，从而为更广泛地拓展两岸经贸活动往来，深化两岸经济交流提供制度的保障。

第二，两岸共同市场概念由台湾两岸共同市场基金会董事长萧万长先生在 2000 年提出，其设想也较为全面。两岸共同市场可以分为 3 步实现，第一步是达成"一个中国"的共识，第二步是确保两岸双赢，第三步是分步到位的实施。其中第三步又可以分为 3 个阶段，第一阶段是以"三通"为突破口实现两岸经贸关系的正常化，第二阶段要推动两岸经济制度的协调，以减少制度性障碍；第三阶段是开展全方位的经济合作。从关税同盟，到货币同盟，直至实现"两岸共同市场"的最终目标。

第三，中国自由贸易区的提法属于粗线条的描述，主要涵盖大陆地区、台湾地区、香港地区和澳门地区，但这一模式既有较为现实的基础，又有较大的想象空间。现实基础之一在于这一区域经贸合作模式的参与者都是世界贸易组织的成员，现实基础之二在于大陆与香港及澳门之间已经做出了经贸关系的安排，并获得了先期的经验；想象空间在于它能够给各参与方提供广泛的合作领域，既具有向合作纵深安排的潜力，又有进行阶段性处理的余地。

2. 海峡两岸经贸合作模式的选择

中国政府对海峡两岸经贸合作的基本判断正在获得越来越广泛的认同：两岸经济合作越密切，两岸同胞的共同利益越深厚，两岸关系和平稳定的发展就越有保障。发展两岸经贸合作要做到：一是搁置分歧，创造两岸经济交流与合作的良好环境；二是顺应民意，切实推动两岸直接"三通"进程；三是提升层次，扩展两岸经济交流与合作的深度与广度；四是着眼长远，构建两岸经济合作的机制。[①]

海峡两岸经贸合作模式的选择是以"三通"为先决条件的，尽早实现两岸双向"三通"是以经贸的角度考察任何一种模式的基本要求。"小三通"根本无法满足海峡两岸经贸发展的需要，单向的"三通"也无法满足海峡两岸的经济发展和社会福利的需要。

海峡两岸经贸合作模式应该是一种双赢或多赢的选择，更加广泛、有效、便利的经贸活动必然会给参与方带来相应的经济利益与社会效益。

海峡两岸经贸合作模式应该是一个动态的概念，适宜于设定阶段性的目标模式，而不必对合作的深度与广度设置一个固定的界限。因此，海峡两岸经济合作模式的选择要以海峡两岸的经济合作本身为出发点，而不是反过来，为海峡两岸的经济合作设定一种模式。

海峡两岸经贸合作模式应该按照先易后难的程序推进，这既体现了合作模式的动态要求，也符合海峡两岸关系的发展现状。在选择两岸经贸合

---

① 参见中共中央政治局常委、全国政协主席贾庆林 2005 年 9 月 15 日在第一届两岸民间菁英论坛开幕式上的讲话。

作模式、为两岸经贸活动提供制度性安排的初期，如果定位太低，则难以容纳日后的发展，如果定位太高，又难以处理实现过程中的多种变数。先易后难体现了务实的原则。

海峡两岸经贸合作模式是两岸关系的经济纽带，也是台海经济圈的基础及其与内地全面经济关系及全球市场的重要桥梁之一。通过相互之间的贸易与投资活动，实现经济的互补发展，共同提高两岸产品、企业和行业在世界市场上的竞争力。

基于上述认识，本文认为以中国自由贸易区模式为海峡两岸经贸合作的中期目标，使海峡两岸经贸合作安排具有一定的开放性和前瞻性，在实施方面具有较高的可行性。构建海峡两岸经贸合作机制既要有长远的眼光也要立足当前，既要符合大陆地区也要符合台湾地区的经济发展现实，既要能够规范也要能够激励两岸经济交流与合作的实践。

中国自由贸易区的构建可以分为两个阶段：第一阶段，从地域上看，以海峡两岸即海峡西岸经济区与台湾地区为第一阶段的主要参与方，可以适当考虑与海峡西岸经济区相关联的内陆比邻省市；从领域上看，以贸易（包括服务贸易）和投资为第一阶段的主要合作内容，在一些关键产品领域中率先突破。

第二阶段，适时地扩大合作的参与方，把海峡两岸的经贸合作扩大到香港与澳门，与"两个紧密安排"的框架进行必要的衔接，同时向内地纵深延伸；并全方位地开放合作领域。

四 推进"中国自由贸易区"模式的几点建议

第一，积极开展海峡两岸各阶层的交流与沟通，增加对海峡两岸经贸合作制度化、组织化安排的共识，寻求两岸双赢的契合点。

第二，考察两个 CEPA 的实践过程与经验总结，增进对在海峡两岸间构建"中国自由贸易区"模式的理解、设计要领及潜在的运作策略以及经贸合作制度安排的递进关系。

第三，充分利用民间、企业、产业间多层面的沟通纽带与实践中的对话机制与制度安排，推动两岸全面、双向的"三通"早日实现，为构建"中国自由贸易区"扫清障碍。

第四，建立海峡两岸或更广泛的民间研究合作渠道，以"海峡两岸区域经贸合作机制"为题，共同探索可行模式，并在适当的时机把这种研究向更高层面推进。

参考文献：

［1］《中国统计年鉴（2004、2005、2006）》，中国统计出版社。

［2］《中国商务年鉴（2006）》，中国商务出版社。

［3］"内地与香港关于建立更紧密经贸关系的安排"、"内地与澳门关于建立更紧密经贸关系的安排"文本。

［4］吴仪：《促"三通"、谋民利、共同构建两岸长期、稳定经济合作机制》，新华网。

［5］中华人民共和国商务部网站、人民网、新华网。

中国—东盟双边贸易状况的实证分析

林 江　王微微

一　中国—东盟双边贸易概况

由于地理、文化、社会习俗等方面的相近，中国与东盟各国的经济合作具有良好基础，从 1990～2005 年的 16 年间，双边贸易额从 70.5 亿美元猛增到 1133.94 亿美元，增长超过 16 倍，年均增长率高达 20%，这一增长率超过了同期中国和东盟各自的对外贸易增长率。2005 年中国出口到东盟的贸易额为 611.36 亿美元，占东盟进口总额的 10.6%，占中国进口总额的 7.3%，中国从东盟进口的贸易总额为 522.58 亿美元，占东盟出口总额的 8.1%，占中国进口总额的 11.4%。2006 年双方贸易额达 1608 亿美元，比上年增长 23.4%，增长势头不减。可见，东盟在中国的对外贸易国别结构中占据着越来越重要的地位。

在中国与东盟的双边贸易中，东盟享受着较大的贸易顺差，且中国的贸易逆差幅度呈现出上升趋势。1991 年，中国与东盟贸易额中，中国顺差 3.2 亿美元，而 2005 年中国逆差 196.3 亿美元，其中，马来西亚、菲律宾和泰国进入中国十大贸易逆差来源地。

从 2005 年 7 月开始，中国与东盟自由贸易区进入实质性运作阶段，7000 个税目的产品实施降税。按照自由贸易区的建设计划，到 2010 年，中国与东盟 6 个老成员国间绝大多数产品关税为零，到 2015 年，中国与东盟 4 个新成员国间绝大多数产品关税为零。由此，中国与东盟在双边贸易方面必将形成更加紧密的关系，同时也会面临更加激烈的竞争。

二 中国与东盟的贸易联系

中国与东盟国家间贸易发展的具体体现之一在于其双边贸易结合度显著提高。贸易结合度可以用如下公式来计算：

$$TCD_{AB} = \frac{X_{AB}/X_A}{M_B/M_W}$$

其中，TCD_{AB} 为 A，B 两国的贸易结合度，X_{AB} 为 A 国对 B 国的出口额，X_A 为 A 国出口额，M_B 为 B 国进口额，M_W 为世界进口总额。

贸易结合度以 1 为平均值，比值越大，说明两国间的贸易结合越紧密，比值越小则说明两国间在贸易方面的联系越松散。1995～2005 年①中国与东盟六国及其他主要贸易伙伴国的贸易结合度计算结果见表 1。

从表 1 可以发现：

（1）中国与东盟成员国间贸易结合度在 1995 年后上升幅度普遍较高，说明东盟主要国家与中国的贸易联系紧密，这同地理上相互接近、签署并实施互惠自由贸易协定以及跨国公司加强了区域内分工网络等因素有密切关系。此外，中国和日本、韩国的贸易结合度也有较大幅度的提高，这同跨国公司的直接投资和生产转移有直接关联。

（2）在中日韩三国中，日本与东盟国家的贸易联系最为紧密。1995～2005 年，日本与东盟主要国家的贸易结合度均大于 1，东盟主要国家与日本的贸易结合度也均大于 1（文莱除外），说明日本与东盟各国在贸易方面相互依存程度较高。这也间接说明，在 10 + 3 合作机制的推动下，日本和韩国也纷纷加快了与东盟各国在经贸领域的合作，中国应该抓住中国东盟自由贸易区这一历史机遇，与东盟各国实现优势互补，推动中国—东盟合作向更宽领域和更高水平发展。

（3）另外需要注意的是，自 1995 年以来，东盟区域内各国间贸易结合度显著上升，说明东盟内部成员方之间的贸易在东盟贸易中占有重要地位，其贸易格局和贸易模式能够为中国发展与东盟的双边贸易起一定的借鉴意义。

从表 2 可以看出，从 20 世纪 80 年代以来，东盟国家之间的双边贸易

---

① 由于最新统计数据的不可得性，本文均采用 1995～2005 年的数据进行实证分析。

表 1 贸易结合度矩阵（出口），1995~2005

	年份	中国	日本	韩国	新加坡	马来西亚	泰国	菲律宾	印尼	文莱	美国
中国	1995	—	2.9738	1.7367	0.9865	0.5785	0.8683	1.2753	1.24198	0.5784	1.1256
	2000	—	2.9287	1.8776	1.1426	0.8350	0.9666	1.0553	1.87411	0.3163	1.1052
	2005	—	1.3125	0.8319	1.1624	1.2938	0.9248	1.4166	1.69832	0.5714	0.5652
日本	1995	1.9615	—	2.7226	2.1774	2.5441	3.2837	2.9589	2.89041	0.7341	1.8649
	2000	1.8727	—	2.6542	2.1248	2.3202	3.0538	3.8370	2.41685	0.7111	1.5864
	2005	2.1690	—	3.1942	1.648	1.9551	3.3965	3.5011	2.39694	1.4374	1.4029
韩国	1995	2.8897	2.1188	—	2.2428	1.5855	1.4315	2.1991	3.03894	0.2598	1.3183
	2000	3.1647	2.0816	—	1.5393	1.6443	1.2520	3.4805	3.10264	0.5701	1.1589
	2005	3.5089	1.7417	—	1.3852	1.5043	1.0701	2.6039	2.74618	1.7666	0.8962
新加坡	1995	0.8151	1.0727	0.9366	—	12.8863	4.2579	3.0046	2.57194	30.9602	1.0887
	2000	1.4807	1.3238	1.4789	—	14.7342	4.5702	4.4088	4.1935	21.3342	0.9155
	2005	1.5884	1.1265	1.4310	—	12.3001	3.6906	4.1963	14.9179	17.6891	0.6391
马来西亚	1995	0.9661	1.7978	1.0034	8.5033	—	2.8882	1.6818	1.69249	8.2597	1.2553
	2000	1.9348	1.6053	1.0964	9.0798	—	3.8794	3.1554	2.64979	15.6524	0.7621
	2005	2.5700	1.2249	0.9257	8.3159	—	4.8509	3.2260	3.65317	15.3793	0.5371
泰国	1995	0.3807	2.5647	0.1496	5.8831	1.8502	—	1.3528	1.84701	2.5837	1.1914
	2000	1.1721	3.6275	0.8034	4.3037	3.2954	—	2.8094	2.9527	5.9561	1.0236
	2005	0.8360	2.1416	0.5892	3.6075	4.7989	—	4.2876	5.5740	5.0871	0.7625
菲律宾	1995	0.4808	2.4293	0.9783	2.3854	1.2109	3.3663	—	0.9479	0.3606	2.3162
	2000	1.9088	2.4702	1.2212	3.8813	2.8089	3.2566	—	0.7033	0.6048	1.5085
	2005	2.8395	2.8881	1.3003	3.4969	5.5442	2.5561	—	1.79123	1.0587	1.0832
印尼	1995	1.5157	4.2052	2.4812	3.4774	1.4596	1.1413	2.3938	—	3.6938	0.9427
	2000	1.9521	3.8619	2.7356	4.9591	2.4462	1.6853	2.2503	—	2.3605	0.6843
	2005	1.7111	3.2542	2.0449	4.8367	3.6963	2.3465	3.7875	—	3.7352	0.5254
文莱	1995	0.0025	10.5511	6.8816	3.4357	0.6497	7.5294	2.6468	—	—	0.1345
	2000	0.1696	4.2327	1.7353	2.3111	0.401	3.9008	—	0.2055	—	0.3423
	2005	0.6201	4.4753	2.9277	1.7242	2.4815	6.1555	0.0369	2.8663	—	0.3609
美国	1995	0.7940	1.7080	1.6791	1.0984	1.0134	0.8074	1.6677	0.7374	0.8091	—
	2000	0.6140	1.4622	1.4786	1.1261	1.1409	0.9122	2.0189	0.4968	1.2081	—
	2005	0.7465	1.2647	1.2487	1.2159	1.0742	0.7209	1.7553	0.5218	0.4506	—

注：以上数据根据联合国 Comtrade 数据库相关数据计算得出。

额有显著增长，除去东南亚金融危机和 2001 年由于全球经济衰退带来下降以外，其他年份均保持了上升势头，特别是 1994 年以来，上升速度不断加快。从横向比较来看，文莱和新加坡的区域内进口比例最高，其次为马来西亚，其他国家相对较低。总体而言，东盟国家间的贸易依存程度不断上升，某种程度上这对中国—东盟双边贸易的发展起了一定的阻碍作用。

表 2　区域内贸易在东盟各成员国进出口总量中所占比例

年　　份	1987	1990	1993	1996	1999	2002
出口						
新 加 坡	0.212	0.219	0.239	0.239	0.282	0.265
马来西亚	0.242	0.293	0.282	0.282	0.282	0.254
泰　　国	0.137	0.114	0.163	0.163	0.194	0.179
菲 律 宾	0.089	0.072	0.070	0.070	0.131	0.139
印　　尼	0.101	0.099	0.134	0.151	0.151	0.172
文　　莱	0.228	0.209	0.228	0.214	0.214	0.188
越　　南	0.058	0.123	0.178	0.178	0.221	0.123
进口						
新 加 坡	0.279	0.281	0.338	0.338	0.342	0.405
马来西亚	0.209	0.190	0.200	0.200	0.197	0.262
泰　　国	0.156	0.125	0.122	0.122	0.128	0.153
菲 律 宾	0.095	0.106	0.109	0.109	0.096	0.170
印　　尼	0.131	0.084	0.093	0.093	0.119	0.215
文　　莱	0.377	0.419	0.302	0.302	0.427	0.533
越　　南	0.019	0.186	0.323	0.323	0.257	0.237

注：根据东盟秘书处 ASEAN Trade Data 数据库，http：//202.154.12.33/trade/publicview.asp 相关数据整理得出。

三　中国与东盟双边贸易增长的来源

双边贸易的增长取决于多个因素，其中贸易伙伴国进口需求的扩大以及本国出口产品竞争力的提升是两个重要的影响因素。本文采用经常市场份额模型来定量分析中国与东盟双边贸易增长的来源。

经常市场份额模型[①]如下所示：

$$X = M + S(1 + M)$$

其中 X 表示出口增长率，M 表示市场扩大效应，$S(1 + M)$ 表示竞争力提升效应，竞争力提升效应又可以分解为 S 和 SM，S 表示市场份额的增长，SM 表示相互作用效应。X、M、S 均为变化率，其中 $X = \dfrac{X_1 - X_0}{X_0}$，$M = \dfrac{M_1 - M_0}{M_0}$，$S = \dfrac{S_1 - S_0}{S_0}$，$X_i (= 0，1)$ 指在 i 时期本国对外国的出口额，M_i 指在 i 时期外国的进口总额，$S_i = \dfrac{X_i}{M_i}$。计算结果见表3。

由表3可以看出：

（1）1995～2005年，中国对东盟出口增长的影响因素中既包括市场扩大效应又包括竞争力提升效应。

2000年以前以竞争力提升效应为主，说明这段期间中国对东盟的出口增长主要依赖于产品竞争力的提高，1998～1999年间中国对东盟市场的出口增长率达到历史最高值0.731，其中竞争力提升效应达到0.550，说明产品竞争力的提高对于出口增长的重要性。2000年以后则以市场扩大效应为主，说明这段期间中国对东盟的出口增长主要原因在于东盟市场规模的扩大，中国在东盟市场上所占份额有所增加。2004～2005年间又出现了出口增长主要依赖于产品竞争力的现象。

（2）东盟对中国出口增长的影响因素同样既有市场扩大效应又有竞争力提升效应。

2003年以前基本上以市场扩大效应为主，说明该段期间东盟对中国的出口增长主要是因为中国市场规模扩大，东盟在中国市场上份额增加，但是2003年以后基本以竞争力提升效应为主，说明该段期间东盟对中国出口增长的主要原因在于东盟产品竞争力提高。

比较而言，中国要在与东盟的双边贸易中增强出口优势，就必须大力提高竞争力提升效应，发挥政府和企业两方面的作用，增加产品竞争力，促进双边贸易的发展。

---

① 模型来源于程毕凡、谢陈秀瑜《中国与东盟国家经济关系：现状和发展趋势》，中国社会科学出版社，1998，第179页。

表 3　中国—东盟出口增长来源（1995～2006）

中国对东盟的出口增长来源

年　度	1995～1996	1996～1997	1997～1998	1998～1999	1999～2000	2000～2001	2001～2002	2002～2003	2003～2004	2004～2005
出　口增长率	0.293	0.463	-0.168	0.731	0.364	-0.100	-0.026	0.218	0.528	0.415
市场扩大效　应	0.051	0.025	-0.015	0.182	0.358	0.082	0.212	0.398	0.360	0.176
市场份额增　长	0.230	0.426	-0.156	0.465	0.004	-0.168	-0.196	-0.129	0.124	0.203
相互作用效　应	0.012	0.011	0.002	0.084	0.002	-0.014	-0.042	-0.051	0.045	0.036
竞争力提升效应	0.242	0.437	-0.154	0.550	0.006	-0.182	-0.238	-0.180	0.169	0.239

东盟对中国的出口增长来源

年　度	1995～1996	1996～1997	1997～1998	1998～1999	1999～2000	2000～2001	2001～2002	2002～2003	2003～2004	2004～2005
出　口增长率	0.205	0.227	0.004	1.877	0.323	-0.099	-0.380	0.384	0.429	0.352
市场扩大效　应	0.101	0.015	-0.271	0.084	0.229	-0.083	0.035	0.097	0.278	0.254
市场份额增　长	0.095	0.208	0.377	1.653	0.077	-0.018	-0.401	0.261	0.118	0.078
相互作用效　应	0.010	0.003	-0.102	0.139	0.018	0.001	-0.014	0.025	0.033	0.020
竞争力提升效应	0.105	0.211	0.275	1.792	0.094	-0.016	-0.415	0.287	0.151	0.098

　　备注：以上数据根据东盟秘书处 ASEAN Trade Data 数据库，http：//202.154.12.33/trade/publicview.asp 相关数据计算得出。

四　中国与东盟双边贸易互补性分析

　　根据世界银行的分类，东盟成员国中的老挝、缅甸、柬埔寨和越南是低收入水平国家，印尼、泰国和菲律宾是中低收入水平国家（Benjamin A. Roberts，2004），马来西亚是中等收入水平国家，新加坡和文莱是高收入水平国家。根据 H-O 理论，一国将会专业生产和出口采用本国丰裕要素生产的产品，因此东盟成员中的欠发达国家应该专业生产劳动密集型、自然资源密集型的产品，如纺织品、农产品和矿产品等。这导致了中国与东盟国家在产品出口方面具有很强的相似性。

本文选取出口产品相似度指数（Finger-Kreinin Similitude Index）对中国与东盟在同一市场（如东盟市场）上的竞争状况和发展趋势加以分析。该指数用于衡量两个国家在第三市场或世界市场上出口产品的相似性程度。

出口相似度指数用公式可表述如下：

$$s(ij,w) = \left[\sum_k Min\left(\frac{X_{iw}^k}{X_{iw}}, \frac{X_{jw}^k}{X_{jw}}\right) \right] \times 100\%$$

其中，X 代表出口额，它的上标 k 代表第 k 种出口商品，它的两个下标依次代表出口国（i 国或 j 国）向目标市场 ① 的总出口，$\frac{X_{iw}^k}{X_{iw}}$ 代表 i 国出口到目标市场的第 k 种商品占 i 国出口到目标市场所有商品总额的份额。如果 i 国和 j 国出口到目标市场商品的结构完全相同，则指数值为 1；反之，则指数值为 0。可见 $0 \leqslant s(ij,w) \leqslant 1$。如果该指数呈上升趋势，则表明两国出口到目标市场的商品结构趋于类似，即这两个国家在目标市场上的竞争程度越来越激烈。出口相似度指数的变动能反映出一国的经济增长、产业结构以及出口结构的变动等特性。

关于中国与东盟国家的出口相似度，由于统计资料方面的原因，②1995～1998 年以东盟中的新加坡、马来西亚、泰国、菲律宾及印度尼西亚、文莱等六国作为研究样本，1999 年增加了缅甸，2000～2005 年在1999 年的基础上增加了柬埔寨作为研究样本。这些国家在整个东盟的对外贸易中占了相当大的份额。以 2004 年为例，东盟六国的出口额占整个东盟总出口的 99.14%，进口额占东盟总进口的 98.78%，因而具有一定的代表性。此外，本文还挑选了东盟的主要贸易伙伴国，如美国、日本、韩国等，并对中国与这些国家在东盟市场上的出口相似度进行了计算，以进行横向对比。计算结果见表 4。

---

① 计算两国的出口相似度指数的时候，目标市场可为第三国市场或者世界市场。本文中目标市场为东盟市场。

② 老挝和越南的数据缺失。

表4 1995~2005年中国与东盟各国之间在东盟市场的出口相似度分析

年 份	中国—东盟	中国—日本	中国—韩国	中国—印度	中国—新西兰	中国—加拿大	中国—美国
1995	0.57302	0.55444	0.62882	0.60318	0.30077	0.43857	0.56883
1996	0.53465	0.46617	0.56368	0.57207	0.28302	0.55426	0.51066
1997	0.67488	0.63020	0.67860	0.43927	0.26891	0.58696	0.63659
1998	0.72174	0.62565	0.64073	0.51791	0.20880	0.52236	0.62246
1999	0.75745	0.70935	0.62810	0.49382	0.22868	0.58389	0.73628
2000	0.78786	0.71537	0.73199	0.53108	0.29932	0.46263	0.73633
2001	0.78243	0.73430	0.69403	0.59426	0.18187	0.44482	0.73412
2002	0.69889	0.73711	0.63722	0.42944	0.22467	0.51549	0.69840
2003	0.73846	0.75161	0.65668	0.43194	0.26213	0.58505	0.65021
2004	0.76893	0.76339	0.70390	0.42795	0.27433	0.56743	0.63949
2005	0.77294	0.75942	0.71547	0.45848	0.27803	0.57898	0.63849

注：以上数据根据联合国 Comtrade 贸易数据库 http：//unstats. un. org/unsd/comtrade，东盟秘书处 ASEAN Trade Data 数据库 http：//202. 154. 12. 33/trade/publicview. asp 相关数据计算得出。

从计算结果可以看出：

（1）在东盟市场上，中国与东盟的出口相似度稳步上升，并于2005年达到0.77294，是所有样本国家中最高的。

原因在于中国和东盟大部分成员国在地理位置、自然资源禀赋、经济发展水平、出口产品结构和产业结构等方面具有相似性。中国向东盟市场出口时，名列中国向东盟出口前几位的产品同时也是东盟各国出口的主要产品。以2004年为例，中国向东盟出口的10种主要产品占中国向东盟出口60%以上的份额，这些产品也占东盟成员方向中国总出口将近60%的份额，[①] 所以出口产品存在较强的竞争，出口相似度数值因而较大。

根据中国商务部统计，20世纪90年代以前，中国对东盟的出口主要是农副产品和轻纺产品，从东盟主要进口原料性商品。近年来，双边的贸易以工业制成品为主导，初级产品的比重不断下降，双方的产业结构和出口商品结构趋同性增强，出口竞争也越来越激烈。目前中国对东盟的出口以工业制成品为主，其中机电产品名列榜首。机电产品互为中国和东盟的出口优势产品，相互竞争异常激烈。中国具有出口优势的其他产品有杂项

---

① 东盟秘书处 ASEANTradeData 数据库。

制品、纺织品、皮革制品、消费电器、服装等等。在某种程度上二者的出口结构十分接近。

（2）在东盟市场上，除了东盟国家以外，中国还面临着来自东盟其他主要贸易伙伴国的激烈竞争。2005 年中国与日本的出口相似度指数达到 0.75942，仅次于中国与东盟之间的这一指标。韩国、美国、加拿大等国家在东盟市场上也拥有各自的优势产品。

另外，从表 5 中可以看出，2004 年，东盟出口到中国的主要是晶体管、半导体、真空管、数据自动处理器、数据自动处理器的零配件、石油及石油制品、天然橡胶、通讯设备及零配件等；而从中国进口的主要是机械设备的零配件、通讯设备及其零配件、晶体管、半导体、真空管、数据自动处理器、电路交换器、石油及石油制品等。这说明近年来，虽然中国对东盟出口商品结构中制成品贸易的比重逐步上升，但仍未改变出口以劳动或资源密集型商品为主、进口以资本和技术密集型商品为主的外贸结构。劳动和原材料密集型制成品（按原材料分类的制成品和杂项制品计）在制成品出口中所占比重一直超过 50%。可见，较低的经济发展水平、粗放的经济增长模式使中国与东盟各国之间的贸易既有竞争关系，又有互补关系。

表 5　2004 年东盟六国与中国进出口的前十大类商品结构

单位：百万美元

东盟出口到中国的商品				东盟从中国进口的商品			
HS 编码	商品名称	金额	比重	HS 编码	商品名称	金额	比重
85	电机，电器设备机器零件	10893.2	28.3	85	电机，电器设备机器零件	14136.7	33.2
84	核反应堆，锅炉，机器，机械器具机器零件	7239.4	18.8	84	核反应堆，锅炉，机器，机械器具机器零件	10486.5	24.7
27	矿物燃料，矿物油及其蒸馏产品	4504.1	11.7	27	矿物燃料，矿物油及其蒸馏产品	1866.3	4.4
29	有机化学品	2388.1	6.2	72	钢铁	1791.7	4.2
39	塑料及其制品	2314.2	6.0	90	光学，照相，电影，计量，检验，医疗或外科用仪器及设备，精密仪器	979.9	2.3

续表 5

	东盟出口到中国的商品				东盟从中国进口的商品		
15	动植物油脂及其分解产品	1989.6	5.2	71	天然或养殖珍珠，宝石或半宝石，贵金属，包贵金属及其制品；仿首饰；硬币	727.2	1.7
40	橡胶及其制品	1712.0	4.4	39	塑料及其制品	701.1	1.6
44	木及木制品；木炭	843.3	2.2	73	钢铁制品	690.5	1.6
90	光学，照相，电影，计量，检验，医疗或外科用仪器及设备，精密仪器	738.0	1.9	28	无机化学品；贵金属，稀土金属，放射性元素	630.3	1.5
74	铜及其制品	527.7	1.4	29	有机化学品	619.1	1.5
合计		33149.7	86.0	合计		32629.4	76.7

注：＊HS 编码由世界海关组织设计，1988 年 1 月 1 日在国际上正式实施，全称为协调商品名称和编码制度（The Harmonized Commodity Descriptionand Coding System，HS Code）。HS 编码是迄今最完善、系统、科学的国际贸易商品分类体系。中国从 1990 年 1 月 1 日起先后在普惠制签证和商检机构实施检验的进出口商品种类表上实施 HS 编码，以后陆续在海关、外运、银行、保险以及其他领域推广运用。1992 年中国海关正式采用 HS。HS 采用 6 位数编码，把全部国际贸易商品分为 22 类，99 章（其中第 77 章为保留章）。一般说来，商品分类越细，在此基础上计算出的出口相似度指标数值就越低，反之则越高。资料来源：东盟秘书处出版的 ASEAN Statistical Yearbook 2005，pp. 96 – 97.

五 结论

中国—东盟自由贸易区的建设为中国与东盟之间的双边贸易创造了良好的环境，随着中国与东盟之间全面经济合作的良性发展，双边贸易额的持续增加也会提升中国—东盟区域在世界经济中的竞争力。从实证分析的结果看，中国与东盟之间的贸易联系十分紧密，但贸易的互补性不足而竞争性过大，中国出口产品的竞争力提升效应有待提高，双边贸易的发展仍存在诸多挑战。

参考文献

[1] 程毕凡、谢陈秀瑜：《中国与东盟国家经济关系：现状和发展趋势》，中国社会科学出版社，1998。

[2] 郭晓磊、吴国蔚：《中国—东盟自由贸易区的驱动机制分析》，《世界经济研究》2007 年第 1 期。

[3] 荣静、杨川：《中国与东盟农产品贸易竞争和贸易互补实证分析》，《国际贸易问题》2006 年第 8 期。

[4] 张秋菊：《日本与东盟双边贸易状况的实证分析》，《东南亚研究》2006 年第 6 期。

[5] 郑京淑：《东亚的区域内贸易的发展及其动力机制研究》，《南开经济研究》2005 年第 4 期。

国家制定技术性贸易
措施战略前瞻*

夏先良

改革开放近 30 年来，中国是全球贸易增长最快的国家，货物进出口总额在世界贸易总额中的比重逐年提高，在国际分工中的地位也日益提升。同时，中国外贸对国内经济增长的贡献率也越发明显，成为支撑中国经济持续、稳步和快速增长的重要力量。

然而，中国外贸进一步发展面临外国对中国设置的重重技术性贸易壁垒，最大限度地降低和排除技术性贸易壁垒给中国外贸和经济增长所带来的消极影响，将不利因素转化为有利因素的巨大挑战。为此，中国需要及时研究和准备制定国家技术性贸易措施战略。

一　技术性贸易措施的两面性

随着关税和非关税壁垒日益减弱，技术性贸易措施的影响变得更加普遍。技术性贸易措施是指一个国家以国家安全，保障人类健康，保护生态环境，防止欺诈行为，保护消费者利益为由，制定和实施的一系列技术法规、标准和合格评定程序的措施。技术法规是强制执行的规定产品特性或有关加工和生产方法。技术标准是重复性的技术事项在一定范围内的统一规定。而合格评定程序是指任何直接或间接用以确定产品是否满足技术法规或标准要求的程序。此外，为保护人类、动植物的生命或健康，各国还

* 本文系中国社会科学院财政与贸易经济研究所重点课题《中国技术性贸易壁垒战略研究》总报告的一部分。课题主持人：夏先良；课题组成员：杨圣明、于立新、申恩威、冯远、樊瑛、夏先良。本文吸收了课题成果和研讨会上大家提出的许多宝贵意见。在此表示感谢，尤其感谢冯雷研究员提出的建议。

制定和实施动植物卫生检疫措施。这两方面的技术性贸易措施，与以往关税和其他非关税手段只会限制贸易的性质不同，它们具有以下两方面性质。

1. 技术性贸易措施具有创造贸易和纠正市场失灵的性质

技术性贸易措施具有促进生产技术进步的积极作用，能促进和便利贸易。或者说，技术性措施具有提高公共福利的潜力，对市场失灵具有改正功能，能够创造贸易。为了追求各种公众的福利，为了努力增加贸易和规范贸易，政府制定了法规以及政策措施，进行生态环境保护、劳动保护，确保卫生健康和产品质量安全。

当今企业纷纷谋求跨国经营，对国际市场和定单进行激烈竞争，具有强大的力量去扩大国际贸易和提高国际贸易水平。产业界制定了大量的标准，以便整合产品网络和生产工艺，提高经济效率。这些标准有助于消费者选购产品，确保产品质量和安全，为外国消费者提供购物的保险，增加产品贸易。

2. 技术性贸易措施具有限制和扭曲贸易的性质

技术性贸易措施同时又具有阻碍其他国家商品自由进入该国市场的性质。不同于配额、自愿出口限制等其他非关税措施对贸易的显性障碍，技术性贸易措施对贸易的障碍具有隐蔽性。有许多技术性措施宣称是增进福利的措施，却打算作为达到其他目的的政策工具正日益变成重要的贸易障碍。在国际认可的合法外衣下制定的技术法规、标准和合格评定程序可能在某些措施背后隐藏着战略目的，例如，通过对潜在外国竞争者增加成本保护国内产业，通过对外国进入者制造足够高的障碍完全有效地排除他们。不同的技术标准能够明显地增加进出口成本或者阻止市场准入，造成对潜在和现有进出口商的额外障碍，对外国企业进行歧视，影响或限制贸易。在出口商品进入国际市场之前，技术性贸易措施迫使潜在出口商做出符合法规或服从检测的产品或工艺改变。无论制定的技术性措施具有歧视性或者仅仅起增加出口商成本的作用，对潜在出口商制造额外的穿越障碍，都可能影响贸易。滥用质量安全标准实施技术性贸易壁垒，尤其在食品贸易领域更加严重，这是因为各国质量标准存在差异，也由于食品中的一些指标具有非常敏感的高技术特征，使得政府在其中有很多可以发挥的"自由空间"。技术性贸易壁垒已经成为贸易保护主义的主要手段。

据 WTO 统计，从 1995～2007 年 5 月 31 日，各成员通报影响贸易的新规则总量 23897 件，其中技术性贸易措施 16974 件，占总量的 71%。发达国家拥有技术优势，在国际标准制定上拥有更多话语权。这些技术性措施对于不同国家、不同历史时期、不同产业及其不同产品需求，会表现出两种不同的、影响程度各异的性质。各国各产业及其产品的生产技术能力差别很大，对同一技术法规和标准的跨越能力各有差异。如果技术性贸易措施仅仅是增加了商品的成本、高于达到某一特定的政策目标所需的必要程度、差别性保护或歧视性影响、不是对贸易造成最小障碍的可选措施，那么，这些措施就是非法的，就变成障碍贸易的壁垒。由于这些技术性贸易措施具有涉及面广、隐蔽性强、技术性高等特点，会对全球国际贸易产生长期的影响，特别是会对发展中国家的国际贸易带来不利影响。据估计，2006 年技术标准影响了全球 80% 的贸易，影响全球贸易额达 8 万亿美元。

二 WTO《技术性贸易壁垒协议》的软约束力

世界贸易组织的所有成员间达成并遵守《技术性贸易壁垒协议》，这项协议确保各国采取的技术性措施不对贸易造成不必要的障碍。可是，协议没有界定技术性贸易壁垒概念本身，而是原则性地界定了有关技术性贸易措施的可接受行为。协议规定技术性措施必须用于非歧视目的，不允许影响贸易的法规、标准和合格评定程序，不鼓励给予国内产品不公平优势的任何方法。

WTO 协议承认政府为了人类健康、动植物生命、环境保护和消费者利益可以适当考虑采用标准，不阻止政府采取必要措施确保标准实施，鼓励政府使用适当的国际标准，不要求其改变保护水平。虽然协议制定了避免"不必要"贸易障碍和对进口产品歧视的基本规则，但把技术性贸易壁垒间接地定义为协议框架内可接受行为的失败。协议试图确保法规、标准和认证程序对贸易不造成"不必要的障碍"，并且覆盖生产工艺和方法。可是，协议中"不必要"这个界定太笼统了，在区分合法与非法上不具有明确的硬性约束力。

由于各国在究竟那些具体管制措施应该是什么上缺乏共同看法，加深了各国具体措施的差异性。在每个国家政治过程之外，各国社会经济条件、需要和对科学技术发现的不同理解水平都是可能导致政府采取不同的法规、标准和合格评定程序的因素。各国具体技术性措施的差异是客观存在的。所以，WTO 对各国技术性贸易措施不可能要求整齐划一。WTO 协议允许政策措施多样性，同时鼓励但不要求采用国际标准。

不同于其他扭曲贸易的政策措施，技术性贸易措施具有纠正市场失灵等提高效率和社会福利的性质。所以，世界贸易组织在某些情况下承认这些影响贸易的技术性措施合法性，允许独特国情的成员所需要的政策差异。虽然协议对技术性措施提供了高度相关和有用的参考框架，但仍然留有足够的理解空间。由于提高效率的可能性，评估这些技术性措施影响贸易的损失比关税及其他非关税壁垒更加复杂。做出一项技术性措施是否充当贸易壁垒的评估难度在于需要更多这些措施对贸易影响的信息和资料以及评估这些资料的分析工具。所以，当一项技术性措施可能对出口到某个市场的企业比对国内制造商具有更大影响时，可能难以结论性地展现这项技术性措施不是保护目标市场上消费者的合法工具，而天生就是歧视性的手段。即使某些技术性措施缺乏合法理由，因而要求取消或修改，但实践中总是悬而未决。

总之，世界贸易组织对各国具体的技术性措施最多只有软约束力，这是各国纷纷采用技术性措施进行歧视性保护和伤害对手的重要原因。许多WTO成员为了保护其国内产业和市场，凭借WTO规则，纷纷采取技术性贸易措施，提高市场准入要求。

三　中国面临的机遇与挑战

（一）机遇

WTO提供了中国与外国协商和解决技术性贸易壁垒争端的机制。随着中国对外经济贸易的快速发展，中国与其他成员之间发生有关技术性贸易壁垒方面的纠纷和争执案件会逐年增加，所遭受外国技术性壁垒的损失会日益扩大。在国际方面，WTO为中国与其他成员之间解决纠纷提供了一个协商和最终裁决的平台，为中国解决面临的技术性壁垒问题提供了过去所没有的新机制和新机遇。

而且，发达国家比以往更加重视技术法规和技术标准，加快更新速度，这对发展中国家既是挑战也是机遇。发展中国家需要增加研发和教育投入，吸收发达国家的既有技术成就，同时加快自主创新，反过来，迫使发达国家向发展中国家转移技术，以免发展中国家的自主创新打破发达国家的技术垄断局面。这也为中国完善技术性贸易措施体系准备了物质技术条件。

在国内方面，中国实施科教兴国战略、知识产权战略和建设创新型国家为制定、修订和发展技术标准提供了坚实的基础。西方国家长期以来推动知识产权制度全球化以及世界贸易组织达成《与贸易有关的知识产权协议》，促进了中国根据自身发展需要建立科学的知识产权制度和战略。近年来，国家科教兴国战略和知识产权战略推动了国家和产业界的研发投入快速增加，深化科技体制改革，促进了科技成果和知识产权数量和质量的大幅度提升。到 2020 年中国将建设成为创新型国家，自主创新成为推动国家发展的主要动力。目前，中国强调加强自主创新，建设创新型国家，实施知识产权战略和科教兴国战略推动科技兴贸，到了一个全民共识的历史时代。这些都为中国制定、修订技术标准以及参与国际标准化进程提供了坚实的科技基础，迎来了中国技术标准、法规和认证快速发展的新机遇。

（二）挑战

1. 欧、美、日等贸易保护主义思潮开始抬头

近年来，欧、美、日等新贸易保护主义重新抬头。它们是实施技术性贸易措施的主要国家和地区。它们特定清晰的政策目标、歧视性的政策取向、广泛的保护对象和体系化的保护措施，使得其技术性贸易壁垒体系有效地保护了本国市场，为本国企业进入目标市场提供了有效的技术支持。它们不仅有较为完善的技术性贸易壁垒体系，同时还拥有较完善的技术性壁垒管理体系，有专门的机构负责执行和管理 WTO/TBT 协定，从事技术性措施的国内外协调工作，审查、评议国外制定和实施的技术性措施是否对本国产品出口造成壁垒，跟踪研究国外技术性壁垒的新动向及其变化趋势，确定应对工作的方针、政策和措施，向政府、中介组织和企业提供全面的技术信息和宏观指导。

欧、美、日等运用技术性壁垒实现贸易保护主义的思潮和行动已经展露，鲜明地带有以下一些新特点：第一，它们技术性壁垒高、要求严格、覆盖领域广泛、扩散效应明显；第二，其技术性贸易壁垒正逐渐体系化；第三，其技术性贸易壁垒的设置既提高政府行为的权威性和有效性，又充分发挥非政府行为的作用；第四，其 TBT 体系从单边保护转向多边贸易体系下的合法性保护；第五，其积极将本国或本地区标准制定成国际标准，并向其他国家推行；第六，其积极采取技术法规和技术标准互认制度，扩大国际市场份额。

2. 中国技术性贸易措施体系建设相对滞后

尽管中国在技术性贸易措施领域已经开展了不少工作，并取得了一定成绩，但世界各国尤其是发达国家，对技术性贸易措施这一非关税壁垒的制定和实施正在不断强化。而中国产业技术水平不高，缺乏自主知识产权，技术标准落后，国家技术性贸易措施法规体系不完善，制定程序和管理工作不规范，很难满足进出口贸易发展的要求，外贸受到巨大损失和付出极大代价，中国现行的技术性贸易措施体系已经远远不能适应近年来对外贸易快速发展的需要。这样的发展趋势对中国提出了严峻的挑战。

从总体来看，中国科技水平与发达国家存在一定差距，现行的大部分技术标准尚未达到适应国际市场先进产品生产的技术标准，这是造成目前中国出口屡屡遭遇国外技术性贸易壁垒的主要原因。根据国家质检总局在2002～2004年调查显示，目前中国绝大多数企业出口产品依据的技术要求有国家标准、行业标准、企业标准、国际标准、进口国技术要求以及买方的技术要求等，其中依据买方技术要求的居最多，占27%，其次为依据进口国技术要求的占20%，依据国际标准的占12%。依据进口国技术要求、买方技术要求和国际标准的共占59%。依据国家标准、行业标准和企业标准的仅占40%。这说明在出口产品生产中，中国标准远不能满足出口生产的需要，中国技术性贸易措施体系建设相对国际先进水平来说相当落后。

3. 中国遭遇外国技术性贸易壁垒对出口竞争力和市场准入的巨大影响

中国是发展中国家，总体经济技术水平不高，出口商品结构大部分集中在货物商品上，产品档次偏低。国内一些企业技术水平和管理水平较低，出口商品在安全和质量等方面确实存在某些问题，容易授人以柄。中国企业出口依存度高，国际市场上自主品牌较弱，对发达国家的夕阳产业形成一定冲击；同时由于中国产业结构和其他发展中国家类似，形成竞争。近年来，世界各国极力采取技术性贸易壁垒来保护本国经济，给中国出口设置高门槛，增加了中国出口贸易的成本，严重削弱了中国出口贸易竞争力，损害了中国的贸易利益和福利。虽然各国对中国企业采取技术性贸易措施的比例高低不等，但对中国各行业造成的伤害和贸易损失都相当严重。

商务部调查数据显示，2005 年，中国内地有 15.13% 的出口企业受到国外技术性贸易措施的影响；在中国二十二大类出口产品中，有 18 类遇困；直接损失达 691 亿美元，约占当年全年出口额的 9.07%；国外技术性贸易措施给中国企业造成的出口贸易机会损失高达 1470 亿美元，约占

2005 年全年出口额的 19.29%。2006 年中国内地企业为应对国外技术性贸易措施所增加的生产成本 262 亿美元，同比增加 20.74%，约占当年全国出口贸易额的 2.7%；出口行业遭受直接损失金额达 758 亿美元，同比增加 9.7%；有 15.22% 的出口企业受国外技术性贸易措施不同程度的影响。随着中国出口规模的日益扩大，外国技术性贸易壁垒会随之继续提高，对中国出口造成的损害会继续增加。

4. 中国遭遇外国技术性贸易壁垒对进口的影响

外国稀缺矿产资源和尖端技术对华输出限制对中国产业发展造成巨大的影响。中国资源依赖国际市场的程度较高。中国人口多，自然资源、战略资源匮乏，资源型产业严重依赖国际市场，政治风险、市场风险都很大。外国为了保护其本国稀缺矿产资源，采取种种关税及非关税手段限制这些资源对中国的出口。同时，发达国家凭借其强大的经济实力、技术实力和政治势力对中国一直采取尖端技术封锁、高端产品限制、低档产品倾销的歧视政策。

中国近 30 年来一直很难在国际经济技术合作中得到高新技术、核心技术。中国加入 WTO 后，发达国家对中国的技术封锁有了一些松动，不再实行全面封锁，把相对落后的技术产品出口到中国。但发达国家从来没有放松对华的高新技术出口管制。美国自从 2001 年对高科技产品的出口许可证实行重新审查后，相当一部分原先批准的许可证被冻结，对超级电脑、高科技电信设备、半导体设备，以及尖端的机械工具，几乎完全对华停止了出口。日本政府曾专门做过一个对华汽车技术输出的报告，要求各汽车厂家必须让中国的汽车技术落后 20 年以上。面对高额的专利费、管理费和外国专家修理费用，中国企业常常以极高的价格购买的却是二流设备，使得企业负担过重，产品缺乏竞争力，整个产业发展受到了严重的阻碍。

中国对外国输入产品进行技术性贸易管理缺乏有效性。中国进口技术性贸易壁垒门槛低，进口产品不符合国际标准的问题比较严重。中国进口技术性贸易保护体系很不完善，大量技术标准、技术法规已经严重滞后。中国环境问题突出，已经成为制约国民经济发展的"瓶颈"。在中国的进口贸易中，屡次发生外国垃圾倾倒中国的事件。曾经多次发生进口外国食品、化妆品、医药、废旧电子产品等没有严格履行有关查验手续的事件，给中国人民的财产和健康安全带来巨大的隐患。很多有害成分超标的进口产品，不仅赚取中国外汇，而且还威胁中国消费者的身体健康，更为甚者可能对中国的生态环境造成无法弥补的损害。

中国发现和控制外国问题产品的行政能力、技术能力仍然面临巨大挑战，而且中国相当一部分产品的质量安全技术标准和法规已经落后，相关法律需要进一步修订完善。中国相关职能部门尚未建立统一权威的技术性贸易措施运作机制，给进口管理造成混乱。中国进口技术性贸易壁垒预警机制缺失，导致进口损害的后果不能及时纠正。国家需要采取切实措施，堵住权钱交易的漏洞，严格行政责任追究制度。为了保障人民生命财产安全以及产业发展，中国商务部、海关、国家质检总局等有关部门需要协调制定技术性贸易措施战略，加强对进口产品的有效监管。

四　中国制定技术性贸易措施战略的重要性和紧迫性

随着关税措施对国际贸易影响的逐步弱化，技术性壁垒已经成为当今国际贸易的主要政策调节工具。进入 21 世纪以来，随着中国贸易规模的急速扩大，国际贸易摩擦开始频繁出现，越演越烈，潜伏着贸易战的危险。特别是欧、美、日等国通常以维护本国的经济安全、保障本国消费者健康、保护生态环境等为借口，对中国进出口贸易设置越来越多和极为严格甚至苛刻的贸易技术壁垒，目前已成为影响中国对外贸易正常发展的重大而突出的障碍，并且已经对中国经济的长远和整体发展产生负面影响。为此，国家需要建立健全技术性贸易措施体系，推动中国标准、认证体系的完善。这是提高企业国际竞争能力，促进产品出口和保障人民卫生安全的战略措施。中国现在制定技术性贸易措施战略具有强烈的紧迫性和重大的现实意义。

（一）技术性贸易措施作为国家基础设施的重要性

技术性贸易措施是国家重要基础设施之一。它是服务外贸进出口、把好国门，同时又维护市场公平竞争、消费者公共利益和国家安全的关键。技术标准是技术性措施的主要成分，它是国际商业语言。没有标准，将难以想象国际贸易的复杂性。它对于一个稳定的国民经济和全球贸易的便利化都是重要的。标准体系能够提高产业竞争力，促进全球自由贸易体系。因此，标准是公正自由贸易成功的基础，它是现代经济的重要基础设施。

贸易技术性措施在维护国家经济利益、调整产业结构、改善经济增长方式和维护公众利益中发挥着特殊作用。因此，国家有必要建立一个包括标准体系、认证体系、技术体系、法律体系和信息体系的立体技术性贸易措施系统，把贸易技术性措施体系的建立与中国的经济结构、产业结构、产品结构的调整结合起来，把贸易政策措施与人民生命健康安全、环境保护等协调起来。

技术性贸易措施还是进行国际竞争和斗争的重要工具。尤其是技术标准体现一个国家创新能力、经济实力和科技水平。谁控制了某个领域的国际标准，谁就控制了这个领域的国际市场的制高点和国际贸易的主动权。发达国家的"标准帝国主义"倾向日趋严重，特别是在高科技产品上试图垄断规格、标准和制式。这是经济强大的欧、美、日等国家，为保护自身利益，限制别国发展的重要手段和战略。

（二）　制定技术性贸易措施战略的紧迫性

1995～2005 年，欧盟、美国、日本向 WTO 通报的 TBT 数量占总通报数量的 15%。欧盟拥有技术标准 10 多万个，各个成员国同时拥有本国的技术标准，例如德国的工业标准约有 115 万种。2000 年，美国国家标准协会颁布了《国家标准战略》，明确地提出要发挥美国标准体系的优势，整合各方面资源与优势，大力推进本国技术标准的国际化。目前美国联邦政府机构制定大约有 44000 件技术法规和采购规范。

然而，截止到 2005 年底，中国累计现行国家标准有 20688 项，其中：强制性标准 3024 项，推荐性标准 17588 项，指导性技术文件 76 项。2005 年制定、修订国家标准只有 1320 项，其中：采用国际标准和国外先进标准 637 项，占本年度制定、修订标准的 48.26%。中国制定、修订国家标准的进度远远没有达到每年 6000 项的计划要求。

而且，中国企业采用国家标准和国际标准的比率很低，产品达到进口国市场准入技术标准的比例不高。中国技术标准约有 70%～80% 低于国际和国外先进标准，而且中国标准体系混乱。出口企业对 WTO/TBT 相关规则的信息不灵，缺乏有效的应对手段。这些都使企业出口产品的技术标准达不到市场准入的门槛。

目前，国家对建立进口技术性贸易措施的重视程度仍显不够，树立国家进出口技术性战略措施的意识不强。中国应对外国 TBT 的基础设施建设滞后，技术标准总体水平不高，合格评定程序不健全，环境、卫生和动植物检验方面措施尚不完善，相关法律法规及社会中介服务职能缺失。中国建设完善的技术性贸易措施体系的任务异常繁重，与发达国家完善程度和管理水平差距很大，面临着巨大的建设压力和紧迫性。中国有必要利用中国市场优势、人才优势和知识产权优势，建立中国独立的标准体系，增强中国外贸竞争力。

五　中国外贸又好又快发展的战略空间

（一）和平与发展仍然是当今世界的主流

在可以预见的未来，世界主流仍然是和平与发展，各国求和平、谋发展、寻合作依然是时代潮流。世界将由目前的一超多强局面走向世界多极化稳定局面，各国相互依存程度日益加深，国际力量对比朝着有利于维护世界和平方向发展，国际形势日趋均衡稳定。经济全球化继续深入发展，科技革命蓬勃涌现，各国合作势头方兴未艾，各种国际组织和联盟纷纷兴起，共同应对各种形式的人类安全与发展的挑战。中国作为发展中大国将继续推动世界持久和平，促进世界共同发展和繁荣，建设美好的和谐世界。中国将努力以自己的发展促进世界和平稳定、合作共迎和共同发展的世界局势形成。这段世界和平期正是中国外贸又好又快发展的机遇期。我们一定要利用好这段战略机遇期加快发展经济、科技、文化和教育，加快民主政治和和谐社会建设。

（二）中国企业及其产品对外国技术性贸易壁垒的战略能力

中国出口贸易跨越技术壁垒的能力主要依赖于以下几点：第一，中国科技创新的水平和生产技术进步的速度。科技创新的水平直接决定出口产品的技术含量。技术含量高的产品不仅能跨越外国的技术壁垒，而且有很大的国际市场竞争力，也会带动其他相关附属产品出口。中国生产技术一旦赶上并超过发达国家，外国的技术壁垒将不再是我们产品出口的阻碍。第二，中国参与制定国际标准的比重高低。中国积极参与制定国际标准的队伍，将为中国的出口贸易打开市场，制定更多、更加适合中国的标准，中国的出口贸易才不会受制于人，跨越外国技术壁垒的能力也就越强。第三，中国掌握国际知识产权的数量和质量。申请专利、注册商标的拥有自主知识产权的产品往往具有不可替代性，因而不易受外国技术壁垒的羁绊，更容易出口。

长期以来，中国企业掌握的技术不够先进，同时对知识产权保护意识薄弱，采用国际标准或国家标准的比率较低，适应外国技术壁垒的能力仍然不够，因而，导致中国产品出口因遭遇国外技术壁垒造成的损失相当严重。近些年来，国际贸易环境恶化的压力增加以及一些国际公约的实施，外国纷纷采取技术性贸易壁垒，广泛地冲击着中国农产品、纺织品、机电产品、玩具、医药产品等出口，严重地削弱了中国出口产品的国际竞争力。

中国出口市场主要集中于美国、日本和欧盟，而这 3 个经济实体也正是技术性贸易壁垒的发源地，给中国出口贸易增长造成了很大的阻力。正是由于中国很多产品出口市场较为集中，使中国更易成为国外技术壁垒限制的对象。例如，中国目前生产的鳗鱼占世界总产量的 2/3，出口量的 3/4，但主要出口市场为日本，在该国市场占有率就高达 85%，如此高的出口额集中于日本一国，因而日本贸易保护主义者能够成功通过设置技术壁垒达到限制中国出口的目的。

中国出口产品的技术含量低以及质量落后，附加值高的技术资本密集型产品出口仍然占次要地位。随着全球质量水平和档次的不断提高，中国出口产品的技术性门槛也随之提高。中国出口的贸易伙伴国的技术标准种类繁多，要求严格，大多数等同于国际标准，而中国技术标准约有 70% ~ 80% 低于国际和国外先进标准，而且中国标准体系混乱，有国家标准、地方标准、专业标准及企业标准，数目多而水平低下，致使企业出口产品的技术标准达不到市场准入的门槛。2002 年底，中国国际标准采标率只有 44.2%。不过，一些重点行业采标工作取得较大进展。船舶、纺织行业采标率为 85%，化工行业采标率为 82%，冶金行业为 67%，电子行业为 56.4%；石油行业为 50%；出版印刷行业制定的国家标准全部采用了国际标准。

最近几年，随着中国企业研发投入力度增大，技术进步比较明显，中国出口贸易的规模迅速扩大，中国政府、企业已经对国外技术壁垒有所了解，积累了一定的跨越技术壁垒的能力。这在一定程度上降低了国外技术壁垒对中国出口的抑制效应。调查发现，中国企业应对国外技术性贸易措施的自主意识有所提高，主要应对措施表现在主动进行技术改造和申请认证。中国大部分出口企业已经意识到主动提高自身技术水平和管理水平，增强出口产品的国际竞争力。认识到积极开展技术改造、提高技术标准和申请国际认证是应对国外技术性贸易措施的关键。据调查，为应对国外技术性贸易措施，有 71.8% 的企业选择通过进行技术改造，采用国际或对方标准来积极应对；63.4% 的企业认为还要争取获得国际权威认证和出口国认证。此外，企业还希望政府有关部门通过多边、双边磋商、WTO 争端解决机制、参与国家标准、国际标准或出口目标市场标准制定、修订，以及司法救济等方式帮助企业应对国外技术性贸易措施。

总之，中国涉外企业及其产品对外国技术性贸易壁垒的适应能力仍然较弱。加强自主创新、质量安全技术标准化以及知识产权保护，是跨越外国技术壁垒，促进中国出口，赢得国际市场的长期战略。中国出口企业突破外国技术壁垒的能力取决于自主创新能力、吸收国际先进技术能力和实施国际先进技术标准的能力。从当前中国企业创新能力、创新速度和与先进国家同行企业的技术差距来看，中国企业突破外国技术壁垒仍然存在很大难度，还有很长的路要走。

涉外企业当前亟待做的是积极采用有关国际标准或进口国标准，获取长远的市场空间。为了维护国际经济利益，企业需要适时了解国际市场的技术标准以及法规变化的资信。一旦遭遇外国不合理技术性贸易壁垒，企业需要冷静分析，做出周密计划和策略，依据 WTO 有关规则据理力争，保护自身合法的贸易权益。

（三）中国在传统市场和新兴市场仍有深挖的发展空间

中国出口贸易尽管受到外国设置的各种技术壁垒的巨大压力，但是中国出口贸易跨越外国技术壁垒的增长空间是很大的。加入 WTO 以来，中国进一步融入世界经济体系，科学技术得到快速发展，中国正逐步参与世界标准制定的队伍当中。截至目前，中国参与制定和独立制定的国际标准寥寥无几，而且在国际上被采用的范围很有限。中国作为世界贸易大国，在制定国际标准的过程中发挥市场和技术力量仍有很大的发展空间。目前国家提倡自主创新，鼓励高新技术产业发展，支持高新技术产品研发，国家政策的支持为科技创新的发展提供了良好的环境，863 计划和 973 计划等为中国科技创新、技术发展提供了良好的平台，科技创新的速度不断加快。

中国履行 WTO 与贸易有关知识产权保护协议，对中外权利人进行知识产权保护，为了促进国内经济发展需要，积极开展商标注册、著作权与专利权的保护工作。中国企业近年来开始大幅度增加研发投入，积极进行知识产权保护和实施，开展维权活动，保护本国的技术和产品，占领国际市场，提高出口竞争力。在中国正式融入世界经济的初始阶段，中国已经崭露头角，发挥贸易大国的优势，在各个方面积极应对外国技术贸易壁垒。从全球经济贸易增长和消费需求市场的趋势来看，在未来 5 ~ 10 年内中国外贸发展的增长空间仍是相当可观的。

从货物贸易来看，2005 年世界出口总额 77580 亿美元，进口总额 81100 亿美元，中国出口、进口分别占世界总额的 9.8%、8.1%。中国出口占世界出口总额的比重与欧盟 17.1% 的比重还有很大差距，也与美国占 11.7% 有差距。中国内地出口占香港地区、日本、韩国、俄罗斯进口额的比重均超过 10% 以上，其中香港地区贸易主要是转口贸易，是一个特例。从 2005 年和 2006 年货物出口数据来看，中国内地出口占美国、欧盟、东盟、台湾地区、澳大利亚进口的份额并不高，仍有一定的增加出口空间。而且，中国出口占加拿大、墨西哥、印度、瑞士进口额的比重严重偏低，中国需要努力打开这些重要进口国家的市场（见表 1）。可以说，中国出口扩张的空间还有很大余地。

表 1　2005 ~ 2006 年中国主要货物出口市场

单位：亿美元

国别或地区	2005 年		国别或地区	2006 年	
	中国出口额	占其进口总额的比重		中国出口额	占其进口总额的比重
总　　值	7620	—	总　　值	9690.7	—
美　　国	1629	9.4	美　　国	2034.7	10.6
欧　　盟	1437.1	9.8	欧　　盟	1819.8	10.7
中国香港	1244.8	41.4	中国香港	1553.9	46.2
日　　本	839.9	16.3	日　　本	916.4	15.8
东　　盟	553.7	9.0	东　　盟	713.1	10.4
韩　　国	351.1	13.4	韩　　国	445.3	14.4
中国台湾	165.5	9.0	中国台湾	207.4	10.2
俄 罗 斯	132.1	10.5	俄 罗 斯	158.3	9.6
加 拿 大	116.5	3.6	加 拿 大	155.2	4.3
澳大利亚	110.6	8.7	澳大利亚	136.2	9.7
印　　度	89.3	6.6	印　　度	145.3	8.3
墨 西 哥	55.3	2.3	巴　　西	73.7	8.3
瑞　　士	19.4	1.5	南　　非	57.6	7.4

资料来源：在国家海关总署和世界贸易组织统计数据基础上计算得到。

2006 年世界货物出口贸易总额达到 117620 亿美元（欧盟内部贸易除外世界出口贸易总额为 90150 亿美元），中国出口总额为 9690.7 亿美元，占世界出口总额的 8.2%。这与欧盟对外出口额 14800 亿美元，占世界贸易比重 16.4% 相差 1 倍（见表 2）。中国出口额仅占世界其他国家或地区进口市场规模的 8.5%，这个市场占有率仍然不高，可望提高到当年对日本、韩国市场占有率的水平。可见，中国出口贸易扩张的市场空间还是相当可观的。中国出口美国 2034.7 亿美元（美国商务部统计为 2877 亿美元）货物，占美国总进口额 19200 亿美元的 10.6%，比 2005 年提高 1.2 个百分点。2006 年欧盟进口 16970 亿美元货物，其中中国出口欧盟商品 1819.8 亿美元，约占欧盟进口额的 10.7%，比上年份额提高 0.9 个百分点。欧盟、美国和日本是使用技术壁垒保护市场最频繁的地区，也是中国出口市场最主要地区。这些市场仍然有较大的深挖潜力。此外，挖掘东盟、中东、俄罗斯及其周边国家和大洋洲地区的出口市场，开发非盟国家和拉美国家的市场。按照年均增长率 20% 的保守估计，到 2010 年中国货物出口贸易也将超过 2 万亿美元的规模。

虽然中国服务出口增长率大大超过世界服务贸易平均的出口增长率，从 1999 ~ 2004 年，中国服务贸易出口的平均增长率高于世界服务贸易出口平均增长率的近 9 个百分点，2003 年曾达到近 13 个百分点。2005 年中国内地服务出口 739 亿美元，仅占世界服务贸易总额 17750 亿美元的 3.1%；服务进口 832 亿美元，占世界服务进口总额 17300 亿美元的 3.5%。同年，中国服务贸易规模和份额与欧盟、美国、日本相比都有很大差距。欧盟、美国服务出口占世界服务出口贸易总额的比重分别达到 27.1% 和 14.7%，中国服务出口份额与欧盟、美国分别相差 24 个百分点和 11.6 个百分点。可见，中国服务出口竞争力与这些出口强国相比差距不是短期努力能够缩小的。

2006 年世界服务出口贸易规模达到 27100 亿美元。其中，中国服务出口为 914.2 亿美元，仅占世界服务出口贸易的 3.3%，与美国当年占世界服务出口比重 14.3% 有很大距离（见表 3）。中国服务进口规模达到 1003.3 亿美元，仅占世界服务进口的 3.8%，服务贸易逆差 89.1 亿美元。中国服务贸易占世界服务贸易总额的份额严重偏低。这就是说，中国服务出口市场增长空间和潜力巨大，中国服务贸易的发展空间无限广阔，需要组织有实力服务企业走出去开拓国际服务市场。

表2　2006年世界货物贸易主要进出口国或地区（不包括欧盟内部贸易）

单位：10亿美元

排名	出口国或地区	金额	比重	增长率	排名	进口国或地区	金额	比重	增长率
1	欧盟25国对外出口	1480	16.4	11	1	美　国	1920	20.6	11
2	美　国	1037	11.5	14	2	欧盟25国自外进口	1697	18.2	15
3	中　国	969	10.7	27	3	中　国	792	8.5	20
4	日　本	647	7.2	9	4	日　本	577	6.2	12
5	加拿大	388	4.3	8	5	加拿大	357	3.8	11
6	韩　国	326	3.6	15	6	中国香港	336	3.6	12
7	中国香港	323	3.6	10	7	韩　国	309	3.3	18
8	俄罗斯	305	3.4	25	8	墨西哥	268	2.9	15
9	新加坡	272	3.0	18	9	新加坡	239	2.6	19
10	墨西哥	250	2.8	17	10	中国台湾	203	2.2	11
11	中国台湾	224	2.5	13	11	印　度	174	1.9	25
12	沙特阿拉伯	209	2.3	16	12	俄罗斯	164	1.8	31
13	马来西亚	161	1.8	14	13	瑞　士	141	1.5	12
14	瑞　士	147	1.6	14	14	澳大利亚	140	1.5	11
15	阿联酋	139	1.5	21	15	土耳其	137	1.5	17
16	巴　西	137	1.5	16	16	马来西亚	131	1.4	14
17	泰　国	131	1.4	19	17	泰　国	129	1.4	9
18	澳大利亚	123	1.4	16	18	阿联酋	95	1.0	17
19	挪　威	122	1.3	17	19	巴　西	88	0.9	14
20	印　度	120	1.3	21	20	印度尼西亚	78	0.8	5
21	印度尼西亚	104	1.2	21	21	南　非	77	0.8	24
22	土耳其	85	0.9	16	22	沙特阿拉伯	65	0.7	9
23	伊　朗	75	0.8	34	23	挪　威	64	0.7	15
24	委内瑞拉	63	0.7	14	24	菲律宾	52	0.6	10
25	智　利	59	0.7	45	25	罗马尼亚	51	0.5	26
26	南　非	58	0.6	13	26	伊　朗	51	0.5	34
27	科威特	54	0.6	21	27	以色列	50	0.5	6
28	阿尔及利亚	53	0.6	15	28	乌克兰	45	0.5	25
29	尼日利亚	52	0.6	23	29	越　南	44	0.5	20
30	菲律宾	47	0.5	14	30	智　利	38	0.4	18
	世界（不包括欧盟内贸）	9015	100.0	16		世界（不包括欧盟内贸）	9333	100.0	15

资料来源：世界贸易组织。

表3　2006年世界服务贸易主要进出口国或地区

单位：10亿美元

排名	出口国或地区	金额	比重	增长率	排名	进口国或地区	金额	比重	增长率
1	美　　国	387	14.3	9	1	美　　国	307	11.7	9
2	英　　国	223	8.2	9	2	德　　国	215	8.2	7
3	德　　国	164	6.1	11	3	英　　国	169	6.5	6
4	日　　本	121	4.5	12	4	日　　本	143	5.5	8
5	法　　国	112	4.1	-2	5	法　　国	108	4.1	3
6	意 大 利	101	3.7	13	6	意 大 利	101	3.9	14
7	西 班 牙	100	3.7	8	7	中　　国	100	3.8	20
8	中　　国	91	3.3	23	8	荷　　兰	78	3.0	7
9	荷　　兰	82	3.0	4	9	爱 尔 兰	77	3.0	11
10	印　　度	73	2.7	34	10	西 班 牙	77	2.9	18
11	中国香港	71	2.6	15	11	加 拿 大	72	2.7	12
12	爱 尔 兰	67	2.5	17	12	印　　度	70	2.7	40
13	新 加 坡	57	2.1	12	13	韩　　国	69	2.7	20
14	比 利 时	57	2.1	7	14	新 加 坡	61	2.3	12
15	加 拿 大	56	2.1	7	15	比 利 时	54	2.0	6
16	韩　　国	51	1.9	16	16	俄 罗 斯	45	1.7	17
17	丹　　麦	50	1.9	19	17	丹　　麦	44	1.7	17
18	卢 森 堡	50	1.9	25	18	奥 地 利	40	1.5	…
19	奥 地 利	50	1.8	…	19	瑞　　典	39	1.5	12
20	瑞　　典	50	1.8	17	20	中国香港	35	1.3	7
21	瑞　　士	50	1.8	8	21	中国台湾	33	1.2	3
22	希　　腊	36	1.3	5	22	泰　　国	32	1.2	18
23	澳大利亚	32	1.2	6	23	澳大利亚	32	1.2	6
24	挪　　威	32	1.2	10	24	挪　　威	31	1.2	7
25	俄 罗 斯	30	1.1	22	25	卢 森 堡	31	1.2	23
26	中国台湾	29	1.1	13	26	瑞　　士	27	1.0	5
27	泰　　国	24	0.9	18	27	巴　　西	27	1.0	20
28	土 耳 其	24	0.9	-8	28	印度尼西亚	27	1.0	…
29	波　　兰	21	0.8	28	29	马来西亚	23	0.9	6
30	马来西亚	21	0.8	5	30	墨 西 哥	23	0.9	8
	世　　界	2710	100.0	11		世　　界	2620	100.0	10

注：除中国外，其他大多数国家数据是根据前3个季度的估计值。

资料来源：世界贸易组织。

中国作为人口、文化大国，具有发展服务贸易优势。目前，中国在国外工程承包及劳务输出、远洋运输服务、人造卫星发射服务、旅游服务等劳动密集型、资源密集型服务行业存在着比较优势。而发达国家在这些低端服务部门没有价格竞争优势。中国有传统优势的一些项目，如计算机和信息服务、广告宣传的竞争力上升比较明显，并且由原来的负数变为正数，虽然竞争优势不强，但发展速度非常快。说明这些行业由原来的缺乏竞争优势开始转为具有竞争优势的服务行业。但这些服务行业在中国服务贸易中的出口比重依然偏低。运输、金融服务、咨询虽然3年都为负数，但是竞争劣势正在变小。

但是，长期以来中国忽视教育、金融、研发、物流、医疗、服务外包、工程承包、运输等第三产业，造成中国服务业出口能力相对薄弱。中国目前依然是以劳动密集型出口为主的服务贸易格局，技术含量相对较高的生产性服务贸易竞争力低下，中国的服务贸易要从劳动密集型完成向资本、技术密集型的转变还需要很长的路要走。许多领域服务产品在国际市场上缺乏跨国投资经验和有效的营销管理，国际竞争力较弱。中国需要长期大力发展国内服务业，加大服务产业研发投入，提高服务标准化水平，这样才能提高服务贸易竞争力。

国际服务贸易领域技术壁垒较少。服务贸易领域技术标准和法规以及卫生检疫手续相对于货物贸易的繁琐壁垒来说几乎可以说是不设限的。就贸易壁垒来说，发展服务贸易相对于货物贸易比较容易。因此，未来大力发展服务贸易，Z开拓国际服务市场，中国仍然具有巨大的发展空间和市场机会。

六 中国制定技术性贸易措施战略的原则

中国制定技术性贸易措施既要为外贸领域服务，更要为国民经济发展和民生福祉增长大局着眼，坚持以"本国为主，外国为辅"的总原则。为此，国家制定技术性贸易措施应当着重以下列3项原则为指针。

（一）既要符合国内需要又要适应外贸发展以及国际趋势的要求

制定技术性贸易措施首先需要充分了解本国国情，摸清中国宏观总体形势和微观行业及企业的实际情况。本国国内需要决定对外的技术性贸易政策措施。中国地域广大，各地区发展不平衡，各行各业企业发展规模、技术水平和人才及融资能力差别很大。因此，制定技术性贸易措施时，要综合考虑对各层次企业、外贸进出口结构和国际市场特点等因素的可能影响。

其次，制定技术性贸易措施要考虑 WTO 有关协议以及国际法律，结合本国情况和国际要求，减少国际纠纷和摩擦，降低贸易成本和损耗。同时，参考其他主要贸易伙伴的法律法规和政策措施，借鉴国际经验和做法以及有关国际通行标准。作为一种国际竞争和斗争工具，制定技术性贸易措施要以中国对外经贸的需要为主导，随时制定适当的技术性措施。

（二）既要适当超前又要实用

制定技术性贸易措施既要考虑中国企业的发展，要适当超前，但是又要实用，不能脱离实际需要和可能。超前就是要求技术标准、技术法规具有先进性，应避免制定出来就已经落后的情况。否则，就不能起引导先进、鞭策落后的效果。实用就是要技术标准和法规能够被大多数企业采纳。制定技术性措施不能够脱离务实精神。技术性贸易措施需要根据国际同类措施、先进技术发展和本国企业发展速度，适时做动态调整，不断进步和发展。技术性措施做出调整变动和相对稳定要保持适当平衡。

（三）既要高精、高质又要高效

制定技术性贸易措施是一项技术性、法律周密性很强的工作。国家为此需要耗费大量资金、人才和技术投入。在制定技术性贸易措施中要求每项措施都是最高水准的精品之作，都是最高质量水平的项目，实施起来能产生最高效果。制定技术性贸易措施与架桥、修机场港口等大型实体工程一样，绝不能粗制滥造，否则就会贻害外贸和广大百姓消费利益。对待这些制定技术性贸易措施成果，国家有关主管部门也应该建立验收、评审机制，甚至竞标和竞争机制。

七　中国外贸"十一五"以及 2020 年的 战略目标和任务

（一）"十一五"期间外贸的战略目标和任务

国家"十一五"规划提出中国国内生产总值和人均国内生产总值 2010

年将达到 26.1 万亿元和 19270 元，分别比 2005 年增长 43.4% 和 37.8%，年均增长分别为 7.5% 和 6.6%。在外贸方面，2010 年中国货物进出口额达到 23000 亿美元，年均增长 10% 左右，进出口基本实现平衡；服务贸易额达到 4000 亿美元，年均增长达到 20% 以上。

"十五"期间，中国进出口额年均增长率为 24.6%，其中出口年均增长 25%，进口年均增长 24%。2006 年，中国对外贸易增长势头仍很强劲，对外贸易规模达到 17606.9 亿美元，比上年增长 23.8%，其中出口 9690.8 亿美元，增长 27.2，同比回落 1.2 个百分点；进口 7916.1 亿美元，增长 20%，同比上升 2.4 个百分点。对外贸易发展增幅，已经连续 5 年保持在 20% 以上。这些情况表明，提前完成"十一五"外贸计划目标应该充满信心。

但是，"十一五"期间，中国的国际贸易环境较之"十五"期间更为严峻，不确定因素，特别是障碍性因素有所增加，所面临的挑战的复杂性和艰巨性有所加大。贸易摩擦日益加剧和扩大，与欧、美、日等国家和地区存在的巨额贸易顺差，外汇储备的持续大幅增加和人民币汇率等等都会成为这些国家频繁动用贸易技术壁垒的借口，成为影响中国对外贸易发展的重大障碍。

在"十一五"期间，如何发挥国际贸易对经济发展的促进功能，通过进出口贸易的平衡发展，推进经济发展方式的转换，化解贸易纠纷，突破西方国家设置的贸易技术壁垒，为国民经济增长提供有利的国际市场环境，则对于实现"十一五"规划设定的经济增长目标，负有重大的任务。实现外贸出口结构的优化与升级任重道远。正是由于目前中国产业结构和产品结构在国际分工体系所处的不利位置，决定了中国外贸出口结构在"十一五"期间欲求得到较大的改变，实现一定程度的优化与升级，降低西方国家贸易技术壁垒所带来的负面影响，任务是相当艰巨的。加快技术引进与创新，积极发展对外投资，实行市场多元化和多角化战略任务艰巨。目前，出口产品的流向过分集中于少数西方发达国家，迫使中国出口必须直面贸易技术壁垒，因而开拓新市场，鼓励企业走出去，加快技术引进和创新，尽可能绕开贸易技术壁垒是将来外贸发展的一大重任。

（二）2020 年外贸发展的战略目标与任务

党的"十六大"提出了中国 GDP 到 2020 年翻两番、人民生活水平达到小康的宏伟目标。"十一五"规划进一步确定国内生产总值 5 年内年均增长 7.5%，实现人均国内生产总值比 2000 年翻一番的任务。2020 年 GDP 总量可达到 47000 亿美元，人均 GDP 达到 3200 美元，进入中等发达国家行列。

为达到以上目标，中国面临以下两项长期任务：第一，加强自主创新，掌握自主知识产权，努力成为创新型国家。因此，在"十一五"期间，中国要以科技为先导，落实科技兴国战略，加大科技投入，为以后的国民经济发展打下良好和坚实的"技术"性基础，再经过 2010～2020 年的 10 年坚持不懈的努力，可使中国经济的"科技含量"，总体上达到中等发达国家水平，并在某些尖端领域，接近和赶上西方发达国家，进入创新型国家行列。第二，加速实现由贸易大国向贸易强国的转换。可以预见，从"十一五"起，经过深入改革和进一步开放，全面落实科学发展观，推进经济全球化进程，中国的对外贸易会逐步实现由"量"到"质"的转变，真正意义上步入由贸易大国向贸易强国的转化之路，至 2020 年，基本进入贸易强国之列。那时，由于与发达国家在技术上的"位差"已大大缩小或在很多方面已大致拉平，技术性贸易壁垒的实质性威胁将明显减弱。

八　中国制定技术性贸易措施战略的主要内容

面对外国高筑的技术性贸易壁垒和中国非常滞后的、不完善的技术性贸易措施，国家需要综合采取有效的法律和政策措施，突破出口的外国技术性贸易壁垒，建立进口的技术性贸易保护措施，实现"十一五"规划和 2020 年社会经济和贸易发展的宏伟目标。

（一）采取自主创新和引进吸收国际先进技术两条腿走路

1. 通过加强自主创新培育具有自主知识产权和自主品牌的商品出口

中国要逐步提高企业自主创新能力，使中国真正成为拥有大规模自主知识产权的创新型国家。企业需要大力发展自主知识产权的核心技术和自主品牌，以自主技术和品牌掌握知识产权竞争主导权，以领先的知识产权和技术标准赢得国际市场，掌握国际贸易的主动权，进而规避外国技术性贸易壁垒的风险。国家要整合研发、知识产权保护和标准化工作，使标准化过程尊重知识产权所有者的权利，同时确保用户接触标准中所包含的知识产权。

2. 花大力气引进、消化和吸收国际先进技术

进口专有技术和设备是获得外国知识产权弥补自身不足的重要途径。近年来中国在强调自主创新的同时，对引进和采用外国先进技术的步伐有所放慢；而且对引进的先进技术进行消化、吸收和再创新的投入不足，造成了中国在一些关键技术上反复引进，总是处于技术跟随的落后局面。国家需要继续加大技术设备更新改造的优惠和扶持政策，通过大量高精尖技术以及产品进口，带动与之相关联的先进科学技术和管理技术的引进，通过消化吸收以及再创新，努力掌握自主知识产权，跨越外国技术性贸易壁垒。

（二）政府和产业界要加快制定、修订、推广和实施技术标准

1. 加强标准体系、检验检疫指标体系和认证认可体系建设

当前，重点提高中国中小企业对于标准化工作意义的认识，加快提高中国中小企业国际标准实施能力和水平，尽快缩短中国企业与发达国家企业在采用国际标准生产方面的差距。同时，要提高中国制定、修订技术法规和技术标准的水平，把中国先进专利技术尽快纳入标准体系，并积极参与制定国际标准，使中国逐步成为国际标准大国。与有关各部门、各行业协会协调和沟通，加强中国各门类服务业标准、认证或法规和各种专业技术任职资格标准的制定工作。加速推进国际标准化战略进程，扭转中国在"技术标准"方面的被动局面。

2. 设立国家推广标准和认证的项目基金，鼓励企业采用国际标准

中国企业，尤其是中小企业实施国家或国际标准的采标率相当低，而且采标得到认证认可的比例更低。因此，产品出口国际市场经常受到外国技术性贸易壁垒的限制。为此，国家有必要设立标准推广项目基金，鼓励企业积极实施国家、国际标准，大力推广 ISO9000 质量管理体系认证、ISO14000 环境管理系列标准认证和 ISO18000 安全标准认证，使出口产品的各项技术"指标"，符合进口国的各项技术规定和标准。

3. 放开国家标准市场，扶持中国标准服务产业发展

中国技术标准制定、修订基本上依靠政府推动，有关标准的服务非常薄弱。这与西方发达国家基本形成竞争有序的标准制定、修订、技术标准服务产业化、市场化格局不同。结果造成中国标准体系落后，企业采标率低，产品质量安全以及指标不达标的问题严重。因此，中国要改革过去政府主导国家标准制定、修订的体制，放开市场，培养和扶持标准服务企业

以及行业协会等组织，形成标准制定、推广、实施咨询、交易、法律服务等完善的产业体系。

（三）重点发展服务出口、对外经济技术合作和对外直接投资

1. 大力发展服务、劳务出口

过去中国外经贸工作的重心主要放在货物贸易上，创造了举世瞩目的业绩，引起西方贸易大国的保护主义警觉，纷纷以严苛的技术性贸易措施加强保护。中国扩张货物贸易的空间受到挤压，遭受的贸易损失越来越大。为此，调整和转移外经贸工作重心，大力发展服务贸易和对外劳务及工程承包业务，以先进技术、管理和知识服务国际市场，可以有效避开外国技术性贸易壁垒。

2. 鼓励和扶持企业走出去，构建跨国公司

在重视货物出口和服务贸易的同时，要更加鼓励有实力的资源性、耗能污染型企业走出去，开展对外直接投资，把商品输出优势转变为资本输出优势，利用两种资源、两个市场，扩大中国 GNP 规模和中国资本在国际市场上的控制力，避开外国技术性贸易壁垒，获取中国的国际经济利益。国家有关部委要采取协调措施，打破外国对中国输入紧缺资源、尖端技术的控制，鼓励企业走出去获取和利用外国资源和技术，为国内经济建设服务。

（四）形成政府、行业组织与企业的联合互动反应机制

1. 建立企业与有关政府机构信息通报渠道

各出口环节管理部门要积极配合，建立灵敏、有效的技术性壁垒防御体系，建立以政府为主导的相关信息的收集、整理、分析、预测和传递体系，提供国外技术标准及法规的信息服务，及时掌握世界各国特别是美国、欧盟和日本等国家和地区的相关技术法规、认证标准等相关政策的制定、变动和调整，使出口企业可以即时地把握主要出口市场技术性贸易壁垒的变动情况和趋势，采取应对措施。

2. 建立咨询和技术服务体系

根据技术性措施技术含量高，知识性强，应对弹性较大的特点，设立多层次的业务咨询窗口，提供公共技术咨询服务，培养相关技术服务行业，完善技术服务体系。建立包括国家级的、部级的、地区级的、行业级的咨询服务网络，通过外贸咨询服务窗口的专业人员，向不同类型的出口

企业提供"定向"和专门的咨询服务，设计有针对性的应对和破解技术性壁垒的方案。

3. 大力挖掘行业协会的协调功能

目前，在国际贸易中，行业协会的功能和作用越来越突出，特别在处理国际贸易争端，维护本国企业的经济利益，保护本国产业和市场中，发挥着独特的政府难以替代的重要作用和职能。目前中国的行业协会由于自身体制的原因，存在着较多的缺陷，由于服务功能和服务意识较为淡薄，对成员企业还缺乏足够的凝聚力和吸引力，迫切需要进行体制转换和角色归位，与政府行政系列脱钩，真正转化为企业自己的联合组织，这样才能成为全心全意为成员企业谋利益的企业间的利益共同体，并在应对西方各国的技术性壁垒中发挥应有的协调、联合、服务等方面的功能，为化解和消除技术性壁垒所带来的各种影响，做出自身分内和本职的贡献。

（五）建立完善的进口贸易技术性壁垒的保障体系

1. 提高进口商品质量安全和卫生检验检疫的门槛

随着国内标准化和认证认可工作的推进，逐步提高中国进口产品技术性贸易措施的门槛，降低外国产品对产业、市场和消费者健康安全造成损害的风险。

2. 加强中国进口贸易技术性措施的管理

协调海关、质量检验检疫、环境保护等有关部门的管理，防止工作疏漏、贪图小利损害生态环境和国民长期利益。

3. 建立进口环节技术性贸易壁垒预警机制，形成预警信息的传输网络

（六）加强技术性贸易壁垒的外交和国际合作工作

1. 加强与国外政府、行业和企业间的对话与合作

加强与国外政府、行业和企业间的对话与合作，也是消除国外的技术性贸易壁垒的一个有效途径。政府间要加强沟通，确保技术标准和法规对贸易的促进作用，尽可能减小技术标准和法规的贸易障碍以及重复检测的负面效果。近年来，中国通过与国外政府间的合作与沟通，在消除国外技术性贸易壁垒上做了一些工作。今后，中国要发挥政府在消除国外的技术性贸易壁垒上的主导作用，加强中国行业和企业与国外同行的联合，特别是那些与中国有贸易摩擦的国家的行业和企业间的合作与沟通，通过不同

层次的交流以减少国外针对中国企业的技术性贸易壁垒。

2. 加强多边、双边磋商，协商处理阻碍贸易发展的分歧

做好政府工作，阻止外国技术法规和标准变成对中国产品或服务的技术性贸易壁垒。在现有多边贸易框架下，营造有利于中国发展的国际经贸环境，充分利用 WTO TBT/SPS 委员会以及各相关平台进行交涉，与其他 WTO 成员共同努力充分履行世界贸易组织有关贸易技术性壁垒的协议以及决议，确保技术标准和法规不被滥用为贸易壁垒，促进贸易便利化。

3. 积极开展与其他贸易伙伴技术标准与技术法规的互认互换

（七）修订《中华人民共和国对外贸易法》，制定适当的技术性贸易措施法律条文

中国现有外贸法没有对技术性贸易措施的制定、运用、管理做出过适当的法律规定，已经不能适应外贸管理的需要。因此，有必要从进口管理和出口促进两方面对中国技术性贸易措施做出必要的法律规定，为制定宏观政策和管理工作提供法律依据。

国家要建立一个包括标准体系、认证体系、技术体系、法律体系和信息体系在内的立体的技术性贸易措施系统，把技术性贸易措施体系的建立与中国的经济结构、产业结构、产品结构的调整结合起来，把贸易政策措施与人民生命健康安全、环境保护等协调起来。

参考文献：

[1] 中华人民共和国商务部：《2005 国外技术性贸易措施对中国对外贸易影响调查报告》，2006 年 12 月 25 日。

[2] 国家质量监督检验检疫总局：《中国技术性贸易措施年度报告（2006）》2006 年 12 月 30 日。

[3] 叶柏林：《如何应对国际贸易中的技术壁垒》，《中国标准化》2001 年第 4、5、6 期。

[4] 夏友富：《技术贸易壁垒体系与当代国际贸易》，《中国工业经济》2001 年第 5 期。

[5] 夏友富：《技术性贸易壁垒的产生及其发展趋势》，《中国质量与品牌》2004 年第 3 期。

[6] U. S. Department of Commerce, "Standards & Competitiveness: Coordinating for Results. Removing Standards-Related Trade Barriers Through Effective Collaboration." A Report prepared for Secretary Donald L. Evans as part of the Department of Commerce Standards Initiative, May 2004.

[7] U. S. Department of Commerce, "American Competitiveness Initiative." 2006.

[8] Popper, Steven W., Victoria Greenfield, Keith Crane, and Rehan Malik. "Measuring Economic Effects of Technical Barriers to Trade on U. S. Exporters." RAND Science and Technology, DRR − 3083 − 5 − NIST, Prepared for: National Institute of Standards and Technology, August 2004.

国际化进程中亚洲企业的
战略人力资源管理

尤建新　林正平

世界经济一体化的发展促进了亚洲企业的对外发展，在此过程中人力资源管理究竟能为企业的核心竞争力做怎样的贡献成为讨论的中心。本文首先在分析波特的一般竞争战略的基础上探讨战略人力资源管理的思路和意义，其次分析了奉行传统亚洲文化的亚洲企业人力资源管理现状，最后提出亚洲企业进行战略人力资源管理必须遵从以下3点：第一，与战略愿景相结合；第二，适应不同国家和地区的文化习俗；第三，在优秀东方管理思想的指导下吸收西方先进的管理技术。

一　前言

随着世界经济一体化的发展，越来越多不同规模的亚洲企业在世界产业链中占据了举足轻重的地位。例如，在全球生产要素优化组合的作用下世界制造中心已转移到了亚洲。如今人们的普遍共识是：亚洲在研发、供货、生产以及销售一体化上的自主局面正在形成，"亚洲制造"已成为全球经济产业链中的重要一环。目前世界上最主要的电脑、电子产品、电信设备和石油化工制造商，已将其生产中心转移到亚洲，其中包括微软、摩托罗拉、通用汽车、通用电气、杜邦、宝洁和西门子等世界著名跨国公司。除了作为欧美大型跨国公司的生产基地，亚洲的企业也开始注意开发自己的产品、树立自己的品牌，将眼光投向了世界市场。一些如索尼、三星、中国银行等亚洲企业已经顺利杀入了世界500强的行列，此外还有不少企业正在努力走向国际化。

在此国际化的进程中，亚洲企业必须要对人力资源的管理有一个清醒的认识。在企业运营中，人力资源是企业最为重要的资源要素之一。有研究认为，稀缺性人力资源正是企业核心竞争力的源泉所在。因此，为了确保在国际市场上的竞争力，亚洲的企业必须学会从战略的高度来重新整合和利用企业内的所有资源，尤其是必须将人力资源的规划与企业的战略愿景相结合，对人力资源进行战略性的管理，从而保证人力资源的政策为企业战略服务。

接下来，本文将从企业的一般战略入手，分析战略人力资源管理的思路和意义并结合亚洲企业商务文化的一些特性来探讨亚洲企业在国际化进程中所面临的人力资源管理的任务。值得注意的是，本论文中所讨论的亚洲企业特指由亚洲人在亚洲创办且奉行传统亚洲文化及古典管理思想的企业。尽管在亚洲境内国家与国家之间、地区与地区之间的文化有很大的差异性，因此亚洲企业之间的文化也各有不同，但本文认为洲际间的差异更为明显，对亚洲企业国际化的影响也更为巨大，因此本文所讨论的亚洲文化主要指与欧美等西方社会具有明显区别的传统亚洲文化。

二 企业战略与人力资源战略

1. 企业的竞争战略

"战略"源于古希腊文"strategus"一词，原意是"将军"，于1965年首次应用于英语。后被广泛地应用到企业管理中，成为管理学中的重要名词和研究方向。企业战略的研究始于20世纪50年代中期，中间经历了繁荣、衰落和重振。到了70年代，由于企业经营环境剧烈动荡，对企业的长期目标的管理成为重点，因此形成了战略管理的热潮。70年代初，美国最大的500家公司中85%的企业建立了战略计划部门，到70年代末从事战略管理咨询的收入高达3亿多美元。

在所有研究企业战略的学者中，哈佛大学教授迈克·波特尤值一提。波特在其代表作《竞争战略》（1980）一书中重点研究了公司所在行业的竞争力量，即"五力分析模型"（见图1）。这些力量是：供应商讨价还价的能力、行业内竞争强度、替代品的威胁、潜在进入者的威胁和顾客的讨价还价的能力。企业管理者若想赢得竞争的优势，就必须在行业内分析这5种竞争力，为企业找准一个定位。

如果说行业本身的魅力决定了企业的首要赢利能力，则企业在行业中的战略定位将成为其赢利能力的第二主导因素。为了帮助企业能更好地找到自己的战略定位，波特还提出了"一般竞争战略"，即低成本领先战略、差异化战略和集中化战略（见表1）。

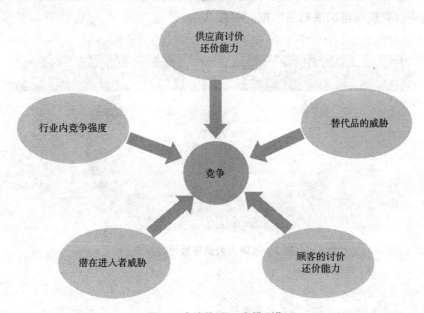

图1　波特的"五力模型"

资料来源：www.quickmba.com.

表1　波特的"一般竞争战略"

围标范围	竞争优势	
	低成本	产品独特性
广范围：行业范围	低成本领先战略	差异优战略
窄范围：细分市场	集中化战略（低成本集中）	集中化战略（差异化集中）

资料来源：www.quickmba.com。

2. 战略人力资源管理

从历史上看，人力资源管理的理论和实践大致上经历了两次重大的转变：第一次是从人事管理到人力资源的转变；第二次则是从人力资源管理到战略人力资源管理的转变（Randall S. Schuler, Susan E. Jackson, 1999）。战略人力资源管理将人与组织系统地联系了起来，是组织为了达到目标，对人力资源各种部署和活动进行统一性、适应性相结合的规划模式。战略人力资源管理要求首先将人力资源视为获取竞争优势的首要资源，分析企业的战略愿景及企业在行业中所处的位置和环境影响因素，结合对人力资源现有能力的评估来制定人力资源管理的战略。战略人力资源管理强调人力资源管理与组织战略的匹配（见图2）。

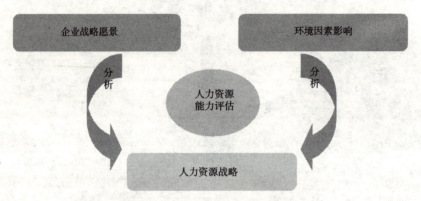

图2　战略人力资源管理的模式

说明：此图自行绘制。

若企业确定了自己在行业中适当的位置，明确了自己所采用的战略，则在人力资源方面也需采用相应的战略来进行统一规划。不同的企业战略所需对应的员工类型是不同的，即他们所具有的行为和态度特征在类型上会有所区别。不同的战略不仅对雇员所需具备的特定技能有不同的要求，而且对他们所要展现出来的"角色行为"也有不同的要求。人力资源管理必须关注这些"不同"来适应不同的企业战略。

三　亚洲企业人力资源管理现状

亚洲人在商务领域内的行为和价值观有着和西方人明显的不同。亚洲的经营环境有四大本质特征：政府的角色；人际关系至上；道德和宗教文化的作用以及竞争和经营逻辑之间的关联性。在全球化的进程中亚洲的企业虽然已经认识战略的重要性，也经常采用SWOT等分析工具来正确地选择自己的战略地位，然而其在人力资源的配套管理方面却仍有许多不足之处。大部分亚洲企业在人力资源管理方面都存在着如下两种特点。

（1）人力资源部门功能不健全，多为后台式的支持和服务。在目前大多数的亚洲企业内，人力资源管理在组织层级上与其他业务部门相较而言，与其说是同等级部门还不如说是后台式的支持单位来得更恰当些。人力资源部门往往在公司其他部门提出服务要求后被动地为其提供行政性、支持性的服务，而这些行政性繁琐的支持性事务使得人力资源近乎迷失方向，无法也无暇洞察企业的战略走向。这种落后于实践的管理甚至连规范化都无从保证，更不用说人力资源的战略规划了。

（2）有先进的管理思想，但没有对应的制度用以保障。亚洲有着悠久的历史和深厚的传统，在传统文化中不乏优秀的管理思想，而企业在实践中一直奉行着这些传统的管理思想。如亚洲企业"以人为本"的思想根深蒂固，大多数企业都致力于把企业建设成为一个关系融洽的大家庭。但是，光有优秀的思想是不够的，没有制度的保障只会增加管理的随意性，产生不确定的管理效果，从而降低了管理的效率。"以人为本"的管理思想在没有制度保障的情况下将有可能演变成"关系至上"的群体行为，这样的行为给亚洲企业进入国际化市场带来了极大的不便。以泰国为例，就如其他南亚和东南亚的邻国一样，泰国人认为和时间表以及最后期限等等相比，人本身才是最为重要的，因此所谓最后期限对泰国的商务人员而言似乎并不是那么重要，泰国人也对于开会迟到等现象给予极大的宽容。而同样奉行"以人为本"的日本则有着惊人的守时性。日本的商务人员在时间日程的安排上甚至用秒来做单位。

从这两方面考虑，亚洲企业的人资源管理必须要走传统与现代结合的道路。既要承袭优秀的管理思想，同时又要积极利用从西方国家传入的科学管理制度和手段，对人力资源进行战略性的管理。

四　亚洲企业国际化进程中人力资源战略的选择

在国际化的进程中，人力资源战略也要体现企业国际化的战略远景。一般而言，国际化的人力资源战略应该包括3个方面：第一，服从企业战略愿景；第二，适应不同文化；第三，人性化制度化结合管理等。

1. 服从企业的战略愿景和方针

尽管波特为企业提供了3种一般竞争战略，但笔者认为，就配合企业战略而言，人力资源管理可以综合性地分为两大类：一是低成本领先战略；二是差异化。

（1）低成本领先——人力资源的外包。对于企业而言，若采用了低成本领先战略，则要求企业的总成本必须降低，除了利用谈价能力在采购时降低成本是很不够的，企业还必须降低管理成本。因此人力资源管理的成本也必须要相应降低，人力资源管理也要被纳入低成本领先的系统中来。据此，公司所面临的挑战是如何降低人力资源成本但却要提供更好的服务。有调查显示2001年人力资源管理的预算已从2000年的占公司总支出的1%降至了0.8%（美国人力资源协会2002年人力资源管理调查与分析）。与此同时，人力资源管理人员与其服务人数间的比例也从20世纪90年代的1:100降到了0.9:100（BriTay International Inc. 2003）。由此，如同沃尔玛的产品生产外包一样，企业可以将人力资源管理的部分职能从企业中剥离，形成外包业务。例如将人力资源中员工沟通、薪资与福利、员工招聘与离职等功能板块外包给专门的咨询服务公司。在实际操作中已经有很多公司的人力资源在向此方向发展，最直观的例子就是一些在华大型跨国企业如摩托罗拉、IBM等将其如招聘等人力资源工作外包给了 chi-nahr. com 公司。实行低成本的人力资源的外包战略最大的优点就在于外包服务供应商因其规模效应而提供了比内部人力资源部门更加经济的服务。从而企业实现了以更低成本进行更好的人力资源管理的目的。

（2）差异化、集中化战略——能力建设和职业生涯规划。实行差异化和集中化战略的企业由于对产品的独特性要求相对较高，因此需要专业化更高的人力资源。在这样的战略环境下人力资源管理是不应该追求成本最低的，而更应该将精力集中在专业性人才的培养上。在这样的企业里，单纯的培训还不能满足需求，而必须引入员工的能力建设项目。从概念上讲，人力资源能力建设可被理解为公司有计划地实施有助于提高雇员学习与工作相关能力的活动。与培训有很大的不同，能力建设是一个多环节紧密相扣的自完善系统，注重于员工自我学习能力的开发，注重在整个企业内部营造学习的氛围，注重能力提升条件的建设。而最关键的一点在于能力建设注重从企业需求的角度结合员工能力特征来确定建设内容，既满足企业战略发展需求，又满足员工个人能力发展需求。另外一方面要对员工的职业进行规划。专才的培养是很不容易的，对于企业来说能力建设的目的在于留住人才并最大限度地激发他们的潜能。无论是能力建设还是职业生涯规划都必须将企业的需求同员工需求科学地结合起来，从而实现双赢。

2. 适应不同文化

在亚洲的商务环境中有一些特性是欧美国家的商务人员所难以适应

的。第一，沟通方面。由于亚洲社会是一个关系导向型社会，在沟通时人们之间为了避免关系的破损而不愿意直接地表达自己的想法，甚至隐藏自己的想法。这往往令以直截了当闻名的欧美商务人员无所适从。第二，社会等级问题。亚洲社会非常讲究社会等级，仍以金字塔形的组织结构居多。这样等级森严的金字塔式组织结构在亚洲企业走向世界的过程中往往无法快速反应市场变化。第三，性别问题。毫无疑问，在大部分亚洲地区，女性并没有完全融入商务活动中来，人们对于女性从商仍带有很大的歧视。甚至在企业走向欧美市场的时候也忽略了对当地女性地位的尊重，从而引起不必要的麻烦甚至法律纠纷。第四，不习惯及时反馈。亚洲的商务人员对于及时反馈事情的进展似乎并不太重视。大多数人都是在最后时刻才告知事情进展状况，而事情如果出现突发状况的话往往会引起管理者措手不及。

简而言之，如果亚洲企业要建立战略人力资源管理系统的话，必须做到如下几点。

（1）建立有效的交流平台以鼓励员工多进行直接、坦率的沟通；

（2）发起一些文化教育活动，帮助金字塔结构中的员工摒除等级观念，以正确的态度处理国际业务；

（3）向员工介绍不同的文化，帮助员工更好地理解西方商务人员的一些举动，以及西方社会对女性运营企业的态度；

（4）引入反馈系统，在这个系统中每个员工都愿意并且能够及时进行反馈从而使决策者能够以最快速度制定决策适应变化。

3. 人性化的管理思路和制度化的管理系统相结合

人性化的管理思路的本质就在于要认识和理解人性，尊重人的不同层次的需求，以人为本。而另一方面，有研究显示，在人力资源管理中引入ISO质量管理体系的思想和做法可能也有必要。即企业在制定和完善各种人力资源管理制度时可以根据质量管理体系的思想和做法，使本企业人力资源管理能够制度规范化、程序标准化，从而摆脱片面强调人性化思路的随意性。

因此，在向国际化发展的进程中，亚洲企业必须根据自己的竞争力状况制定相应的战略，根据企业战略制定人力资源战略。当人力资源战略确定以后，企业必须要从制度化规范化的角度出发，设计合理的管理系统。一方面既要保留亚洲独特的优秀思想和文化，另一方面要认识到某些文化对国际化进程的阻碍，要克服这些障碍以适应当地的文化和环境。

五 总结

在走向国际的过程中企业总是不可避免地会遇到这样那样的问题，固然每一个问题都有特殊的解决途径，但从长远来看，最关键的还是要找到自己的战略定位。传统亚洲企业的人力资源管理多为后台式的支持服务系统，远远没有发挥其战略支持的功能。因此在国际化的进程中亚洲企业要注重战略人力资源的管理，使人力资源管理能够配合企业战略，更好地为增强企业竞争力服务。

事物都有其两面性，亚洲传统文化有许多优良结晶，但同时也有一些影响效率的不良因素。亚洲企业无论是单纯强调传统的继承还是单纯强调西方管理思想的吸收都是不正确的。对于亚洲企业的经理人而言，在国际化的进程中身负两大任务：第一，在传统优秀思想的指导下引入欧美等国先进的管理手段和管理制度，从而保持亚洲企业独特的文化魅力及其带来的企业凝聚力，同时又能够进一步增强企业的运作效率，增强国际竞争力。第二，向西方社会介绍优秀的传统亚洲文化，正是这种文化使亚洲企业保持其独特的魅力。相互理解需要双方共同的努力，在国际化进程中亚洲商务人员不仅要尽量理解西方商务人员，同时也要想办法让西方社会也能更好地理解和接受亚洲文化的独特性，理解亚洲商务人员独特的思维和处世方式。在相互理解的国际化合作中实现亚洲企业的战略人力资源管理。

参考文献：

[1] 赵署明：《人力资源与企业核心竞争力关系论》，《现代经济探讨》2002 年第 12 期。

[2] 魏明：《论战略人力资源管理》，《重庆商学院学报》2002 年第 6 期。

[3] 林泽炎：《中国企业人力资源管理的战略选择》，《人才瞭望》2003 年第 10 期。

[4] 李锡元：《中国古代激励思想与现代企业管理》，《管理科学》2004 年第 1 期。

[5] Philipe Lasserre, Hellmut Schutte. Strategy and Management in Asia Pacific. McGraw Hill International (UK), 1999.

[6] Hans-Erich Muller. Developing Global Human Resource Strategies. Discussion paper for European International Business Academy 27th Annual Meeting, 13 – 15 December 2001 in Paris.

[7] Richard R. Gesteland. Cross-Cultural Business Behavior: Marketing, Negotiating and Managing Across Cultures. Copenhagen Business School Press, 1999.

出口退税与中国对外贸易

裴长洪　高培勇　主编
2008 年 5 月出版　42.00 元
ISBN 978-7-80230-956-2/F·252

　　出口退税政策经过 20 多年的调整，制度安排日臻完善，对我国出口贸易的促进作用举足轻重。为适应对外贸易，特别是出口贸易，由单纯强调数量扩张到数量与质量并重的转变以及与此相适应的增长方式的转变，出口退税应当进一步进行哪些调整，以及进行哪些配套政策的调整，是改善国家宏观经济管理和宏观政策调控的题中应有之义。本书从出口退税基本原理和国际比较出发，对我国实行出口退税政策以来的出口促进作用及对贸易和财政产生的消极影响两个方面进行实证分析，并做出客观评价。提出出口退税制度设计进一步完善目标应有利于推动科学发展，创建能够反映市场供求关系、资源稀缺程度、环境损害成本的价值形成机制。

经济全球化与当代国际贸易

裴长洪　赵忠秀　彭　磊　著
2007 年 5 月出版　59.00 元
ISBN 978-7-80230-584-7/F·120

　　本书以国际贸易为主线，从当代经济全球化的发展切入，从宏观和微观各个不同角度展开论述，涉及的主要有：国际分工理论(产业间贸易和产业内贸易的新变化、新发展)、国际垄断资本主义新阶段理论、经济全球化与新自由主义理论、经济全球化背景下贸易自由化趋势、全球贸易协调机制和区域经济一体化、中国以及其他发展中国家在经济全球化进程中的地位、面临的机遇和挑战等等。

中国贸易业绩指数报告 (2000~2004)

陈泽星　主编

2007 年 8 月出版　148.00 元

ISBN 978-7-80230-710-0/F·155

　　本书从出口优势、出口稳定性、出口规模和出口潜力四个方面，选取 16 个具有典型意义的指标，构建了中国贸易业绩评价体系，并根据该评价体系对全国及 31 个省市的贸易业绩进行了量化运算与名次排序，对帮助各级政府科学评价本地区的贸易业绩水平，进而对推动我国对外贸易长期健康、协调、稳定发展具有重要的指导意义。

中国服务业与服务贸易

裴长洪　彭　磊　著

2008 年 4 月出版　45.00 元

ISBN　978-7-5097-0134-8/F·0057

　　进入 21 世纪，全球贸易多边体系建立，我国面临着新一轮经济转型压力。虽然工业制造业仍有进一步拓展的空间，但其已经进入质量调整阶段，而长期以来被我们忽视的服务业则显示出其强大的数量和质量调整空间，为我国进一步深化改革指明了方向。党的"十七大"明确提出以科学发展观为指导的可持续发展论断，掀起了新一轮改革开放浪潮，即服务业、服务贸易的改革深化。正是基于这一特定历史阶段，我们给出了相应问题的分析和研判，提出服务业及服务贸易改革的重点、程序以及方法。

社会科学文献出版社网站

www.ssap.com.cn

1. 查询最新图书　　2. 分类查询各学科图书
3. 查询新闻发布会、学术研讨会的相关消息
4. 注册会员，网上购书

本社网站是一个交流的平台，"读者俱乐部"、"书评书摘"、"论坛"、"在线咨询"等为广大读者、媒体、经销商、作者提供了最充分的交流空间。

"读者俱乐部"实行会员制管理，不同级别会员享受不同的购书优惠（最低 7.5 折），会员购书同时还享受积分赠送、购书免邮费等待遇。"读者俱乐部"将不定期从注册的会员或者反馈信息的读者中抽出一部分幸运读者，免费赠送我社出版的新书或者光盘数据库等产品。

"在线商城"的商品覆盖图书、软件、数据库、点卡等多种形式，为读者提供最权威、最全面的产品出版资讯。商城将不定期推出部分特惠产品。

咨询/邮购电话：010-65285539　　邮箱：duzhe@ssap.cn

网站支持（销售）联系电话：010-65269967　　QQ：168316188　　邮箱：service@ssap.cn

邮购地址：北京市东城区先晓胡同 10 号　社科文献出版社市场部　邮编：100005

银行户名：社会科学文献出版社发行部　　开户银行：工商银行北京东四南支行　　账号：0200001009066109151

中国社会科学院财政与贸易经济研究所·理论前沿丛书

中国国际商务理论前沿（5）

主　　编／裴长洪

副主编／冯　雷

出 版 人／谢寿光
总 编 辑／邹东涛
出 版 者／社会科学文献出版社
地　　址／北京市东城区先晓胡同 10 号
邮政编码／100005
网　　址／http：//www．ssap．com．cn
网站支持／（010）65269967
责任部门／财经与管理图书事业部 （010）65286768
电子信箱／caijingbu@ ssap．cn
项目负责／周　丽
责任编辑／叶灼新
责任校对／杜明月
责任印制／岳　阳

总 经 销／社会科学文献出版社发行部
　　　　　（010）65139961　65139963
经　　销／各地书店
读者服务／市场部 （010）65285539
排　　版／北京步步赢图文制作中心
印　　刷／北京智力达印刷有限公司

开　　本／787×1092 毫米　1/16
印　　张／27
字　　数／446 千字
版　　次／2008 年 6 月第 1 版
印　　次／2008 年 6 月第 1 次印刷

书　　号／ISBN 978 - 7 - 5097 - 0241 - 3/F·0087
定　　价／65．00 元

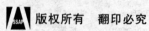